国家自然科学基金地区项目
"数智赋能高端制造业绿色创新发展：演化机理、影响效应及治理机制"
（项目编号：72262014）；

江西省社会科学基金项目
"新质生产力驱动江西省高端制造业可持续发展：耦合机制、影响效应与治理机制"
（项目编号：24GL17）；

江西省高校人文社会科学研究项目
"江西高校构建市场导向的绿色技术创新体系：理论内涵与推进策略研究"
（项目编号：GL24123）

AI EMPOWERS

the Reconstruction of the Manufacturing Value Chain

——From "Manufacturing" to "Intelligent Manufacturing"

AI赋能制造业价值链重构

——从"制造"走向"智造"

章丽萍　刘燕萍　◎著

中国财经出版传媒集团

经济科学出版社

Economic Science Press

·北京·

前　　言

在人口结构老龄化、产能过剩和国际形势变化三重因素作用下，中国人口红利、投资红利和出口红利正在逐渐过渡为人才红利、改革红利和内循环红利，制造业进入平稳增长阶段，发展重心由增长速度转向发展质量，关注重点也由宏观层面转向微观层面。制造业企业作为承载制造业发展的微观主体，其价值创造成为体现制造业发展质量的重要指标。数字信息与人工智能技术的快速发展为全球产业价值链升级创造了契机。其中大数据、物联网、区块链、人工智能等信息技术的涌现，加快了传统制造业的价值链重构。从宏观层面来看，全球价值链重构加速发展，并深刻地影响着全球经济、政治格局变化，尤其在新经济条件下，全球价值分工体系、组织结构、商业模式、价值创造逻辑、绩效与竞争力的衡量标准等都发生了重大变化，给企业发展带来了重要机遇，也提出了严峻挑战。从微观层面来看，如何更好地将人工智能技术嵌入生产制造流程，推动企业价值链实现由量变到质变的跨越，推动产业链、创新链、价值链融合发展，也已成为事关制造业企业生存与发展的重要课题，更是突破制造业"低端锁定"困局的必由之路。

智能制造技术在供给端加速产业数字化，已成为我国创新驱动发展和构建现代产业体系的"新引擎"。其能够从多个领域、多个环节，以多种途径推动制造业价值体系改变。制造企业可以通过创新评估模式、重设管理架构、挖掘数据价值、整合外部资源、优化业务流程等路径增强市场竞争力和价值创造能力，实现收入和利润加速增长。制造业的智能化并不仅仅局限于产品加工环节与产品本身，它还包括制造企业的组织全领域、产品生命周期全过程、商业生态的各方面以及价值链的全链条。人工智能技术、软件、算法、数据、服务等越发成为制造业重要的组成部分，使制造业呈现数实融合、物智共生、虚实结合、人机协同等新形态。

基于此背景下，本书利用人工智能技术动态观察各因素对制造业价值链各环节的影响，试图找出其存在的问题并提出针对性的建议。首先，确定各环节的影响因素，通过对制造业企业的内外部因素、财务与非财务因素等方面进行分析，根据各个因素的因果关系建立制造业研发成本预测、成本控制、价值评估、供应商绩效评价、可持续发展评价的指标体系。其次，通过 BP 神经网络、系统动力学、深度学习等人工智能手段，构建评价指标与评价模型，并对案例企业进行实证研究，验证人工智能评价模型的可行性、有效性与科学性。最后，根据研究结论，针对案例企业乃至整个制造业企业价值链问题提出相关的建议，力求提高制造业各环节评估的全面性与准确性，实现我国制造业价值链重构。

在本书的编写过程中，熊恺琦、何雯丽、宋莹、苏双梅、杨溢、袁丁、张怡婷等做了大量工作，在这里对他们的付出表示感谢。

本书是作者主持的国家自然科学基金地区项目"数智赋能高端制造业绿色创新发展：演化机理、影响效应及治理机制（72262014）"、江西省社会科学基金项目"新质生产力驱动江西省高端制造业可持续发展：耦合机制、影响效应与治理机制（24GL17）"，参与的江西省高校人文社会科学研究项目"江西高校构建市场导向的绿色技术创新体系：理论内涵与推进策略研究（GL24123）"的阶段性研究成果。

由于研究深度还有待加强，各方面资料也还需进一步挖掘和完善，因此，书中难免有疏漏和不足的地方，恳请各位专家、读者不吝赐教。

目录
CONTENTS

第一章 1

导　　言

第　一　节　研究背景

一、宏观背景——人工智能发展浪潮

伴随着第四次工业革命的推进,智能化浪潮席卷全球。截至2021年,我国人工智能核心产业规模超过4000亿元,工业机器人使用密度超过全球平均水平近2倍,在世界范围具有战略优势。据国际机器人联合会(IFR)发布的《2023世界机器人报告》显示,中国是世界工业机器人规模最大的市场,2022年安装量达290258台,同比增长5%,刷新了2021年的纪录。作为引领未来发展的战略性技术,智能制造被赋予新的使命,对于推动经济高质量发展也具有战略意义。

当前,以人工智能为核心的技术有望引发新一轮科技革命浪潮,给经济社会各领域带来颠覆性的变革,为全球经济增长带来新的动能。全球诸多国家,如美国、欧盟成员国以及中国均将人工智能列入国家战略部署。因此,我国对人工智能产业不断予以政策支持,助推产业发展。2015年7月,国务院出台《关于积极推进"互联网+"行动的指导意见》,首次将人工智能纳入重点任务。2016年5月,国家发展和改革委员会、科学技术部、工业和信息化部、中央网络安全和信息化委员会办公室发布《"互联网＋"人工智能三年行动实施方案》，明确行动方案促进人工智能发展。2017年，"人工智能"首次被写入政府工作报告，随后国务院发布《新一代人工智能发展规划》，确立了新一代人工智能发展"三步走"战略目标，对我国人工智能提出了总体要求和具体措施，将人工智能上升到国家战略层面。2018年，国家发展和改革委员会组织实施"互联网＋"、人工智能创新发展和数字经济试点重大工程。2019年，《2019年国务院政府工作报告》首次提出"智能＋"概念，将"人工智能"升级为"智能＋"，为制造业转型升级赋能。2020年3月，中共中央政治局常务委员会召开会议，强调要发力科技端的新型基础设施建设，人工智能是重要组成部分。2021年，政府工作报告中明确提出要促进数字经济发展，逐步构建全国一体化大数据中心体系，促进产业数字化转型，加快发展工业互联网，培育壮大集成电路、人工智能等数字产业。2022年，党的二十大报告强调以智能制造为主攻方向，加快发展智能制造，既有助于巩固壮大实体经济根基，也关乎我国未来制造业的全球地位。

不难看出，人工智能技术使经济社会发展跃迁进入新的发展阶段，正成为今后改造传统行业的新抓手，是推动经济发展的"新引擎"。在全球化的大潮中，制造业作为国际产业竞争的核心战场，已经超越了单纯的产品竞争，演变为各国在前沿技术和创新能力上的深层次角逐。智能制造，作为这场全球竞争的焦点，成为众多国家战略布局的关键。

二、中观背景——传统制造业转型升级在即

传统制造业不仅是我国稳增长、稳就业以及加快建设制造强国的重要支撑，还是双循环新发展格局下我国建设现代化经济体系以及建立国内大循环的坚实产业基础。加速传统制造业企业创新是我国推进现代化经济体系建设以及构建国内大循环的关键"引擎"。2023年12月，工业和信息化部等八部门联合印发的《关于加快传统制造业转型升级的指导意见》指出，我国传统制造业"大而不强""全而不精"问题仍然突出，低端供给过剩和高端供给不足并存，创新能力不强、产业基础不牢、资源约束趋紧

及要素成本上升等挑战需重点关注。

当前形势下，我国传统制造业既面临着巨大的发展机会，又面临着巨大的挑战。我国经济已迈入高质量发展阶段，面对百年变局，应进一步调整经济结构、培育新动能。然而，粗放式发展促使我国制造企业不仅未能在全球价值链中产生自己的"经济租"，甚至陷入"低端锁定"困局。目前，我国已转向高质量发展阶段，正处于"转变发展方式、优化经济结构、转换增长动力"的关键攻关期，但制造业供给与市场需求适配性不高、产业链供应链稳定面临挑战、资源环境要素约束趋紧等问题凸显，我国经济市场由供不应求、经济不断增长向日益饱和、经济增长放缓的态势转变。我国制造业深陷供需结构严重失衡的状态，即低附加值供给过剩、高附加值供给严重不足。在此背景下，制造业转型升级迫在眉睫。

传统制造业是我国制造业的主体，是现代化产业体系的基底。智能制造作为创新发展的主要抓手，是制造业转型升级的主要途径，是建设制造强国的主攻方向。为了更好地应对经济新格局的发展与转型，要在全国范围内推动传统制造业企业战略转型升级，利用大数据、互联网等数字技术解决我国制造业的发展难题。站在新一轮科技革命和产业变革与我国加快转变经济发展方式的历史性交汇点，要坚定不移地以智能制造为主攻方向，推动产业技术变革和优化升级，推动制造业产业模式和企业形态根本性转变，做到提质增效，促进我国制造业实现转型升级，实现可持续发展。

三、微观背景——价值链重构的机遇与挑战

现今，全球正处于百年未有之大变局，在科技革命、产业变革、消费升级的演进趋势下，发达国家纷纷实施"再工业化""制造业再兴"战略，东南亚等新兴经济体也积极承接发达经济体的产业转移，全球价值链正加速解构与重塑。在此背景下，我国产业发展既面临挑战，也处于重要的发展窗口期。一方面，面对全球价值链的重构，要顺应全球价值链重构与国际发展趋势，把握智能技术等科技革命带来的机遇，大力推进我国制造业转型升级。另一方面，要积极应对贸易保护主义导致的全球价值链结构性

改变，通过进一步调整产业布局、增强科技创新驱动力，化解部分国家实施贸易保护主义带来的负面影响，实现我国产业转型，助推我国产业链、供应链、价值链的升级。在新经济环境下，价值在价值链上的分布已越来越不均衡，要从组织战略及竞争力的全局来思考与认识组织内部价值链的布局以及组织参与外部价值链的分工，绝不能简单根据不同环节的利润来判断对整个价值链乃至战略的作用与价值。

面向"双循环"新格局，全球价值链加速重构，国内价值链也迅速发展，两者相互对接与整合，相互交织并相互作用。企业竞争的本质就是价值链的较量，价值链是企业成长中最基础且关键的要素，通过价值链可以发现企业的竞争优势所在。因此，紧跟市场需求升级与主流科技变革趋势，审视与调整价值链是企业行稳致远发展的内在要求。从消费需求看，随着国民生活质量的稳步提升和消费能力的不断升级，消费升级背后，个性化、多样化的细分市场迅速发展，向着体验型、场景型消费转换，这使企业创新研发、生产制造等价值链环节面临更高的要求，促使企业重构价值链。从主流科技变革看，目前正处于新一轮工业革命和科技革命浪潮的窗口期，以物联网、区块链、大数据、人工智能等技术为代表的数字化、智能化飞速发展，快速渗透于企业价值链的各个环节，助推价值链的供求关系、价值创造、价值转移等节点和逻辑展现出颠覆性的变化趋势，促使企业价值链重构。由此可见，智能化时代的到来，使得数字技术赋能企业价值链重构成为联结产业变革与市场供需的有效选择，需抓住这一契机，以区域价值链、产业价值链升级应对全球价值链重构，以智能化高质量制造业发展加速形成我国在全球价值链中新的优势地位。

第二节 研究目标与意义

一、研究目标

近年来，数字信息与智能技术的快速发展为全球产业价值链升级创造了契机。其中大数据、物联网、区块链、人工智能等信息技术的涌现，加快了传统制造业的价值链重构。全球价值链重构加速发展，并深刻地影响着全球经济、政治格局变化。现在市场日渐饱和，制造业的竞争也越来越激烈，但是我国的制造业成本预测、成本控制、价值评估、供应商绩效评价、可持续发展评价的手段还比较落后，在实际的使用中还存在着人工处理时间较长、手续烦琐、以价格论等问题。这些问题都会影响企业的价值链，降低企业的竞争力和转型升级效率。

本书利用人工智能技术从定量方面动态地观察各因素对制造业价值链各环节的影响，试图找出其存在的问题并提出针对性的建议。首先，确定各环节的影响因素，通过对制造业企业的内外部因素、财务与非财务因素等方面进行分析，根据各个因素的因果关系建立制造业研发成本预测、成本控制、价值评估、供应商绩效评价、可持续发展评价的指标体系。其次，通过 BP 神经网络、系统动力学、深度学习等人工智能手段，构建评价模型，并对案例企业进行实证研究，验证人工智能评价模型的可行性、有效性与科学性。最后，根据研究结论，针对案例企业乃至整个制造业企业价值链问题提出相关的建议，力求提高制造业各环节评估的全面性与准确性，实现我国制造业价值链重构。

二、研究意义

随着科技的不断发展，人工智能已经成为未来发展的重要方向之一，并开始显现出对传统产业的渗透和影响作用。人工智能在关键要素、技术突破和基础设施方面展现出的新动力，能否成为我国制造业克服当前阻碍的有力"武器"，是十分值得研究的问题。基于此，本书采用案例分析方法，以案例企业价值链重构各环节为研究单元，剖析各环节人工智能技术的赋能范式与现实表现，提炼案例企业运用人工智能技术赋能实现价值链重构的内在逻辑与成功经验，以期从理论上丰富人工智能效应研究体系，从实践上为相关企业价值链重构提供经验借鉴。

（一）理论意义

第一，提供了研发成本预测方法新视角。在人工智能背景下，逐渐衍生出诸多算法技术，企业在进行研发成本的预测时，应及时利用新技术进行成本预测。本书通过分析企业研发成本预测的影响因素，选用机器学习算法预测技术对案例企业的研发成本进行预测，并利用灰色预测进行结果对比分析，增强企业研发成本预测精度，同时，也为研发成本预测方法的研究提供了一种新视角。

第二，拓宽了成本控制的研究视角。本书深化研究国内目前汽车制造业的成本控制现实状况，并且对大湾区汽车制造业的成本控制有效性进行理论与实证分析。以期对我国汽车制造业成本控制理论起到补充作用。汽车制造业成本控制系统复杂，存在诸多不确定性因素，由于系统的复杂性及动态性，使得在实际建设活动中把握整个汽车制造业的人工成本动向较为困难。本书运用系统动力学方法对汽车生产的成本管理进行了全面的系统性研究，提出一个较为完善的、能够适用于绝大多数汽车生产成本优化研究的 SD 模型，以期为汽车制造企业成本控制的复杂性研究提供突破口和新思路。

第三，丰富了企业价值评估方法体系。人工智能的发展已经逐渐渗透到各个传统领域，在企业价值评估领域引入机器算法是本书提出的新建议，深度学习的运用可以有效解决企业价值评估流程中数据处理的问题，排除了人为主观因素影响，从而提高企业价值评估的合理性和准确性。不同于传统的估值方法，该方法可以拓宽企业价值影响因素的考察维度，并自动识别各个因素对企业价值的影响程度。所以，这一方法的应用将为已有的估值体系增添新选择。

第四，拓宽了供应商综合绩效评价的理论与方法。影响供应商综合绩效评价指标的因素众多，尤其是针对轨道交通车辆制造企业，既有一般制造业的共性，又有自身独特的方面。大多数学者在构建评价指标时，仅从制造业的共性出发，缺乏对轨道交通车辆制造企业自身特点的考虑，构建的指标往往缺乏针对性和实用性。鉴于此，本书根据轨道交通车辆制造企业采购物资特点构建了一套适用于 JC 集团采购物资的供应商绩效评价指标体系，并运用 GA－BP 神经网络模型实现了对供应商的有效评价，为供应商动态管理、差异化的分级管理提供了有力的理论与数据支撑。

第五，进一步丰富了企业可持续发展评价的研究内容。当前，研究数字经济背景下制造业企业价值和财务绩效的文献较多，学者们的关注点大多集中在数智赋能对企业商业价值的影响，缺少将商业价值与社会价值相融合探讨企业可持续发展方面的案例型论文，现有成果难为产业的战略选择提供有效支撑。本书旨在将数字赋能与高端制造业可持续发展纳入同一个理论框架之下，引入 ESG 要素，构建可持续发展评价体系，更全面地分析数智赋能对高端制造业可持续发展的影响机理。

（二）现实意义

第一，为后疫情时代制造业实现价值链重构提供参考渠道。新冠疫情暴发打破了经济发展常规节奏，市场整体经营业务徘徊不前，而且运营成本也不断增加，形成收入与支出的极度对比，多数企业有破产重组的风险，再加上宏观经济下行压力的加大，市场需求萎靡不振，市场信心的不明朗，使得企业难以为继，极大增加了发展的难度，迫使制造业企业加快数字化转型，构建可持续发展的生态系统。因而，在这一大背景下分析数智赋能高端制造业可持续发展，有助于制造业企业渡过后疫情萎靡期。

第二，对促进我国制造业的科学发展提出参考建议。制造业是我国实体经济的重要基础，其发展对于我国的经济增长、生态环境建设和社会进步等具有决定性的影响。因此，加快制造业企业转型升级是一项重要而紧迫的任务。本书以人工智能为切入点，分析了 AI 赋能制造业价值链的指标体系与应用研究，有助于提升制造企业研发成本预测、成本控制、价值评估、供应商绩效评价、可持续发展评价的准确性、科学性和效率性，进而保障企业技术创新与发展的科学性。

第三，深入探索人工智能与实体经济融合发展的可行性和可操作性。制造业在实体经济中占据着核心地位，实体经济又是国家经济的命脉所在，本书基于人工智能技术对成本预测、成本控制、价值评估、供应商绩效评价、可持续发展评价方面的理论分析与应用研究，揭示了我国制造业的现存问题，通过这些人工智能手段构建模型对我国制造业进行评价分析，为实现人工智能与实体经济的融合发展提供针对性的建议，为实现我国制造业价值链重构、推动其从"制造"走向"智造"的转型升级提供一定的借鉴和参考。

第三节 相关概念界定

一、研发成本预测

(一) 研发成本预测内涵

研发成本预测属于研发成本管理的首要环节,既是研发项目活动中形成研发成本决策的基础,也是后续制订研发成本计划的依据。企业研发成本预测是指管理者在综合考虑各类影响因素的情况下,根据自身的经验和实际发展情况,通过定性或者定量的科学研究方法对自身未来研发成本进行相关预测,以期对未来一段时间企业的研发环境、研发成本水平及研发成本变化趋势有大致的判断。研发成本预测水平的高低,直接决定着企业研发资金或者人员要素投入多少的目标的预定以及研发成本管理的方向。企业进行研发成本预测不仅有助于企业找准成本控制点,而且有助于提升企业管理者研发决策的正确性,作出正确的决策,提升研发效率,降低企业研发决策的盲目性。

(二) 研发成本预测方法

图 1-1 展示了研发成本预测主要使用的方法。一是定性预测法。定性分析是指建立在已有信息与资料之上,在有关专家、学者的指导下,以丰富分析经验及超强专业能力判断研发活动中需要的成本投入,并将其作为成本推断与预估的参考。鉴于定性分析对于人们的价值观念、判断能力等都具有很强的依赖性,若企业决策个体综合素质水平较低,将给研发成本预估带来严重不利影响,无法准确地进行研发成本预测,所以现阶段在成本预测研究领域以及实践运用方面,很少有单独采用这种办法的。二是定量预测法。定量预测方法也可以被称作统计预测法,这种预测方法是以较为完整的相关历史信息数据为基础,与数学及统计学相关知识相结合,构建数学模型,从而挖掘事物发展的客观规律,并对所研究问题未来一段时间发展的规律进行预测,主要有移动平均法、灰色预测法、线性回归法、

系统动力法、神经网络法等。当前成本预测法存在多种类型，未形成统一归类的方法，不同的预测方法在不同预测领域等情境下存在着不同的适用性。

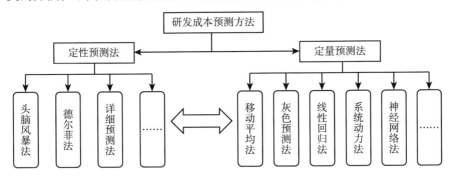

图1-1 研发成本预测方法

综上所述，基于定性预测法主观性较强，不适用于当前数字技术高速发展环境，采用定性方法进行预测可能产生的主观误差较大，本书并没有将其考虑在范围内。定量预测法是算法技术数理统计模型的一种体现，较为适应当前企业进行研发成本预测时面临的复杂的内外部环境。

BP神经网络的自适应程度很高，具有自学习功能和较好容错能力，同时也具有良好的泛化能力，能够逼近任意非线性输入、输出关系，通过对输入与输出样本信息的处理和训练，进而提取样本信息间的潜在规律，以此得到较为理想的预测结果，但其一般容易陷入局部极小值，本书选择了遗传算法对权重、阈值进行优化，即采用GA-BP神经网络作为本书进行研发成本预测的方法，通过遗传算法进一步优化研发成本的预测效果。此外，灰色理论需要的建模信息比较少，它不需要对原始数据分布的先验特性有什么了解，它可以弱化随机性，并对系统内部的演化规律进行挖掘，可以针对数量较少、可靠性较低的数据进行有效预测，同样也适用于对企业研发成本的预测。在对研发成本预测的研究过程中，由于研发成本数据具有时间序列的线性特点，所以本书拟选择灰色预测模型作为对比预测模型之一。

二、成本控制

成本控制主要指实现成本管理目标的一种行为。通过调节成本控制所影响的各项因素和影响条件分析，实现企业之前已经规划好的成本管理总目标。成本控制包括事前、事中和事后控制，但是成本控制的时限一般是在成本控制的过程中和产生生产耗费之前。

企业的成本控制过程主要是指通过事前预算、事中调整和事后反馈费用消耗。所以如果企业对成本控制管控到位，则有助于其识别关于其经营活动方面的优点和缺点，进而减少企业成本，实现利润最大化。因此进行科学合理的成本控制，有利于企业管理水平的改善、运营机制的优化、市场竞争力的增强和企业盈利能力的提升。企业的成本控制根据参与的时间，可以将其分为三个阶段，即事前、事中和事后控制阶段。在没有使用ERP 系统的传统制造业中，其相关成本数据往往是通过企业的会计人员使用手工记账后，再由会计人员在相关的表格或系统中予以录入，然后再经过车间一级一级的汇总，再由最终的统计员交给成本会计核算的方法来实现成本信息的收集与传递，相对来说程序比较多。

在这种方法下，一般是在成本予以汇总完之后才发现之前的问题，而这时候已没有办法及时改正，只能在下一期才能改正，也就是事后控制。在之前的采购、生产及销售等环节没有有效的控制，只有在物流变动时才有控制，从而导致了企业的资金、相关信息与产品之间的相互脱离。成本控制主要研究出现成本费用的各个环节：设计、采购、生产、储存、物流和售后服务。企业进行成本控制的目的是实现预期的成本目标、实现利润最大化。

目前有许多关于汽车制造业成本控制的办法，其中如下 6 种方法比较经典。

（一）绝对成本控制

这种方法是指直接降低成本费用支出的成本管理方法，其以减少员工可以控制的内在消耗以及企业产品与劳务的绝对值为基础。在该种方法下，能够体现按效率分配，故十分有利于调动员工积极性目的的实现。其中，该方法下被广泛使用的则是弹性预算及标准成本。产品和劳务成本指标属于综合性的指标，可以反映汽车生产经营管理的全貌。因此对于产品成本的控制涉及产、供、销成本管理的各方面和各层次。

（二）全面成本控制

对企业成本能够进行全方面、全系统及全过程控制的则为全面成本控制。能够对全部成本项目进行控制是全方面，对全部门的所有员工进行控制则是全系统，对成本发生自始至终进行控制则是全过程。根据以上内容，该种方法主要包括对全过程和全系统等两个部分进行控制。前者是要求将控制融合到项目的各个周期阶段，后者则要求对所有员工实现控制。现代科技的发展为这两个方面的控制提供了支持，更有利于全面成本控制的实现。

（三）标准成本控制

该方法是基于企业的标准成本和实际成本进而分析两者之间的差异的方法来进行成本控制的。两者之间的差异分为两种：一种是不利的成本差异，另一种是有利的成本差异。前者是企业的实际成本较高，而后者则是标准成本较高。在标准成本法下，首先是制定标准成本，需要以行业的整体水平为依据；其次是要对其实际会发生的成本予以预测，也需要以行业的整体水平和企业历期情况为依据；最后则是对前两步的结果差异进行分析，根据分析结果提出对应的应对办法。

（四）价值工程法

该方法是指将现有价值管理和技术工程相结合，往往是以不增加经济投入为基础，然后通过技术手段（如更换汽车部分部件）来提高产品的质量。虽然，更换的部件在价值上可能没有很大差异，但是对于有些客户来说，高档的变速器其档次会更高，质量更高。而对于汽车制造企业来说，其通过减少使用地下室环氧地坪漆进而减少成本支出办法则体现了在保证产品品质不变的基础上来降低企业的成本支出。

（五）作业成本法

该方法是指以汽车制造的作业为中心，利用资源耗用因果关系的分析来实现成本的核算，另外，也有利于作出汽车产品的管理决策。该种方法下，重要的是识别作业活动，由作业活动产生的作业成本不仅有利于帮助企业分析其实际成本和计划成本之间的差异，也能够为其成本控制的提高作出贡献。

（六）挣值法

挣值法又称挣值管理（earned value management），是指用 3 个独立且互相关联的变量，主要为用汽车制造生产进度计划、成本预算和实际成本进行成本管控测量的方式。挣值是汽车制造业生产成本和生产效率以及产品质量监控的常见方法。挣值法是关于生产进度和成本的变量，基于成本偏差分析的结果，然后引入挣值变量，以便汽车生产制造的管理层对汽车制造的质量、进度和成本耗费进行集成管理。这个方法要求对预期、重点、成本偏差指标等重要的成本差异分析指标予以掌握。汽车制造业的参数与变量相互之间的关系可参见图 1 – 2。

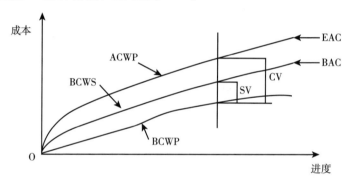

图 1 – 2　计划工作的预算成本、已完成工作的预算成本和实际成本三者关系

注：BCWS（budgeted cost of work scheduled）：计划工作的预算成本（即计划价值 PV）；BCWP（budgeted cost of work performed）：已完成工作的预算成本（即挣值 EV）；ACWP（actual cost of work performed）：已完成工作的实际成本（AC）；SV（schedule variance）：进度偏差（SV = BCWP – BCWS，即 EV – PV）；CV（cost variance）：成本偏差（CV = BCWP – ACWP，即 EV – AC）；EAC（estimate at completion）：完工估算（基于当前绩效预测的总成本）；BAC（budget at completion）：完工预算（项目初始总预算）。

三、企业价值评估

公司作为盈利性的社会经营机构，把公司各种生产资源组合起来向市场供应产品或服务，从而为公司和社会提供了经营价值。在 20 世纪 50 年代，MM 理论中首次提出了公司价值这一概念，公司价值是一种整体，指公司通过各种资本合理运营所形成的整体经营价值，远超公司各单项固定资产的账面价值。20 世纪后，经济学家们在研究了公司价值理论之后，对公司价值的含义有更深刻的认识。目前关于企业价值的概念还缺乏具体的解释，但是对企业价值主要有以下三方面的理解。

（一）企业价值是指基于未来现金流所计算的公司内部价值

1997 年，斯特沃特·梅耶斯（Stewart Myers）指出，公司价值的主要决定因素就是其未来的盈利能力值。在永续企业的会计假定下，公司价值可由当前的资产盈利能力价值和公司未来投资收益价值所构成。在这一理论基础上，学者们认为公司的内部价值是根据其未来的盈利能力而确定的，相当于公司未来净现金流的平均值。而当前的获利水平与未来潜在盈利能力则决定着公司整体获利水平，前者是投资当前的资产所带来的预计收益水平，而后者则是当前投资未来可能会产生的收益机会。这种观点认为公司价值是一个客观存在，即公司提供经营利润能力所确定的价格。

（二）企业价值是基于历史成本的账面价值

从会计学角度而言，企业的各种资产账面价值之和即为企业价值。但该观念是片面的，因为账面数据一般是过去的、简单而静态的，因此不能从公司发展的角度评价公司的价值。企业在经济发展中是动态的，这种认识只看到短期收益，而没有考虑企业未来的盈利能力。科创企业的账面价值只能通过对资产负债表中科目加以反映，既无法体现科创企业由知识资本、人力资本产生的无形价值，也无法体现科创企业在未来产生利润的潜力，因此企业真正的价值也无法仅通过账面价值来反映。

（三）企业价值是基于交易市场的市场价值

市场价值是指公司作为一种特殊的商品可以在市场上进行交易，买卖双方支付的对价即为该企业的市场价值。《国际评估准则》对企业价值定义是指买卖双方都出于自愿的原则，在公平市场环境下，理性实现的可承受的市场价值。前提条件是买卖双方所处的市场是公开透明且有效的，如若不是，那么通过该方式得出的企业价值同企业真实的价值就会产生偏离。因此，只有当市场信息有效程度较高时，企业的市场价值才越能接近企业实际价值。

四、供应商绩效评价

（一）供应商绩效评价的概念

供应商的绩效评价实质上是运用数理统计和运筹方法，采用特定的指标体系，对照统一的评价标准，按照一定的程序，通过定量、定性对比分析，对现有供应商的各个方面进行定期监控和综合评价，供应商管理的目标就是与供应商建立良好的互利、互助的合作伙伴关系。这就要求企业在做供应商的选择时要综合考虑各方面因素后进行综合评价。评价一个供应商的好坏不仅要考虑质量和价格因素，还需要考虑其技术水平、研发能力、管理能力等其他指标。

识别一个好的供应商不但需要对其进行广泛的市场调研，还需要考虑其内部管理水平，如财务能力、人员管理能力、信息化水平等综合性指标。供应商的综合绩效评价已经成为企业提高竞争优势的关键，需要引起企业足够的重视。

（二）构建供应商绩效评价体系的作用和重要性

供应商提供产品的价格、质量、数量和交货的及时性，能直接影响企业的生产和经营状况，从而影响顾客需求的满足程度，进而影响到整个供应链的竞争优势。因此，企业对供应商的综合绩效进行评价后选择合格的供应商非常重要。

1. 供应商绩效评价有助于保证采购质量，降低采购成本

供应商产品的质量是企业生产质量的基础，供应商的质量管理体系同时也是下游企业的质量管理体系。另外，从成本的角度考虑，供应商的成本是采购方成本的组成部分，采购成本降低，则企业利润相应增加，这与单纯依靠增加销售来增加利润相比效果更为显著。所以，通过建立科学合理的供应商绩效评价体系，选择正确的供应商，使供应商在竞争环境下提高产品质量、合理降低成本，对于下游企业保证产品质量、降低成本具有非常重要的意义。

目前，很多企业与供应商之间还是简单的买卖关系而不是合作伙伴关

系，双方的交易过程仍然属于典型的非信息对称博弈过程。根据经济学中的博弈论，这种博弈过程存在着机会主义倾向。根据委托代理理论，机会主义倾向一般会表现为道德障碍。道德障碍是指代理人利用自身资源获取优势进而实现利益最大化，如供应商偷工减料就是道德障碍的表现之一。而一般情况下，委托人又无法识别代理人的实际能力或了解其实际能力但不能确定其努力程度。这种信息的不对称使企业不得不在采购环节加大监督管理力度，从而增加了管理成本，降低了企业对客户需求的响应速度。只有加强供应商管理，选择优秀的供应商，使企业与供应商建立良好的合作伙伴关系，通过信息共享，才能达到降低成本、提高柔性的目的。

2. 供应商绩效评价有利于提高对客户需求反应的敏捷性

随着准时生产（JIT）、精益物流、零库存等思想的逐渐发展和应用，供应商的反应敏捷性成为供应商选择的重要指标。为提高需求响应的敏捷性，单独依靠任何组织是无法做到的，必须运用供应链的管理思想，加强供应商与企业的信息共享和合作伙伴关系。

3. 供应商绩效评价有助于提高生产效率

构建科学有效的供应商绩效评价体系，选择正确的供应商、高质量的原材料和配件将有效降低废品率，减少人工成本和回收成本，有助于提升其他部门的生产效率，同时，供应商及时交付也有利于企业生产效率的提高。

在制造类企业生产过程中，采购成本占总成本的30%~80%，这在总成本中的比重是非常大的。供应商提供产品的质量和价格很大程度上决定了最终成品的质量和价格，从而也决定了产品的市场竞争力。好的供应商是企业成功采购的决定因素，有利于企业降低生产成本、提高生产效率、提高产品质量，从而提高客户满意度。因此，对供应商的绩效评价是一个关键问题，对整个企业乃至供应链的竞争力有着很大的影响。

（三）构建供应商绩效评价体系的一般步骤

一套好的供应商选择方法，需要建立一套合理、科学并能综合反映供应商实际情况的评价体系。虽然不同行业的供应商选择步骤差异非常大，但大多数行业的供应商选择都是基于相似的标准程序来进行的。

1. 分析市场竞争环境

企业要想与供应商建立以合作、信任、共赢为基础的长期合作关系，在进行供应商选择时，就应该分析企业自身的市场竞争环境，准确把握自身在整个市场环境中的定位，只有明确了企业的自身定位才能分析哪些供应商最适合企业的发展。公司必须了解哪些原材料生产商适合与其建立长期合作伙伴关系。要充分了解这些供应商的实际运营状况，并初步选定备选供应商。

2. 确定供应商选择目标

供应商选择的目标就是企业希望选择什么样的供应商。选择和评估一个供应商不仅是一个简单的选择过程，它本身也是一个对企业自身业务进行分析和重组的过程。如果实施得当，可以为企业带来比较可观的效益提升。一般来说，供应商选择的目标包含以下几个方面：获得符合公司需求的产品或服务、争取付出最低的成本获得最优质的服务或产品、保证产品或者服务能够按照约定进行履行或交付、淘汰不合格的供应商、发展良好的供应商合作伙伴关系等。

3. 确定评价供应商的标准

企业对供应商进行综合评价的标准和依据就是供应商绩效评价指标体系，它是各评价指标按照隶属关系和层次结构组成的一个集合，主要反映了供应商综合情况的一个复杂系统的不同属性。供应商评价过程中最为关键的一个环节就是建立供应商绩效评价标准，它的合理性也直接影响着评价的最终结果。

4. 建立供应商评价和选择团队

供应商的选择和评价显著影响整个企业的运营和发展，包括公司的产品质量、利润盈亏和产品交付能力等多个方面。因此，供应商的选择不是采购部门单方面的责任，而是一个团队集体决策的过程。它需要建立一个跨部门的供应商选择与评价小组来负责实施这件事情。特别是那些行业中的领军企业，在日常生产活动中对原材料的需求比较大。因此，供应商评估小组的成员不能仅有采购部的成员，它应该由来自企业质量、生产、工艺、设计和采购等不同部门的核心成员组成。企业建立的评价小组成员必须具有高度团结精神和团队意识，还要具备一定的专业技能，能按照公正、客观的总体原则选择出供应商。

5. 对供应商进行评价

根据本书介绍的原则和方法选取评价指标，收集和调查供应商生产、经营各个方面的情况，并按一定的规则将其转化为相应的数据。使用第四章构建的供应商绩效评价体系计算出每个备选供应商的最终得分，完成对供应商的评价。然后，公司需要逐一分析各潜在供应商的优缺点。必要时，可以将评价的最终结果反馈给相关潜在供应商，加强与供应商的联系和沟通，使潜在供应商能够充分了解自身的长处和劣势，这样更有利于供应商的不断提高。这不仅是供应商评价的目的，也是供应链管理的最终意义所在。

6. 选择供应商并与其建立合作伙伴关系

在综合考虑多方面的评价因素之后，一般情况下企业会选择综合得分最高的供应商并与其建立合作伙伴关系。在与供应商进行合作的过程中，企业应让供应商参与到产品的研发中来，这样有利于产品的创新和开发，缩短产品研发周期，以快速响应市场。在与供应商合作的过程中，市场环境也会随时发生变化，因此既定的评价标准不能是静态的，也需要根据市场环境的变化进行动态调整，并对已建立合作伙伴关系的供应商进行更新和评价。

五、可持续发展评价

（一）可持续发展的内涵

可持续发展是一种既能满足当代人的需求，又能保护未来世代发展愿景的发展模式，即自然、经济、社会协调统一发展。对于社会而言，可持续发展的核心是经济的发展。但是，在 21 世纪，我们要求的是一个和谐、稳定、健康发展的社会，而社会发展少不了企业的推动，同时经济发展对社会发展也起到了巨大的助推作用。

对于企业来说，要想获得可持续发展，就必须站在公司的战略高度来考虑如何与社会发展相适应。因此，企业只有建立起一套符合自己实际情况的核心竞争能力，才能够获得长远的发展。首先，企业要充分认识核心竞争力的重要性，想办法打造自己的独特性，根据特色创建自己的品牌与产品，提升自身产品或服务的质量，让自己获得更多差异化竞争优势，降低运营的风险，减少资源的无谓浪费，确保它的持续发展。其次，企业必须不断地考虑其发展是否围绕着经济和社会的发展需要而展开，同时，也要以绿色环保为前提进行。只有这样才能确保企业在市场竞争中不受威胁与影响，获得长久的生存与发展空间。

（二）可持续发展理论

可持续发展理论最早是布伦特兰（Brundtland）于 1987 年发表的《我们共同的未来》报告中提出的。该报告一经问世便受到广泛关注与重视，被认为是对传统发展观的重大突破，标志着人类对环境问题认识到了一个重要阶段。报告指出，可持续发展的内涵是"在不损害后代利益的情况下，能够满足当代需求"的发展，以公平性、持续性、共同性为三大基本原则。该报告引起了全球各国政府的高度重视，随后便迅速传播开来。它起初用于生态环境，但是随着研究领域越来越深入，逐步扩展到社会、经济等领域，并且开始强调"社会、经济、生态环境"之间的动态平衡，在有限的资源范围内进行发展。本书通过对我国经济、社会发展现状的分析以及对相关文献的回顾，将其内涵可归纳为以下三个方面。

1. 经济可持续发展

经济可持续发展旨在推动生态建设和经济、社会的协调发展，而不是仅以环保为借口，需要企业在推动社会增长的同时，更加注重环境的可持续性，以实现经济和生态协调发展，激励经济增长。共同发展是实现人与人、人与社会和谐共处的一个重要条件，企业在发展过程中，既要尊重自然，又要保护自然。可持续发展观不仅体现了企业自身利益和股东利益最大化之间的关系，而且还将环境保护融入企业经营活动之中。企业要实现可持续发展，其目的也不是为了提高环境绩效，而牺牲财务绩效，而是寻求环境绩效和财务绩效共同进步。可持续发展指标的特殊性就在于反映经济发展与环境协调发展的状况，同时强调财务绩效指标与环境绩效指标的改善，鼓励企业谋求环境与财务绩效的共同增长，并非单纯地看重环境绩效的提升。

2. 生态可持续发展

生态可持续发展指的是发展与可持续的结合，在自然资源有限、生态环境承受力内开发，把对自然的保护作为根本，与资源和环境的承受力相互协调，在可持续的前提下进行发展，不仅要关注发展，还要关注可持续。要实现生态可持续发展必须从源头和根源两方面着手，强调对环境的保护，而不是把经济发展与环境保护对立起来。企业是造成环境问题的主要因素，因此，在发展过程中，企业必须对自身的经营策略进行调整。企业在平衡其财务绩效与环保绩效之间，亦有不小的压力。因而，对企业来说，必须改变自己的环境管理理念，在降低或至少不会增加对环境造成不利影响的前提下提升企业的财务绩效，从而达到环境绩效与经济绩效的双赢。可持续发展指标将财务绩效列为环境绩效考核的一部分，这同样反映出经济发展与环境保护并不是对立面的思想，它可以为企业提供一个更全面的视角来看待环境保护问题，鼓励企业转变发展模式。

3. 社会可持续发展

社会可持续发展旨在提高和改善人们的生活质量，强调同经济、社会进步配套。公平是经济和社会可持续发展的关键因素之一，现代社会越来越需要公平，不仅体现在时间上，更体现在空间上。在现代的发展进程中，不能以牺牲后代的资源和环境为代价，企业作为社会中的一员，肩负着对社会和国家的重要责任。企业承担社会责任不仅是履行企业义务的体现，还能推动社会进步。因此，企业应自觉遵守社会责任，从整个经营过程来看，向利益相关方承担责任，实现经济、社会与环境综合价值的最大化，以期促进企业自身的可持续发展，为助推我国高质量发展作出巨大的贡献。

可持续发展是企业始终追求的目标，要想实现资源的可持续利用和产业的长远发展，就一定要走可持续发展的道路。企业要对环保问题有清醒的认识，在经济发展与生态环境的双重作用下，建立生态环境的良好循环，不以浪费资源为代价，提高社会发展水平。高端制造业作为市场经济的主力之一，以数字经济为基础，加强企业间与行业间的合作，利用其高科技的特征对资源进行合理配置，从而达到可持续发展的目的，如图 1 - 3 所示。

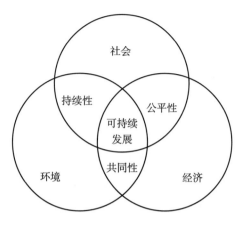

图 1 – 3 可持续发展的基本框架

第四节 研究思路及内容

一、研究思路

以技术创新理论、人力资源理论、企业价值评估理论等为理论基础，在文献研究和规范研究的基础上，充分借鉴国内外最新研究成果，基于 BP 神经网络、系统动力学、深度学习等人工智能手段在成本预测、成本控制、价值评估、供应商绩效评价、可持续发展评价等方面的理论分析与应用研究，通过这些人工智能手段构建模型对我国制造业企业进行实证分析。

本书遵循提出问题、分析问题、解决问题的思路加以展开，如图 1 – 4 所示。

（一）提出问题

首先对本书的研究背景进行简单介绍与分析，在此基础上提出本书的研究目的与研究意义，即我国制造业面临哪些挑战？如何利用人工智能手段重构制造业价值链，实现其从"制造"到"智造"的转型升级？

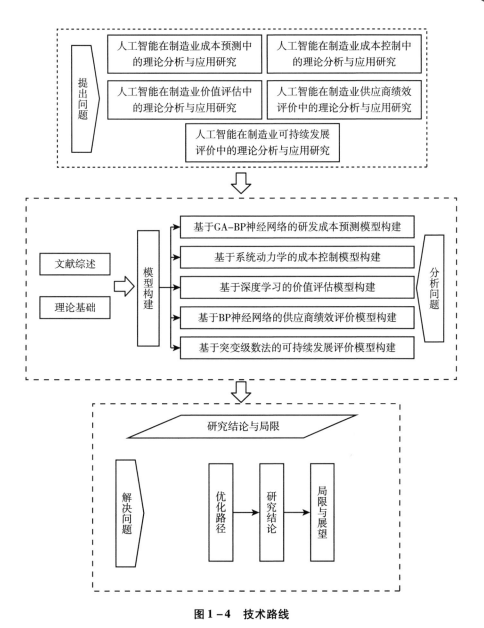

图1-4 技术路线

（二）分析问题

要重构制造业价值链，需从成本预测、成本控制、价值评估、供应商绩效评价、可持续发展评价等环节入手。通过文献查询、专家咨询和理论演绎与归纳等手段，对本研究所涉及的成本预测、成本控制、价值评估、供应商绩效评价、可持续发展评价环节进行系统研究；基于人工智能手段构建模型，整理汇总案例公司数据和相关信息，进行实证研究与分析。

（三）解决问题

根据实证结果，对案例公司现状进行分析、总结，得出研究结论并提出对策建议，为实现我国制造业价值链重构、推动其从"制造"走向"智造"的转型升级提供一定的借鉴和参考。

二、研究内容

本书以制造业企业作为研究对象，分别利用 BP 神经网络、系统动力学、深度学习等方法定性、定量地对企业的研发成本预测、成本控制、价值评估、供应商绩效评价、可持续发展评价进行分析，运用文献分析法、案例分析法和实证分析法对案例公司的现状进行深入分析，并提出相对完善的对策。全书主要分为 9 个部分。

第一章　导言。首先主要介绍研究背景、研究目标与研究意义，其次阐述研究的内容与方法，最后简要介绍了研究的创新之处。

第二章　文献回顾与评述。从人工智能与成本预测、人工智能与成本控制、人工智能与企业价值评估、人工智能与供应商绩效评价、人工智能与可持续发展评价 5 个方面，对研究涉及的国内外研究现状进行了梳理与评述。

第三章　我国制造业现存问题探讨。首先介绍了我国制造业的界定与分类，并对其现状进行分析、总结；其次梳理了我国制造业面临的挑战；最后对我国制造业的未来发展趋势进行展望。

第四章　人工智能在制造业成本预测中的理论分析与应用研究。首先，在研发成本预测特征基础上，结合企业研发特性，进行研发成本预测指标体系的构建，并利用灰色关联度模型对研发成本预测指标体系进行了关联性分析；其次，根据指标关联性分析，选取关联度较强和极强的指标作为预测的指标数据准备，构建 GA – BP 神经网络模型对研发成本进行预测；最后，选用灰色预测作为对比分析，并根据不同预测结果，对研发成本预测结果进行对比分析。

第五章 人工智能在制造业成本控制中的理论分析与应用研究。首先，根据汽车制造成本与三大资源因果关系图建立汽车制造业系统动力学模型，构建汽车制造业成本控制的 SD 模型并对其进行仿真结果分析；其次，对案例公司进行系统仿真分析，通过建立比亚迪系统动力学成本控制模型变量的方程，依据其实际情况对相应的控制变量进行模拟仿真；最后，构建比亚迪股份有限公司的人力资源、设备资源和物料资源子系统仿真，并对其 SD 模型检验及结果分析。

第六章 人工智能在制造业价值评估中的理论分析与应用研究。首先，构建深度学习价值评估模型，包括确定网络的层次、输入层的节点数量、中间层的节点数量以及层级之间的函数关系；其次，筛选科创企业大量数据对深度学习模型进行训练，最终使得误差达到设定的允许参数范围之内，构建深度学习的指标矩阵，通过市盈率法和建立的深度学习价值评估模型进行估值。

第七章 人工智能在制造业供应商绩效评价中的理论分析与应用研究。首先，结合案例公司现存的供应商绩效评价指标体系存在的问题以及问卷调查数据，通过因子分析法筛选主成分指标，构建最终供应商绩效评价体系；其次，收集有效数据，对数据进行归一化处理，再将数据划分为训练集、验证集，对 BP 神经网络模型进行训练及校验；最后，通过实例研究，验证新方法的试运行效果，并对暴露出来的问题进行分析和改进。

第八章 人工智能在制造业可持续发展评价中的理论分析与应用研究。首先，对评价指标体系的构建原则进行说明。通过科学的方法从财务、环境、社会和治理 4 个维度进行指标选取，建立指标体系并对指标展开具体说明。其次，分析评价研究主要方法的优缺点、本研究构建的可持续发展评价体系情况，选定突变级数法并阐述相关步骤。再次，搜集金风科技 2012～2021 年的数据并对数据进行标准化处理。最后，根据已构建的评价体系计算金风科技财务、环境、社会和治理维度情况，结合企业实际情况将各维度的评价结果按金风科技数字化转型的前后情况深入分析。

第九章 研究结论及局限性。总结全书，阐述主要研究结论，并对全

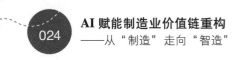
书研究工作的不足进行了展望。

第五节 研究方法与创新

本书将理论分析与案例应用相结合，采用文献研究法、案例研究法与实证研究法，适时采用定量分析和定性分析，并利用了技术创新理论等知识。具体来看，本书的研究方法如下。

一、文献研究法

本书在查找和阅读大量相关文献的基础上，梳理了人工智能与成本预测的相关研究、人工智能与成本控制的相关研究、人工智能与企业价值评估的相关研究、人工智能与供应商绩效评价的相关研究、人工智能与可持续发展评价的相关研究以及相关理论，在总结前人研究的基础上展开本书的研究。

二、案例研究法

在理论分析的基础上，本书选择了 5 家公司为案例剖析的研究对象，分别是歌尔股份、比亚迪公司、交控科技、JC 集团以及金风科技。并根据公司的特点，在详细分析了案例企业成本预测、成本控制、价值评估、供应商绩效评价与可持续发展评价方面存在的问题，以及其直接影响因素和间接影响因素之后，通过构建 GA – BP 神经网络研发成本预测模型、系统动力学成本控制模型、深度学习价值评估模型、BP 神经网络供应商绩效评价模型以及突变级数可持续发展评价模型对案例企业进行估值，并就其如何进行转型升级、重构价值链提出相关建议。

三、实证研究法

运用 BP 神经网络模型、系统动力学模型、深度学习模型等进行实证分析：从影响企业研发成本的三个因素入手，选择相应的指标建立了科创板企业研发成本预测指标体系，基于指标体系构建了三层结构 BP 神经网络模型，将预处理的数据输入到建立的预测模型中，进行模型训练和仿真测试，对科创板企业的研发成本进行预测；遵循"因果关系图—模型流图—模型方程"的建模步骤分析建立比亚迪系统动力学成本控制的系统流图方程和模型，然后将其应用于粤港澳大湾区汽车制造企业，依据各主要成本控制变量之间的内在关系，画出因果关系图和模型流图，建立方程关系，构建系统动力学模型；采用市盈率法和建立的深度学习企业价值评估模型对案例公司价值进行了评估，通过实证结果验证建立的深度学习价值评估模型的准确性与合理性；将 BP 神经网络评价模型运用于实际案例中，根据训练验证后的模型，结合具体数据，得出各供应商综合评分，选取确定最佳供应商；结合文本分析结果和企业年度报告资料，确定案例企业开启数字化转型的关键年份后，构建突变级数评价模型纵向对比企业转型前后的可持续发展能力，更为直观地反映数智赋能企业可持续发展的作用机制。

四、特色与创新点

从研究视角来看，本书以人工智能为背景，并且基于人工智能与制造业发展的内在联系探寻影响企业价值链的影响因素，并具体细化到案例企业，将宏观研究与微观研究相结合。通过价值链重构角度试图提升企业研发成本预测、成本控制、价值评估、供应商绩效评价与可持续发展评价的准确性以及有效性，以期为提升企业效率、增强人工智能背景下企业的核心竞争能力找到恰当的路径。

从研究方法来看，在分析案例企业的过程中，主要采用 BP 神经网络模型、系统动力学模型、深度学习模型、突变模型对企业价值链进行分析与预测。与此同时，通过对比不同模型的预测结果，发现利用人工智能方法预测效果更好，且模型稳定性更佳，使得预测准确率大大提高，为企业进行价值链重构提供了一种新的拓展方法，有利于制造业产业优化升级。

文献回顾与评述

 人工智能与成本预测的相关研究

一、成本预测的相关研究

成本预测是运用统计学等科学方法对产品成本进行预测和估算，从而控制企业成本，帮助企业进行综合管理和决策。对成本预测的研究，其演变过程经历了四个阶段：第一阶段是在第二次世界大战之后，成本预测可以提高生产效率和实现企业业务规划目标；第二阶段是 20 世纪七八十年代，成本预测真实性及适用性得到确认；第三阶段是 20 世纪末，国外学者将企业生命周期理论引入成本预测理论，提高了成本预测的适用性（Handfield et al.，1999）；第四阶段是 21 世纪，更多学者将关注度集中在成本预测的方法适用性上，对成本预测方法的准确性有了新的要求。

1983 年，创立必迪艾（BDI）公司的布索·罗伊德（Buso Lloyd）和大卫·都赫斯特（David Dewhurst）设计了一个应用程序，该程序使用企业历史成本数据作为预测未来成本的参照标准，但技术未达到精度，导致估算结果误差较大（陈力，2011）。20 世纪 80 年代末，爱立信（Ericsson）的研发团队建议使用 PROPS 模型，将研发项目分为四个阶段：前期预研究阶段、可行性研究阶段、实施阶段和完成阶段，在预研究阶段利用相关方法开展成本预测研究（Mulder，2010）。查尔斯等（Charles et al.，2007）在《成本会计：以管理为重心》一书中建议设计数量关系模型，以计算企业未来生产制造的预期成本。从战略的角度来看，战略成本管理的关键是准确的成本预测（Shank & Miguel，2010）。战略管理面向未来，成本预测当然是一个重要组成部分。有学者指出上市高科技公司股票收益率居高不下的原因是高科技企业对研发活动的投入较大，通过创建研发投入与股票价值之间的数学模型，证明了其观点（Chan et al.，2001）。

孙淑生和罗宝花（2014）指出，物流领域降成本潜力巨大，如何有效预测物流成本已成为企业面临的主要问题。杨旌等（2017）指出，降低煤炭成本一直以来是增进煤炭企业经济效益的重要方面，为科学合理控制煤炭物流成本，其必要条件是对物流成本进行预测。杜艳超和李明照（2017）提出，建筑成本预测关系到整体的建筑项目经济效益，如何有效地对建设项目的全寿命周期成本进行预测已成为建筑领域的主要课题。向红艳和徐莲怡（2020）通过对积年高速公路养护成本数据的分析，试图研究养护成本的复杂性和随机性，探讨各类型养护成本的发展趋势，预测未来养护成本，对高速公路运营管理具有重要意义。

二、成本预测的方法研究

学者在研究中对比以成本为导向的预测与传统无偏预测，结果表明以成本为导向的预测更具有经济效率（Li & Chiang，2018）。长时间以来，在成本预测中，人们较为习惯性地采用传统预测的方法。灰色模型预测是一种常见的预测方式，被广泛用于预测领域。文义（2015）构建过灰关联熵的成本组合预测模型对成本进行预测。刘柏阳和刘立刚（2018）将灰色预测引入区域物流成本的探究中，并且预测模型精度准确，可以为区域物流成本的进一步研究提供较好的借鉴。田博等（2018）则是在对比分析了定性以及各种定量预测方法后，选择了主成分线性回归的预测方法对案例企业的物流成本进行了预测。

但是随着信息技术的日益进步，在当前数字经济的大背景下，许多学者开始利用算法模型进行预测，较为常见的就是机器学习中神经网络的运用。早期，张吉刚和梁娜（2014）基于物流成本具有线性以及非线性的复杂系统因素，不适用于传统定量预测方法，利用改进的 BP 模型进行预测，发现改进的 BPNN 模型预测准确率有很大提高。何银银（2016）为了提高预测准确性，改进了传统网格搜索的算法，并建立了一种基于改进 GS - SVM 的煤炭生产成本预测模型，得到了准确预测。黄羽翼等（2020）利用 ADL - MIDAS 模型方法对物流成本进行了预测。程平等（2021）基于项目成本预测主观性强、缺乏准确性的特点，通过分析成本构成情况和历年项目成本影响因素，利用岭回归机器学习算法对项目成本进行了模拟预测。在环境成本预测中，也涌现出不同预测算法模型。例如，王和叶（Wang & Ye，2020）提出了一种基于扩展信念规则系统和技术约束的环境治理成本预测模型，发现该模型的精度高于现有的一些成本预测方法。一种新的预测方法被提出，即 FRBS - FE 模型，研究发现其也能够准确预测环境治理成本（Ye et al.，2019）。在实际操作过程中，很多学者也开始利用机器学习进行组合预测，构成组合预测模型。例如，杨旌等（2017）提出一种鸡群算法（CSO）和支持向量回归机（SVR）组合模型，并对煤炭物流成本进行了预测。邵松玲等（2019）在对制造型企业业务成本预测的过程中，不仅利用了容错度较低的灰色预测模型，还将灰色预测模型与其他模型进行了组合预测，发现组合的灰色预测模型拟合度更优。王乐和任海芝（2017）将具有线性拟合算法的多元回归和具有非线性拟合算法的径向基神经网络进行对比分析，也进行了组合模型预测，为煤矿材料成本预测及控制提供一种新的方法。当然也有学者在成本预测系统中纳入不同的成本预测系统影响因素，例如，将项目成本风险评估和实际绩效数据纳入贝叶斯网络的成本预测模型中，使得成本预测更贴近现实情况（Kim，2015）。

三、研发成本预测的现状研究

（一）研发成本的影响因素

在研发成本影响因素方面，已有文献在不同视角下形成了较为丰富而全面的研究。早期，我国科技企业刚刚起步时，学者王任飞（2005）就基于企业规模、盈利能力等电子信息企业内部因素对研发支出的影响进行过探讨。胡永平（2006）对企业规模、所属产业及其本身的创新水平等内部因素进行了研究，并得出了企业所有制形式、所在地区的经济发展水平、市场化程度以及其他外部因素也会影响研发支出水平的结论。企业研发活动系统复杂，充满不确定性，由此企业对研发成本的系统投入也受到多种因素的影响，受到诸多学者的关注。莱特纳等（Leitner et al.，2020）认为所有行业的研发成本都在不断地增加。而企业代理成本带来的推动效应会鼓励企业加大研发成本的投入，但这也是导致企业研发投资效率低下、研发成本继续加大的主要原因。基于早期学者以及现阶段学者的主要研究，我们可以发现影响企业研发成本的主要因素分为内部和外部两个方面。

第一，从企业内部因素来看，唐玮和崔也光（2015）以民营高技术企业为样本研究，发现企业生命周期是对企业研发经费投入水平影响最为关键的因素之一。秦瑜和王宗水（2017）通过对软件与信息技术服务业为主的高端制造业研发经费投入的研究，发现企业在成长期、成熟期、衰退期等不同生命周期阶段具有不同的表现，各阶段企业规模、资本结构、盈利能力对研发投入的力度有着不同的作用。此外，蒋冠宏和蒋殿春（2012）提出，企业如果形成了规模经济，规模经济带来的优势效应能够有助于降低单位产品的研发成本。学者李延喜等（2020）在"一带一路"共建国家直接投资对企业创新影响的研究中同样指出，企业可以基于共建国家消费和进口需求的持续扩张来扩大相关产品的市场规模，以此降低单位产品的研发成本。同样，孟霏等（2021）研究也发现规模较大企业能够凭借雄厚的资本、充沛的人力资源等弥补自身研发成本过高带来的潜在风险。不仅如此，企业进行研发活动的主要资金来源于企业内部融资，企业的盈利能力高低决定着企业利润水平的高低。其中，王等（Wang et al.，2016）通过对资金来源和研发总投入的关系进行案例分析，发现了企业内源融资与研发总投入呈显著的正相关性。并且，张超琼（2021）研究也发现企业研发强度受企业融资约束的影响。翁和索德博姆（Weng & Soderbom，2018）对中国制造业的上市公司进行实证研究后，发现企业内部现金流量对于研发活动具有正向的促进效应。可见，企业实际的盈利水平对于研发活动发展有正向影响。这一点与宾和金松吉（Bin & Ki – Seongi，2018）利用 588 家中国上市公司数据研究的结果是相似的，他们通过研究现金流、盈利能力和研发投资之间的动态关系，证明了盈利能力越高的企业研发强度也越高。孙晓华和翟钰（2021）进一步对企业盈利能力的内涵进行了深入剖析，从盈利水平、盈利质量、盈利持续性三个方面探讨了其与企业研发投资的关系，其中盈利质量与盈利持续性对企业研发投资产生主要影响，尤其是在以技术为主导的企业内部。

第二，从企业外部环境来看，外部环境被认为是促使企业加大研发力度的一个主要原因（Yenipazarli，2019）。章丽萍等（2022）在研究中也持相同意见。郑明波（2019）谈到，企业是研发创新活动的主体，它的研发成本不但会受到行业特征、创新能力等因素的影响，还会受到宏观环境以及市场需求波动的影响。此外，外部环境中相关政策对企业研发成本的微观作用也是不容小觑的。例如，创新补贴政策，张笑等（2021）研究发现，不同的创新补贴政策工具对企业研发成本的影响是存在差别的，具有更丰富信息资源的企业管理者更可能在不确定性带来的风险下倾向于做出增加研发资金并启动研发的决策。经济的发展需要制度的保障。陶长琪和彭永樟（2018）认为，良好的制度环境是数字经济发展的支撑和保障，同时，优良的制度环境也是创新驱动效应得以发挥的重要前提。数字经济政策适宜性供给为企业发展提供了良好的数字化生态环境，正如陶长琪和丁煜（2022）所指出的，在数字经济背景下，企业将更多的精力用于创新，而在数字经济发展初期，这些政策的有效供给又能对企业起到一定的导向作用，促使企业在数字化转型初期加大其研发创新支出。

（二）研发成本管理的现状研究

既有研究中，多数学者已经对企业研发成本管理重要性、研发成本管理效率以及研发成本处理方式进行过相关探讨。西蒙等（Simon et al.，2022）尤其重点指出研发成本在药物定价中的重要性。张元材（2021）认为，对于光学制造业企业而言，控制研发成本是提高企业利润的根本性途径。刘亦陈和罗钰涵（2017）曾分析了钢铁企业产品研发成本管理存在的问题及原因，并提出了针对性较强的研发成本筹划管理的建议。张向阳（2020）

在探讨企业研发成本管控存在的问题时，也从不同环节给出了相应的建议。徐雅琴和李明（2021）在探究数字经济对制造企业成本规划、成本核算、成本控制以及业绩评价四个环节的影响的基础上，结合数字经济背景，针对四个环节设计出制造企业成本管理的创新路径。此外，关于研发成本管控如何为企业带来效益，孙茂竹和徐凯（2015）认为，企业必须借助有效的价值测量、价值控制和价值管理系统促进研发投入的有效利用。此外，关于研发成本管理效率，贺佳欢（2017）在研究中构建了一种研发成本管理模式，以期提升研发成本管理效率。

（三）研发成本预测的现状研究

从战略的角度来看，尚克和米格尔（Shank & Miguel，2010）认为精确的成本预测是企业战略成本管理的核心。企业进行战略管理的目的是实现企业战略目标，成本预测作为成本管理的首要环节同样是实现其战略目标的重要部分。早期，宋雪莲和张德洲（2010）指出，企业需要遵循总体发展战略对企业研发成本进行科学预测，不同战略下，企业的研发成本预测及采取的控制方式不一样。官小春和梁莱歆（2010）认为，高科技企业研发成本预测是基于研发业务活动的特点进行的，在研发管理中，创新性地运用预测方法及管理手段，合理优化研发过程中的资源配置，提高研发人员的积极性，进而实现研发战略目标，使研发绩效得到持续改善。

除此之外，一些学者也开始利用定量方法进行研发成本预测，以期准确预测企业研发成本。例如，陈会明（2013）指出，产品成本受到成本预测的准确性的影响，而研发成本预测的准确性需要结合多方面来探究，并在研究中将高技术企业研发成本预测影响因素划分为研发能力、生命周期、成本预测方法、新产品新技术增幅、外部环境五大方面。迪马斯等（Dimasi et al.，2016）利用10家制药公司新药的研发成本对新药和生物制剂开发的成本进行了估算。王明启（2020）创新性地利用技术路线图法对物联网企业的研发成本预测进行了相关研究。

近年来，逐渐涌现出研发成本预测的各种预测模型。弗兰岑等（Franzen et al.，2019）研究发现，合理的预测模型有助于降低研发成本，可以借助适当的预测模型来助力企业进行研发成本的预测。李经路和胡振飞（2017）根据创业板企业的自身特点，引入径向基神经网络（RBF）和逆转传播神经网络（BP）对企业研发投入进行了预测。刘飒和万寿义（2021）构建了高新技术企业研发成本 PCA – SVR 预测模型，并且预测结果拟合度良好。魏等（Wei et al.，2021）利用灰色代谢 GM（1，1）模型和时间序列指数平滑法建立了高新技术企业研发成本的单一预测模型，经检验具有较高的准确性和实用性。

四、BP 神经网络在成本预测中的应用研究

（一）BP 神经网络

人工神经网络(artificial neural networks，ANNs)，又称神经网络(NNs)，是可以模拟人脑神经网络特征对分布式并行信息进行数学处理的一种模型。神经网络由于其强大的非线性处理能力，为经济预测提供了更大的可能性。神经网络模型的分类较多，目前已超过数十种。典型的神经网络模型有：BP 神经网络、RBF 网络、GMDH 网络、Boltzmann 机、Hopfield 模型、CPN 模型和自适应共振理论（Papadrakakis et al.，1995；Cui et al.，2020）。鲁姆哈特等（Rumelhart et al.，1986）提出了误差反向传播算法，即 BP 算法，这是目前应用最广泛的一种神经网络模型。

由于具有允许多个输入变量且无须考虑变量间相关关系以及高度非线性函数映射等特点，BP 神经网络在多个领域作为十分重要的一种神经网络模型得到了相应的应用。阿克利等（Ackley et al.，2010）提出了使用 BP 神经网络进行数据编码的基本概念。洪源等（2018）利用 BP 神经网络模型的非线性预测的特性，构建了债务风险非线性先导预警系统。张（Zhang，2017）利用 BP 神经网络非线性映射特性，用 BP 神经网络模型通过频域回归结果反映了原始声波测量系统的特性。在预测方面的应用，有学者将混沌搜索遗传算法与模拟退火算法相结合，提出了一种改进的反向传播神经网络，用于预测电力系统的短期电力需求（Nallagownden et al.，2017）。程等（Cheng et al.，2016）建立了 BP 神经网络模型，对我国典型煤及其混合煤的最大燃烧速率和固定碳燃尽效率进行了精确预测。胡心专等（2010）提出，利用人工神经网络进行预测已经成为许多项目首选的方法。

从以上文献可以看出，神经网络在财务领域的应用越来越广泛，但很少有学者将神经网络作为成本预测的研究工具。对于神经网络来说，其具有的客观赋权、操作简便和快速运算等优势可以有效地提升成本预测的准确性和有效性，所以将 BP 神经网络应用于成本预测领域可很好地发挥其效能。本书在前人研究成果的基础上，尝试利用 BP 神经网络对我国科创板企业的研发成本进行预测。

（二）BP 神经网络的应用

国外学者对成本预测中 BP 神经网络的应用研究时间要早于国内，在理论和方法上都比较成熟，并且理论与实践相结合，将其应用至具体案例当中。

博特拉等（Putra et al., 2015）提出，为降低不确定性，需要对典型已完工项目直接成本与间接成本进行建模，构建了一种基于 BP 神经网络的人工智能模型。特拉斯维塔等（Teräsvirta et al., 2005）将贝叶斯分析与神经网络进行优化组合，得出了精确度非常高的预测结果。卡尔博诺等（Carbonneau et al., 2008）利用反馈神经网络和支持向量方法预测供应链需求，当神经网络和支持向量学习方法处于最优状态时，预测准确率较高。也有学者建立了移动平均法和神经网络的混合预测系统，结果表明预测精度明显提高（Aburto et al., 2007）。

国内学者中，孙小和马正元（1999）为解决电力成本预测当中所遇到的实际问题，提出了一种基于反向传输人工神经网络（BP）的管理信息专家系统。牛忠远（2006）将 BP 神经网络应用于物流需求预测中，最终得到 BP 神经网络预测模型对于物流需要的预测来说是可行而且精确的结论。张俊光等（2013）为验证研发活动工作量预测方法是否有效，使用 Bayesian 模型（基于新 Dirichlet 先验分布的适合于小子样复杂系统的可靠性增长评估与预测模型）来提高研发活动工作量预测的准确性。孙祖妮（2012）进行实证分析，利用作业成本法和 BP 神经网络相融合的方式对铁路货运成本进行预测。吴丹（2017）采用 GM（1，1）和趋势预测模型相结合的方法预测未来中国的研发经费支出，采用趋势预测和多情景模拟预测模型相结合的方法预测中国的研发投入强度。陈文胜（2015）利用 BP 神经网络对工程造价成本进行预测，并通过层次分析法改进了基于 BP 神经网络的工程造价成本预测模型，实证结果证实了该方法是可行且有效的。李经路和胡振飞（2017）通过分别使用径向基神经网络（RBF）和逆传播神经网络（BP）对创业板研发投入进行预测，经过训练测试完成的神经网络模型之间可形成明显对比。

至此，国内外对 BP 神经网络用于成本预测的研究已经取得了相关成果，为本书的后续开展奠定了良好的理论基础。

五、文献评述

根据以上对国内外文献研究的整理，可以作如下归纳。

第一，国内外对于成本预测的研究主要集中在建筑、煤炭、工程项目等方面。从成本预测方法上看，传统的成本预测研究方法局限性较多，且准确性受到成本因素影响较大。

第二，针对研发成本预测研究，国内学者主要研究成果集中在研发成本影响因素较多导致研发成本预测不准确，而研发成本预测的精度在很大程度上将会影响企业产品成本。学者们在研究研发成本预测方面的难点在于研发成本自身的特性，企业研发成本影响因素较多且自身具有保密性、不确定性等特点，导致预测难以进行或准确性难以提升。与此同时，对于不同类型企业的研发成本影响因素也不完全相同，将研发成本预测方法"因地制宜"，提高研发成本预测准确性是部分企业急需解决的问题。

第三，现有的关于 BP 神经网络预测的文献大部分仍然停留在物流运输、产品成本等方面的成本预测，对于研发成本预测方面有所涉及，但仍需进一步深入进行相关研究。

综上所述，将研发成本预测与 BP 神经网络相结合的研究方法能较好地体现出成本预测准确性。通过对科创板企业研发成本特性及影响因素进行系统分析，构建出 BP 神经网络研发成本预测模型，对预测结果进行对比分析，为企业更好地进行降本增效工作提供科学决策支撑，最终对我国科创板企业进一步增强研发成本预测准确性提出相关建议。

第二节　人工智能与成本控制的相关研究

一、成本控制的相关研究

成本控制的本质是某种控制方式，成本控制标准是在事前和事中的某个阶段已经确定的，管理者通过主动采取措施对影响成本管理的关键要素进行积极的调整及防范。成本控制是成本管理的核心，是指为了达到管理层和股东的要求及相关法律、法规规定所进行的控制活动。

如今，针对成本控制的研究也相对比较充分，现从成本控制的重要性、成本控制的方法和原则以及新兴的基于价值链成本控制三个方面梳理如下。

首先，关于成本控制的重要性学术界已经达成共识。李进军（2017）、郝亚红（2018）等一致认为成本控制是公司在生产经营过程中获得收益的重要途径。王佳雯（2018）认为，公司成本控制有利于公司实现利润最大化，可以改善公司的经营管理水平，重视成本控制可以帮助公司适应市场的变化，使其始终处于有利地位。曹翰林（2018）提出，对成本控制被看作公司新的利润源泉，一方面公司内部成本费用的管理关系到公司的财务状况安全与否；另一方面成本费用也是公司经营状况的风向标，关系到公司内部资源的配置效率。张丽（2019）还建议公司作为自主经营、自负盈亏的经营实体，应在经营决策过程中尽可能降低生产成本提升竞争力，而成本控制就是一项重要举措，会直接影响公司的业绩表现。

其次，学术界关于成本控制的方法和原则方面的研究较为充分。张颖（2015）将成本控制细分为绝对成本控制和相对成本控制，而且供应链管理和金融衍生工具是进行成本控制的有效工具。成本控制贯穿了价值链管理的始终。因此，成本控制需要摒弃传统成本管理仅重视事中管理的做法，而要涵盖事前预测、事中管控、事后评估的全流程。在此理论基础上，作者以中粮集团安徽分公司在辖区内建立直营店和自营仓储网为例，检验了基于供应链的成本控制方法的有效性。此外，作者建议采用期权、期货等衍生金融工具锁定粮油等大宗商品公司的采购成本,但是鉴于金融衍生工具的高风险性,公司还应完善相应的内控制度。盖淑娟(2011)认为,企业成本管理可以从多个视角来看,企业负责人如果想要加强企业内部成本控制,应当充分调动每一位员工的积极性,鼓励员工积极参与到成本控制的工作中,并且要做到具体情况具体分析,找到适合企业的成本控制模式。

最后,学者们针对基于价值链的成本控制进行了大量的研究。薄湘平和陈娟(2003)指出,公司在成本控制过程中要明确公司价值链的各个环节,并逐个地进行剥离与分析,以明确公司比较优势的来源。此外,公司要思索如何通过成本管理与重构价值链来维持成本的比较优势。鉴于企业所面临的内外部环境并非一成不变,孙敬平(2006)认为公司想要维持竞争优势就务必要不断打造核心竞争力。他从价值链管理理论出发,研究了提升公司核心竞争力的途径,并肯定了价值链管理对于提升公司核心竞争力的积极作用。

二、汽车制造业成本控制的现状研究

(一)国外汽车制造业成本控制

早在 20 世纪 10 年代,泰勒认为成本控制包括标准成本模式、预算控制活动和成本差异分析 3 个维度。其中标准成本模式把企业所有的成本划分成两类:一类是企业可以控制的成本,另一类是管理层无法自主控制的成本。他认为制造企业成本控制的前提是对成本可控和不可控的正确划分。随着经济的发展,20 世纪 50 年代的成本管理理论开始重视技术分析对成本控制的影响,在欧美国家逐渐出现了作业成本法和目标成本法。但在日本最受推崇的却是"战略成本管理"理论,即将成本控制与企业的战略管理相结合。1989 年波特提出了对当前制造业成本控制仍具有深远影响的价值链成本控制理论。美国的另一位学者瑞利(Rayleigh)则更偏向于战略成本管理,他认为成本不应当只单纯地划分为可控和不可控成本,而应划分为结构性成本动因和执行性成本动因。这种战略成本管理理论与1987 年库珀(Cooper)教授和卡普兰(Kaplan)教授所推崇的成本动因理论相背离。

作业成本法的成本控制研究源于 20 世纪 50 年代。作业成本法强调将制造费用归集到作业，然后再把作业成本划分到各个具体的产品中。20 世纪 90 年代初期，在欧美的制造企业极少采用作业成本法，直至 20 世纪 90 年代中后期，作业成本法在英美等发达国家开始流行，绝大多数的制造企业都使用了作业成本法进行成本控制，企业的管理层也十分认可作业成本法。曼斯菲尔德（Mansfield）认为，可以通过跟踪产品相关的作业活动分析何为增值作业、何为非增值作业，一般情况下企业会保留增值作业而消除非增值作业。但在 21 世纪初期，以作业成本法为核心的成本控制理论虽然不断发展，但实际运用作业成本法的制造企业不到 1996 年的 30%，使用作业成本法的汽车制造企业就更少，这主要是因为实施作业成本法的成本过高和对于作业的划分具有过强的主观性。

2014 年，泰勒（Taylor）提出汽车制造企业的成本控制应当关注原料的采购阶段，要全面地考核采购活动的合理性，从而实施全面的采购成本控制活动。2016 年，莱亚尔斯（Ryals）认为，汽车制造业的成本控制应该从战略的角度出发。2017 年，莫妮卡（Monska）提出了从产品特殊性的角度研究汽车制造企业的成本控制理论。2018 年，尼娜（Nina）把汽车制造业的成本控制与全生命周期理论相结合，建立全生命周期的成本评价体系，找出影响汽车产业全生命周期成本的关键因素。

通过以上文献分析能看出，国外对于汽车制造业成本控制的研究很早就已经开始，欧美等发达国家的成本控制理论体系也较为系统、完善，有很多先进成本控制方法的实践应用经验。对于汽车制造业成本控制的研究：其一，利用全寿命周期对成本进行控制；其二，通过对技术和工艺的不断改进和完善，使得汽车制造企业拥有不断研发新品的能力，通过改良生产从而减少成本。但企业在应用成本控制方法时也会受到方法本身局限性的影响，因此国外的专家学者们仍在汽车制造业成本控制理论研究和方法的应用方面进行不断的探究与改善。

（二）国内汽车制造业成本控制

我国对于汽车制造业成本控制的研究相较于欧美而言，成本控制理论不够完善，企业也没有较为成熟的成本控制方法的实践应用经验。国内的相关专家学者对于国际上较为前沿的成本控制理论及方法已经作了引进、借鉴研究。20 世纪 90 年代，我国著名学者王光远先生就曾引进在英美等发达国家流行的成本控制作业成本法，他认为汽车制造业的成本管理体系要与作业成本相结合才能形成成本优势。20 世纪末，我国对波特提出的价值链成本控制理论进行了吸收引进。21 世纪初，鸥佩玉提出要做好汽车制造业的成本控制就必须区分好增值作业和非增值作业，要把作业成本理论运用到传统标准成本法之中，即要做到标准成本差异分析与作业成本控制理论深度融合。李秉祥（2005）认为，汽车制造业成本控制不可以仅局限于企业整体角度，可以利用供应链与成本控制理论的融合形成制造业供应链成本控制管控制度，供应链理论除了可以站在管理高层角度进行成本控制统筹外，还能直接连接企业整体和局部。2012 年，我国财政部也出台了相应的政策鼓励汽车制造企业的成本控制使用作业成本法。吴正杰（2013）从企业面临的外部经营环境和政府政策扶持两个角度研究，证实了作业成本法可以运用于汽车制造领域。

我国知名学者游然（2016）认为，可以把汽车制造的作业按照标准化予以规范，在确保标准成本核算的基础上与作业成本法结合，形成更为合理的成本控制理论。大量企业在引入了作业成本理论的标准成本控制方法后，通过作业差异分析对制造企业的真实经营情况有了更全面系统的认知。2017 年，汽车制造业的成本控制理论引入了目标成本管理，该理论认为企业设定科学的成本管理目标有助于实现全过程的成本控制，目标成本控制理论的倡导者为鲁金富和刘美玉教授。同年，我国许多专家学者认为，控制好采购成本可以降低汽车制造企业的成本费用，可以把成本控制与战略目标管理相融合。殷妙娟（2018）指出，汽车制造业的成本控制要注重全过程成本管理，主张可以通过把成本控制的因素按重要性划分，重视最具影响力的成本因素以提高企业的资源利用效率，实现降低汽车产品成本的目标。

总而言之，目前国内相关产业的成本控制方式无法适应粤港澳大湾区汽车制造行业的新模式，难以适应汽车制造企业新的发展要求。在这个时代背景下，尽管国内的相关专家学者已经对于国际上较为前沿的成本控制理论及方法做了一定的借鉴，并且汽车生产制造相关企业获得了一定的积极成效，但是相较于其他国家，尤其是发达国家的成本控制研究而言，我国的成本控制仍存在着许多问题，具体来讲就是在成本控制的实施过程中对其影响因素考虑不全面、对成本控制的复杂性认识不足。汽车制造企业在成本控制中缺乏对动态控制理论的研究，传统的成本核算大多采用事后核算，控制系统的反馈机制不足。

三、系统动力学在成本控制中的应用研究

目前，将系统动力学理论与成本控制理论相结合并应用于汽车制造领域的研究尚处于发展期。与作业成本法和价值链成本法已经具有成熟完善的成本控制理论与实践应用相比，成本控制的系统动力学研究相对稚嫩。系统动力学的管理原则是将整个企业看成一个大系统，管理者作为整个系统的领导发布成本控制的总目标，企业的物料子系统、设备资源子系统和人力资源子系统根据成本控制总目标分解出需要各个子系统完成的目标，因此，系统动力学通过分析系统要素的因果关系分析并绘制流图，再构建符合实际的系统模型。

基于系统动力学的制造业成本控制研究一般是和汽车产品质量和生产效率相结合的。系统动力学比较适合成本影响因素繁杂的企业管理，其要求的数据不一定精确，但是一定不能偏离实际情况，企业的成本控制与系统动力学理论的融合管理体制有助于提升管理层对成本支出的掌控和分析能力。我国学者陈洁（2020）提出，当前粤港澳大湾区的汽车制造业成本控制管理没有意识到成本动因分类的重要性，成本控制政策不能根据企业面临的市场变化及时作出动态调整。而系统动力学本身就是一个动态系统模型，因此将系统动力学引入成本控制系统中有助于企业采取高效合理的动态措施。汽车制造企业的作业成本控制只是对生产制造环节的作业进行管控，不涉及汽车制造原料采购和汽车售后服务阶段的成本控制，虽然汽车制造全生命周期的成本控制考虑到了整个汽车产品的各个环节，但是这

些成本控制只是集中于汽车生产的操作层面，对于汽车成本控制的环境变化应对不及时。基于此，本书试图将系统动力学应用于粤港澳大湾区成本控制的汽车制造产业中，探讨企业系统内影响成本相关因素和参数值的关系，据此构建模型方程、确立子系统中各要素与要素之间的因果关系图，建立基于系统动力学的粤港澳大湾区汽车制造业成本控制模型，改变参数的赋值对其未来的成本变化趋势进行科学预测，不仅可以对成本进行操作过程的事中控制，还能达到有效的事前管控。

四、文献评述

从以上对国内外汽车制造业成本控制的发展路径剖析、系统动力学与汽车制造业的耦合性研究的探讨和成本控制中引用系统动力模型的可行性分析可以得出如下结论。

第一，国外对于汽车制造业成本控制的研究很早就已经开始，欧美等发达国家的成本控制理论体系已较为系统、完善，也有很多先进成本控制方法的实践应用经验。

第二，在这个时代背景下，尽管国内的相关专家学者已经对国际上较为前沿的成本控制理论及方法进行引进、借鉴研究，也给汽车生产制造相关企业带来一定的积极效果，但是相较于国际上的尤其是发达国家的相关研究而言，目前仍存在着一些问题。具体来讲，在成本控制的实施过程中对其影响因素考虑不全面，同时对成本控制的复杂性认识不足；汽车制造企业在成本控制中缺乏对动态控制理论的研究，控制系统的反馈机制不足；传统的成本核算大多采用事后核算，对于汽车制造业成本控制中的不可预测性缺乏有效的管控手段。

综上所述，汽车制造企业的成本控制具有发展动态性和系统性，无论是作业成本法还是标准成本法均不能表现汽车制造业成本控制特征。基于此，以系统动力学为工具，建立汽车制造业成本控制系统动力学模型，对粤港澳大湾区汽车制造业系统进行仿真分析，能推进汽车制造业成本控制的开展，促进汽车制造业企业发展。

第三节 人工智能与企业价值评估的相关研究

一、企业价值评估的相关研究

以往评估公司价值主要围绕财务因素展开，关注点集中于公司的盈利能力。然而，科创板等板块的新兴技术企业虽然拥有上市融资的资格，但是相比于其他企业，其目前的盈利能力还远无法与之匹敌。那么在评估科创板新兴企业价值的时候，我们更应该关注企业的哪方面？查阅文献，有国外学者通过对高技术企业智力资本和投资者投资取向之间的研究发现，企业良好的知识资源利用有助于提高科技企业市场评估的价值，随着时间的推移，具有较高智力资本管理效率的科技企业会得到投资者群体的认可和青睐（李连燕等，2017）。技术创新对企业成长和竞争优势至关重要，对研发风险的准确、有效评估是提高项目成功率的关键（陈永丽等，2011）。郭崇（2018）等指出企业的内在价值既取决于其盈利能力的高低，也取决于其财务风险的大小，最重要的是企业成长性是否良好。为了证明非财务因素对企业价值的影响，屈晓娟和张华（2019）挑选了 200 余家上交所、深交所上市企业，对其价值评估结果进行了分类，并计算收益法在上市企业的实际应用情况。他们还发现了与折现率相关指数的实际应用问题，并根据无风险收益、市场风险溢价、企业的特定风险系数等指标，提出了具体的方法、意见。李正伟（2019）认为，企业的价值评估不但受公司财务表现制约，而且受市场发展情况的制约。为准确判断公司的总体价值，不但必须考察公司自身的现金流状况、财务状况，还要考察公司在市场中的发展潜力，如此才能对公司的总体价值进行合理判断。王治和李馨岚（2021）通过构建计量模型，探究了文化传媒行业企业资产价值的影响原因，并重点研究了成长、资金、智力等对文化传媒企业经济价值的净资产收益率影响，从而体现出净资产增长率、现金和固定资产比例、固定资产周转率、第一大与第二大股东持股比率、无形资产和负债比率等对文化传媒行业企业经济价值的影响。

关于新兴产业的公司价值影响因素，有研究者对中国创业板等超高市值的科技板企业的发行价值展开了深入研究，首先从超高市值科创板块公司发行价的企业方面的能力、获利能力、发展潜力等方面展开研究（王铁旦等，2021），其次从市场影响因素的投资人心态、发行人声誉、发行规模等展开研究（Kwon，2019；Li et al.，2019）。通过实验研究表明，发行价只能反映企业的盈利能力，不能反映其创新和发展能力（周翼翔，2021）。段文奇（2018）等学者研究了内部控制和股权激励对互联网企业经营绩效提升的影响。在明确总结了高新技术企业特征之后，学者们选择调整企业价值评估的指标体系（Djordjevic et al.，2020）。王静等（2019）学者通过研究证明，企业规模大小与企业在创新投入方面的多少是有关联的，两者共同作用于企业价值。张志强（2020）对公司资源获取能力、创新投入和公司价值之间的关联展开研究。研究表明，企业从外部获得的资源会用于企业内部技术创新投入，公司价值也会由此增加。外部资源获取带动企业创新投入，并最终体现为公司价值，而这个信息传导机理对于新一代信息技术上市公司来说依然适用（张晓涛等，2017）。彭伟辉（2019）研究证实人力资本投入和企业价值之间呈现正相关的影响，人力资本投入提升企业生产效率，从而带动企业的业绩提升，影响企业在行业的认可度。王一鸣和杨梅（2017）通过分析企业研发、绩效和市场价值三者之间的关系得出，企业研发、业绩与市值之间是关联的，稳健、积极的研发创新策略是企业保持高绩效和高股价的前提条件，而良好业绩和股价亦是积极研发创新策略的基础保障。

针对高科技技术型公司的估值方案，实物期权法和经济增长率模型组合则更为常用。经济增加值模型虽然是一个相对合理的企业价值评估模型，但对于金融市场环境和企业的发展变动影响却无法预先合理估价，从而对经济增加值评价科创板公司价值也存在着相当的局限。因此为了减少由于不确定性造成的经营风险，有学者通过模糊评价法和层次分析法对企业经营风险加以衡量与评估，并结合 COSO 内部的整合框架模型来减少影响经营风险（Li et al.，2019）。谢喻江（2017）教授利用经济增长率（EVA）从公司成长性视角考察研究政府支出对公司未来创新价值的积极影响，从而客观评估了公司内在价值。有的研究者在评价新三板公司价值时会引用实物期权法，并根据具体公司价值将实物期权法和现金流量法对价值评定结果加以比较分析（邵明东，2017；郭建峰等，2017），但是该方法缺乏创新驱动因素的考量。

也有学者根据平衡计分卡理论，建立了一种融合财务与非财务因素的综合价值评估系统，从财务、学习创新、内部经营和顾客四个角度对信息技术企业的企业价值进行评价（屈晓娟，2019）。王玲和李慧敏（2018）的调研结果表明，信息技术型中小企业在大数据分析背景下，其公司价值受到行业类别和企业背景等非财务因素的影响，而且需要考虑公司在未来走向资本市场以后的风险因素对公司价值的影响。王学璨（2018）通过研究互联网企业价值影响因素后认为，网络用户流量和平台资源这类非财务因素对评价互联网公司价值非常关键。

二、企业价值评估的方法研究

西方学者莫迪利安尼和米勒（Modigliani & Miller，1985）给出了经典的 MM 理论研究和现金流量折现模型，引进现代企业价值评估基础理论，是现代企业价值评估方法的开端。MM 理论研究考察了市场不确定性对折现法值的影响，并指出用考虑风险的折现率对公司预测利润，进行计算后的资本价值即是在市场平衡状况下的公司价值。接着，威廉（William，2008）发明了 CAPM 模型，该模型把公司的资本风险和金融风险都引入折现法中，从而更加丰富了现金流折现法，并促使现金流折现法成为最主要的公司价值评估方式。此后又有学者提出了经济增加值与公司剩余利润的概念，并指出只有超出了股东权益报酬以外的利润才能反映为公司的真实价值，经济增加值指数因为其可以比较精确地反映公司报酬率而被广泛应用。另外也有学者认为，利用经济增加值衡量公司价值才更能体现出公司的实际价值（Wallace，1998；Guota et al.，2011）。由于随着时间的变化、社会经济的演变，公司价值不仅源于已有生产资料带来的经济价值，还具有潜在获利价值，因此根据金融期权理论提出了实物投资期权（Stewart，1997；Black et al.，1973）这一范畴，用以评价高新技术公司的潜在价值。

根据我国资产评估协会发布的《企业价值评估准则》，企业价值评估是指由资产评价机构以及资产评估专业技术人员按照法律、行政规定或者资产估值规范，通过委托对估值基准日在特定目的下的公司总体市场价值、公司全部权利市场价值和股东部分权利市场价值等信息作出确认与计量，并提供资产估值报告的专业技术服务活动。公司价值评定是指通过使用客观科学的方式，公平合理地判断公司的市场价格，是出资人、管理层等经营利益相关者进行合理决策的依据，从而实现改善经营决策质量的目的。公司是指为达到利润最大化的目标而把各种生产要素集成到一起，从而构成了一种结构完备并具备生产能力的经济体，所以公司价值衡量的对象必须是由公司内部所有资本组成的经济体，并非对所有资本账面价值的简单概括。传统的价值评估方法在理论上主要分为以下三类。

（一）收益法

收益法从企业持续经营视角考虑，学者们认为该方法可以通过评价公司未来的收益潜力评估公司整体价值。该方法不但适用于上市公司，对于非上市企业，只要企业满足收益法的应用前提，就能够运用该方法对企业估值（吴玉烁，2019）。收益法的应用前提有以下三点：首先，评价的公司必须具备盈利能力，并在可预测的未来是连续运营的；其次，未来收益率和收益期限是可以准确计量的；最后，设定的预期折现率是考虑了投资风险的，并且具有一定的合理性（王晋国，2019）。另外还需要三种评级参考：未来收益率、贴现率和折现期，但是确定这三种参数具有相当的技术问题（郑征，2020）。

（二）成本法

成本法从财务会计视角考虑，该方法认为理性投资者在重置或重建与估值对象具有同样效用的替代品时，支付的价格会低于评估对象历史成本。成本法依赖于企业资产负债表中的财务数据，即评估所有单项资产的账面价值后加总。成本法的应用前提有以下三点：其一，投资者应当是理性的，即投资者在购置资产时不会高于成本价；其二，资产的价值可以公允计量；其三，专利技术、品牌等无形资产不影响企业整体价值（赵欢，

2019；刘垠等，2020）。成本法评估也存在一定的局限性：成本法主要应用于拥有大量实物资产的公司，并且大多以破产清算为主要评估目的（凌洪章，2020）。成本法只是对各单项的资本价值进行评估后加总，忽略了影响企业价值的其他方面因素，仅考虑了资产一个方面，所以从成本法中得出的公司价值往往不及公司的实际价值（李寅龙等，2021）。

（三）市场法

市场法是指从市场价值视角出发，根据在同一市场的同样资产是否有同等或类似价值的原则来判断公司价值。市场法判断公司的价值后，在公开活跃交易市场找到与被估值公司同等或类似的目标参考公司，对比分析被估值公司和参考企业差异，根据参考公司的市场价值，进行必要的参数调节，最后确定被估公司价值。市场法所采用的三种假定条件：第一，存在大量成交案例以及方便取得有效成交数据的公开活跃市场；第二，在公开活跃市场上必须有与被评估公司一致或类似的参考公司；第三，参考公司的一些有效指标数据和资料必须易于获得。

市场法的局限性较小，在被评价公司无法达到收益法的应用要求时，才能考虑采用市场法。该法和平均收益法一样需主观预测的市场参数都较小，在评估实践中，具有基于市场法则的结果易于掌握、接受和公允性强等优点，被作为企业评价方案中所得结论正确性的基础检验（孙习亮等，2021）。但市场法又具有一定的局限：首先，因为我国证券交易上市制度尚不健全，所以无法实现市场信息的充分对等；其次，因为各个公司的内外部环境有所不同，其所存在的财务风险、经营风险也不尽相同，所以无法找到完全相同的参照公司；最后，运用市场法则也要调整价值比率，这就需要专业的估值技术，所以评估师专业素养也将影响最后的估值结论（汪海粟等，2021；庞婧，2020）。

近年来，国外研究者在已有比较完善的企业价值评估方法主体的基础上，逐步对公司价值评估方法加以完善并将之运用于实际中。经研究实物期权法能够合理地评价公司在进行合并、收购等扩张活动时产生的或有收益价格（Yoo，2019）。通过实物期权法研究还发现，天然气和原油的市值变动幅度对加拿大油砂项目的价值产生了很大影响。

现金流量折现法认为，各个公司的总体规模、运营模式都具有一些差异性，用现金流量折现模型估值时应该结合专业评估人员的评估经验，根据公司的实际情况，选择确定目标公司价值评估指标参数（Pan et al.，2020）。企业价值评判的主要参与者和背景、公司生存条件及其数据获取状况等均对公司的价值评判值产生影响（Kim et al.，2020）。纳塔利娅（Natalya，2017）通过评估企业现金流量和贴现率发现市场预测比 VAR 系统更精确，从而论证了现金流量法预测偏差较小。

三、深度学习在企业价值评估中的应用研究

（一）深度学习的发展

2020 年 10 月，"人工智能"被列入我国"十四五"规划的国家重要技术专项。近年来，各类人工智能创新企业如雨后春笋般出现，人工智能的各种应用逐渐改变了人们的生活。人工智能是一个包含了多种专业交叉的学科，深度学习也是新一代人工智能的重要方向所在，广泛应用在语言信息处理、电脑图像视觉、自然语言信息处理等多种人工智能应用领域。

最早的 MP 神经元数学模型于 1943 年问世，是由麦卡洛克和皮茨（McCulloch & Pitts，1943）提出的。神经网络的基本原理是用计算机模拟人脑电信号中包含的大量的脑功能信息，以此使得计算机拥有类似人脑思考和判断的能力。1958 年，第一代神经网络单层感知器由罗森布拉特（Rosenblatt，1958）提出，它能够区分三角形、正方形等基本形状，这也使人类觉得有机会开发出真正能够认识、学习、记忆的集体智慧机器（Rumelhart et al.，1986）。但第一代神经网络基本原理的局限性使人们的幻想破灭了。1969 年，明斯基（Minsky，1969）发表感知器专著：单层感知器根本无法处理异或 XOR 问题，因为神经网络拥有人们设计的稳定的特性层，但这种特性层不适合真正智慧的机器的定义。

第二代神经网络于 1986 年由鲁梅尔哈特等（Rumelhart et al.）研究提出，该神经网络可以解决原来的单一固定特征层存在的问题。三年后，第二代神经网络被证实可以接近任何函数（Cybenko，1989；Hornik et al.，1989）。不久后，卷积神经网络被发明出来，该神经网络已经可以用来识

别照片类型的数据，比如用来识别手写体，但是当时训练模型需要整整三天的时间（Lecun et al.，1989）。1991 年，反向传播算法被认为具有梯度消失问题。1995 年，科尔特斯和万普尼克（Cortes & Vapnik，1995）共同提出的支持向量机，使深层神经网络的研发被搁置。

2006 年，有学者研究了人脑中的图模型，并指出自动编码器（auto encoder）可以控制图像的低维度，主张以预训练的方法更快训练深度信念网，以控制梯度消失现象，从而形成了第三代神经网络（Hinton，2006）。这些论文建立了现代深度学习的理论基石，从此深度学习步入了高速发展期。2011 年，微软和谷歌相继成功通过深度学习科技将语音识别出错率降至20%～30%，为该领域的最大突破。2012 年，辛顿等（Hinton et al.，2012）把 Image Net 图片分析问题的 Top5 错误率从26%降低至15%，自此深度学习步入大爆发时期。余凯等（2013）证实了局部最小值问题是可以解决的，该发现消除了长期笼罩在神经网络发展上的阴霾。深度学习发展历程如图 2－1 所示。图 2－1 中的空心圆圈代表了深度学习热度上升与下降的重要历史转折点，而实心圆圈的大小代表了深度学习在这一项的重大突破。斜向上的直线说明深度学习热度处在上升期，斜向下的直线则说明深度学习热度处于下滑阶段。

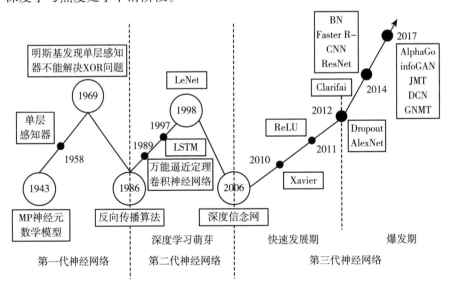

图 2－1　深度学习发展历史

深度学习是在浅层机器学习的基础上发展而来的。两者的差异主要在于，浅层机器学习模型需要他人抽取特性，建模自身也只能针对特性作出分析或估计，因此人为主观地选择特征指标的质量在较大程度上决定着系统的准确性（Bengio et al.，2013）。指标选取往往需要具备专门研究领域或专业的知识，而且特征指标选择往往要耗费大量时间，并且可能带有选择人的主观色彩。深度学习是一种表示学习，它可以获得比数据更高级的抽象描述，也可以自动在数据中抽取特性，这就有效避免了人为选择指标的主观因素影响。而且在深度学习里的隐藏层就相当于是所有输入特性的线性组合，而隐藏层和输入层之间的权重就等于输入特性在线性组合中的权重。此外，深度学习模型的学习能力也会随着深度的提高而呈指数上升（Bengio et al.，2019）。

（二）深度学习的应用现状

得益于非线性优化、大数据分析等技术优势，深度学习方法在经济领域研究中得到广泛应用，贾斯廷（Justin，2019）通过深度学习模型训练，以 2014~2015 年纳斯达克证券交易市场企业为研究样本，比较合理地估计了双方企业的交易报价。马修（Matthew，2018）运用深度神经网络来预测大宗商品和外汇期货的价格，结果显示该方法具有 42% 的准确性。有学者指出，机器学习中对模型的计算函数形态并没有进行过严密的假定，但对于变数间的作用和参量相互之间的数据分配假定，相比于传统计算方式来说较为宽泛，所以在大数据分析和预测金融数据时更有优越性（Ghoddusi，2019）。有学者则通过深度学习方法中的 LSTM 模式，预测到了股票市场的长期波动，并与各种广义自回归条件及异方差模式相结合（Ha et al.，2018）。欧阳红兵等（2020）学者建议，运用 LSTM 神经网络来解决金融时间序列数据的非均匀、非线性等复杂特性，以及数据与时间非线性之间相互关联而无法表达等的困难问题。

深度学习方法在分析研究对象影响因素方面准确性较高，该模型尤其擅长排除无关因素产生的影响，并且发现重要影响因素之间的非线性关系。王立鹏（2018）研究证明，深度学习方法可以分析出有较高重要性的因素，也可以减弱较小相关或无关因素所带来的负面影响，且深度学习方法对任何时间序列数据类型都有较强的适应。苏治等（2017）则认为，深度学习中采用的分层结构可以提炼深层特征，并强调重要因素、过滤噪声，对于提高预测准确度有着重要意义；其应用和由此产生的优化技术进一步完善了金融领域预测分析，并推动了验证研究范式从线性向非线性过渡、从关键参数显著性向复杂模型结构和动态特性过渡。齐明皓教授认为，深度学习推动了人工智能研究的发展热潮，使以计算为核心的人工智能研究时代全面开始，在工业应用上获得了里程碑式的进展，催生出以数据为基础新型生产制造要素的新型经济发展模式，并成为中国企业提升产能、转变经营方式、促进市场结构转变、促进其在实体经济领域数字化影响、提升全球竞争力的重要紧迫要求（齐明皓，2018；乔阳娇等，2020）。深度学习还运用于财务危机判断，李辰杰（2019）首次提出了针对财务欺诈的财务风险与判断影响问题，后加入反欺诈指标，并与深度神经网络结构融合，形成了财务危机预警模式。通过实验表明，增加的动态财务指标可以有效提升预测模型的精确度。

四、文献评述

通过对影响公司的价值因素分类和公司价值评估方法等文献整理，得出以下发现：中国新兴公司价值评估已突破了传统的公司价值评估边界，企业价值驱动因素以及合适的评估方法已成为企业价值评估的重点。目前，中国学术界对于传统价值评估方法在精度与全面性等方面仍具有相当的改善空间。

其一，传统价值评估方法评估科创板新兴企业价值考虑因素不够全面。由于公司具有技术密集和知识密集的特点，传统价值评估考量方面有限，无法全面地体现科创公司的价值。无形资产占企业总资产的比重较大，比如品牌、专利、人力资源等，由于其在初创期和成长期投入很大，而研发与支出费用化的财务方法使得其在财务上具有亏损周期较长的特征，使得常规以净利润为测算基础的估算方式准确度大大降低。因为传统价值评估方式无法精确估价无形资产，从而使得对公司的整体价值评定产生了偏差。

其二，缺乏对企业价值驱动因素的客观考察，从而忽略对企业非财务价值的衡量。目前公司价值评估过度依靠财务报表统计，对企业价值创造的非财务原因也有所忽视。财务报告中尽管可以清晰体现企业的经营状况、盈利能力、偿债能力等，但缺乏对企业人力管理、经营模式、技术创新、市场渠道等抽象技术资源的客观评价标准，而这部分抽象因素对企业发展前景举足轻重。由于科创板已废止了众多的主板挂牌标准和上市规定，与 A 股上市公司比较，科创板企业价值评估的重点与难点即是企业价值驱动原因的剖析和确定。将非财务价值影响因素引入公司价值评估系统可以提高对公司价值评估的全面性。

企业的发展与现实生产息息相关，准确的企业价值评估有助于扫除企业取得长期资本支持的障碍，从而稳健促进科技创新能力提升，推动经济结构升级。以往学者针对企业特性来研究企业价值评估指标体系的较少，加上运用深度学习的方法来评估的更是极少为之。因此本书将结合科创板制造业企业的特点，将企业价值的主要评估指标维度分为两大类，即当前资产获利价值和潜在获利机会价值（其中包括技术创新能力、人力资本），构建企业价值评估体系，并结合深度学习方法对企业进行准确的价值评估。

第四节 人工智能与供应商绩效评价的相关研究

一、供应商绩效评价的相关研究

选择合适的供应商，首先要建立科学的综合绩效评价指标体系。对供应商绩效评价研究最早、影响最大的学者是迪克森（Dickson），1966年他对美国采购经理协会的 273 位采购经理与采购代理发放了问卷，最终收到 170 份有效问卷，占总调查样本的 62.3%，从中获得了以质量、交货期、成本、服务等为主的 23 项评价供应商指标，并对这些指标进行了重要性分类。迪克森认为，质量是影响供应商绩效评价的一个非常重要的因素；质量、交货、历史业绩等 8 个因素"相当重要"；"重要"的指标包括沟通系统、运作控制等 14 个因素。具体评价指标及重要程度排名如表 2 - 1 所示。

表 2 - 1　　　　迪克森确定的供应商绩效评价指标及重要程度

评价指标	重要性排序	均值
质量	1	3.52
交货	2	3.43
历史业绩	3	3.01
担保与赔偿	4	2.85
生产设施与能力	5	2.79
价格	6	2.77
技术能力	7	2.56
财务状况	8	2.52
遵循报价程序	9	2.48
沟通系统	10	2.44
美誉度	11	2.42
业务预期	12	2.27
管理与组织	13	2.23
运作控制	14	2.22
维修服务	15	2.19
服务态度	16	2.13
服务形象	17	2.06
包装能力	18	2.02
员工关系记录	19	2.01
地理位置	20	1.88
前期业务量	21	1.61
培训	22	1.55
相关安排	23	0.62

随着社会经济发展和市场环境的变化，许多学者开始基于供应链视角，研究企业供求关系的管理，使得供应商评价指标也随之发生了新的变

化：供应商绩效评价不仅停留在产品和自身生产能力，还要考察供应商的信誉、发展潜力、研发能力、财务状况、信息化水平等。通过寻找优质供应商，建立战略合作伙伴关系为客户提供服务，应对市场竞争和潜在风险。

1967～2000年，诸多学者在迪克森研究的基础上对供应商展开一系列研究，主要以一般供应商研究为主。有学者提出了由财务绩效、合法、总体状况等部分组成的综合绩效评价指标体系。他们针对不同用途的商品来分析供应商的选择标准，得出价格、品质、交货效率和服务质量为重要的评价指标（Lehmann & O'Shaughnessy，1982）。随后在文献理论研究的基础上提出了一套包含计划、质量、历史绩效等指标的供应商绩效评价体系（Dale & Caddick，1987）。之后，著名学者韦伯等（Weber et al.，1991）总结归纳了迪克森的工作，并且系统全面地统计分析了1967～1990年发表的与供应商绩效评价选择相关的74篇文献，得出了价格、送货、质量和装备能力是最为重要的评价准则的结论。在供应商绩效指标体系权重划分的研究上，研究人员运用层次分析法，通过对一些GFSB经理和主管的调查，得出了包括质量、响应能力、交货能力、财务状况、技术能力等指标的评价标准以及权重（Yahaya & Kingsman，1999）。

进入2000年以来，学者们结合社会发展和经济发展的情况，将许多新的指标纳入了供应商绩效评价指标体系中。托曼（Thonemann，2002）将信息共享水平纳入了评价指标体系，通过研究结果展示了信息共享水平对实现成本节约的帮助。同年，学者艾尔（Ellram，2002）认为，企业在进行供应商绩效评价时，除了要考虑如成本、质量、交货周期等一般量化标准之外，还需要考虑某些软性的指标，如管理相容性、目标一致性等。这一阶段，很多学者也更加倾向于从不同的行业角度来构建供应商绩效评价体系。哈特利（Hartley，2002）对美国轨道交通行业的采购流程进行分析，从28个指标中筛选出8个重要指标，其中重要的指标有价格、质量、技术能力、交货率、财务状况、灵活性和售后服务等。巴拉德瓦杰（Bharadwaj，2004）研究了电子采购过程中的相关指标数据，并根据其重要性对其进行了分类。学者施密茨和普拉茨（Schmitz & Platts，2004）指出，不同的行业与企业应有不同的供应商绩效评价指标，例如，对于欧洲的汽车行业，评价指标应该包括战略规划、信息管理、沟通、供应商协作能力等。库拉克等（Kulak et al., 2005）根据供应商在交易过程中的表现构建了供应商的选择评价指标体系，包括交付延迟率、采购成本、产品缺陷率、服务灵活性和供应商业务处理能力等指标。李等（Lee et al., 2009）提出，绿色供应商绩效评价指标体系中应包括质量、技术能力、污染控制、环境管理、绿色产品、绿色竞争力6个方面，并确定了23个二级指标。戈贝尔等（Goebel et al., 2012）在对供应商的绩效评估选择过程的研究中认为，除了需要考虑一般的绩效考核指标之外，还有必要考虑供应商公司的文化以及社会责任。阿哈贾尼（Aghajani, 2011）在对轨道交通行业供应商的评价和选择进行深入研究时，运用了因子分析法，从28项指标中排除了供应商重要性较小的指标，最终选择了6项评价指标，包括产品质量、技术能力、交付、售后服务、产品设计开发能力、投资能力。近些年，学者从定量和定性两个角度划分供应商的评价指标，他们将供应商评价指标分为定性指标（服务质量、声誉、信息安全等）和定量指标（不良率、缺货率、价格等）（Tsai & Liou, 2018）。

与国外大量的研究成果相比，国内在供应商评价方面的研究起步较晚，理论方面主要是借鉴既有研究成果，直接运用国外成熟的理论方法、框架、体系，理论创新不多；由于几十年来中国经济迅猛发展，国内在结合企业发展实践的实证研究方面颇具特色。

1997年，最早由华中理工大学的学者对于当时中国企业在供应商评价过程中运用的指标进行了调查，发现中国企业最重视的指标是价格、产品质量、交付灵活性和交货提前期（堪述勇等，1998）。马世华和林勇（2000）在早期研究中认为，供应商绩效评估体系应该反映供应商自身及其环境组成的复杂系统的属性，为此，有必要建立一个基于不同评估维度和会员度的供应商评估指标体系，他们特别提出了供应链环境中的4种主要影响因素，包括企业绩效、生产能力、质量管理体系和企业环境。同年，学者朱道立等（2000）应用技术特征、费用、用户服务、供应商特征等指标构建了ERP供应商的评价体系。钱碧波等（2000）也建立了敏捷虚拟企业合作伙伴评价选择的指标体系，使用了包括质量、时间、成本、服务、机遇实现能力、创新、先进性、后勤、环境、管理与文化共10个指标。

关于供应商的评价指标，我国学者站在不同角度上分别有不同的见解。高陆和童秉枢等（2002）提出，产品自身的竞争力对供应商选择尤为重要。仲维清和侯强（2003）从供应链绩效最大化的角度出发，提出从生产技术、企业经营、行业环境等方面确定评价指标。王旭坪和陈傲（2004）的研究则关注了电子商务环境下，供应商选择评价的问题，他们从供应商企业的信息化程度、服务水平、业务能力和技术水平等 4 个维度对电子商务环境下的供应商选择评价指标体系进行了构建。

2006 年以后，针对汽车制造企业供应商的研究发展迅速。熊世权和易树平（2006）认真了解了汽车供应链中零部件企业的供应商关系管理的特点，站在战略角度上，基于环境变化和产业特征来研究供应商，提出了包括战略管理、经营状况、产品交易、质量管理等方面的评价指标，并运用网络分析法对供应商评价。蒋磊和李锦飞（2007）以某大型汽车制造企业零配件供应商为研究对象，提出了由质量、价格、技术、服务和创新 5 部分组成评价指标体系。刘晓龙等（2011）认为，供应商的评价指标体系应随着环境、条件的改变而与时俱进，通过调查分析与总结，构建了河南省汽车制造企业供应商评价指标体系，该体系包含了 4 项一级评价指标、32 个二级评价指标，包括对供应商短期、长期能力的评价。胡嫣然（2012）则结合战略采购对供应商选择的影响进行了研究，对相关领域专家和采用战略采购模式的采购经理进行问卷调查，通过定性与定量研究相结合的方法，对收集到的数据进行分析，构建了阶层式的评价体系。

近些年，在研究供应商指标的影响因素的同时，我国学者也一直在研究筛选主要指标的方法，从而客观科学地选择供应商影响因素。丁传勇（2007）基于主成分分析法，提出包括产品成本、产品质量、服务、交付速度等供应商评价指标。大连理工大学的朱庆华等（2008）也运用了该方法进行供应商选择研究，而且他们重点关注了绿色供应商的选择评价问题，其研究在已有研究成果的基础上，按照绿色采购概念模型对绿色供应商选择指标进行选取，在对指标的确定时，采用问卷调查的形式向各个企业的采购经理发放问卷，并运用 SPSS 软件对收集到的数据进行主成分分析，由此确定绿色供应商的选择评价指标体系的构成。王巧玲和李玉萍

（2010）从企业的整体角度出发，综合考虑了企业的经营发展能力、合作意愿和企业形象等关乎企业整体的因素对供应商评价指标进行了构建，并进一步运用灰色多层次评价的方法对供应商进行了评价研究。张瑜和罗茜等（2013）将层次分析法与三角模糊数相结合，使定性指标与定量指标数据化，建立了基于三角模糊数的供应商选择综合评价模型，并运用该模型以轨道交通企业为例进行了实证分析。焦俊超和蒋富林（2014）通过模糊层次分析法对轨道交通总装企业的供应商选择进行分析，建立基于管理能力、绩效水平、生产能力、企业信誉、发展前景等5大类29个指标的供应商选择模型。

随后，陈娟（2015）的研究基于供应商生产、产品质量、运输供应、社会责任和开发能力，从绿色供应链的角度构建供应商评价指标体系。沈斌和张冬冬（2018）提出，除了产品质量、交货质量以外，售后服务质量以及合作质量也是重要的评价指标。此外，近年来，越来越多的研究把关键因素的范围扩大至绿色供应链管理和绿色经济的发展。在选择合适的供应商时，除了原有因素，又增加了供应商的环境绩效、交货稳定性、产品定制能力、效益水平等因素。通过对国内外指标体系的研究，可以很明显地看到供应商评价问题具有以下3个特点。

（1）供应商评价是一个多属性决策的问题；

（2）价格、质量和交货的及时性这3个指标被公认为供应商评价指标体系中的重要指标；

（3）供应商评价指标体系及指标的重要性程度因为企业自身及外界环境的不同存在一定差异。

二、供应商绩效评价的方法研究

供应商的绩效评价方法主要可以分为4大类：定性的评价方法、定量的评价方法、定性与定量相结合的评价方法以及混合方法。

对于定性的研究方法，方法较为简单、便捷，但是主观性较强、持续时间较长。学者刘琴（2011）认为，直观判断法的缺陷表现在依赖于评价人的记忆和主观看法，会导致偏差。与直观判断法相比，协商法需要供需双方经过多次协商，才能使产品质量、交货日期和售后服务按照规定的进行，但是由于选择范围有限，一般不能够得到最好的供货来源，并使价格合理、供应条件达标。招标法在定性的方法中相对来说具有较好的竞争优势，被企业广泛使用，但是由于手续较为繁杂、时间比较长，不能够适应紧急订购的需求。

在定量方法中，基于成本的方法在早些年最受关注。例如，蒂默曼等（Timmerman et al.，1986）曾经提出，利用成本比率法来对供应商进行选择。使用这种方法首先需要计算由质量、运输、服务等项目构成的总成本，然后进一步计算出每项准则的成本占总成本的百分比，并通过这种方法来确定最终要选择的供应商。德格里夫等（Degraeve et al.，2000）则用总成本法比较了 21 世纪之前学者们刊登出来的文献中出现的 13 个主要供应商选择模型，并以比利时跨国钢铁公司的轧辊采购的真实数据为例，计算了模型的采购成本，得出了数学规划模型优于评价模型、多产品模型优于单产品模型的结论。由于关于成本的方法要求在评价选择之前必须收集供应商的各种成本数据，信息量大、计算复杂，对于没有办法详细收集到供应商信息的企业，这种方法不可行。学者们纷纷开始探索更具可行性的方法。夏惠（2012）以汽车行业为例，研究了对面向产品研发的战略性供应商选择问题，并利用灰色关联法建立了供应商评价模型。王旖琦等（2013）在对现有作业成本法基础上的供应商评价和选择方法回顾与分析的基础上，提出考虑企业和供应商长期合作过程中的各种因素的动态性改进模型。张策等（2014）提出一种多目标算法理论与企业决策实际相结合的新的供应商选择方法，并证明该方法在企业实际运营中的合适性和有效性。陈金玉和黄睿哲（2014）从电网物资供应商的资质能力、技术能力、履约能力、价格水平 4 个方面考虑，建立了评价体系并运用 G1 - 熵值法确定了评价指标的权重，避免了单纯采用主观权重法或客观权重法的弊端。

熵权评价法是在分析供应商选择涉及的因素基础上，提出与变异系数法相结合的供应商熵权评价模型，体现了定量分析模型的有效性。代表学者贺小欢和张彩庆（2005）、单华夷和成耀容（2007）采用 SE - DEA 方法来解决供应商的评价选择问题，将指标分为输入指标和输出指标，构建有效的模型来解决评价问题，各输入、输出指标之间的相对权重靠 DEA 模型自身的优化而决定。李珍萍和靳阳飞（2013）采用 TOPSIS 方法借助逼近理想值的排序方法进行供应商评估。这类方法算法复杂，可操作性不强。

备受学者广泛研究与应用的方法是层次分析法和模糊层次分析法。国内学者张建林（1988）提出，由于这种方法让评价者依照一个相对重要性函数表，两两因素进行比较，然后得到比较后的重要性等级，因而可靠性比较高，减小了误差，但其也有缺点，在进行因素众多、规模较大的问题处理时，这种方法容易出现判断矩阵难以满足一致性要求等问题。近些年众多学者将该方法运用到供应商的综合评价中（Akarte et al., 2001；Handfield et al., 2002；Chan, 2003；Liu et al., 2005；顾丽琴等，2010；郭耀煌，2011）。他们的研究均运用 AHP 法来确定每个供应商的各个指标的权重，最终根据得分高低确定供应商的发展水平。

更多的学者发现单个评估方法的局限性，于是创新性地提出了两种方法或多种方法相结合的集成综合评价方法。郭伟和王娜（2013）等考虑AHP 能充分利用专家的主观意见，使用该方法确定评价体系中各个指标的权重，作为 TOPSIS 评价方法的权重系数，最后使用 TOPSIS 进行供应商的选择。罗新星（2011）通过 AHP 和 TOPSIS 方法的结合对绿色供应链的供应商选择问题进行了研究。他认为，与传统的供应链中供应商选择指标不同，绿色供应链供应商的选择需要考虑环境管理的指标，并且需要根据行业和企业特点对环境指标进行有针对性的分析。穆罕默德等（Mohammad et al., 2011）将 AHP 法与灰色关联法进行有机结合来对供应商进行评价。学者阿哈贾尼等（Aghajani et al., 2011）则将模糊理论与 TOPSIS 结合应用于汽车工业供应商的评价中。遗传算法的定义是一个由可行解组成的群体逐代进化的过程，由于算法十分复杂，所以将算法直接运用在供应商评价模型中的研究较少。程雅等（2013）首先使用 AHP 对各供应商进行综合评价打分，其次用遗传算法优化排序，最后选出最佳供应商组合。张国方等（2014）提出了网络层次分析法与偏好顺序结构评估法相结合的汽车零部件供应商评价排序方法。也有学者利用 FPP – FTOPSIS 多目标、多准则专家决策方法，同时考虑评价的模糊性，对供应商绩效进行评价与选择（Fallahpour et al., 2017）。尤建新等（2019）用犹豫模糊集和灰色关联理论来改进结果和原因的分析用于供应商的风险分析，从而为企业制定风险管控策略，提前为降低企业风险做准备。

三、神经网络在供应商绩效评价中的应用研究

神经网络的方法是通过对给定训练的数据进行学习，获得评价专家的知识、经验、主观判断、自觉思维以及对目标重要性的倾向，当对供应商做出综合评价时，可以调出评价专家之前的评价状况，从而使定性分析和定量分析能够很好地结合，使供应商综合评价结果具有很强的客观性。神经网络模型方法的一个最大优点就是不需要建立数学模型。邱等（Khoo et al.，1998）提出一种通过智能软件代理的方法来进行供应商评价选择和决策。有学者基于案例推理和神经网络模型创作了一种智能的供应商管理工具，并且在中国香港某公司新产品开发过程中的供应商评价与选择中使用了它（Clloy & Lee，2002）。现在国内已经有学者把神经网络算法运用在供应链管理领域中，并且获得了一定的成就。轩超亭等（2000）在国内首次提出神经网络技术在供应链管理中应用，涉及决策支持、预测、建模、仿真、全局化管理五大模块。潘燕华和朱俊等（2011）认为评价指标之间是一种非线性关系，BP 人工神经网络可以通过样本训练的方法获取各个指标之间的关系，无须人为直接确定权重，减少了评价过程中主观因素的影响。郑培等（2010）利用 BP Neural Network 对供应链绩效的五维平衡计分卡模型的动态供应链绩效进行综合评价。钱芝网（2011）建立了基于 BP 神经网络的供应商选择评价选择模型，并进行实证分析。史成东等（2010）将 BP Neural Network 和交叉评价模型有效地结合起来，通过把交叉模型的综合评价结果设定为神经网络中样本的期望值，建立了物流供应商选择模型。刘增明等（2014）为了克服 PCA（主成分分析）和 BP 神经网络这两种现有的供应商选择方法的缺陷，提出了 PCA – BP 神经网络方法，并且进行了实证研究，在初始甄选过的数据中，使用该模型认真分析所有供应商的类型，为进一步选择打下坚实的基础，最后利用实证研究进行检验分析。朱军勇等（2007）首先使用粗糙集重新构建评价指标体系，其次通过 BP Neural Network 实现对供应商合作伙伴的评价。张少华等（2006）分别

以此研究探讨了基于 RBF Neural Network、离散型 Hopfield Neural Network 以及模糊 Neural Network 的供应商选择方法。

四、文献评述

通过对相关文献的梳理可以看出，目前学术界针对供应商的理论研究已经比较成熟，学者们在供应商绩效评价指标的构建和供应商绩效评价方法这两个重要研究领域进行了大量研究，并且随着研究对象的细化而逐步细化。但是，现有研究也存在很多不足之处。

第一，关于供应商绩效评价指标体系的研究。总结和归纳了国内外专家和学者对于供应商绩效评价方法的研究后可以看出，供应商的绩效评价指标体系越来越趋于多样化，但是将其与迪克森教授最早提出的 23 条指标进行比较后可以看出，供应商绩效评价指标主要还是集中在价格、质量和服务上面。然而随着社会的进步，大量学者逐渐认识到不同条件下各个因素的重要程度不同，并根据各自研究角度相继提出了其他一些关键因素，供应商的绩效评价体系日益全面化和系统化，但是仍然存在不足之处：不同的供应链所涉及的指标不同，相同指标的侧重点也不同，因此很难建立起一个普遍适用供应商绩效评价的指标体系。目前的指标评价体系多样化较为突出的问题是实际操作性较弱，对某一特定的行业具有较少的实用价值。

第二，关于供应商绩效评价方法选择的研究。总结众多学者的研究，他们基本上从各个角度，将前述的各种方法使用在各种行业的供应商评价选择中，定性的方法相对来说比较简单，便于操作和理解，但是缺点在于主观性很强，易受到评价人不客观的影响。在目前的评价方法中，层次分析法被广泛应用，虽然很多学者采用了两种甚至两种以上方法相结合的混合分析方法，但由于其方法过程复杂，往往没有运用到实践中。单纯定量的方法，数据准确、可靠、误差小，但运算极为复杂、收集数据较烦琐。较为合理的方法是将定性和定量结合在一起的方法，这样不仅可以巧妙地规避主观因素的影响，还可以将误差减少到最小，但是也存在局限性。将不同的方法混合的方式，虽然有效地进行了扬长避短，但是过程极为复杂，实际应用较少。神经网络的方法较为先进，具有客观、科学的优势。

第三，BP 神经网络的优点如下：（1）非线性逼近能力。各影响因素与预测结果之间并不总是线性关系，在实际应用中往往呈现出复杂的非线性关系，映射到人工神经网络对应的是具有非线性性质的人工神经元，以非线性的人工神经元为基本结构单位的人工神经网络自身也具有非线性。人工神经网络自身具有的能有效逼近任何非线性问题的能力，比传统的评价方法获得了更为广泛的关注。（2）具有泛化能力。神经网络通过学习算法对神经元进行训练，从而达到想要的输出目标。对于那些未经训练过的数据，神经网络也能保证在一个适当的逼近精度内获得与这些数据相对应的合理输出。这种信息处理能力使得人工神经网络可以实现输入、输出映射，解决当前实践中一些高度复杂的非线性计算问题。（3）具有自适应能力。自适应能力是人工神经网络的一个突出特点。人工神经网络通过调整网络的权值，即连接人工神经元的强度，来适应外界环境的变化，从而实现输入与输出的非线性映射。神经网络获取的输入和输出之间内在联系的知识是从外界环境中学习得来的，并非依靠对问题的先验知识和规则。（4）并行分布式处理能力。信息处理的方式决定了信息处理的速度。人工神经网络的信息是并行处理的，每个神经元可以同时独立完成类似的处理过程，由神经元互联而成的神经网络是高度并行的。神经网络的信息是分布储存在神经元之间的连接强度上，使得其具有很好的容错能力和联想记忆能力。

不同性质的企业对供应商选择的侧重点会有所不同，轨道交通车辆制造业大都与人身安全息息相关，所以在选择供应商时对其产品的质量要特别重视，严格把关。这些特点决定了轨道交通装备制造业在供应商选择的时候需要选取有针对性的、高质量的评价指标来构建评价体系。并且随着我国轨道交通行业的发展，对供应商的选择更要深入研究，但是在已有的文献研究中不难发现我国学者针对轨道交通车辆制造业供应商的选择研究相对较少，将 BP 神经网络应用于轨道交通车辆制造业供应商评价模型中的研究更加少。因此本书将针对轨道交通车辆制造业行业性质，构建具有针对性的供应商评价体系，并结合 BP 神经网络模型对研究对象的供应商进行评价选择，探索适合轨道交通车辆制造行业的供应商评价体系及方法。

第五节 人工智能与可持续发展评价的相关研究

一、可持续发展的相关研究

（一）可持续发展的影响因素

企业追求可持续发展是一项长期且复杂的系统工程，其发展过程受诸多因素的影响和制约（Rosati et al., 2019），这些影响来自企业的内外部环境还有相关方的需求和期望。为了解企业可持续发展道路上的"障碍"，国内外学者都对企业可持续发展的影响因素有所探究，主要从技术创新、生态效率、社会责任三个层面进行分析。

第一，创新是可持续发展的关键驱动力。可持续发展作为一个紧迫问题，需要政府、行业及社会采取行动和变革。希尔维斯特和泰科（Silvestre & Tirca, 2019）探索经济和社会可持续发展问题，强调创新可以引导个人、组织、供应链和社区向可持续未来转型，通过分析企业可持续转型失败的原因，发现快速成功进入新业务模式的能力是可持续竞争优势的重要来源，也是提高组织可持续性绩效的关键杠杆（Geissdoerfer et al., 2018）。肖红军和阳镇（2020）将价值网络的全面创新视为企业寻求价值创造、实现可持续发展的关键。布恩斯等（Boons et al., 2013）在可持续创新研究中加入新角度，从商业模式角度出发，认为忽视企业将价值主张、上游和下游价值链的组织以及金融模式相结合的方式是企业可持续创新的阻碍；郭骁（2016）也在丰田召回事件中找寻企业可持续发展的新维度，发现填补企业自身创新与控制间的空隙对企业可持续发展有战略意义。

第二，生态效率是实施可持续发展的必然选择。可持续性问题在各地组织和利益相关者中变得越来越重要，以往过度依赖自然资源的经济发展模式不利于经济绿色可持续发展。余焕和雷敏（2022）研究发现，通过更有效的生产方式提高资源的可持续性就能激发经济可持续发展潜力；卡亚多等（Caiado et al.，2017）也将生态效率作为向可持续发展过渡的一致工具，认为提高生态效率有助于获取更好的财务、环境和生态绩效。在探讨影响企业可持续经营的主要因素时，学者发现生态效率是企业实现可持续发展的关键因素，不仅能推动企业创新，还能将可持续性融入业务目标和流程中，从而成为企业获得竞争优势的重要驱动力（Bocken et al.，2014），因此，研究生态效率对于改变企业运营方式，确保其可持续性至关重要，进而达到企业可持续发展的目标。

第三，履行社会责任是可持续发展的必然选择。考虑到全球经济中存在不平等的机会和获得资源的机会，学者们认为有必要研究可持续性和企业社会责任间的相互关系（Meseguer–Sanchez et al.，2021），提出企业社会响应能力和盈利能力之间存在重大而积极的关系，改善公司的可持续性管理与绩效是公司发展和增长的机会，而不是威胁（Hsu et al.，2017）。潘佳栋等（2021）认为，企业履行社会责任能提升企业可持续发展能力，促进社会总福利优化。学者从内部利益相关者的企业社会责任引申到供应链社会可持续性的概念，介绍多层次供应链中普遍存在的社会可持续性理论和治理机制（Govindan et al.，2021），由此可见，提高企业可持续发展离不开社会责任的履行。

（二）可持续发展的升级模式

工业 4.0 是关于纳入和整合数字技术的最新发展以及互操作性的过程（Lezoche et al.，2020），基于工业 4.0 的背景可有效帮助组织完成数字化转型，实现可持续发展目标，国内外学者主要是从企业、社会和政府三方面剖析可持续发展模式。

第一，企业层面的可持续发展。可持续发展是企业生存、竞争力和盈利能力的关键，企业必须管理战略使能因素并监控战术使能因素，以达到优化企业可持续发展模式的目的（Awan et al.，2022）。索托（Souto，2021）认为，组织创造力对经济、社会、生态绩效之间的关系有调节作用，创新和创造力以相互关联的方式促进可持续发展，并克服可持续性挑战和企业对可持续性的障碍。吉赛德弗等（Geissdoerfer et al.，2018）提出将循环业务模式和循环供应链管理整合到可持续发展的框架，最大限度地减少资源投入与浪费，为可持续发展问题提供解决方案。张淘锋和张卓（2018）在研究企业可持续发展进程中发现，创新力与控制力的共生模式能帮助企业持续成长，因此认为创新力与控制力是提高企业可持续发展能力的关键。

第二，社会层面的可持续发展。数字经济可能会产生深刻的社会影响，因为数字化进程改变了组织间和组织内部的关系，导致低技能劳动力失业，并引发数据安全和隐私问题，社会公众应该监督其数字化进程，其他利益相关者应参与战略路线制定过程，更好地引导其朝着同时保障经济、社会和环境可持续性的方向前进（Ghobakhloo，2020）。也有学者将人的连通性与碳排放连接起来，发现人的连通性不利于碳排放的减少，碳排放问题并非单一因素造成的孤立事件，而是受社会公众行为的影响，为此增强社会公众的环保意识显得尤为重要（Folke et al.，2016）。社会可持续发展的实施需要多方参与，共同探索协作新模式。

第三，政府层面的可持续发展。经济危机给公共实体带来了大量的赤字和债务，在危及政府继续提供公共服务能力的同时，导致不同地区的经济增长严重失衡（Boliva et al.，2016），政府如何采用数字技术促进可持续性成为大多数学者的关注重点。茨姆巴（Ziemba，2021）调查发现政府的通信技术质量、信息文化和通信技术管理对可持续性有重大的积极影响，阿尔卡拉兹等（Alcaraz‐Quiles et al.，2014）还将以信息和通信技术为基础的电子政务视为旨在实现可持续发展的善治的关键要素，不只是对环境可持续性有直接作用，通过改善政府效率也能间接地对可持续性产生作用（Lee，2017）。

（三）可持续发展的转型路径

全球环境问题与社会问题日益突出，企业面临经济、环境和社会风险的威胁，越来越多的企业意识到在激烈竞争中可持续发展才是企业真正的战略目标。企业可持续发展战略是将企业与生态环境相协调的一种长远发展策略。企业在谋求长远可持续发展的过程中，不仅要兼顾提高企业的社会声誉，保持竞争优势，还必须维持企业生产运营和环境保护的平衡，在不破坏环境的前提下，实现企业盈利空间的增长和发展能力的提升。以

"经济—生态—社会"的可持续发展为分析框架（Garbie, 2014），国内外学者主要从经济、社会、环境三个维度建立绿色可持续发展评价体系，提出中国可持续发展的三条实现路径。

一是增强自主创新能力，培养可持续发展的驱动力。可持续发展理论强调人与自然和谐共生，而技术创新作为一种重要手段对生态文明建设有着至关重要的影响，因此，必须重视科技创新驱动可持续发展能力的增强。技术创新与可持续发展之间存在天然的统一性，从可持续增长角度看，技术创新是实现可持续发展这一理想境界的途径选择，有利于社会、经济及生态效益达到全面和谐与提高（贾向桐, 2020）。因此，应将科技创新作为可持续发展的动力源泉，加快推进产业结构转型升级和能源结构调整以实现经济、社会协调、稳定和健康发展。刘志华等（2022）考察了科技创新对碳排放效率的动态影响。研究发现，科技创新和碳排放效率之间存在很强的协调性，并且彼此间能起到积极的推动作用。李泽众（2022）则通过研究发现科技创新能改变环境建设与经济发展间的"U"型结构，并在其中起促进和推动作用。由此可见，科技创新是推动区域高质量、可持续发展的核心驱动力，扩大研发阶段与转化阶段效率变化差异与技术进步差异，有助于降低区域科技创新效率差异，为培育可持续发展注入活力（张超, 2019）。

二是聚焦生态系统构建，筑牢可持续发展新底色。可持续发展旨在解决经济、社会和环境问题，但有学者认为目前缺乏反应灵敏的环境治理，阻碍了可持续发展的推进，为此有必要解释生态系统治理在实现可持续发展目标方面的重要性（Vasseur et al., 2017）。生态系统的构建越来越多地被纳入实现可持续发展目标的决策中，以解决发展过程中的失衡问题（Schirpke et al., 2019）。张等（Zhang et al., 2021）发现，生态系统模型能为可持续性驱动的战略干预和最佳实践学习提供信息，有助于了解不同地区增长模式的驱动力。周泰（2021）则以"物流—生态环境"复合系统为研究对象，指出区域物流与生态环境实现协调发展是区域可持续发展的重要保证，以建立生态系统催化主体向可持续性转变，进而实现可持续发展目标。

三是尊重社会发展规律，营造可持续发展新气象。遵循"以实现需求为牵引，以绿色理念为支撑、以协同共赢为准则"的社会发展规律，有助于区域内绿色产业发展，实现区域高质量、可持续发展新气象（刘若江等，2021）。李素峰等（2017）根据"要素—机制—生态创新"的逻辑思路，指出区域可持续发展不只是内部驱动和外部驱动的单一作用，还有内外驱动双重作用的结果。埃斯皮等（Espi et al., 2010）认为，在生态创新协同驱动下区域内部进行学习交流、区际借鉴竞争来实现区域的可持续发展。因此，打破发展桎梏必须是遵循社会发展规律的可持续发展。

二、数字技术在可持续发展中的应用研究

当前我们正身处大数据与可持续发展齐头并进的重要时期，高端制造业作为数字经济重要底座支撑，贞等（Zhen et al., 2021）探讨数字赋能与可持续发展间的联结，以"数能合力"，即"数字+能源"联动协同发展，探索高端制造业如何推进数字化转型、实现可持续发展过程中面临的主要挑战，为企业的可持续发展赋能。面对日益复杂的市场环境和多变的客户需求，越来越多的企业将重点转向可持续发展，利用数字技术推动企业变革和自主创新，发挥数字赋能的催化作用，建立长期韧性的产业可持续化通道，培育可持续发展能力，实现生产和发展效益（Manavalan et al., 2019）。

（一）数字化的减排效应

当前，数字技术与各实体产业不断渗透融合，极大地提升了创新力和产业结构转型，进而降低各环节能耗，疏通我国经济可持续发展的堵点，解决碳减排脱钩问题（郭劲光，2022）。数字技术对碳减排的促进作用主要体现在：第一，数字技术本身对能源效率的提升。由于数字技术进步带来的好处，在潜移默化中改变人类的生产和消费方式，从而促进了能源供需方的双重数字化转型（Xue et al., 2022）。张等（Zhang et al., 2022）研究了数字经济与能源效率和碳排放间的关系，发现提高能源效率、降低碳排放对于实现碳达峰和碳中和的"双碳"目标至关重要，数字化会降低能

源消耗，提高生产效率（王庆喜等，2022）。第二，数字技术将对产业链进行重组和优化。肖兴志和李少林（2022）关注遭受外部冲击的产业链韧性，提出推进数字化转型能提升产业链韧性，进而实现可持续发展。塔瓦纳等（Tavana et al.，2022）发现数字化技术通过增强多个内部和外部组织与系统之间的协作，实现产业链优化升级。

（二）数字化的溢出效应

段茹和李华晶（2020）从共益导向即双元性、自反性和可持续性三个维度出发，延展到社会创新层面。产业低碳管理能通过数字技术优化产业结构和人才供需平衡，推动产业绿色转型和可持续发展（王孟等，2021），数字技术赋能还能优化企业组织结构，建立可持续发展管理体系，强化可持续发展责任和考核机制，落实可持续发展目标的同时，实现双元性创新。曹梦石等（2021）从资本的增值性、安全性、流动性等特征出发，指出加大绿色资本投资方向的引导力度能有效推动产业数字化转型，实现可持续发展战略。李风亮和古珍晶（2021）指出，数字技术在实现"双碳"目标和数字化发展中的融合剂作用，不仅对产业发展提出了新要求，还赋予其新的时代意义，因此学者把视野从产业发展战略引申到人类命运共同体上，内化绿色低碳理念，打造人类命运共同体理念，加速实现产业的高质量、可持续发展（Van et al.，2019）。

（三）数字化的多元效应

蒋瑞琛和瞿艳平（2022）认为，通过数字普惠金融可以从供给侧和需求侧两个方面完善地区、介质载体与可持续发展的不足，以数字赋能的方式，实现优质发展，并发掘需求潜能。刘建民等（2021）通过测度可持续发展水平发现，数字经济的快速发展对当地财政可持续性有显著促进作用，但是对邻地财政可持续性有抑制作用，存在"虹吸效应"和"洼地效应"，由此可见，数字经济的蓬勃发展在改变财政收支方式的同时，为实现地方财政可持续发展目标带来了机遇与挑战。曾祥炎等（2021）运用机器学习探讨数字经济可持续发展，研究显示，多数城市的重要投入要素已经具备了支持数字经济可持续发展所需的基础条件，但城市之间的差距依旧明显，因此，要优化要素禀赋结构，构筑区域数字经济的良性循环。

三、文献评述

梳理相关文献发现，数字化的相关研究尚处于起步阶段，现有文献集中于讨论赋能系统的技术实现或消费者对溯源的偏好，强调通过数字技术的应用实现企业或产业层面的数字化转型，而较少关注企业实施数字赋能后发展能力的改善。尽管数字赋能与企业可持续发展的关系是专家学者的热议话题，现有研究甚至提出数字赋能是可持续发展的长期践行者，但对数字赋能因何以及如何影响企业可持续发展仍然缺乏进一步的研究。

关于可持续发展的研究已有较为成熟的分析框架，学者主要从经济、生态和社会维度对企业可持续发展进行评价研究，但是指标的选择多数集中在宏观因素上，而鲜有文献将微观层面的非财务因素纳入可持续发展的评价体系。企业管理层的战略决策和管理意识关乎企业是否存在有效的内部治理去规划企业的发展道路，因此企业的内部治理也应纳入可持续发展的评价体系。

目前关于数字化转型与企业可持续发展相结合的研究仍较少，现有研究多在理论层面提出数字赋能对企业可持续发展的影响，但鲜有文献针对影响路径及其效果作具体分析。尽管有少量文献从理论模型和实证分析角度验证数字赋能与可持续发展之间的相关关系，然而在实际运用过程中，数字赋能企业可持续发展的影响机理仍需通过案例研究深入探讨。

综上所述，现有研究仍存在以下不足：一是虽然已经意识到数字化转型是实现可持续发展的必要条件，但缺乏案例型论文从实践层面揭示数字赋能企业可持续发展的作用路径；二是可持续发展评价指标的选取主要从"经济—生态—社会"角度分析，缺少微观层面财务和非财务因素的考量，不能更全面表示企业的可持续发展能力；三是多数研究仅靠数字化和可持续发展的相关关系进行理论推理和实证研究，忽视了企业原有条件对企业数字转型和可持续发展的重要作用。

第六节　本章小结

　　本章首先叙述了论文研究所涉及的国内外研究现状，包括人工智能与成本预测、人工智能与成本控制、人工智能与企业价值评估、人工智能与供应商绩效评价、人工智能与可持续发展评价 5 个方面。其次，分别对研发成本预测、成本控制、价值评估、供应商绩效评价、可持续发展评价的概念与方法等相关研究进行了简单的回顾与梳理。最后，对相关研究现状进行了评述，为全书的研究奠定了文献基础。本章的主要目的是通过对国内外研究现状的分析，为下面各章的研究工作做好必要的准备。

我国制造业现存问题探讨

第一节 制造业的界定与分类

一、制造业的界定

制造业是我国的立国之本、兴国之器、强国之基。制造业是指以自然资源、能源、人力等为基础，通过机器、设备和劳动力等手段，对原材料或半成品进行加工、组装、制造和加工成产品，从而生产出各种商品的产业。制造业的发展可以追溯到手工时期，依靠简单工具进行加工生产的手工劳动。随着工业革命发展以及生活需要，大批量的机械制造逐渐代替了缓慢的手工劳作，生产效率有了飞跃性的提高，同时，产品质量也得到了提升。

工业和信息化部数据显示，2022年我国制造业增加值占全球比重接近30%，从2012年的16.98万亿元增加到2022年的33.5万亿元，占全球比重从22.5%提高到近30%，持续保持世界第一制造大国地位。在我国三大产业的分类中，制造业被划分为第二产业，即利用自然界和第一产业提供的基本材料进行加工处理。1984年，中国的《国民经济行业分类标准》被首次发布，为了适应产业结构调整的需要，并与国际标准保持一致，随后在1994年、2002年、2011年、2017年先后经历了4次修订。现行标准对制造业的界定：只要是经物理变化或化学变化后形成了新的产品，不论是动力机械制造还是手工制作，也不论产品是批发销售还是零售，均视为制造。其界定依据是 2017 年由国家统计局第四次修订的《国民经济行业分类标准》（GB/T 4754 – 2017）。而《国民经济行业分类标准》（GB/T 4754 – 2022）是以 2017 年修订的版本为重要基础，根据我国的发展规划形成了我国国民经济核算体系的核心内容，其中制造业共有 31 个大类，其分类代码位于国民经济行业分类中的 13 ~ 43 位，具体分类如表 3 – 1 所示。

表 3 – 1 　　　　　　　　制造业行业名称及对应代码

行业名称及其对应代码			
13 农副食品加工业	21 家具制造业	29 橡胶和塑料制品业	37 铁路、船舶、航空航天和其他运输设备制造业
14 食品制造业	22 造纸和纸制品业	30 非金属矿物制品业	38 电气机械和器材制造业
15 酒、饮料和精制茶制造业	23 印刷和记录媒介复制业	31 黑色金属冶炼和压延加工业	39 计算机、通信和其他电子设备制造业
16 烟草制品业	24 文教、工美、体育和娱乐用品制造业	32 有色金属冶炼和压延加工业	40 仪器仪表制造业
17 纺织业	25 石油、煤炭及其他燃料加工业	33 金属制品业	41 其他制造业
18 纺织服装、服饰业	26 化学原料和化学制品制造业	34 通用设备制造业	42 废弃资源综合利用业
19 皮革、毛皮、羽毛及其制品和制鞋业	27 医药制造业	35 专用设备制造业	43 金属制品、机械和设备修理业
20 木材加工和木、竹、藤、棕、草制品业	28 化学纤维制造业	36 汽车制造业	

资料来源：《国民经济行业分类标准（2022 年）》。

二、制造业的分类

除参考各国制定的行业分类标准外，学术界通常还以生产活动中的生产工艺、流程等为标准对制造业进行分类。另外，根据研究需要还会通过产品生产过程中所投入的资本、劳动、技术等要素的水平进行分类，如图 3 – 1 所示。

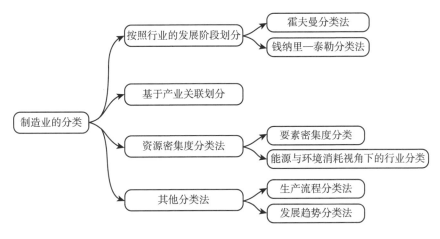

图 3 – 1　制造业的分类

学术研究在对制造业行业进行具体分类时，除了参考经济学中的分类法或各国标准的行业分类之外，还以生产活动中的生产工艺、生产过程为标准进行分类，同时又结合生产时所投入的资本、劳动等要素进行分类。此外，结构变化也是导致制造业行业分类标准发生变动的重要原因，由于技术创新和技术进步等原因，一些新的行业不断涌现，而新行业又不包括在现有的行业分类体系中，为满足相关学术研究的需要，行业分类标准需进行相应调整。

（一）按照行业的发展阶段划分

1. 霍夫曼分类法

霍夫曼提出了一种分类方法，根据产品的消费比例，将行业分为消费品行业和资本品行业。当某个行业的产品有 75% 以上用于消费时，该行业可以被归类为消费品行业；而当一个行业的产品有 75% 以上用于投资时，该行业可以被归类为资本品行业。基于这个原则，霍夫曼分类法将行业划分为三类：消费资料工业，包括纺织、食品和家具等行业；资本资料工业，包括化学工业、冶金和金属材料行业等；其他行业，包括造纸、印刷等行业。根据霍夫曼定理，即消费资料工业与资本资料工业净产值的比率，可以作为衡量工业化发展阶段的重要指标。通常情况下，随着工业化进程的推进，霍夫曼分类法中消费资料工业与资本资料工业净产值比率逐渐下降。霍夫曼分类法是用于研究工业化过程中工业结构演变规律和工业化阶段理论的基础方法。然而，该方法在描述和完整研究制造业方面存在一定的困难，因为制造业既属于消费资料工业，又属于资本资料工业，难以进行准确的描述和全面的研究。此外，实际工作中，确定75%的界限是困难的，因此该分类法的应用受到一定的限制，尤其在制造业的研究中几乎没有被采用。

2. 钱纳里—泰勒分类法

根据钱纳里—泰勒的分类方法，制造业可以分为初期行业、中期行业和后期行业三大类，以适应不同经济发展阶段的需求。初期行业主要满足基本生活需求，如食品和纺织等部门，其生产技术相对简单，产品具有最终产品的特征。中期行业则包括增长迅速、产品需求对收入弹性高的行业，如非金属矿产品和石油化工等。后期行业则是在发展到一定阶段后兴起的行业，其产品需求对收入弹性很高，各行业之间的关联效应较为显著，包括机械制造和印刷出版等行业。这种分类方法是专门针对制造业而设计的，对于制造业的相关研究产生了重要影响。该方法的优点在于，它不仅能够深入研究制造业内部各个子行业的发展特征和演变规律，揭示制造业结构变化的趋势，还能够为各级政府部门根据不同经济发展阶段的特点制定差异化的制造业产业政策提供参考。通过采用这种分类方法，可以促进制造业内部结构的优化，进而支持经济的持续快速发展。

（二）基于产业关联划分

在产业经济学的研究领域中，投入产出表是一种重要的分析工具，用于描述不同产业之间的投入和产出关系。投入产出表基于这种关系编制，可以计算出反映制造业发展阶段和特征的各种指标，并实现对制造业的行业分类。在投入产出分析法中，有两类关键系数，即直接（完全）消耗系数和直接（完全）分配系数。消耗系数从投入的角度反映了经济中不同部门之间的产业关联，如其他产业对制造业的投入。分配系数可以揭示产品的流向，如制造业向其他产业供应产品的情况。而直接消耗系数则反映了产业之间的原材料使用关系。通过计算这两个系数，可以揭示制造业与其他各产业之间的投入产出关系。在这方面，董明芳和袁永科（2014）指出，根据直接消耗系数的最大值进行产业分类，可以从产品供给的角度对各产业部门进行划分；而根据直接分配系数的最大值进行产业分类，则可以从产品需求的角度对各产业部门进行划分。

传统的投入产出表无法准确反映制造业与其他产业在投入产出过程中的技术关联，主要因为技术关联并不以物质或产品消耗的形式呈现。因此，使用传统的投入产出表进行制造业的行业划分存在一定问题。要确定制造业的行业划分，需要考虑技术水平的高低以及产业在生产技术方面的相似性。这可以通过计算各产业的全要素生产率水平、分析各产业的研发投入水平等指标来确定。这样的分析方法能够更准确地反映制造业与其他产业之间的技术关联，并为行业划分提供更可靠的依据。

（三）资源密集度分类法

1. 要素密集度分类

要素密集度分类法的理论基础是基于行业的要素禀赋结构和要素投入结构进行行业划分。它根据各行业在要素投入中所占比例最大且占据主导地位的要素来进行划分。以制造业为例，可以根据不同行业在生产过程中对要素的依赖程度差异来将制造业的子行业大致划分为劳动密集型产业、资本密集型产业和技术密集型产业。具体而言，劳动密集型产业主要依赖大量劳动力进行产品生产，对资本和技术的依赖程度较低；资本密集型产业的特点是人均固定资本和流动资本比较高，即资本与劳动的比例较高；技术密集型产业则是在生产过程中技术贡献最高的行业，如高新技术制造业等。这种分类方法能够反映不同行业在要素投入方面的差异，有助于更好地理解制造业内部的结构和特征。

要素密集度分类法在国内外的学术研究中得到广泛应用，它不仅能够反映不同制造业行业的典型特征，还有助于各国根据本国的制造业特点和结构变化来制定相应的产业政策。通过分析要素密集度，可以解释不同制造业产业政策的差异，以及不同国家制造业升级路径的差异。以中国为例，中国经历了从重点发展劳动密集型产业的早期工业化阶段，到优先发展资本密集型产业的中期阶段，再到目前重点发展技术密集型产业和高端制造业的阶段。这种演变可以解释为经济发展目标应该定位于快速促进符合本国要素禀赋结构的产业，即应采取符合比较优势的发展战略。因此，要素密集度分类法为制定国家的产业发展战略提供了重要的参考依据。要素密集度分类分析具有易操作性和与经济现实相结合的优势，并有助于研究不同制造业部门对生产要素的依赖程度差异。虽然国内外相关研究较多，但很难提出新的分类方式。对于制造业的分类，学者们存在不统一的观点，有些将其划分为劳动密集型、资本密集型和知识密集型产业，而其他学者则将其划分为劳动密集型、资本密集型、技术密集型和知识密集型产业，还有学者提出了设计密集型产业等类别。此外，资源密集程度是相对的和动态的，在不同的经济发展阶段，同一制造业行业可能需要不断调整其分类，这给研究的连续性带来一定的影响。因此，需要进一步探索和完善要素密集度分类方法，以更好地适应制造业的发展和变化。

2. 能源与环境消耗视角下的行业分类

随着工业化进程的加速，能源和环境问题已成为经济增长和产业升级中无法回避的重要议题。传统的制造业行业划分未考虑资源和环境等相关问题，因此其结论在一定程度上不利于制定产业结构调整政策，也不利于建设资源节约型、环境友好型社会以及实现经济的长期发展。中国的制造业涵盖了众多行业，其中许多行业仍处于大量消耗资源和排放污染物的发展阶段。如果忽视了制造业生产过程中的能源消耗和环境影响，将导致得出具有偏见性的结论。因此，我们需要在制造业行业分类中充分考虑能源消耗和环境影响的因素，以确保制定出更符合资源节约和环境保护要求的产业政策，并推动制造业向更可持续的发展路径转型。贝耶内和摩曼（Beyene & Moman，2020）在 SIC 分类标准的基础上进行研究，通过重新分析各行业的能源使用数据，提出了基于过程导向的能源强度分类标准。这种基于能源与环境消耗视角的工业和制造业行业分类研究，为制造业产业结构的优化升级、资源节约和环境保护目标的实现提供了科学参考。然而，该方法中的分类指标和分类标准仍需要进一步研究与完善。此外，由于不同地区的能源消耗类型和污染物排放种类存在差异，我们应该制定具有差异性的指标体系，以更好地适应不同地区的实际情况。

（四）其他分类法

1. 生产流程分类法

除了上述方法，国内外文献还根据技术生产流程的先后顺序进行行业分类。以制造业为例，根据其在生产流程中的位置，可以将其划分为上游产业、中游产业和下游产业。上游产业位于生产流程的初始端，包括与原材料相关的部分制造业；中游产业位于生产流程的中间环节，包括金属冶炼和化工原料等；下游产业位于生产流程的末端，包括纺织和服装等。这种分类方法可以帮助我们理解制造业在产业链中的地位和角色，以及各个产业部门之间的相互关系。

2. 发展趋势分类法

除了上述方法，还有一些文献根据制造业的发展趋势将其划分为朝阳产业和夕阳产业两类。朝阳产业通常指的是新兴制造业，是技术创新的主要领域，具有广阔的市场前景和强大的生命力，代表着未来的发展趋势。其中包括高效节能通用设备制造业、新型建筑材料制造业、高端计算机制造业等。而夕阳产业则指的是逐渐衰落的传统制造业部门。夕阳产业的典型特征是市场需求不断萎缩，需求增长速度很低甚至停滞，产业收益率远低于制造业各部门或国民经济各部门的均值，其中胶卷制造业是夕阳产业的代表性行业。这种分类方法有助于我们理解制造业不同部门的发展状态和前景，以及制造业的产业结构调整方向。

在制造业的划分中，朝阳产业和夕阳产业是相对概念。朝阳产业可能在适当的条件下成为主导产业，但也存在着产业创新的风险。夕阳产业通过转型升级，有可能激发新的市场需求，或者在经历一个发展周期后重新成为朝阳产业。这种划分方法并没有形成完整的理论体系，也没有对行业划分的理论基础进行深入挖掘。因此，在国内外的文献中，对这种划分方法的应用范围相对较小。

随着各种统计方法的兴起和演化，学者们对行业进行划分采用了多种方法。例如，科特曼和佩拉基（Cotterman & Peracchi，1992）提出了一种新的聚类方法，通过估计工资方程、设定损失函数并变换参数等方式，实现了拟合效果与简约性的统一。吉普塔（Gupta，1997）等使用神经网络方法，提出了学习矢量量化神经网络来测算工业行业的模块化程度，并考虑了地理位置、劳动力数、组织形式和企业特征的环境状况。达尔齐尔（Dalziel，2007）则基于系统学的思想，以企业的相似性为基准，采用递归层次依赖方法对各行业、各子行业的结构、同质性和异质性等进行测量，以实现制造业行业的分类。此外，还有学者建议采用模糊聚类方法、精益生产理论等来对制造业进行分类。这些方法的应用丰富了行业分类的研究领域，并为深入理解制造业行业提供了新的视角。

各种分类法体系对于探索制造业内部结构的变迁规律以及制造业与其他产业之间的关联效应具有重要意义，可为政府部门在不同经济发展阶段制定产业政策提供有益参考。尽管现有划分体系已经相对完善，但对于深入研究制造业行业划分的内在机理、发现行业划分结构变化的一般规律，以及给出制造业行业划分的理论基础，仍需要进一步的思考和探索。这将有助于更全面地理解制造业行业的演变过程，并为未来的产业政策制定提供更科学、有效的依据。

第二节　我国制造业发展现状

一、产值规模不断扩大

中国是世界制造业大国，制造业也是中国经济增长的重要引擎。根据我国工业和信息化部的数据显示，2022 年，中国制造业的增加值占全球比重近 30%，连续 13 年居世界第一。中国制造业之所以能够形成如此规模的优势，主要得益于两个方面的驱动。首先是"双轮"驱动，即量的扩张和质的提升。部分细分行业加快规模扩张和质量提升，如化学原料和化学制品制造业，铁路、船舶、航空航天和其他运输设备制造业，电气机械和器材制造业等，这些行业的增长为中国制造业的规模增长提供了支撑。其次是中国制造业吸引了各类资本投资建厂，形成了产能和产量上的规模优势。多年来，中国制造业的生产力不断提升，企业在中国建厂可以享受低成本和高效率的生产环境，吸引了全球制造业企业投资建厂，使得中国成为全球制造业产业链中低端制造环节的中心，主要从事面向中国市场和全球市场的产品制造。

此外，中国制造业还通过产业链集群优势、物流供应链优势、生产技术优势、产业工人优势、产业配套环境和政策优势等，实现了全球制造业产业链整体在中国的布局。中国的制造业企业既面向中国市场，也面向全球市场，具备高效的生产效率和低成本的优势。

当前，中国各地区都在积极发展制造业。东部地区率先进行转型升级，培育一批新兴产业，如广东、江苏、山东、浙江等地，在中国制造业中扮演着重要角色。中部地区和部分西部地区也迅速崛起，如四川、安徽、江西等地的制造业比重持续上升，成为工业增长的新动力。

综上所述，中国制造业连续13年保持全球第一的规模优势，主要得益于规模扩张和质量提升的驱动，以及各地区的积极发展和产业布局。中国制造业在全球产业链中发挥着重要作用，并在不断寻找新的优势和发展机遇。

二、产业结构优化升级

中国制造业产业结构的优化升级是实现碳达峰和碳中和的重要任务，也是推动经济高质量发展、构建绿色低碳的现代化产业体系的关键。2021年，中共中央、国务院发布了《关于完整准确全面贯彻新发展理念　做好碳达峰碳中和工作的意见》，明确将深度调整产业结构作为实现碳达峰和碳中和的重要途径与任务，并提出了具体要求。

实现碳达峰和碳中和对产业结构优化升级具有重大战略机遇。

首先，碳达峰和碳中和是推动产业结构调整的强大推动力和倒逼力量，对产业结构调整提出了更紧迫的要求，为产业结构的优化升级提供了重要机遇。尤其是在当前全球对应对气候变化的高度关注和碳减排的国际合作下，中国产业结构的优化升级将获得更多的支持和机遇。

其次，当前中国产业结构调整和转型升级任务仍然艰巨。尽管近年来中国已经加快淘汰落后产能、化解过剩产能，并培育了战略性新兴产业、发展现代服务业，但与实现碳达峰和碳中和的目标相比，中国产业转型升级的任务仍然十分艰巨。中国的单位 GDP 能耗仍较高，与不合理的产业结构密切相关。特别是制造业方面仍然是全球第一制造大国，第二产业的比重长期稳定在 40% 以上，高能耗行业的比重较高，这增加了节能降碳的挑战。此外，也存在产品能耗物耗高、增加值率低等问题，与国际先进水平还有差距。

最后，实现碳达峰和碳中和向推动中国制造业产业结构的优化升级提出了紧迫要求。重点包括提高第三产业的比重，逐步降低第二产业的比重；调整第二产业内部结构，严格控制高耗能、高排放行业增速，提升低耗能、低排放行业的比重；调整产品结构，提升产品附加值；等等。产业结构调整的紧迫性与重要性将为中国制造业的转型升级提供更多的机遇和动力，推动形成绿色低碳的产业结构和生产方式。

三、创新能力逐步提升

近年来，中国制造业的创新能力逐步提升。为进一步推动企业创新，科技部和财政部联合制定了《企业技术创新能力提升行动方案（2022 ~ 2023 年）》（以下简称《行动方案》）。《行动方案》旨在贯彻党中央和国务院关于企业创新的重大决策，落实科技体制改革的部署要求，以应对企业创新发展面临的新形势和新需求。

《行动方案》提出了总体要求，包括加强顶层设计和政策支持、优化创新生态环境、提升企业创新主体地位、加强基础研究和原始创新、促进产学研用结合、加大科技创新投入、推进技术转移转化、培育高端创新人才等。通过这些举措，旨在提高企业的技术创新能力和创新绩效，推动中国制造业向创新驱动发展转型。

中国政府一直致力于提升创新能力，通过一系列政策和措施推动科技创新与企业创新。近年来，中国制造业加大了对研发的投入，推动技术研发和创新成果转化应用。同时，政府也鼓励企业加强与高等院校、科研机构的合作，促进产学研用结合，加快科技成果的转移转化。

此外，中国还积极引导企业加强自主创新能力的培育，推动技术进步和产业升级。政府支持创新型企业的发展，为其提供政策支持和优惠政策，鼓励企业加大科研投入，培育高端创新人才，并推动知识产权保护和技术创新成果的转化。

综上所述，中国制造业的创新能力逐步提升，得益于政府的政策支持和推动。通过加强顶层设计、优化创新生态环境、加大研发投入、促进产学研用结合等措施，中国制造业正朝着创新驱动的发展模式迈进。一方面，中国大力推动科技创新，加强国内基础研究和应用研究，提高了企业的技术水平；另一方面，数字化转型也是推动制造业升级和发展的重要途径。中国的互联网和数字技术应用水平在全球处于领先地位，中国在5G通信、人工智能、物联网等领域也取得了重大进展。

四、国际竞争力逐步提高

中国的制造业具有重要的国际影响力。中国被誉为"世界工厂"，是全球最大的制造业生产国，其制造业产出居世界之首。中国的制造业在全球市场上扮演着重要的角色，对全球供应链和全球经济发展具有深远影响。

中国的制造业国际影响力主要体现在以下几个方面。

（1）制造业产量和出口。中国制造业的产量庞大，生产了大量的商品和产品，满足了全球各地的需求。中国制造业的出口规模也非常庞大，许多国家依赖中国供应链以获得各种产品。

（2）全球供应链。中国在全球供应链中扮演着重要的角色。许多国际企业将生产基地设在中国，借助中国的制造能力和成本优势，实现生产规模化和成本效益。中国制造业的发展对全球供应链的稳定性和效率起到了重要的推动作用。

（3）创新和技术进步。中国的制造业在创新和技术进步方面取得了显著成就。中国的企业在技术创新、研发投入和知识产权保护等方面取得了重要进展，推动了制造业的升级和转型。中国的创新能力不断提升，为全球制造业的发展带来新的动力。

（4）国际合作和投资。中国积极参与国际合作，加强与其他国家的贸易往来和投资合作。中国的制造业企业纷纷与国际企业建立合作关系，共同开展研发、生产和市场拓展，提升了中国制造业的国际影响力。

综上所述，中国的制造业在全球范围内具有重要的国际影响力。其庞大的制造业产量和出口规模，对全球供应链的稳定和效率起到关键作用。同时，中国的创新能力和技术进步也推动了全球制造业的发展。中国在国际合作和投资方面也发挥着重要作用，促进了全球制造业的合作与发展。

第三节 我国制造业面临的挑战

一、结构性矛盾突出，有效供给能力方面严重不足

随着我国经济的发展，制造业结构性矛盾凸显。传统制造业仍然占据主导地位，而高技术、高附加值产业和新兴产业的发展相对滞后。这导致制造业整体发展水平不够均衡和高效，制约了高质量发展的实现。我国制造业在某些领域的供给能力相对不足。一方面，技术水平和创新能力有待提升，制造业的核心技术和关键装备依赖进口；另一方面，供给结构不合理，一些传统行业产能过剩，而新兴产业和高端制造业的供给不足，这种供给不足会限制制造业的发展和提高整体效率。

二、供应环节管理水平较低，企业仍处于"重下游，轻上游"的传统观念

目前我国的制造业供应链管理观念落后，企业只重视下游客户，倾向于与供应链下游伙伴保持密切关系，但对供应链上游伙伴重视程度不够，不愿和供应商结成双赢的合作关系，从而造成上游采购成本增加、原材料库存费用增大、供货不及时、难以对客户需求的变化作出快速的响应，这种情况必将对下游的市场营销与客户服务造成巨大影响。这意味着企业更关注产品的生产和销售，而对供应链的管理和优化不够重视。这种传统观念在现代制造业中已经不适用，因为供应链的高效管理对于提高生产效率、降低成本和提供优质产品至关重要。企业需要意识到供应链管理的重要性，并积极投资于提升供应链的协调性、可视性和灵活性，以应对市场

变化和需求波动。此外，企业还需要加强与上游供应商的合作和沟通，以实现供应链的协同发展和优化。

三、生产环节成本居高不下

尽管中国制造业在技术创新、产量和出口等方面取得了举世瞩目的成就，但高成本仍然是一个困扰该行业的问题。这一挑战主要源于以下几个方面：首先，劳动力成本的上升是生产环节成本居高不下的主要原因之一。随着中国劳动力市场供需关系的变化，工人工资和福利要求逐渐增加，劳动力成本也相应上升。其次，能源和原材料价格的上涨也对生产环节成本造成了压力。能源和原材料是制造业生产过程中不可或缺的要素，全球范围内的价格上涨直接影响到制造业的成本。最后，环境保护和合规要求的增加也对生产环节成本构成了挑战。为了推动环境可持续发展和减少污染，中国政府加强了对制造业的环境保护和合规要求，这导致企业需要增加环保投入和合规成本。

同时，环境成本和质量成本将会显著提高，我国的环境成本近年来大幅上升，其中水土资源和环境治理成本上升程度尤为明显。根据统计，近10年来我国由于环境污染造成的经济损失约占 GDP 的 10% 左右。这表明长期以来我国制造业环境成本补偿不足，随着全社会的环境意识不断提升，环境执法进一步严格，环境治理成本必将逐步提高。随着产品质量责任事故的频发，中国的企业必将更加认清产品的质量成本，尤其是早期的预防成本和鉴定成本，以避免出现严重的质量失败成本。

四、物流成本管理体系不够健全，创新不足

目前我国对供应链的研究还处于起步阶段，企业的组织机构和业务流程还不能适应供应链管理发展的要求，制造业还不能根据各类不同企业的特点制定出不同的供应链管理模式，因此在供应链实施过程中出现了许多问题。例如，按时交货率相对不足，产成品存货比例较高，物流停滞时间长，造成较高的供应成本，企业从收到订单到组织生产、实施配送，最后

到将产品送到客户手中的全过程中的总体反应能力较弱，花费时间较长。

　　关于供应链管理的研究在我国起步较晚，制造业中供应链管理人才较少，目前高等院校培养的毕业生中，大部分是物流管理方向的，供应链管理方向特别是制造业供应链管理方向的人才寥寥无几，企业中也很少有人进行过供应链管理方面的培训，直接影响了我国制造业供应链管理的发展。

五、产业链核心竞争力较弱，产品附加值低

　　当前，外部环境更趋复杂严峻和不确定，我国经济发展面临需求收缩、供给冲击、预期转弱三重压力，工业发展面临的困难、挑战明显增多。应对困难和挑战，需要我们保障产业链、供应链安全稳定，这也是增强制造业核心竞争力的关键。要促进工业经济平稳运行，加强原材料、关键零部件等供给保障，实施龙头企业保链、稳链工程，维护产业链、供应链安全稳定。

　　我国制造业企业大多数为民营企业，在融资方面较国有企业存在劣势。一些制造业企业发展面临着低端产品生产过度、缺乏核心竞争力和品牌价值、资源利用效率低等问题，这些问题都会影响到银行是否对其发放和收回贷款。

第四节　我国制造业未来发展趋势

　　近年来，中国制造业转型升级加速，产业结构不断优化。跨区域合作也在不断深化，制造业从东部地区向中西部地区转移。然而，中国制造业转型也面临着一定的挑战。未来，中国制造业需要注重技术创新，同时重视传统制造业的重要价值。为适应制造业转型的需求变化，需要完善人才培养模式、产业政策实施方式，巩固制造业产业链的基础和优势，提高金融服务模式与制造业转型发展需求的适配性。未来中国制造业的发展趋势将朝着高端化、智能化和绿色化的方向发展，并适应全球价值链重构的新

变化，同时，服务化将成为制造业发展的新趋势。

一、高端化发展与智能化转型

中国制造业将朝着高端化方向发展。这包括提高产品质量、技术含量和附加值，推动制造业向价值链的高端环节延伸。中国将注重培育和引进高技术、高附加值的制造业，加强自主创新能力，提升在全球价值链中的地位。并且随着人工智能、物联网和大数据等技术的迅速发展，中国制造业将加快智能化转型。智能制造将成为制造业发展的重要方向，包括智能工厂、自动化生产线、智能设备和智能物流等。通过数字化技术的应用，加快数字化转型，推动智能供应链的建设，提高生产效率、质量控制和供应链管理能力；通过数字化技术和物联网的应用，实现供应链的全程可追溯、智能调度和灵活应对市场需求的能力；通过推动物联网、大数据、人工智能等技术的应用，制造业将实现生产流程的自动化、智能化和高效化，促进生产工艺的优化和资源的高效利用。

制造业与互联网的融合是中国制造业转型升级的重要途径。政府已经出台了多项政策，鼓励互联网企业与制造企业合作，共同推动工业互联网平台的建设，加强制造业与互联网的融合。在实际操作中，中国已经取得了不少成果，例如，通过工业互联网平台实现设备的远程监控和维护，提高生产效率和产品质量。未来，中国将继续推动制造业与互联网的深度融合，加速数字化转型。

二、绿色化制造和可持续发展

随着环保意识的增强和全球可持续发展的要求，中国制造业将越来越注重绿色制造和资源节约型生产。在实际操作中，中国已经开始采用一些新技术和新材料，如绿色建筑、环保材料、节能设备等，以减少制造业对环境的影响。此外，中国政府也在推动环保产业的发展，如大力发展可再生能源、智能交通等，以推动绿色经济的发展。通过推动清洁生产技术、循环经济模式和低碳技术的应用，减少环境污染和资源消耗，实现可持续发展。环保意识的增强将推动中国制造业向绿色化方向发展。减少环境污染、资源消耗和碳排放成为制造业的重要任务。中国将加强环境保护法规的实施，鼓励节能减排和循环经济的发展，推动绿色技术的应用和绿色供应链的建设。

三、创新驱动和技术应用

创新是中国制造业未来发展的重要动力，未来中国制造业发展的关键在于技术创新。中国将加大研发投入，培育和引进高端技术人才，推动核心技术的突破和应用。同时，加强国际合作和知识产权保护，提升自主创新能力和核心竞争力。鼓励企业增加研发投入，推动科技创新与产业融合，培育新的技术引领产业，推动制造业向价值链高端攀升。中国制造业需要加大研发投入，推动关键核心技术的突破和应用，培育新兴技术领域，提升产品的附加值和竞争力。政府已采取多项措施，加强对科技创新的投入，支持高新技术产业的发展，加强对知识产权的保护等。在实际操作中，中国制造业已经取得了不少创新成果，如高速列车、无人机、5G 技术等，在国际市场上拥有一定的竞争优势。未来，中国将继续加强创新能力，推动技术创新和产业创新，为制造业发展注入新的动力。

四、人才培养模式的完善

人才是制造业发展的关键，随着制造业转型的需求变化，人才培养模式也需要相应完善。培养适应新技术和新模式的人才，加强产学研结合，提高人才的创新能力和应用能力，以满足制造业发展的需求。注重人才培养和引进，培养具备创新思维和技术能力的工程技术人才，提升人才的综合素质。同时，吸引海外高层次人才和留学人才回国发展，促进人才流动和交流。加强人才培养和引进，鼓励高校和科研机构与企业合作，推动产学研结合，培养具有创新能力和国际视野的高素质人才。在实际操作中，中国已经建立了一些产学研合作基地，如"互联网＋智能制造"等，为人才培养提供了有力支持。未来，中国将继续加强人才培养和引进，推动制造业人才队伍的建设。

五、服务化成为制造业发展新趋势

随着消费升级和产业结构优化，中国制造业将趋向于服务化。制造业企业将注重提供全方位的产品解决方案、售后服务和增值服务，以满足消费者个性化需求，增强竞争力。传统的制造业模式将向服务化转型，注重与客户的紧密合作、个性化定制和售后服务。这将增强企业的竞争力，并满足消费者多样化的需求。中国将加强服务型制造的发展，通过整合设计、制造、物流、售后服务等环节，为客户提供全方位的服务和解决方案，提高产品附加值和市场竞争力。例如，中国制造业已经开始向定制化、柔性化和智能化方向发展，以适应客户需求的多样性和个性化。此外，中国政府也在推动以服务为中心的制造业转型，鼓励企业在制造过程中注重产品质量和服务质量，提高顾客满意度和品牌形象。

六、加强国际化合作

中国制造业将继续加强国际合作与开放，积极参与全球价值链的构建和优化。通过与其他国家的合作，加强技术交流、市场拓展和资源共享，提升中国制造业在全球市场中的竞争力。加强与其他国家的经贸合作，推动贸易自由化，扩大进口，同时也加强对外投资，通过海外并购等方式进一步扩大市场份额。在具体操作中，中国已经积极参与全球产业链和价值链，推进国际产能合作，加强对"一带一路"共建国家的投资和合作，推动中国制造业的国际化发展。加强与其他国家和地区的贸易往来，推动贸易自由化和便利化。同时，加强知识产权保护和法律、法规建设，为企业创新提供良好的营商环境。

第五节　本章小结

本章基于我国制造业的发展现状，探究了其面临的问题与挑战。首先，介绍了我国制造业的界定与常见分类标准，并对其现状进行分析、总结，发现其表现出产值规模不断扩大、产业结构优化升级、创新能力逐步提升、国际竞争力逐步提高的发展趋势。其次，梳理了我国制造业面临的挑战，包括：结构性矛盾突出，有效供给能力方面严重不足；供应环节管理水平较低，企业仍处于"重下游，轻上游"的传统观念；生产环节成本居高不下；物流成本管理体系不够健全，创新不足；产业链核心竞争力较弱，产品附加值低。最后，对我国制造业的未来发展趋势进行了展望。本章的主要目的是通过这些对研究对象的分析与总结，体现出后续研究工作的必要性。

人工智能在制造业成本预测中的理论分析与应用研究

 第一节 基于 BP 神经网络的研发成本预测模型构建

一、研发成本特征及预测必要性分析

（一）研发成本预测的特征

数字经济背景下，数字技术的迅猛发展以及数据要素的广泛应用不仅为高端制造企业的研发活动带来了新的机遇，同时也对其成本预测提出了更高的要求。高端制造业作为国民经济的重要支柱，其研发成本预测主要呈现出以下三点特征。

1. 推动研发成本预测科学规划

在数字经济与高端制造业融合发展的进程中，数字技术为成本预测数据提供来源，给研发成本预测的科学规划带来了前所未有的契机。一方面，大数据这一新型生产要素在数字经济与高端制造业深度融合的过程中发挥独特的功能，使部门之间和企业之间可以进行有效的交流，合理建立网络化协作平台，形成技术共享、协同研发等运转机制。数字经济可以把生产端和消费端融为一体，让企业能够及时了解市场的相关数据，把握市场动态信息，并借助数字技术，从各方面推演分析市场需求，更加有效地进行产品研发的成本预测和设计。另一方面，企业决策者在进行研发成本预测时，通过利用数字技术能够获得大量与研发成本预测相关的内外部数据信息，并能够对获得相关数据进行智能分析和筛选，提高研发成本预测的准确性，推动高端制造企业研发成本预测实现由以往的主观定性预测向数据引领的科学预测方向转变。

2. 助力研发成本预测智能执行

高端制造企业具有技术上的领先性，不同于传统制造业，其具备的较强的集成性和衍生性会导致其研发成本预测的难度更大。在数字经济背景下，国内国际高端制造竞争下，企业会持续进行数字技术以及研发制造等技术能力的更新、改进，以赋能自身竞争优势的构造，在不断加大数字化研发投入的同时，利用适合自身的预测系统和方法进行研发成本预测，实现研发成本的智能预测和管理。此外，高端制造企业的研发人才是其发展的基础，研发人力资本是第一生产力，因此，在研发成本预测过程中，研发人员是不可或缺的主体，其发挥的作用不容忽视，数字经济带来的边际效应能够加强企业科技研发人力资本的配置，提升研发人员在研发成本预测执行时的水平，进一步保障研发成本预测的智能执行。

3. 实现研发成本预测动态监控

研发成本预测是企业研发成本管理的重要环节，始终贯穿于研发管理生命周期中。数字技术的应用能够使负责研发成本管理的人员通过数字信息系统实时提取研发成本数据，对企业研发成本出现的变化进行动态监控，并及时进行差异分析，也有助于企业实现动态预测。利用数字信息系统不仅可以实时了解每个研发项目的成本支出，也能实时掌握企业的研发能力、竞争能力等相关数据信息，并在企业每年对研发成本整体预测的基础上，进行后续的调整规划，对研发过程中不合理的地方进行改进，从而作出适当的研发决策，反过来也有助于进一步提升研发成本预测的效率。

（二）研发成本预测的必要性

目前，高端制造企业研发支出较大，研发要素投入整体较高。大量的研发经费主要投入使用在关键的创新专利研发上；高端制造企业主要研发高端技术类产品，这离不开大量"高精尖"的数字化人才的支撑；在数字经济环境的时代，各行业间市场竞争异常激烈，为了始终在研发赛道中维持有利地位，就必须通过各种方法留住已有的研发人才并吸引新的优秀人才的加入。一般而言，高端制造企业研发人员的薪酬待遇较高，同时，在数字经济环境下，也需要不断加强对企业研发人员的知识技术的培训，提升研发人员数字化素养。这也在某种程度上增加了企业的人力成本。因此，高端制造企业的研发人力成本其实更大，在研发成本控制中占有比较重要的地位。同时，高端制造企业研发周期较长，面临研发失败的风险概率也较大，研发成本在短期内可能不能收回，这就导致研发成本管理的周期较长，研发成本较难实现科学控制。此外，高端制造企业中，其主要的活动是研发活动，主要的成本支出来自研发成本，但是研发成本控制并没有基于一个正确的起始预算，这也进一步加大了研发成本控制的难度。

研发成本预测的目标与研发成本控制的目标是一致的。数字经济背景下，高端制造业为了增强创新，在不断加大数字化研发要素投入的同时，研发成本也在不断加大，亟须通过科学合理的预测方法对研发成本进行预测，进而帮助实现研发成本后续管理。研发成本预测不仅能够助力管理者更精确掌握研发成本水平以及未来的变化趋势，还能更好地优化研发成本管理，作出正确的研发成本管理决策；并且研发成本预测对后续研发成本计划编制具有一定的系统方向指导性，使研发成本控制立足于实践。对研发成本进行预测，是进行成本决策和规划的依据及前提，成本决策与计划是预测的结果，开展研发成本预测具有重要意义。通过研发成本预测，可以提升研发成本管理科学的实行，保障研发成本控制的效果，进而提升研发效率。

依托目前数字经济的大环境，受数字经济发展的影响，企业必须顺应数字经济发展的潮流。邱洋冬（2022）通过研究发现数字经济发展对企业的研发倾向影响并不明显，主要作用于研发投资。可见，数字经济发展环境下，企业对于研发投资的重视，可以通过加大研发投资，进行企业技术升级改造，提升市场竞争能力，化被动为主动，以期在激烈的市场竞争中维持自己的市场地位。随着研发投资的加大，企业研发成本固然是增加的，相较于传统环境，高端制造企业在数字经济环境中要想在研发竞争赛道中赢得抢跑优势，必须重视企业的研发成本预测，这是科学决策起点，更是赢得竞争的起点。

歌尔股份公司研发技术较为密集，连续 6 年在电子元器件企业研发实力综合排名中位列第一。从短期来看，无论是当前正在布局的虚拟现实、增强现实，还是智能穿戴、智能家居等智能产品，都需要其打造出符合当前数字环境的数字化基础设施，建立数字化研发系统，也就是说，企业需要为打造数字技术平台进行大量的投资。与此同时，面对数字环境带来的生产制造技术等日新月异的变化，也需要企业进行后续的技术研发更新以及相应的技术维护。这些都在短期内甚至一段时间内加大企业研发成本的投入。但是长远看来，基于数字赋能，歌尔股份公司能够以数字经济核心数据要素资源为依据，深度挖掘电子元器件潜在的客户。通过企业构建的多种数字研发平台、智能制造平台、智能管理平台，依托当前的区块链、AI、云计算等数字技术的支撑，企业可以实现对自身市场竞争能力的动态分析、阶段调整，借助数字系统获取自身发展以及相应市场信息，研发人员可以记录研发成本，为后续研发项目的成本预测提供依据，调整研发方向，从而有效对接产品的市场需求，实现研发效率的最大化。故此，对企业进行研发成本预测的相关研究具有一定的必要性。

二、企业研发特性分析

高端制造业凝聚了我国工业发展自主创新的能力。截至 2021 年，高端制造业同比增长 18.2%，接近制造业同比增长速度的 2 倍，成长性较好。研发活动是制造企业必不可少的板块，与传统制造业相比，高端制造业研发特性主要有以下特点。

一是研发领先性强。高端制造企业技术创新性较强、信息密集程度高、研发成果价值性较高，企业新的研究项目能够反映出这个领域中比较先进的技术方向，研发领先性较强。

二是资金投入大。高端制造企业在国内具有领先性地位，研发创新是公司整体活动的主要内容，是提高公司竞争能力的首要驱动力。伦蕊（2020）指出，现代信息技术与高端制造的融合有助于高端制造企业构筑自身的动态竞争优势。如今，由于数字经济加剧了市场竞争，高端制造企业已被置于激烈的研发赛道上。在这个赛道上，主要面临来自市场上竞争者的各种压力，这就使得企业需要不断地增加研发资金和研发人员的投入，从而保障更持续的技术创新，不断地提高研发效率，进而稳固自身的竞争优势。

三是潜在风险高。与传统制造业相比，高端制造业具有更先进的技术水平以及创新效率。但是与此同时，高端制造业研发面临的风险性也更强。一方面，主要来自不同领域的技术不确定性与外部市场环境的多变性；另一方面，高端制造业企业具有多种创新模式，在快速更迭中对专业人才的要求更高，在研发的各个阶段都要面对市场变化、政策变化等因素的影响，存在较大概率的研发失败和创新无效，对于科技企业来说，影响较大。因此，相对于传统制造企业，其风险通常较高。付保宗和张鹏逸（2016）谈到，高端制造业所依靠的核心技术创新能力，是需要高强度以及持续的研发投入保障，但同时也面临着失败率高等风险，且其核心技术创新不易模仿，技术扩散缓慢，不容易通过"逆向工程"和模仿创新实现，这也进一步加大了研发的风险性。

四是周期时间长。企业开始一项研发活动后，对于研发活动的投入便贯穿于整个研发周期，比如初始阶段进行研发项目设计、中期进行研发项目调整、后期进行研发项目维护等一系列的过程。为了保持自身市场地位以及技术的先进性，高端制造企业会持续进行研发项目的相关投入，如果停止投入，容易给企业带来更大的风险。因此，研发投入需贯穿项目或产品的整个研发周期。

三、研发成本预测指标体系构建

（一）指标选取原则

1. 科学性原则

研发行为是一个复杂的系统，因而在构建指标体系时，要兼顾内外，将研发成本预测影响因素考虑得细致周全，将数字经济背景下高端制造业研发成本构成的全貌和规律认识清楚。

2. 代表性原则

研发成本的影响因素较多，而能反映此影响因素的指标数量也较多，如果全部选取，费时费力，且结果不一定有说服力。因此，在指标选取工作中，需要对反映研发成本预测影响因素的指标进行关联性分析，选取相对最优指标，抓住主要的代表性指标，将弱关联指标进行删除。

3. 数据的可得性原则

本书研究的是企业研发成本预测，对于企业历史数据的准确性与权威性有一定的要求，所以数据是否可以完整而准确地得到是指标选取的重点。由于对数字经济和高端制造业企业研发的关系研究也较缺乏，其各项数据并没有确切统一的统计值，所以选择数据搜集便捷且容易进行分析的指标是指标选取的原则。

（二）指标体系构建

本书结合高端制造企业研发特性以及数字经济背景下研发成本预测的特征分析，对高端制造企业进行研发成本预测指标选取。

1. 创新能力维度

从企业创新能力来看，高端制造企业研发领先性强，拥有较高的研发能力。为了保持核心竞争能力，企业需要持续储存和更新自身的研发能力。陈蕊（2017）表示，企业的研发能力能够使企业汲取外部的创新养分，并将其融入自身的研发创新意识中，有效地提升公司的研发效率。为了维持并形成企业可持续的创新能力，企业会设置专门的研发部门，配备相应的研发人员，通过研发经费的投入、研发人力资源的投入形成企业的创新能力，这种创新能力在研发过程中能够转化成对外部新技术的吸收能力、对市场新需求的追求能力、研发人员的创新能力等，因此，企业必然会加大研发相应的要素投入，这也是企业研发成本增加的原因之一。

本书最终选取了企业研发强度、数字经济专利申请数量、研发人员数量占公司总员工数量的比例这三个指标。第一，选取研发强度作为创新能力的指标之一，研发强度是研发总投入金额与营业收入之比，能够从相对层面更清晰、更准确地反映公司的研发投入，并且能够解决由于差异较大而无法直接比较的问题。第二，基于数字经济背景，选用了企业的数字经济专利申请数量反映创新能力。之所以没有选取专利授权数量，是由于企业的专利研发成果产出与正式授权获得存在一定的滞后周期，企业年数字经济专利申请量也能够凸显数字经济环境下企业当年的研发创新能力。第三，研发人员数量占比。人力资本是高端制造企业开展研发活动的前提条件，需要较大的人力成本投入，因此，选用了相对数来反映。具体如表4-1所示。

表4-1   创新能力层面指标

一级指标	二级指标
创新能力	研发强度 数字经济专利申请数量 研发团队人员占比

2. 市场竞争维度

从市场竞争能力来看，不同阶段的研发需求不一样，所产生的研发成本也存在差别。通过企业不同阶段的投资活动、筹资活动、经营活动产生的现金流或者企业目前产品市场份额、面临的竞争者数量等量化指标，可以对企业所处的生命周期阶段进行大致的判定。对于高端制造企业，其研发周期较长，技术与产品都在快速更新，变化较大，因此，企业在进行研发成本预测时需要明确自身所处的真正的市场竞争阶段。

本书选用了企业销售费用率、竞争者数量、市场份额、经营活动现金净流量来反映。首先是销售费用率。为了衡量企业所面临的市场竞争程度，反映企业的个体特征，借鉴徐晓萍等（2017）的研究以及夏清华和黄剑（2019）的研究，用企业销售费用与营业收入的比值作为衡量市场竞争的代理变量，该指标越大，表明企业所面临的市场竞争越激烈。这基于的假定是当企业面临的市场竞争越激烈，越愿意花更多的钱做广告，销售费用自然也越大。其次是竞争者数量、市场份额、经营活动现金净流量。主要借鉴刘飒和万寿义（2021）的研究，用这组指标既可以反映企业所处的生命周期，也可以具体反映企业的市场竞争能力。具体如表4-2所示。

表 4 – 2 competition能力层面

一级指标	二级指标
市场竞争能力	销售费用率 竞争者数量 市场份额 经营活动现金净流量

3. 成长能力维度

高端制造企业目前布局的核心产品都是高端技术产品,效益较高,整体成长性较好。但在遇到相关技术产品受到国际、国内环境影响而产生波动时,企业规模扩张的能力会有所减缓,进而也会影响到企业的研发规模,部分企业可能会选择继续加大或缩紧对研发成本的投入。这些必然会影响企业整体研发成本的走向。本书参照李经路和胡振飞(2017)的研究,根据高端制造业的特点以及常用的指标,选用可持续增长率、总资产增长率、营业收入增长率来反映企业的成长能力。具体如表 4 – 3 所示。

表 4 – 3 成长能力层面

一级指标	二级指标
成长能力	可持续增长率 总资产增长率 营业收入增长率

4. 盈利能力维度

盈利能力能够反映高端制造企业真正的实际能力。盈利能力强可以表现在盈利规模大、盈利质量高、盈利持续性好等方面,强大的盈利能力能够给予高端制造企业研发资金充足保障,企业研发成本上限可以适当放松。本书部分借鉴李经路和胡振飞(2017)的研究,选取营业净利率、每股收益、营业收入指标。数字经济背景下,营业收入作为整体反映高端制造企业的综合盈利能力规模指标需要纳入考虑范围内。具体如表 4 – 4 所示。

表 4 – 4 盈利能力层面

一级指标	二级指标
盈利能力	营业净利率 每股收益 营业收入

5. 经济发展水平维度

经济发展水平通过影响人们的收入水平、消费追求等直接作用于国内外市场上的供求状况，以及消费者对新产品和技术的需求状况来体现。近年来，由于新冠疫情，我国的经济发展速度有所放缓，但市场的需求也在不断得到提升。随着经济全球化的不断发展，公司的顾客可能来自不同的地区，也存在着不同的文化背景，这就需要公司在对待特定顾客时，要区别对待，不能一概而论，唯有如此，公司才可以满足顾客多样化的需要，这也在一定程度上使得公司的研发定位发生着改变。同时，在研发核算的时候，这种复杂的变化也增加了研发成本预测的模糊性，对研发成本预测的准确性要求提高。郑明波（2019）指出，在经济繁荣时期，企业整体发展较好，受融资约束的限制小，可能会加大研发投入，但是也可能受限于研发投资的机会成本较高，不愿意进行大量的研发投资。我国已经进入由高速发展转向高质量发展的时期，经济发展水平对企业研发要素投入的作用不可忽视。通货膨胀率、人均 GDP 等都能够直观反映社会、经济发展水平的变化情况，因此，在进行歌尔股份外部环境的分析时，借鉴李经路和胡振飞（2017）以及刘飒和万寿义（2021）的研究，将通货膨胀率和人均 GDP 纳入指标范围。具体如表 4 – 5 所示。

表 4 – 5 经济发展水平层面

一级指标	二级指标
经济发展水平	通货膨胀率 人均 GDP

6. 数字经济环境维度

数字经济的发展正在加速推动企业内部的技术创新。在研发项目过程中，借助数字技术，可以快速地对科技知识和信息进行渗透，减少研发人员之间的技术交流时间以及研发团队之间的合作成本，加快研发过程中学习效应的形成，从而实现企业对当前技术资源在纵向和横向上的扩展利用。除此之外，为了推进数字经济发展战略，引导企业数字化转型，促进产业实现结构优化升级，我国陆续制定了一系列的数字经济政策，其中包括对数字经济发展的促进、规制和治理政策，旨在为企业数字化转型提供良好的公共服务机制和营商环境，促进区域数字经济发展水平的提升。从整体层面来看，数字经济政策的制定，能够为我国企业发展提供数字技能、数字人才、数字基础设施等硬性支持。基于此，借鉴林青宁和毛世平（2022）的研究，选取了数字经济规模来反映数字经济环境。另外，数字经济政策对于企业的发展具有最先位的驱动力，因此，还增加了数字经济政策数量这一指标。具体如表 4 – 6 所示。

表 4 – 6 数字经济环境层面

一级指标	二级指标
数字经济环境	数字经济规模 数字经济政策数量

基于上述指标选取，结合企业研发成本预测内外部影响因素分析，本书将最终的研发成本预测指标选取汇总如表 4 – 7 所示。

表 4 – 7 成本预测指标

影响因素	一级指标	二级指标	编号
企业内部因素	创新能力	研发强度	X1
		数字经济专利申请数量	X2
		研发团队人员占比	X3
	竞争能力	销售费用率	X4
		主要竞争者数量	X5
		市场份额	X6
		经营活动现金流量净额	X7

续表

影响因素	一级指标	二级指标	编号
企业内部因素	成长能力	可持续增长率	X8
		总资产增长率	X9
		营业收入增长率	X10
	盈利能力	营业收入	X11
		营业净利率	X12
		每股收益	X13
外部环境因素	经济发展水平	通货膨胀率	X14
		人均 GDP	X15
	数字经济环境	数字经济规模	X16
		数字经济政策数量	X17

（三）指标体系确立

综上所述，本研究基于高端制造企业研发成本预测的多维度特征，通过系统性整合关键参数与动态变量，科学构建了适配性指标体系，以实现研发成本的全流程精准预测。本书在对案例企业进行研发成本预测时具体的数据获取来源如下：本书将企业年报中披露的研发投入整体数额作为企业研发成本。其中，研发成本、研发强度、可持续增长率、总资产增长率、营业收入增长率、销售费用率、营业净利率、经营活动产生的现金净流量、营业收入以及每股收益是通过企业披露的年报以及国泰安数据库获取；通货膨胀率、人均 GDP 主要通过《中国统计年鉴》获取；数字经济规模从中国信息通信研究院公布的《全球数字经济白皮书》统计的数据中获取，主要依据中国信息通信研究院对我国数字经济规模的计算方式，即数字产业化和产业数字化规模汇总加和；数字经济政策数量主要是通过《中国上市公司数字经济白皮书》中统计的数据获取；数字经济专利申请量主要是通过 CNRDS 数据库获得；企业的市场份额、主要竞争者数量则是根据国泰安数据库中申万行业里的电子行业统计分类进行计算得到。具体案例企业的相关数据如表 4-8 和表 4-9 所示。

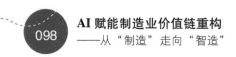
表 4 - 8 　　　　　　研发成本及相关影响因素数据（一）

年份	研发成本（亿元）Y	研发强度（%）X1	数字经济专利申请数量（个）X2	研发人员数量占比（%）X3	销售费用率（%）X4	主要竞争者数量 X5	市场份额 X6	经营活动产生的现金净流量（亿元）X7
2012	2.7893	3.85	387	15.79	1.9802	126	0.0149	5.5781
2013	4.5705	4.55	601	16.67	1.8660	127	0.0206	8.4641
2014	7.7337	6.09	672	17.03	1.7567	136	0.0244	11.6487
2015	9.7283	7.12	1026	16.52	2.6539	153	0.0262	24.0907
2016	13.3884	6.94	1547	17.12	2.3067	178	0.0370	22.6922
2017	16.9651	6.64	2207	17.56	1.9709	229	0.2401	35.3100
2018	18.9229	7.97	1921	18.12	2.3968	237	0.2233	22.7641
2019	20.2282	5.76	1713	15	1.5205	269	0.3305	54.5143
2020	35.3280	6.12	1970	13.94	0.8245	325	0.5430	76.8226
2021	43.0134	5.5	860	13.46	0.5687	374	0.7356	85.9848

表 4 - 9 　　　　　　研发成本及相关影响因素数据（二）

年份	可持续增长率（%）X8	总资产增长率（%）X9	营业收入增长率（%）X10	营业收入（亿元）X11	营业净利率（%）X12	每股收益 X13	通货膨胀率 X14	人均GDP（元）X15	数字经济规模（万亿元）X16	数字经济政策数量（个）X17
2012	13.58	68.63	37.24	72.5321	12.73	1.0888	102.6	39771	11.2	19
2013	22.33	34.14	48.30	100.4882	13.18	0.8677	102.6	43497	13.5	29
2014	21.91	40.97	17.77	126.9899	13.26	1.1034	102	46912	16.2	30
2015	12.94	8.39	23.90	136.5603	9.08	0.8126	101.4	49922	18.6	43
2016	14.57	19.04	10.28	192.8781	8.34	1.0539	102	53783	22.6	88
2017	13.57	15.97	13.60	255.3673	8.25	0.6492	101.6	59592	27.2	99
2018	3.54	11.94	18.25	237.5059	3.56	0.2602	102.1	65534	31.3	129
2019	6.29	16.53	4.31	351.4781	3.64	0.3942	102.9	70078	35.8	130
2020	13.59	41.71	20.12	577.4274	4.94	0.8707	102.5	72000	39.2	170
2021	14.91	24.35	13.03	782.2142	5.51	1.2607	100.9	80976	45.5	335

四、研发成本预测指标体系关联性分析

（一）灰色关联度模型

灰色关联度模型基于多元统计分析技术，通过系统间的关联水平来描述各因素之间关系的强度和顺序。评价两个系统之间的比值，根据关联的多少，衡量各因素之间关联程度的指标就是关联度，关联度越大，两个系统之间的比值越高。该方法被广泛用于衡量两个具有相关性系统之间的相关程度。

1. 数据标准化处理

由于每个经济指标所包含的信息以及自身的定义不同，每一项指标都有它原有的度量标准和单位，这种不同会在对指标展开分析的过程中影响数据间对比的可行性和科学性，因此有必要为每一项指标建立一个统一的标准，也就是对其进行标准化处理，从而达到对指标分析标准的统一。本书采用平均值法，即每个数据除以该子序列的均值实现数据的无量纲化处理。

2. 计算关联系数

关联系数反映的是数据曲线的变化程度。在计算关联系数前，需要确定研究所需要的参考序列和比较序列。参考序列是由研究对象整体构成，比较序列是由影响研究对象系统的因素组成。在本书中，企业研发成本可以作为参考序列，记为 A_j。

$$A_j = A_j(1), A_j(2), A_j(3), \cdots, A_j(n); \quad j = 1, 2, 3, \cdots, m \qquad (4-1)$$

比较数列为本书筛选的研发成本各影响因素指标体系，记为 A_i。

$$A_i = A_i(1), A_i(2), A_i(3), \cdots, A_i(n); \quad i = 1, 2, 3, \cdots, l \qquad (4-2)$$

关联系数计算公式为：

$$\varepsilon_{ij}(k) = \frac{\min \min |A_j(k) - A_i(k)| + p \max \max |A_j(k) - A_i(k)|}{|A_j(k) - A_i(k)| + p \max \max |A_j(k) - A_i(k)|} \qquad (4-3)$$

式中，$\min \min |A_j(k) - A_i(k)|$ 代表两级最小差，$\max \max |A_j(k) - A_i(k)|$ 代表两级最大差。p 位于 $[0, 1]$ 之间，本书取最常见做法，即 $p = 0.5$。

3. 关联度计算

由于关联系数所代表的信息是反映各个年份的关联性，比较分散，为了反映整体的关联性，需要将每个时间的关联系数集中起来计算平均值，也就是用关联度来衡量参考序列和比较序列之间的关联程度。

$$\gamma_{ij} = \frac{1}{n}\varepsilon_{ij}(k) \tag{4-4}$$

4. 关联度等级比较

灰色关联度等级说明如表 4-10 所示。

表 4-10　　　　　　　　　灰色关联度等级说明

等级	关联度	关系说明
一级	$0.85 \leqslant \gamma_{ij} \leqslant 1$	指标间关联关系极强
二级	$0.65 \leqslant \gamma_{ij} < 0.85$	指标间关联关系较强
三级	$0.35 \leqslant \gamma_{ij} < 0.65$	指标间关联关系中等
四级	$0 \leqslant \gamma_{ij} < 0.35$	指标间关联关系较弱

（二）灰色关联分析结果

本书设置研发成本为参考序列，选取的 17 个预测指标影响因子作为比较序列。首先，通过 MATLBR2021a 软件对灰色关联度的原始数据利用平均值法对数据进行无量纲化处理，消除数据量纲不同造成的影响。其次，使用关联系数求解公式，即公式（4-3），求出参考序列与比较序列的关联系数。最后，通过关联度计算公式，即公式（4-4），计算序列之间的关联度，并根据关联度对其排序。在计算过程中，设置分辨系数 p 为 0.5。计算结果如表 4-11 所示。

表 4-11　　　　　　　　各影响因素与研发成本关联程度

序列	评价项	关联度	排名
X11	营业收入	0.9201	1
X7	经营活动产生的现金净流量	0.8986	2
X17	数字经济政策数量	0.8875	3
X5	主要竞争者数量	0.8359	4
X16	数字经济规模	0.8307	5

续表

序列	评价项	关联度	排名
X6	市场份额	0.7854	6
X15	人均 GDP	0.7834	7
X2	数字经济专利申请数量	0.7546	8
X14	通货膨胀率	0.7155	9
X1	研发强度	0.7009	10
X3	研发人员占比	0.6955	11
X4	销售费用率	0.6326	12
X9	总资产增长率	0.6242	13
X8	可持续增长率	0.6233	14
X13	每股收益	0.6224	15
X10	营业收入增长率	0.6016	16
X12	营业净利率	0.5965	17

通过表4-11的灰色关联度结果，可得出企业研发成本与其影响因素的关系程度，参照数量对灰色关联度的等级划分，可知所有影响因素都与研发成本存在着较大的关联，并没有处于弱关联的影响因子。

从关联分析的具体结果来看，处于极强关联度的分别是营业收入、经营活动产生的现金净流量、数字经济政策数量，说明这3个影响因子是影响企业研发成本的关键要素。其中，研发成本与营业收入关联度最高，达到了0.9以上。首先营业收入一定程度上反映了企业获取经济效益的能力。营业收入是企业进行还款和创造收益的主要途径，企业营业收入持续快速增长，向外部市场释放了企业不断向好的发展能力，有益于增加企业的外部融资，而这也能够给企业的研发资金提供稳定的保障，进一步促进企业增加研发要素，从而加大了研发成本的支出。建议企业在进行研发成本管理时结合自身的营收规模，适当合理地进行研发要素投入，把控研发成本，而不是盲目不切实际地进行投入。其次，经营活动产生的现金净流量对研发成本的影响，反映了企业研发成本生命周期规划。企业进行研发成本管理时需要考虑企业所处的生命周期阶段，生命周期阶段的不同，研发要素投入的多少以及阶段性的研发支出也会不同，研发创新的战略规划就需要顺应改变。此外，随着数字经济的迅猛发展，数字经济政策能够为高端制造企业提供优良的营商环境，进一步推动地区数字经济发展水平的提升，也能够增强企业发展的信心，引导企业增加研发资金和研发人员等要素投入，产生的研发支出进而增多，由此也可以看出，数字经济也正在影响着企业的研发成本管理，所以企业在进行研发成本管理时，需要考虑数字经济环境对企业各方面带来的影响，才能对症下药，精准施策，实行高效的研发管理，进而提升研发效率。

第二节　基于 BP 神经网络的研发成本预测模型应用——以歌尔股份为例

一、歌尔股份简介

（一）企业简介

歌尔股份有限公司（以下简称歌尔股份）属于电子元器件及设备制造产业，隶属于高端制造行业，也是数字经济核心产业之一，其于 2001 年成立，2008 年 5 月在深圳证券交易所成功上市。根据其财务报表显示，截至 2021 年末，电子元器件与设备制造业市值位于数字经济核心产业榜首，歌尔股份市值排名第八。

如图 4-1 所示，歌尔股份业务主要涵盖精密零组件业务、智能声学整机业务和智能硬件业务三大板块，处于行业内领先地位。纵观歌尔股份的产业链，其经营业务已经贯穿上下游，从精密元器件到整机制造，歌尔股份的布局都已经非常成功，并且歌尔股份成功实现了从元器件的模具制造到零部件的表面处理再到自主设计整条自动化生产线的转变。时至今日，歌尔股份已形成 VR/AR、TWS 耳机、智能手表和声学零部件四大主营产品业务，在声学、光学、微电子和整机制造方面具备核心技术优势。

公司自成立以来，在深耕精密制造的成长道路上，密切把握国家的战略方针和行业动向，不断向智能制造和虚拟现实领域进军。主要经历了三个阶段，分别是贴牌生产（OEM）、原始设计制造（ODM）、联合设计制造（JDM）。

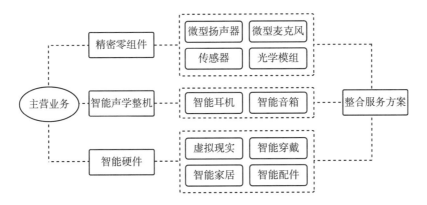

图4-1　歌尔股份的主营业务及产品

资料来源：歌尔股份官网。

在OEM阶段，歌尔股份专注中低端微型电声元器件，主要面向国外消费电子企业和电声企业，经营模式方面以代工为主，根据用户设计图纸，制作出满足用户需求的产品；进入ODM阶段，从注重产品向注重顾客的方向发展，推行优质大客户战略，歌尔股份继续扩大市场份额，增强其研发实力。

现阶段，公司主要处于ODM兼JDM的阶段。在数字经济时代，公司积极拥抱消费电子行业发展势头，以其本身的声学、镜片及其他多平台开发方面雄厚的研发和生产能力，在VR/AR、智能穿戴、智能音频、智能家居等方面进行了积极布局，为合作伙伴提供一站式综合专业研发和制造服务。图4-2主要展示了歌尔股份发展的部分代表性阶段。

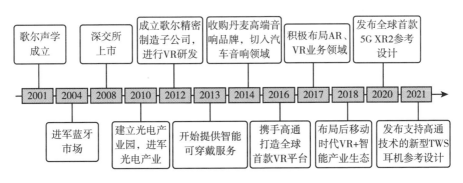

图4-2　歌尔股份的发展阶段

资料来源：歌尔股份官网。

（二）企业经营状况

1. 整体业绩状况

如图 4 - 3 所示，歌尔股份毛利率由 2015 年的 24.9% 下降至 2021 年的 14.13%，整体都呈现下降趋势。由于公司早期传统的产品竞争能力开始出现弱化，业务盈利能力下降，产品原材料成本的上涨导致相关产品周期渗透率出现"瓶颈"，这也使公司产品业务毛利率持续处于下滑趋势。虽然当前 TWS 耳机和 VR 业务成为新一轮拉动企业业绩增长的重要龙头，但是仍处于发展初期，整个初期成本投入较大，初期带来的毛利率并不是非常乐观。净利润率方面，2017～2018 年公司营业净利率出现了较大幅度的下滑。2017 年，全球智能手机市场需求下降，公司智能手机业务遭遇打击；当年，电声产品竞争能力也出现危机。此外，VR/AR 产业市场仍处于初期发展中，受到市场调整波动的影响，虚拟现实产品业务收入也受到影响，公司新布局的智能无线耳机业务尚处于起步阶段，利润贡献低于预期。这也在一定程度上反映出公司成长性不够稳定。

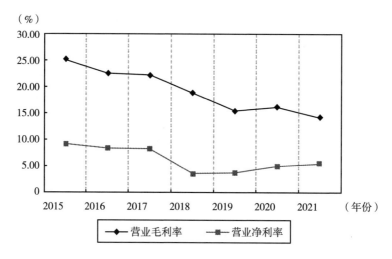

图 4 - 3　歌尔股份营业毛利率及营业净利率
资料来源：歌尔股份 2015～2021 年年报。

2. 成本控制情况

营业成本率是反映企业成本控制情况的一个有效指标。从图 4 - 4 展示的近 5 年来歌尔股份与行业龙头企业京东方之间营业成本率对比分析，可发现歌尔股份的营业成本率除了 2019 年基本与京东方略同，其余时间一直高于京东方，而且在近两年差距逐渐扩大。歌尔股份近两年在逐渐扩大研发业务的同时，在研发以及经营的成本控制方面有所疏忽。

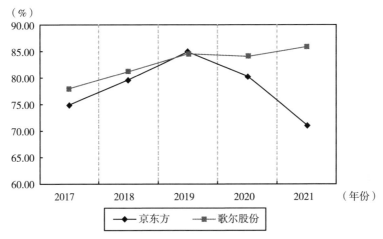

图 4 – 4 歌尔股份营业成本率

资料来源：歌尔股份 2017～2021 年年报。

3. 主营业务经营状况

如前分析，歌尔股份的业务目前主要集中在三大板块。公司目前布局的三大业务领域集中展现了其行业领先地位，竞争力较强。从图 4 – 5 中近 5 年的主营业务收入分布可以看出，首先是公司的智能声学整机业务营业收入规模扩张较快；其次是智能硬件业务，随着数字经济对研发技术的驱动，公司传统的精密零组件业务已经开始保持稳定，并没有继续大幅扩张。总体来看，公司在 2018 年因全球 VR 市场遇冷而出现较大下滑；2019 年随着公司在大客户 TWS 组装方面份额的提升，公司营业收入和净利润均得到较大改善；2021 年开始，公司 TWS 业务受终端出货量增速下滑影响增速趋缓，但 VR 行业持续保持景气，带动公司业绩进一步增长。当前该行业景气度仍较高，公司此业务在未来有望保持较高的增长速度。

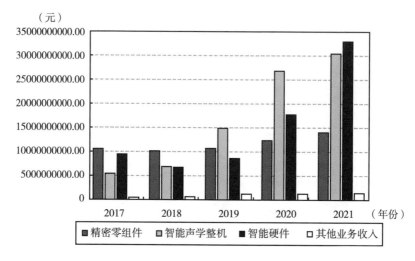

（元）

图 4 - 5 歌尔股份主营业务营业收入

资料来源：歌尔股份 2017 ~ 2021 年年报。

（三）企业研发状况

1. 研发战略

高端制造业是我国数字经济核心产业，对我国数字经济的贡献不容忽视，尤其是电子元器件设备及制造业。总体来看，歌尔股份作为一家集研发制造于一体的企业，其正在不断加大研发创新活动，保持高研发投入。由图 4 - 6 也可看到，公司近些年来一直保持着 5% 以上的高研发强度，凭借其在精密制造领域长期形成的核心能力和经验积累，构筑起在微型电声器件、精密光学器件、MEMS 声学传感器和精密结构件等方面的业界一流的精密制造能力。在智能制造有关自动化方面，公司继续致力于自主研发，在吸取国际领先经验的前提下，引进国际一流水平先进技术及核心装备，促进制造模式朝着数字化、网络化、智能化、服务化的方向发展，为未来智能制造建构核心能力。

从图 4 - 6 可以发现，2019 ~ 2021 年，虽然从研发强度的变动幅度来看变动较小，但是 2020 年企业研发强度变动实现了由负转正的变化；此外，企业研发投入金额变动较大，尤其是在 2020 年，从 2019 年的 6.90% 变动到 2020 年的 74.65%，此后恢复到相对正常的水平，企业在研发战略上呈现出巨大变化。根据公司发布的相关报告可知，在2020年之前，公司主要投资的研发项目是"智能无线音响及汽车、音响系统项目、可穿戴产品及智能传感器项目、智能终端天线"等，从2020年开始，公司开始主攻的研发项目转为"双耳真无线耳机、AR/VR及光学模组项目、青岛研发中心项目"等，募集的资金主要投入到了这些相关领域。随着数字经济的深入发展，数字技术加速融合应用，也为VR/AR技术的应用和发展奠定了良好的技术基础，基于自身核心研发能力的支撑以及研发项目市场前景的推动，在未来数年内，企业将在VR/AR等领域持续开展相关研发，以把握市场快速增长的机会。

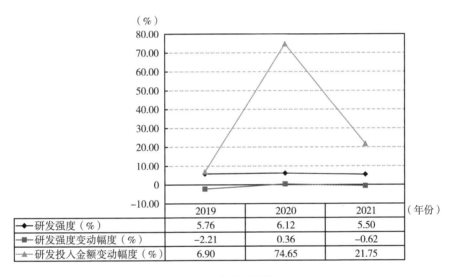

图 4-6　企业研发情况

资料来源：歌尔股份2019~2021年年报。

2. 研发布局

从表4-12的研发产品布局来看，歌尔股份近几年主要将研发资金大量投资于智能制造产品或者新型技术。具体研发项目主要有AR/VR及相关模组等。当前，歌尔股份以现有先进设备研制能力为基础，以柔性自动化生产能力为核心，积极探索升级智能制造模式。在光学技术上，推出虚拟现实、增强现实产品等，以及光学镜头的设计、研发，从项目到量产一站式光学解决方案，拥有光学镜头的工程和量产能力。在软件开发技术上，歌尔股份本身就有比较丰富的经验，智能穿戴、智能音响等均已属于公司发展的主要领域方向。

表 4 – 12　　　　　　　　　　歌尔股份主要研发项目

序号	研发项目
1	双耳真无线智能耳机项目
2	微型扬声器模组研发项目
3	MEMS 传感器及微系统模组研发项目
4	AR/VR 及相关光学模组研发项目
5	VR 虚拟现实头戴一体机研发项目
6	TWS 智能无线耳机研发项目
7	运动健康智能可穿戴产品研发项目
8	智能无线轻量化 AR 眼镜研发项目

资料来源：歌尔股份官网。

从研发伙伴布局来看，歌尔股份后期一直实行大客户战略，以客户为主，主要为全球科技和消费电子行业领先客户服务，下游客户主要是电子消费类领域的国际知名厂商，如华为、苹果等公司，并且与大客户形成了较为稳定的战略合作伙伴关系。其一直以来积极与国内外知名高校和科研机构建立长期战略合作关系，开发跨平台创新技术和产品，并和高通、西门子等一流企业展开深度合作，在人工智能、微电子、自动化等领域进行合作研发，搭建技术研发合作平台。除此之外，歌尔股份的研发中心布局全球，在国内外多处已经分别设立了研发中心，由此可见，借助数字技术的推动，企业在主营业务产品的创新、设计等具体的研发项目上，可以有效协调运用各机构的研发资源，推动各研发中心实现技术创新的有效联动，也能较好地实现研发成本的控制。

3. 研发成果

高投入的同时也为公司带来了高额的回报，从而能让企业时刻走在行业的前沿，始终保持有力的竞争优势。受益于研发投入日益加大、充足的研发资金保障，使公司的研发活动也获得了较为可喜的成绩。从图 4 – 7 中可以看到，企业获得的发明专利授权数量目前已经达到上千个，尤其是在近几年数字经济高速发展的时期，数字经济发明专利授权获得数近 5 年内也超过了 3 倍的增长。

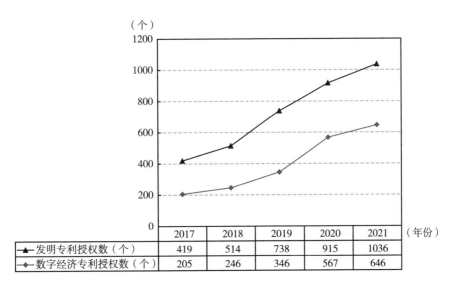

图 4-7　歌尔股份专利成果

资料来源：歌尔股份 2017~2021 年年报。

可见，企业正在逐渐增强自主的数字核心竞争能力，降低企业一直以来存在的大客户依赖风险。未来，在数字经济整体风向下，企业将会继续输出大量的技术成果。

（四）企业数字化建设概况

歌尔股份有限公司隶属于高端制造中电子元器件行业，自从元宇宙概念提出以来，公司也在积极加强自身数字化建设，积极拓展布局 SiP 系统级封装技术、光波导技术、纳米压印技术等新兴技术领域。SiP 系统级封装模组主要是利用 3D 立体封装等先进封装技术，以期实现性能、体积和重量等指标的优化组合，是一项综合性的新兴微电子技术。在数字经济浪潮的推动下，歌尔股份近年来也一直致力于数字化打造，不断投入研发资金，已经建立起多种技术相融合的产品研发和制造平台。歌尔股份形成的数字化研发平台为企业内外数据要素的有效流通开辟了通道，推动财务信息、非财务信息在不同经济主体间高效流动，提升了信息流转速率，从而提高数据的使用效率，有利于企业内技术创新想法的共享和研发技术的传播。数字经济时代，智能产品的市场需求正在快速增长，成为在后移动时代推动全球智能硬件市场进一步发展的驱动力，这也为企业进一步加速构造数字化技术，布局数字化系统，提供了更强大的动力和信心。

二、歌尔股份研发成本预测影响因素及存在的问题

（一）歌尔股份研发成本预测影响因素

1. 企业内部因素

成本预测是企业成本管理理念创新的起点，研发创新是高端制造企业持续发展的命脉，研发成本预测是研发创新中必不可少的一项活动，高端制造企业通过研发成本预测能够有助于提升经济主体"研发"这一行为的创新经济效益。"研发"行为是一个复杂的系统，其成本受到企业内外部多重因素的综合作用。只有通过对企业的内部研发创新活动、发展条件以及企业所处的外部环境等进行分析，才能进一步有效地对研发成本进行准确预测。既有的研究中，主要是从研发能力、市场环境、外部经济环境三方面相关因素来分析对高端制造企业的研发成本预测产生的影响，本书主要参照这三大方面，结合歌尔股份的具体情况，对歌尔股份的研发成本预测影响因素进行具体的深入分析。

（1）创新能力。歌尔股份近 5 年以来一直保持着较高的研发投入，研发投入快速上涨，尤其是在 2020 年，研发经费增长率高达 74.65%。随着新时期人工智能的兴起，歌尔股份主要将研发经费投入到了虚拟现实产业、智能声学等领域的关键零组件和整机的产业链条中。其凭借优质且庞大的研发团队、深厚的专利储备为自身发展构筑起了难以逾越的竞争能力。然而，由于高端电子产品研发周期较长，产生效益的时间相对滞后。根据前面分析可知，企业研发强度近年呈现出波动下降趋势，但是研发强度一直保持在 5% 以上。为了保证企业有着持续的研发输出，保持核心竞争能力，企业会维持一定的研发强度，继续加大研发资金投入，增加研发成本。

此外，数字经济对于人才提出的要求越来越高。人才的素质水平一定程度上能够决定企业的研发水平。从可定量的角度来看，主要体现在研发

人员数量以及研发人员学历素质方面。图 4-8 中的数据反映出歌尔股份近
5 年的研发人员绝对数量是在增加的，但是研发人员整体的占比出现下降
的趋势。主要原因是公司的员工总人数同比变化较大。尤其是在 2020 年，
员工总人数同比增长 46.53%。与此同时，公司的技术人员开始逐渐上
升，这与数字经济释放的红利有关。企业通过与高校合作，充分发挥高
校带来的研发资源效应，完善企业的研发创新体系。目前，随着歌尔股
份整体规模的不断壮大，公司已经拥有研发人员、技术人员各 1 万余人，
构建了全球化的人才布局。但是，从研发人员占比及技术人员占比的趋势
来看，可以发现该公司在人力资本扩张速度方面相较于前些年有所减缓，
且趋于平稳。

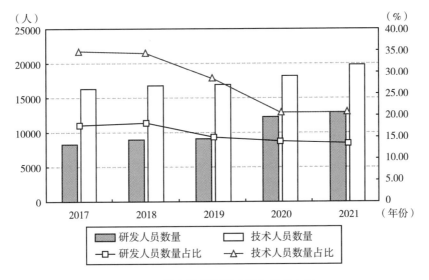

图 4-8　歌尔股份研发人员和技术人员

资料来源：歌尔股份 2017~2021 年年报。

由图 4-9 可以看出歌尔股份的研发人员主要是本科以及研究生学历。
截至 2022 年底，本科学历占比达到 70.94%，硕士学历占比为 18.72%，
少部分为博士学历。可以看出，歌尔股份在引进人员时，较为重视人员的
学历素质水平，对人员并非无门槛限制。在保障企业核心研发人员素质的
同时，员工的整体素质水平也逐渐上升。处于数字经济的快时代，研发人
员也必须拥有较强的基础素质，方能应对快速变化的复杂环境。

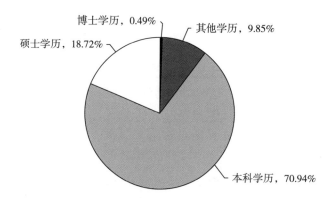

图 4 – 9　歌尔股份研发人员学历构成

资料来源：歌尔股份 2017 ～ 2021 年年报。

　　然而，每年引进大量的高学历研发人员也需要耗费公司较多的人力成本，公司一般并不会完全区分不同研发人员的性质，直接给予同等薪酬，这就造成了公司每年在研究和开发人员上的人力成本非常高。2021 年，歌尔股份仅是研发人员的人工成本就已经超过了 40%，如图 4 – 10 所示。以高薪保留研发技术人才是公司重视研发的重要体现和表达，但如果盲目地引进，引进后又不进行严格区分管理，很有可能不利于企业的研发管理，也会对企业的进一步发展造成影响。

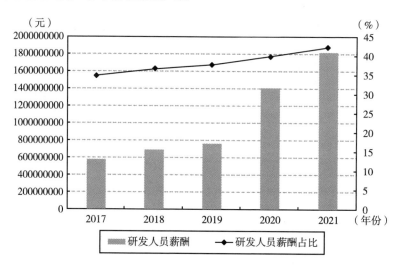

图 4 – 10　歌尔股份研发人员薪酬

资料来源：歌尔股份 2017 ～ 2021 年年报。

（2）市场竞争能力。区别于传统制造业，歌尔股份立足于高端制造，其主营产品都是高科技类研发产品。在发展的不同阶段，企业的研发投入策略以及产生的经济效益是有所不同的。在企业日常运营过程中，通过企业不同阶段的投资活动、筹资活动、经营活动产生的现金流能够对企业的市场竞争能力有大致的了解，对于企业所处的生命周期阶段也能够进行大致的判定。从市场竞争能力来看，歌尔股份自上市以来，一直致力于研发创新，拓宽产品市场份额。处于不同阶段的歌尔股份的市场占有率及市场规模、现金流量存在着差异，而这些都不同程度地影响着企业的研发成本。所以在不同生命周期阶段，其与企业研发成本的关系也存在着区别。如图4-11所示，从企业近10年经营活动现金净流量可以看出歌尔股份现金流基本保持稳中提升的状态，现金流较为充足。尤其在2021年，公司的现金流在电子元器件及设备制造领域位居前列，可见其仍处于成长期，市场竞争能力较好。此外，2018年是消费电子产品销售的一个低谷，该年歌尔股份主要品类的电子产品销量都出现了下滑，并且其布局的VR等新业务也处于培育期，所以其当年的业绩受到了很大的影响。

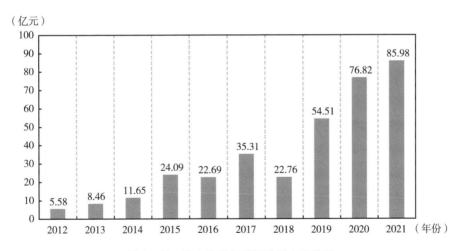

图4-11 歌尔股份经营活动现金净流量

资料来源：歌尔股份2012~2021年年报。

（3）成长能力。从成长能力来看，歌尔股份作为电子元器件行业龙头、数字经济核心企业之一，其成长能力持续向好，较为突出。如图4-12所示，从 2021 年全球有关 VR 虚拟现实产品、AR 虚拟显示产品、智能耳机产品、智能可穿戴产品相关出货量来看，目前，智能耳机和智能可穿戴产品出货量是相对较多的，从同比增长率来看，也是比较可观的。此外 VR 虚拟现实领域、AR 增强现实领域目前仍处于潜在爆发期阶段，虽然相对智能耳机和智能可穿戴产品而言出货量少，但其潜在的市场需求仍在开发中，技术正在日益成熟，成长性较好。其中，VR 虚拟现实产品 2021 年出货量同比增长率达到了 68.6%，而且企业 2021 年定期报告中提到，相关机构预测 2022～2025 年的 VR 虚拟现实产品出货量平均年复合增长率有望达到约 59.2%，全球 AR 增强现实产品出货量 2022～2025 年的平均年复合增长率有望达到约 121.4%，由此可见未来市场需求的体量。近年来，歌尔股份持续深耕智能智造，积极布局 VR、AR 等虚拟场景领域，进行独立研发，除了在智能耳机的投资，还将大量研发资金投入到了 AR 和 VR 的相关光学模组项目上。现阶段，数字经济不断催生出新需求，有关运动健康、社交娱乐、在线远程办公以及智能设备等的需求正在大幅增加，其中，以 VR 虚拟现实、AR 增强现实、TWS 智能无线耳机、家用电子游戏机及智能配件为代表的新兴智能硬件产品保持稳定快速增长态势。同时，先进通信技术、人工智能技术、智能交互技术、传感器技术、先进软件

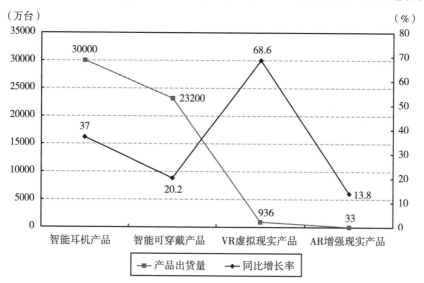

图 4-12 2021 年全球相关智能产品出货量及同比增长率
资料来源：歌尔股份 2021 年年报。

算法等技术与新兴智能硬件产品的日益融合，创造了大量新的应用场景，催生了更多的智能产品需求。这对于歌尔股份来说，正是黄金发展时期。

（4）盈利能力。企业的营业收入可以比较直观地反映企业的盈利规模和能力。一直以来，歌尔股份的盈利能力都处于较强的状态，这也为其不断加大研发投入提供了充足的后勤保障，因为企业的财务能力、经营能力如果处于较为贫弱的状态，企业一般不会去选择盲目增加研发投入。从图 4-13 公司的营业收入规模来看，2019~2021 年的营业收入呈现快速增长。歌尔股份自从布局虚拟现实以及智能制造以来，其成长能力带动着盈利能力的上升，未来随着智能场景的进一步深化和应用，歌尔股份的盈利能力便会有持续的保障，而这需要企业持续进行相关产品的研发要素投入以推动企业相关技术研发转化成更优质的研发成果。

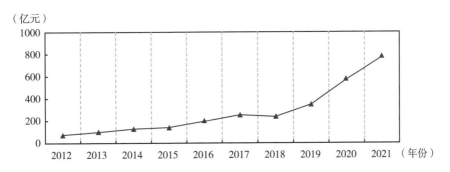

图 4-13　歌尔股份营业收入
资料来源：歌尔股份 2012~2021 年年报。

2. 外部环境因素

企业的发展离不开社会市场环境。歌尔股份始终坚持客户导向，实行大客户战略，客户结构集中、简单，主要来自国际、国内消费电子行业中的龙头企业。歌尔股份凭借着研发、生产等潜力获得了包括惠普、松下、西门子、华为、联想等客户认可，但如果主要客户因各方面因素的影响而导致其自身经营活动出现波动，则可能会造成歌尔股份主要研发产业链的中断，给公司带来较大风险。由此可以看出，企业不仅会受外部环境带来的直接影响，还会受客户因外部环境作用而带来的间接影响。当前，各国数字经济发展的竞争日趋激烈，国际的经济形势复杂，全球贸易体系充满了不确定性，而歌尔股份的定位发展与市场需求息息相关，因此，市场的经济形势必须得到企业的重点关注。公司研发决策不当或是研发方向一旦出现错误，往往会面临研发失败带来的经济损失风险，甚至会影响公司在市场中的后续生存发展。因此，这需要歌尔股份时刻关注外部环境的变化。

数字经济是以知识和信息要素为载体，以数字技术为驱动力，这有利于产业的不断优化发展，党琳等（2021）认为数字经济也会进一步加剧市场竞争，在倒逼企业快速成长、发展的同时，也使在位公司的市场地位面临被取代和淘汰的危险。歌尔股份身处数字经济核心产业，依托数字化发展环境，利用数字技术，顺应数字经济发展潮流，持续进行研发技术创新，其研发制造活动无法脱离当前的数字经济的影响。其目前建成的数字研发平台，需要对高素质研发人员队伍及其他研发资源的投入。根据已发布的《2022 中国数字经济主题报告》，我们可以知道截至 2021 年末，数字产品制造业公司中主要为"电子元器件及设备制造"的共有 357 家公司，占比 58%，市值排行首位。其中，歌尔股份市值 1848.23 亿元，在电子元器件及设备制造中排名第 8。在数字经济政策的引领下，歌尔股份的发展信心增强，研发行为也会受到激励。

（二）歌尔股份研发成本预测存在的问题及原因分析

1. 研发成本现状分析

高端制造企业的研发活动是经济活动的命脉，是推动企业发展的关键。企业整体的发展方向主要是围绕核心技术的研发、升级进行。本书研究中涉及的研发成本主要涵盖企业所有的研发投入总额，即在研发活动生命周期所发生的全部成本。高端制造企业天生具备高技术特征，为了保持自身的核心竞争能力，在日常的经营中，企业会不断加大研发投入，以期获得更多研发技术及项目产出，提升核心研发产品的竞争能力，打造独特的竞争能力。然而这也使得企业的研发成本在不断提升。基于本书所研究的研发成本的含义所覆盖的范围，本书将基本环节上研发成本的主要构成展现在图 4 - 14 中。数字经济环境下，越来越多的企业开始注重自主研发技术，持续加大相关研发资金或者人员要素的投入。研发活动在企业的经营活动中始终扮演着关键的角色，具有非常重要的作用，特别是在高端制造业。在此良性循环下，企业不断提升对研发活动的投入，形成的研发成本也逐渐增加，近三年来，歌尔股份的研发成本已经增长了 2 倍以上。

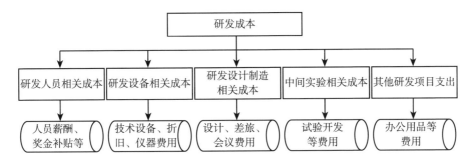

图 4 - 14　研发成本构成

2. 研发成本预测存在的问题分析

随着数字经济政策的陆续出台，各省市也陆续加大政策落实力度，越来越重视企业的研发创新活动。与此同时，由于外部市场环境的变化以及企业自身顺应潮流发展的需要，企业也在逐渐加大技术创新的力度，继续拓宽自身的研发规模，研发投资金额大幅上涨。此外，伴随电子行业发展政策的不断完善以及人们需求的不断延伸，中国逐渐发展成为全球第二大消费电子市场。电子元器件行业在高端制造业中属于典型的科技驱动型行业，关注其研发成本是必不可少的，而关于歌尔股份研发成本预测存在的问题目前主要集中在以下几个方面。

一是研发成本预测相对而言并不准确。从歌尔股份研发成本预测的实际情况来看，近几年其研发成本上涨较快，研发成本预测在企业管理中并没有受到应有的重视，研发成本预测相对而言并不准确。歌尔股份自成立以来，一直以"市场需求＋科技创新"模式为导向，引领企业持续创新发展。从其研发情况可以发现，歌尔股份近些年研发支出大量增加。歌尔股份专注于研发领域，已经形成了较为成熟、完善的研发管理流程，为了加快布局虚拟产业等智能制造领域，摆脱长期对大客户的过度依赖现状，构筑起自身独有的核心研发能力，歌尔股份一直在积极加大研发要素的投入，然而，与大部分高端制造企业类似，忽视研发成本的合理规划，使得多数研发产品或者项目的研发成本虚增，偏离实际情况，不仅给后续研发产品或者项目定价带来不利的影响，而且扰乱企业对财务资金的安排，这对于有序、合理推进企业研发创新活动是不利的。

二是研发成本管理有效性不足。从歌尔股份研发成本管理团队来看，公司虽一直重视研发，却忽视了在研发成本管理方面的专业队伍塑造。此外，研发成本预测是研发成本管理的关键控制点之一，始终贯穿于企业整个研发生命周期。一般而言，企业整个研发生命周期包括研发立项、项目计划、开发需求、研发设计及测试、结项、验收等主要环节。在研发立项阶段，产品或者项目的研发成本预测是研发产品或项目能否成功立项的关键点，其余各阶段研发成本管理也都需要分阶段地进行研发成本预测，以期合理调整研发方向。歌尔股份在研发成本管理中，研发成本预测的管理略显不足，研发成本预测更多的时候让位于盲目加大研发技术决策需要，导致很多时候出现决策失效的局面，耗费了研发资源。

3. 研发成本预测存在问题的原因分析

（1）研发成本预测方法不合理。高端制造企业以研发任务为核心，高度重视研发投入。但是许多高端制造企业并未有效重视研发成本预测。在对研发成本进行估算时，通常采取传统的成本预测方法，根据个人经验进行估算。一般而言，研发项目进行立项，都需要对研发项目进行成本预测，这是判断项目能否立项的关键。然而，一般企业成本预测方法较为主观，往往由财务部门根据以往经验以及历史数据，大概确定一个预算金额，无法及时跟进研发内外部环境的变化，尤其是研发的外部环境，进而无法实现对研发项目总成本的准确预测，这在影响判断研发项目可行性的同时，会导致对各项研发支出的分配出现不合理的现象。而且由于研发成本预测方法有失妥当，使得大多数项目的实际费用比预计的要高得多。这样的局面会阻碍公司的研发资源配置，从而影响公司的健康可持续发展。

（2）研发成本预测体系不完善。研发项目的开展包括项目立项、研发、结项三大阶段，而研发资金始终贯穿其中。无论企业开展任何研发项目，都需要对研发成本进行预测、计划、控制以及考核。研发成本预测是做好研发管理的首要环节，也是自成体系的一个关键环节。进行研发成本预测时，需要确定相关成本数据资料信息，即综合分析企业内外部环境，进而确定相关影响因素，选用合适的研发成本预测方法进行预测。歌尔股份并没有在这方面确立并贯彻合理的研发成本预测体系，也缺少具有一定经验的项目管理人员对研发成本预测体系进行监督。伴随着研发项目数量的增多，对于研发成本预测体系的完善显得更加重要了。由于目前研发成本预测体系不完善，致使企业研发管理决策和计划出现偏差，会给企业经济效益带来不利影响。

（3）研发成本缺乏战略管理。数字经济环境要求企业进行动态的战略顶层设计规划。企业在制订未来发展规划时，必须从企业战略层面进行考虑，方能精准把握公司的发展方向。而研发的每一个环节都需要从研发行为系统的战略角度进行考虑。根据传统成本预测方法，多数企业在进行产品研发成本的估算时并没有将战略管理纳入考虑，仅仅考虑了研发过程中产生的所有与研发相关的成本，如人工成本、材料成本、开发成本、折旧成本、管理成本等。在数字经济环境下，不同产业间正在互相影响渗透，关注新的战略规划，对于研发成本预测而言是紧迫的。歌尔股份对研发成本是否与企业整体发展走向一致并未进行综合考虑，从这个层面而言，归根结底是歌尔股份在进行研发创新活动时从战略层面就忽视了研发成本预测的重要性，使得研发成本预测这一环节体系形同虚设。不同时期的战略设计不同，企业的总体研发走向也不同，市场定位也会发生变化，企业研发活动也会受到影响。企业研发成本预测是正确编制研发成本计划的首要工作，对于企业进行科学决策是必要的参考。因此，对研发成本预测进行战略管理，能够增强企业的应变能力，保证研发计划的顺利进行，在研发阶段从实施战略层面加强研发成本预测，既是一个关乎整个产品成本能否降低的重要问题，又是一个关乎后续研发成本管控的问题。

三、数据的获取和预处理

（一）数据确定及获取

由于案例企业上市时间为 2008 年，如果只是选用案例企业上市以来的预测数据，用来构建网络的预测样本则不足。基于本书是以高端制造为切入点，以数字经济为背景，因此，本书拟选取截至 2021 年、市值位于前 20 家的电子元器件及设备核心产业中的企业近 5 年来的数据进行模型的构建、训练和测试。在保证企业在这一期间上市时间连续性的基础上，剔除了数据存在缺失的公司，最终确定了 15 家样本企业。另外选取了案例公司——歌尔股份，作为研发成本预测模型的验证样本，具体样本企业股票代码和名称如附录 4－1 所示。

此外，根据前面所述，对研发成本预测影响因素关联性的分析结果，本书剔除了处于中等关联性的影响因素指标，保留了剩下的 11 个处于极强和较强关联性指标，并根据所选的 15 家企业，将企业近 5 年的 11 个影响因素指标数据以及研发成本指标数据作为神经网络预测模型的构建、训练及测试数据。具体预测指标如表 4－13 所示。

表 4－13　　　　　　　　歌尔股份研发成本预测指标

影响因素	一级指标	二级指标	编号
企业内部因素	创新能力	研发强度	A1
		数字经济专利申请数量	A2
		研发团队人员占比	A3
	市场竞争能力	主要竞争者数量	A4
		市场份额	A5
		经营活动现金流量净额	A6
	盈利能力	营业收入	A7
外部环境因素	经济发展水平	通货膨胀率	A8
		人均 GDP	A9
	数字经济环境	数字经济规模	A10
		数字经济政策	A11

（二）数据预处理

在进行研发成本预测时，为了使多种影响因子保持度量统一，对样本数据进行归一化处理是构建预测模型前必要的环节。如果建模前的样本数据没有进行标准化处理，则变量之间的大小差异太大，这将影响模型的表现和预测准确度。本书通过使用 MATLAB 中的 mapminmax 函数，对变量进行归一化处理的操作，数据经过归一化处理后，其范围处于［0，1］区间内。具体运行代码如下：

$[\text{inputn},\text{inputps}] = \text{mapminmax}(\text{input\_train},0,1);$

$[\text{outputn},\text{outputps}] = \text{mapminmax}(\text{output\_train});$

$\text{inputn\_test} = \text{mapminmax}(\text{'apply'},\text{input\_test},\text{inputps});$

其中，input_train 储存的是训练集输入层指标数据，inputn 储存的是输入层指标数据归一化后的数据；output_train 储存的是训练集输出层指标数据，outputn 储存的是训练集输出层指标数据归一化的数据。同理，input_test 代表测试集输入层指标数据，inputn_test 代表测试集输入层指标数据归一化后的数据。图 4-15 展示的是部分数据归一化处理的结果。

11x70 double	1	2	3	4	5	6	7	8	9	10	11	12
1	0.1501	0.1508	0.1538	0.1349	0.0919	0.8135	0.5661	0.4593	0.5149	0.4405	0.0754	0.0909
2	0.9113	0.9221	1	0.7967	0.4574	0.0164	0.0192	0.0210	0.0266	0.0178	0.0332	0.0260
3	0.4844	0.5092	0.5363	0.4531	0.4350	1	0.9169	0.9426	0.7770	0.8567	0.1067	0.1278
4	0	0.0552	0.2759	0.6621	1	0	0.0552	0.2759	0.6621	1	0	0.0552
5	0.4267	0.4418	0.5284	0.6175	1	0.0067	0.0096	0.0141	0.0133	0.0228	0.0424	0.0612
6	0.4366	0.4275	0.4338	0.6398	1.0000	0.0348	0.0306	0.0298	0.0322	0.0443	0.0421	0.0524
7	0.4268	0.4419	0.5284	0.6175	1	0.0067	0.0096	0.0141	0.0133	0.0228	0.0424	0.0612
8	0.3500	0.6000	1	0.8000	0	0.3500	0.6000	1	0.8000	0	0.3500	0.6000
9	0	0.2779	0.4904	0.5802	1.0000	0	0.2779	0.4904	0.5802	1.0000	0	0.2779
10	0	0.2240	0.4699	0.6557	1	0	0.2240	0.4699	0.6557	1	0	0.2240
11	0	0.1271	0.1314	0.3008	1	0	0.1271	0.1314	0.3008	1	0	0.1271

图 4-15 数据归一化处理结果部分展示

四、基于 GA-BP 神经网络模型预测分析

（一）BP 神经网络模型建模过程

构建研发成本预测神经网络模型需要设定合理的网络结构。预测准确程度在大部分情况下取决于网络结构是否合理设置。BP 神经网络模型基本的简单结构是由输入层、输出层、隐含层构成。隐含层单元个数与 BP 神经网络的非线性映射能力呈正相关关系，若隐含层单元数过多时，将会导致神经网络的映射效果不佳，在 BP 神经网络中的运行时间也会相对较长。

通常情形下，与单个隐含层数量相比，拥有 2 个及以上隐含层单元数的 BP 神经网络结构在进行训练测试时更容易出现局部极值，在收敛速度方面表现也不佳。在此基础上，本书选用了单一隐含层的 3 层 BP 神经网络对研发成本进行预测，如图 4 – 16 所示。

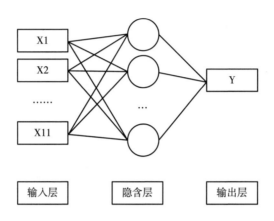

图 4 – 16   BP 神经网络拓扑结构示意

1. 确定输入输出单元

本书选取了灰色关联度极强和关联度较强的前两个等级的 11 个关联度较大的指标作为研发成本预测模型的输入单元。故本书的输入层单元为 11 个。此外，本书对研发成本进行预测的主要目标是通过对研发成本进行分析，从而验证利用神经网络建立的研发成本预测模型更为高效和精确。故确定输出层数据为研发成本预测值，输出数据的种类数量为 1，神经网络输出层单元个数为 1。

2. 确定隐含层节点

在构建 BP 神经网络模型的过程中，隐含层节点个数的确定是非常关键的一环，其数目直接关系到整个神经网络的预测效果。如果节点数目过多，会增加模型的复杂性，不利于预测；如果节点个数过少，就会导致网络的训练不充分。目前对于隐含层节点个数的具体选择，并没有作出明确的规定，一般根据输入输出层的个数，即网络的规模，当处于某个隐含层节点时的网络训练误差最小，则一般称该隐含层为最佳隐含层节点。关于该层节点数的确定，在研究中由以下 3 个通用的经验公式作为参考。

$$R = n + m + e \qquad (4-5)$$
$$R = 2n + 1 \qquad (4-6)$$
$$R = \log 2n \qquad (4-7)$$

其中，n 为输入层节点个数，m 为输出层节点个数，e 为从 1 ~ 10 的常数。对隐含层节点数的设定从 4 个节点开始，再分别增加至 14 个来测量不同的节点数对模型误差的影响，最后依据均方误差值最小的标准，将此种情况下的隐含层数量作为最优结果的隐含层数量。

3. 激活函数

在神经网络中，激活函数是联系神经元输入与输出关系的一个关键函数。常用的输入层到隐含层之间的函数有 tansig、logsig 等函数，常用的隐含层到输出层函数有 purelin、softmax 等函数。在本书构建的模型中，输入层到隐含层选用的函数为 tansig 函数，隐含层到输出层函数则使用了 purelin 函数。

4. 训练函数

训练函数在网络模型中，基于对整体误差大小的判断，从全局视角对网络的权重、阈值进行调整。目前常用的主要训练函数有 trainlm 函数、traingd 函数与 traingdx 函数等。本书在构建模型中选择的训练函数是 trainlm 函数。

5. 其他参数设置

在设置好前述的各项函数以后，接下来确定神经网络模型中其余各项主要参数。其中，训练目标误差设置为 0.001，学习速率设置为 0.01，最大训练次数为 1000。

（二）遗传算法优化 BP 神经网络过程

利用遗传算法可以对 BP 神经网络中初始权重和阈值的随机性问题进行优化，以产生更好的预测性能。基本优化操作包括种群初始化、选择操作、交叉操作、变异操作、最佳适应度选择。图 4 - 17 为用遗传算法优化 BP 神经网络的具体实施步骤。

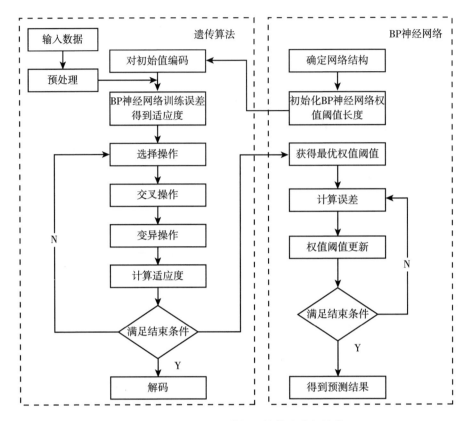

图 4 – 17　GA – BP 神经网络算法流程结构

1. 种群初始化

种群初始化是遗传算法中的一个重要步骤，它用于生成初始的种群，通过对输入的数据进行二进制编码操作，随机产生一组数据，生成若干个个体。在遗传算法中，种群是由一组个体组成的，每个个体代表一个可能的解。种群初始化的目的是寻找空间中随机生成的足够多的个体，以便遗传算法能够在这些个体中寻找最佳解。种群初始化的方法可以有很多种，常用的方法包括随机生成、均匀分布、聚类分布、进化生成等。此外，对于群体的初始化方式，根据研究问题的特点和实际情况，采用不同的初始化方式，且不同的初始化方式会对群体的结果有很大的影响。所以，如何选取适当的种群初始化方式，对于遗传算法来说就显得尤为关键。

2. 最佳适应度选择

采用适应度函数对各个个体进行优劣评价，以便对各个个体进行筛选。在群体中，适应度越高的个体，越有可能避免从群体中被淘汰，越有可能延续到下一代。个体适应度值 F 由预测输出和期望输出之间的误差绝对值之和确定，其计算公式为：

$$F = k\left(\sum_{i=1}^{n} abs(y_i - o_i) \right) \qquad (4-8)$$

式中，n 为神经网络输出层神经元个数，y_i 为神经网络第 i 个节点的期望输出值，o_i 为第 i 个节点的预测值输出，k 为系数。本书通过选取误差的最小值作为本次遗传算法的最佳适应度，误差越小的个体适应能力越强。经过多次迭代的进化过程，筛选出适应能力较强的个体，即最优的权值阈值和初始值，从而达到对 BP 神经网络参数实现优化的目的。图 4-18 为本书预测模型适应度迭代图。

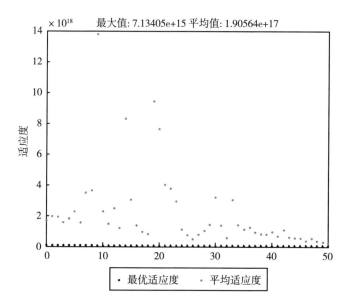

图 4-18　最佳适应度迭代过程

3. 遗传操作

由前述可知，遗传算法中主要的是遗传操作，遗传操作主要包括选择、交叉、变异三大流程。

第一是选择操作。所谓"选择"，就是把适应度较高的后代遗传下去。在本书中，选择操作使用的是一种使用比较广泛的轮盘赌法。通俗来讲，种群中的适应度越好，被选择的概率也就越大；反之，则概率更小。每个

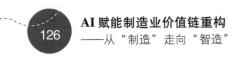
个体 i 的被选择概率 p_i 为：

$$f_i = \frac{k}{F_i} f_i \qquad (4-9)$$

$$p_i = \sum_{j=1}^{N} f_j \qquad (4-10)$$

其中，f_i 为个体 i 的适应度值，N 为种群规模，k 为系数。

第二是交叉操作。遗传算法中的交叉运算来自生物的基因重组，它对保持生物群体多样性具有重要意义。在设定的交叉概率下，两个旧个体通过随机交换基因形成不同的基因组合，形成新个体。第 k 个染色体 a_k 和第 i 个染色体 a_l 在 j 位的交叉操作方法如下：

$$a_{kj} = a_{kj}(1-b) + a_{lj}b \qquad (4-11)$$

$$a_{lj} = a_{lj}(1-b) + a_{kl}b \qquad (4-12)$$

式中，b 是 $[0,1]$ 之间的随机常数。

第三是变异操作。在遗传算法中，变异操作是指在遗传算法进化过程中，对某个个体的一个或多个基因进行随机改变，以增加群体的多样性，避免过早收敛。基因突变是通过改变某一特定基因来获得更好的个体，从而使其更好地适应环境。通过变异运算，使该算法能够从局部寻优状态中跳出来，从而达到全局最优化。本书采用非均匀变异，即随机变动个体的某个基因值，以产生新个体。选择第 i 个个体的第 j 个基因 a_{ij} 进行变异，变异操作方法如下：

$$a_{ij} \begin{cases} a_{ij} + (a_{max} - a_{ij}) \times (1 - G(gen)), r > 0.5 \\ a_{ij} - (a_{ij} - a_{min}) \times (1 - G(gen)), r \leqslant 0.5 \end{cases} \qquad (4-13)$$

$$G(gen) = r\left(1 - \frac{gen}{gen\max}\right)^2 \qquad (4-14)$$

式中，T 为 $[0,1]$ 之间的随机数，gen 为当前迭代次数，$gen\max$ 为最大迭代次数。综上，本书具体初始化遗传算法参数，调用和求解等主要代码见附录 4-3。

本书设置初始种群规模为 30，最大进化代数为 50，交叉概率为 0.8，变异概率为 0.2。通过前面寻找的最优隐含层，得到需要优化的参数总个数为 92 个。

（三）GA – BP 神经网络模型预测结果分析

1. 神经网络训练

根据前述分析，通过遗传算法实现对灰色神经网络模型初始权重、阈值的初筛，然后将优化后的权重、阈值赋值给 BP 神经网络，以期得到更好的预测效果。由图 4 – 19 可以看出 GA – BP 神经网络模型训练迭代 7 次后便进入了收敛状态，此时学习精度为 0.0008479，达到对网络模型设定的精度要求。网络得到较好的训练，可以用来预测。

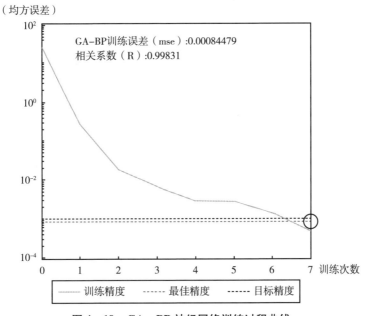

图 4 – 19　GA – BP 神经网络训练过程曲线

建立好 GA – BP 神经网络模型之后，在 MATLABR2021a 软件中输入相关代码命令对 GA – BP 神经网络模型进行训练。训练完成后发现，模型预测值与输出层数据之间的相关程度较高，说明模型的训练精确度较好。从图 4 – 20 可以看出，利用 GA – BP 神经网络模型训练集的预测结果相关性达到 0.99893，说明利用 GA – BP 构建的预测模型能较好表现出训练集研发成本的各项影响因素与研发成本预测结果间的非线性映射关系，这也说明前面提出的研发成本影响因素指标体系的建立是较为准确的。

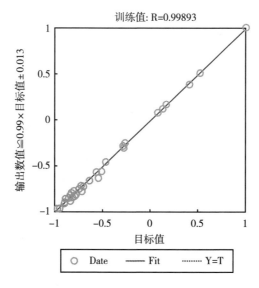

图 4 - 20　训练集模型相关性

2. 神经网络测试

根据训练好的模型，进一步对网络模型进行测试。通过对网络模型的仿真得到研发成本的预测数据，并对结果进行反归一化处理。"inputn_test"是对测试样本进行归一化处理的操作函数；"outputps"储存了测试集样本输出数据。simulink 函数是常用于神经网络中进行仿真测试的函数。仿真测试实现过程包括以下步骤：首先利用 simulink 仿真测试函数将测试集样本数据录入进神经网络当中，其次再经过 reverse 反归一化函数把得出的预期结果输出数据反归一化，最后得出的预期结果就是测试集样本研发成本预测值。主要运行的代码如下，具体主要代码见附录 4 - 3。

an1 = sim(net,inputn_test) ;
test_simu1 = mapminmax('reverse',an1 ,outputps) ;

模型运行结束后可发现测试集的相关性 R 达到了 0. 99585，如图 4 - 21 所示，说明测试集的研发成本预测模型相关性高，可靠性较高。

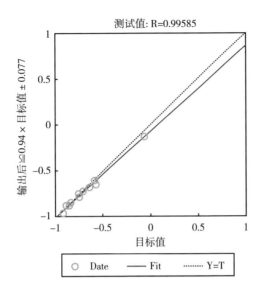

图 4 – 21   测试集模型相关性

模型运行结束后，将2017～2021年歌尔股份研发成本预测值与真实数据进行对比，得到的企业预测结果和预测误差如表4 – 14和图4 – 22所示。可以看到，GA – BP模型预测值与真实值的绝对误差非常小，最高绝对误差绝对值为0.1094，最低绝对误差绝对值仅为0.0062，整体差距较小。

表 4 –14   GA – BP 神经网络预测值与真实值对比

实测值	GA – BP 值	GA – BP 绝对误差
1.6965	1.5871	– 0.1094
1.8923	1.8087	– 0.0836
2.0228	2.1296	0.1068
3.5328	3.5390	0.0062
4.3013	4.2288	– 0.0726

此外，本书还将优化前的BP神经网络及预测结果进行了统计，预测结果和预测误差见表4 – 15和图4 – 23。可以看到，BP神经网络绝对误差绝对值最高为0.3425。

（研发成本投入值）

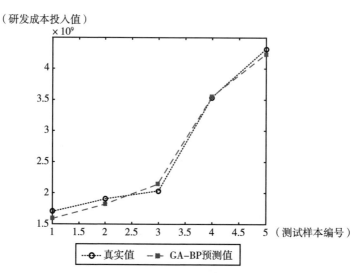

图 4 – 22　GA – BP 神经网络预测值和真实值对比

表 4 – 15　　　　　　BP 神经网络预测值和真实值对比

实测值	BP 预测值	BP 绝对误差
1.6965	1.5358	− 0.1607
1.8923	1.6520	− 0.2403
2.0228	2.0744	0.0516
3.5328	3.2922	− 0.2406
4.3013	3.9588	− 0.3425

（研发成本投入值）

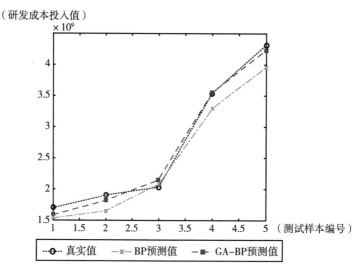

图 4 – 23　BP 神经网络预测值和真实值对比

（四）GA-BP 神经网络模型预测结果检验

从表 4-16 中相对误差的结果来看，GA-BP 的平均相对误差为 3.60%，整体误差结果较小。

表 4-16　　　　　　　　　　　GA-BP 神经网络预测误差

年份	真实值	GA-BP 预测值	GA-BP 相对误差（%）	平均相对误差（%）	均方根误差	平均绝对误差
2017	1.6965	1.5871	-6.4486			
2018	1.8923	1.8087	-4.4179			
2019	2.0228	2.1296	5.2798	3.60	0.0845	0.0757
2020	3.5328	3.5390	0.1755			
2021	4.3013	4.2288	-1.6855			

从图 4-24 也可以看到整个数据集模型的相关性达到 0.99831，进一步说明基于 GA-BP 神经网络构建的研发成本预测模型较佳。

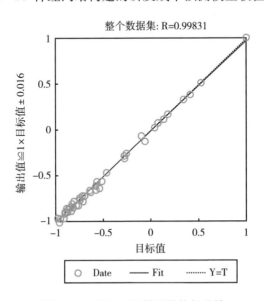

图 4-24　GA-BP 模型整体相关性

五、基于灰色模型预测分析

（一）灰色预测模型建模过程

运用灰色 GM（1，1）模型对企业 2010～2021 年的研发成本进行预测的过程如下。

1. 预测数据准备

具体预测数据如表 4－17 所示。

表 4－17　　　　　　　　　　2009～2021 年研发成本数据

年份	研发成本（亿元）
2009	0.6517
2010	1.2154
2011	2.0179
2012	2.7893
2013	4.5705
2014	7.7337
2015	9.7283
2016	13.3884
2017	16.9651
2018	18.9229
2019	20.2282
2020	35.3280
2021	43.0134

2. 可行性分析

使用灰色预测 GM（1，1）模型对研发成本构建预测模型之前，首先需要对原始数据进行级比检验，其计算公式如下：

$$\lambda(i) = \frac{x^0(i-1)}{x^0(i)} \qquad (4-15)$$

用 MATLAB 编程得到此灰色预测模型的级比范围为（0.8669，1.5136），经检验若所有原始数据级比都在区间 $\left[e^{-\frac{2}{n+1}}, e^{\frac{2}{n+1}} \right]$，说明原始序列通过检验，可以使用灰色预测模型对研发成本的原始数据进行建模。如果有一个或多个数据级比值没有落在区间内，则需要对研发成本原始序列进行数据处理，数据处理的方式有多种，比较常用的包括开 n 次方根和常数转换等。

3. 建立 GM（1，1）模型

通过阅读相关文献以及对灰色预测模型的深入了解，大致总结了以下灰色预测 GM（1，1）建模的五个主要步骤。

第一步，对原始数据进行累加运算。

GM（1，1）输入数据为：

$$X^{(0)} = \{ X^{(0)}(1), X^{(0)}(2), \cdots, X^{(0)}(n) \} \tag{4-16}$$

$X^{(0)}$ 的一次累加数列为：

$$X^{(1)} = X^{(1)}(1), X^{(1)}(2), \cdots, X^{(1)}(n) \tag{4-17}$$

即

$$X^{(1)}(k) = \sum_{i=1}^{k} X^{(0)}(i), i = 1, 2, \cdots, n \tag{4-18}$$

第二步，建立紧邻序列。

$$Z^{(1)} = \{ Z^{(1)}(2), Z^{(1)}(3), \cdots, Z^{(1)}(n) \} \tag{4-19}$$

$$Z^{(1)}(k) = \frac{(X^{(1)}(k) + X^{(1)}(K-1))}{2}, k = 2, 3, \cdots, n \tag{4-20}$$

第三步，构建预测模型。

构建 $X^{(1)}(k)$ 的微分方程：

$$\frac{DX^{(1)}}{DT} + aX^{(1)} = b \tag{4-21}$$

其中，a 为发展系数，b 为灰色作用量。

求解微分方程：

$$\hat{X}^{(1)}(k+1) = \left(X^{(0)}(1) - \frac{b}{a} \right) e^{-ak} + \frac{b}{a} \tag{4-22}$$

第四步，对预测模型进行求解。通过最小二乘法求解参数 a 和 b。

$$\hat{a} = (B^T B)^{-1} B^T Y_n \tag{4-23}$$

$$Y_n = \{X^{(0)}(2), X^{(0)}(3), \cdots, X^{(0)}(n)\}^T \qquad (4-24)$$

B 的构造形式为：

$$B = \begin{bmatrix} -Z^{(0)}(2)1 \\ -Z^{(0)}(3)1 \\ \cdots \\ -Z^{(0)}(n)1 \end{bmatrix} \qquad (4-25)$$

第五步，对数据进行累减还原预测值。

$$\hat{X}^{(0)}(k+1) = \hat{X}^{(1)}(k+1) - \hat{X}^{(1)}(k) \qquad (4-26)$$

$$\hat{X}^{(0)}(k+1) = (1-e^a)\left(\hat{X}^{(0)}(1) - \frac{b}{a}\right)e^{-ak} \qquad (4-27)$$

4. 模型检验

一是相对残差检验。

原始序列：

$$X^{(0)} = \{X^{(0)}(1), X^{(0)}(2), \cdots, X^{(0)}(n)\} \qquad (4-28)$$

预测值：

$$Y^{(0)} = \{Y^{(0)}(1), Y^{(0)}(2), \cdots, Y^{(0)}(n)\} \qquad (4-29)$$

相对误差计算：

$$\varepsilon(k) = \frac{X^{(0)}(K) - Y^{(0)}(K)}{X^{(0)}(K)}, \varepsilon(k) \leqslant 10\% \qquad (4-30)$$

平均相对误差计算：

$$\bar{\varepsilon} = \frac{1}{n}\sum_{k=1}^{n}|\varepsilon(k)| \qquad (4-31)$$

二是后验差检验。

$\{X^{(0)}(k)\}$ 的原始序列的方差是：

$$S_1^2 = \frac{1}{n}\sum_{k=1}^{n}(X^{(0)}(K) - \bar{X})^2, \bar{X} = \frac{1}{n}\sum_{k=1}^{n}X^{(0)}(k) \qquad (4-32)$$

残差序列 $Z(k)$ 的方差是：

$$S_2^2 = \frac{1}{n}\sum_{k=1}^{n}(Z(k) - \bar{Z})^2 \qquad (4-33)$$

$$\overline{Z} = \frac{1}{n} \sum_{k=1}^{n} \mid Z(k) \mid \qquad (4-34)$$

计算均反差比值：

$$C = \frac{s_2}{s_1} \qquad (4-35)$$

小概率误差为 P：

$$P = P\{\mid \varepsilon(k) - \overline{\varepsilon} \mid < 0.6745S_1\} \qquad (4-36)$$

灰色预测模型检验预算精度等级如表 4-18 所示。

表 4-18   灰色预测模型检验预算精度等级

预测精度等级	P	C	释义
一级	>0.95	≤0.35	优秀
二级	>0.80	≤0.50	合格
三级	>0.70	≤0.65	一般
四级	≤0.70	>0.65	不合格

（二）灰色预测模型预测结果分析

具体预测模型代码主要见附录 4-4，得到的预测结果如表 4-19 和图 4-25 所示。

表 4-19   灰色预测模型预测值与真实值对比

年份	真实值（亿元）	预测值（亿元）
2009	0.6517	—
2010	1.2154	2.5728
2011	2.0179	3.3452
2012	2.7893	4.3494
2013	4.5705	5.6552
2014	7.7337	7.3528
2015	9.7283	9.5602

续表

年份	真实值（亿元）	预测值（亿元）
2016	13.3884	12.4301
2017	16.9651	16.1616
2018	18.9229	21.0134
2019	20.2282	27.3216
2020	35.3280	35.5235
2021	43.0134	46.1877

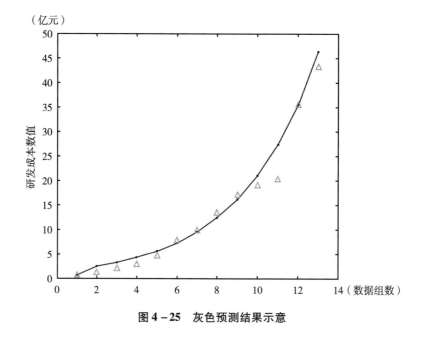

图 4-25　灰色预测结果示意

（三）灰色预测模型预测结果检验

通过以上介绍，利用相对残差和后验差检验对灰色预测模型进行验证。模型精度 $p=1$，后验差比值 $C=S2/S1=1.5489/7.0489=0.1413$。参照上一节介绍的模型检验，可知该模型预测效果较好，后验差检验为一级。然而，计算得到的平均相对误差为 11.76%，误差较大，虽然可用于研发成本预测，但可能会出现预测精度在某些年份并不佳的现象。预测结果和实际结果的拟合图如图 4 – 26 所示。

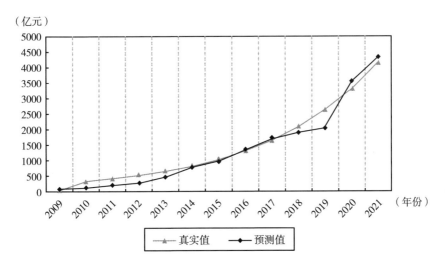

图 4 – 26　灰色模型预测结果示意

从该图各个年份可以看出，GM（1，1）模型预测结果与实际值在部分年份预测值比较接近实际值，效果较好，然而在某些年份，尤其是在 2019 年时，相对误差率达到了 35.07%，存在较大的误差，表明此模型对研发成本的预测结果存在不稳定性。由于灰色预测模型不具备自学习的能力，且灰色预测对数据变化稳定的系统预测结果更佳，而研发成本受多种因素影响，数据增长的波动趋势并不是每年保持基本稳定，受内外部环境的影响，可能会存在某些年份出现较大变动的现象。为了更精准地预测研发成本，可以通过机器学习来避免这一困扰，以达到更精确的预测效果。

六、研发成本预测结果对比分析

为了对上述模型的预测效果有更直观的比较，现把神经网络模型与灰色预测模型的预测值、真实值、相对误差、平均相对误差、均方根误差和平均绝对误差的结果放在一起比较分析。具体对比结果见表 4 – 20、图 4 – 27 和图 4 – 28。

表 4 – 20   模型性能对比结果

年份	真实值	GM（1，1）		BP 神经网络		GA – BP 神经网络	
		预测值（亿元）	相对误差（％）	预测值（亿元）	相对误差（％）	预测值（亿元）	相对误差（％）
2017	16.965	16.162	– 4.7358	15.358	– 9.4724	15.871	– 6.4486
2018	18.923	21.013	11.0474	16.520	– 12.6988	18.087	– 4.4179
2019	20.228	27.322	35.0665	20.744	2.5509	21.296	5.2798
2020	35.328	35.524	0.5535	32.922	– 6.8105	35.390	0.1755
2021	43.013	46.188	7.3798	39.588	– 7.9627	42.288	– 1.6855
平均相对误差（％）		11.76		7.90		3.60	
均方根误差		0.3618		0.2287		0.0845	
平均绝对误差		0.2672		0.2071		0.0757	

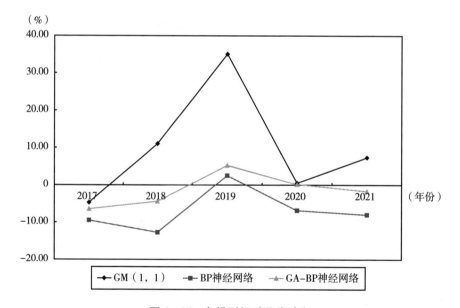

图 4 – 27　各模型相对误差对比

　　由表 4 – 20、图 4 – 27 和图 4 – 28 可以看出，GM（1，1）模型的平均相对误差、均方根误差和平均绝对误差为 11.76%、0.3618、0.2672，预测效果相较于其他几种模型预测效果最差，且预测精度并不稳定，误差变化范围较大，这可能与该模型不具备学习能力有关。BP 神经网络平均相对误差、均方根误差、平均绝对误差相比灰色预测模型更优，但是从模型预

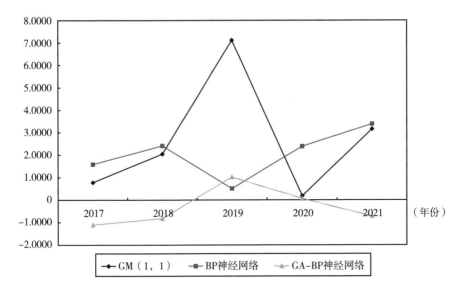

图 4 - 28　各模型绝对误差对比

测稳定性来看，该模型预测效果并不稳定，2018 年平均相对误差达到
-12.6988%，而 2019 年为 2.5509%，预测误差变化相差较大。GA - BP
神经网络模型的平均相对误差为 3.60%，均方根误差为 0.0845，平均绝对
误差为 0.0757，与灰色预测模型、BP 神经网络模型相比，GA - BP 神经网
络模型预测误差最小，且预测的效果更稳定。

　　基于 GA - BP 神经网络的预测分析与灰色模型预测的对比分析也能够
再次表明，综合企业内部以及外部的数据信息进行研发成本预测相较于单
纯依靠成本数据信息进行研发成本预测的方式更为科学合理，GA - BP 神
经网络更能够深入挖掘研发成本预测系统中数据间的规律以及非线性映射
关系。与此同时，还可以看出 GA - BP 神经网络也能够适用于其他成本的
定量预测，具有极大的迁移拓展潜力。高端制造企业在进行研发成本预测
时，应该综合企业内外部数据信息，将企业的创新能力、市场竞争能力、
成长能力、盈利能力等因素以及当前所面临的外部环境信息纳入考虑。

　　在企业运用 GA - BP 神经网络模型进行研发成本预测的过程中，通过
获取真实数据，并运用计算机系统进行模型的训练及测试，全过程智能运
行，并不会像传统成本预估较强地依赖主观信息，避免了人为的干扰，研
发成本预测结果的客观性较强。

第三节　对策建议

从前述的论证中可以看出，相较于单纯的灰色预测方法，引入机器学习神经网络的算法预测精度更良好，能够更优地反映企业研发成本预测状况，从而更好地服务于高端制造企业的研发成本控制以及后续活动的开展。本书在对歌尔股份有限公司研发成本预测进行一系列分析的基础上，为进一步保障企业研发成本预测的准确性以及有效性，依据案例分析的过程对案例企业提出以下相关对策。

一、全流程应用数字技术工具

由于研发成本预测影响因素较多且关系复杂，多表现在非线性关系上，正确处理研发过程中的线性与非线性关系，保障研发成本预测的准确性及有效性成为研发成本预测以及后续成本控制的关键。在数字经济环境下，要想在研发项目立项以及研发阶段准确进行研发成本的预测，首先，应该及时更新企业进行研发成本预测的方法，以适应企业自身发展的需要。利用数字技术协助企业开展预测活动，有助于保障研发成本预测结果的准确性，也能够保障研发成本预测过程的高效性，节约企业资源。由此可见，在使用机器学习算法技术进行研发成本预测时，离不开企业自身的数字技术保障，需要企业为自身研发成本预测以及后续成本控制提供一定的数字技术保障。例如，企业可以建立一个能够实现人工智能方案的平台，配备 AI 工具，同时还需要有一定的保障技术。此外，随着研发成本预测环境的改变，研发成本后续控制的应用场景的变化和深入，必须通过改善技术来实现成本预测方案的实际应用。其次，研发成本预测是研发成本管理必不可少的要素，必须保证研发成本预测的有效性。在利用数字技术进行研发成本预测的过程中，可通过信息数字技术系统实现各部门之间数据的共建共享和互联互通，及时更新各类与研发成本有着密切关系的要素，保障研发成本预测工作与企业自身的研发战略、竞争能力等不存在脱钩关系。企业数字技术能够保障在数字经济日益盛行的环境中，成本信息数据不断发生变化的情况下，随时更新预测数据，依据成本预测结果来开展后续研发管理工作的优化调整，以求为实现研发成本精确预测提供有效判断依据。同时，通过利用数字技术保障研发成本预测工作，还有助于后续成本计划以及成本考核等工作的开展，使得研发成本预测的工作真正发挥实效。歌尔股份应该在各个部门的各个流程中，强化数字技术的使用和实施，并将其在保障研发成本预测方法、研发成本预测过程、研发成本预测效率上的便捷性和精确性上的优势发挥到极致。

二、建立数字化系统管理制度

传统的研发成本预测缺乏系统的预测体系。系统有效的研发战略管理制度是保障企业研发成本预测以及后续研发规划所必不可少的。如果没有相应的制度保障，企业研发成本预测难以得到真正的重视。结合当前歌尔股份存在的制度问题，歌尔股份应该转变传统的管理体系，尤其是在研发层面，实行数字化研发系统管理制度。规范的研发成本预测需要完善的研发成本预测体系的保障。作为数字经济核心企业之一，针对自身研发成本预测体系存在的问题，需要进行进一步改善。在当前数字经济不断拓展的情境下，企业在加大研发资金本身投入的同时，还需要在研发活动的经营管理中持续运用数字化的管理手段和思维，加强对研发成本预测的管理，提升数字化的研发效率和决策分析的能力。具体而言，事前，需要建立完善的、权责明确的组织构架，搭建数字化研发成本预测管理体系，并由研发成员、财务专员等担任组员；事中，根据企业的创新能力、成长能力、市场竞争能力、盈利能力、外部环境状况等编制成本预测方案，后续可结合内外部环境的变化及时对研发成本预测进行调整，通过搭建这样的数字化研发成本预测管理体系，由不同领域的专员负责研发成本的预测，使相关数据信息的谨慎性和科学性得到一定程度的保证，并在研发成本管理中，从研发成本预测环节开始就利用数字化手段进行持续性监督；事后，在后续的研发过程中，根据实际发生的情况，对这些信息进行横向和纵向比对，深入剖析研发成本产生较大偏差的原因，并采取有效控制措施，这也有助于约束后续研发成本不合理的发生。

三、培育数字化科技人力资本

研发对于一个企业来说是其发展的源泉活水。是否能够拥有以及持续引进高层次的拥有数字化思维的科研以及管理人员，通过独特且拥有竞争力的核心技术手段创造出时代需要的产品，是企业能否可持续发展的关键。在企业研发活动中，研发人员占据着主要地位，研发成本预测对于研发人员坚实的知识储备以及丰富经验的要求较高。企业研发成本预测方案的适用性与研发部门的工作能力之间存在着直接的联系，彼此间相辅相成。在数字经济迅猛发展的当下，对研发人才的考验变得更加严峻，加大数字化人才培养是数字经济新时代的必然要求。歌尔股份的研发人力资本是进行研发成本预测的主体之一。由前面探究可知，数字经济环境下，歌尔股份研发人员与研发成本关联性较强，歌尔股份一直以来也较为重视人力资本的质量，但是，歌尔股份更需要加强对人力资本的后续培养，对企业员工进行智能化培训，增强企业员工的数字化素养，落实人才优先发展战略，贯彻"以人为本"的服务方针，吸引数字领域的前沿领先研发人才资源。不断健全人力资源服务体系，提高人才吸引力，推动形成人才有力聚集。确保研发人力资本优质且可持续塑造性，从而为企业的研发成本预测进一步提供人才保障。

四、多维度获取预测数据信息

焦勇（2020）在研究中谈到，数据、知识等虚拟要素正逐渐成为数字经济时代企业竞争中重要的资源。对于研发成本预测来说，选取恰当的预测数据更是至关重要。数字经济的发展正在加速企业内外部不同数据资源的流通速度，随着大数据、物联网、人工智能等信息技术的日益发展与完善成熟，并不断加速对企业的赋能，各类数据间不再是不存在联系，而是紧密相连。如何利用众多数据信息要素为企业自身研发成本管理服务，成为新时期企业进行研发成本战略管理时必须要考虑的问题。伴随数字经济与实体经济融合发展的日益成熟，企业信息化基础设施日益得到完善和更新，同时，企业的业务与财务信息化系统应用也在日渐成熟，在企业整体研发的进程中，产生了大量的成本数据，为成本预测工作创造了有利条件。具体而言，在企业研发环节进行成本预测时，不能只利用研发成本数据本身，还需要考虑研发成本预测内外部不同维度的影响因素，利用当前企业所具备的研发平台中心，实现数据要素流通共享，充分利用数据要素来准确预测所需的研发成本，判断与研发成本预测影响最为密切的因素，并进一步重点跟进。更为重要的是，在当前数字经济浪潮下，企业在进行研发成本预测时，除了受自身发展的影响，外部环境对企业研发成本的影响愈加明显，基于企业搭建的数字信息技术平台提供的内外部环境数据信息，对市场环境以及数字经济环境准确把握，及时根据环境的变化捕捉信息，将研发成本预测数据纳入研发成本预测系统，为研发成本预测提供有效的数据保障。歌尔股份可以利用数字研发管理系统、数字财务管理系统，从外部相关数据库中获取相关信息和数据，对数据进行总结和分析，并与自己的研发成本结构相结合，对各种研发成本进行合理的测算。

第四节　本章小结

本章基于研发成本预测特征并结合企业研发特性，构建了基于 BP 神经网络的研发成本预测指标体系，同时利用灰色关联度模型对研发成本预测指标体系进行了关联性分析。根据指标关联性分析，选取较强关联度和极强的指标作为预测的指标数据准备，构建 GA - BP 神经网络模型对研发成本进行预测，并选用灰色预测作为对比分析，最后根据不同预测方法结果，对研发成本预测结果对比分析，发现 GA - BP 神经网络模型预测误差最小且预测的效果更稳定。最后对案例企业提出保障其研发成本预测准确性及有效性的相关措施。

附 录

附录 4 – 1　样本企业股票代码和公司简称

股票代码	样本企业
000725	京东方 A
002049	紫光国微
002129	TCL 中环
002179	中航光电
002371	北方华创
002415	海康威视
002459	晶澳科技
002475	立讯精密
300274	阳光电源
300433	蓝思科技
600703	三安光电
601012	隆基股份
601877	正泰电器
603501	韦尔股份
002241	歌尔股份

资料来源：中国证券网。

附录 4 – 2　灰色关联度模型代码

```
load data. mat;
r = size( data,1) ;
c = size( data,2) ;
```

%第一步,对变量进行预处理,消除量纲的影响

avg = repmat(mean(data) ,r,1) ;

data = data. /avg;

%定义母序列和子序列

Y = data(: ,1) ;   %母序列

X = data(: ,2:c) ;   %子序列

Y2 = repmat(Y,1,c − 1) ;   %把母序列向右复制到 c − 1 列

absXi_Y = abs(X − Y2)

a = min(min(absXi_Y))   %全局最小值

b = max(max(absXi_Y))   %全局最大值

ro = 0. 5 ;   %分辨系数取 0. 5

gamma = (a + ro ∗ b). /(absXi_Y + ro ∗ b)   %计算关联系数

disp(" 子序列中各个指标的灰色关联度分别为: ")

ans = mean(gamma)

附录 4 − 3   GA − BP 神经网络模型代码

```
data = xlsread( '数据. xlsx','Sheet 1','A 1:L75') ;

input = data( : ,1:end − 1) ;    % data 的第一列 − 倒数第二列为特征指标

output = data( : ,end) ;         % data 的最后面一列为输出的指标值

N = length( output) ;

testNum = 5 ;                    %设定测试样本数目

trainNum = N − testNum ;         %计算训练样本数目

%%划分训练集、测试集

input _train = input( 1:trainNum, : )';

output_train = output( 1:trainNum)';

input_test = input( trainNum + 1:trainNum + testNum, : )';

output_test = output( trainNum + 1:trainNum + testNum)';
```

```
%%数据归一化
[inputn,inputps] = mapminmax(input_train,0,1);
[outputn,outputps] = mapminmax(output_train);
inputn_test = mapminmax('apply',input_test,inputps);
%%获取输入层节点、输出层节点个数
inputnum = size(input,2);
outputnum = size(output,2);


dxs('////////////////////////////')
disp('神经网络结构...')
disp(['输入层的节点数为:',num2str(inputnum)])
disp(['输出层的节点数为:',num2str(outputnum)])
disp('')
disp('隐含层节点的确定过程...')
%确定隐含层节点个数
%采用经验公式 hiddennum = sqrt(m + n) + a, m 为输入层节点个数, n
为输出层节点个数, a 一般取为 1~10 之间的整数
MSE = le +5;%初始化最小误差
for
hiddennum = fix(sqrt(inputnum + outputnum)) + 1:fix(sqit(inputnum + output-
num)) +10

    net = newff(inputn,outputn,hiddennum);      %构建网络
    net. trainParam. epochs = 1000;              %训练次数
    net. trainParam. lr = 0.01;                  %学习速率
    net. trainParam. goal = 0.001;               %训练目标最小误差
    net = train(net,inputn,outputn);
    an0 = sim(net,inputn);                       %仿真结果
    mse0 = mse(outputn,an0);
    disp(['隐含层节点数为',num2str(hiddennum),'时,训练集的均方误
差为:',num2str(mse0)])
```

% 更新最佳的隐含层节点

if mse0 < MSE

    MSE = mse0;

    hiddennum_best = hiddennum;

    end

end

disp(['最佳的隐含层节点数为:', 'nun2str(hiddennum_best)', ', 相应的均方误差为:', num2str(MSE)])

%% 构建最佳隐含层节点的 BP 神经网络

disp(')

disp('标准的 BP 神经网络:')

net0 = newff(inputn, outputn, hiddennum_best, {'tansig', 'purelin'}, 'trainlm');

% 网络参数配置

net0. trainParam. epochs = 1000;　　　　% 训练次数

net0. trainParam. lr = 0.01;　　　　% 学习速率

net0. trainParam. goal = 0.001;　　　　% 训练目标最小误差

net0. trainParam. show = 25;　　　　% 显示频率

net0. trainParam. mc = 0.0;　　　　% 动量因子

net0. trainParam. min_grad = 1e-6;　　　　% 最小性能梯度

net0. trainParam. max_fail = 6;　　　　% 最高失败次数

% 开始训练

net0 = train(net0, inputn, outputn);

% 预测

an0 = sim(net0, inputn_test); % 用训练好的模型进行仿真

% 预测结果反归一化与误差计算

test_simu0 = mapminmax('reverse', an0, outputps); % 把仿真得到的数据还原

% 误差指标

[mae0, mse0, rmse0, mape0, error0, errorPercent0] = calc_error(output_ test, test_simu0) ;

%% 遗传算法寻最优权值阈值

disp(' ')

disp('GA 优化 BP 神经网络:')

% 构建 GA – BP 神经网络

net = newff(inputn, outputn, hiddennum_best, {'tansig', 'purelin'} , 'trainlm') ;

% 网络参数配置

net. trainParam. epochs = 1000 ;   % 训练次数

net. trainParam. lr = 0. 01 ;   % 学习速率

net. trainParam. goal = 0. 001 ;   % 训练目标最小误差

net. trainParam. show = 25 ;   % 显示频率

net. trainParam. mc = 0. 01 ;   % 动量因子

net. trainParam. min_grad = le − 6 ;   % 最小性能梯度

net. trainParam. max fail = 6 ;   % 最高失败次数

save data inputnum hiddennum_best outputnum net inputn outputn output_
train inputn_test outputps output_test

% 初始化 GA 参数

PopulationSize_Data = 30 ;   % 初始种群规模

MaxGenerations_Data = 50 ;   % 最大进化代数

CrossoverFraction_Data = 0. 8 ;   % 交叉概率

MigrationFraction_Data = 0. 2 ;   % 变异概率

nvars = inputnum * hiddennum_best + hiddennum_best + hiddennum_best *
outputnum + outputnum ;   % 自变量个数

lb = repmat(− 3, nvars, 1) ;   % 自变量下限

ub = repmat(3, nvars, 1) ;   % 自变量上限

% 调用遗传算法函数

options = optimoptions('ga') ;

options = optimoptions(options, 'opulationSize', Populationsize_Data) ;

options = optimoptions (options, ' CrossoverFraction ', CrossoverFraction _
Data) ;

```
options = optimoptions ( options, ' MigrationFraction ', MigrationFraction _
Data);
    options = optimoptions( options,'MaxGenerations',MaxGenerations_Data);
```

% 轮盘赌选择

```
    options = optimoptions( options,'SelectionFcn',@ selectionroulette);
```

% 两点交叉

```
    options = optimoptions( options,'CrossoverFcn', @ crossovertwopoint);
```

% 高斯变异

```
    options = optimoptions ( options, ' MutationFen ', { @ mutationgaussian [ ]
[ ]});
```

% 迭代

```
    options = optimoptions( options,'Display', 'off');
```

% 最佳适应度作图

```
    options = optimoptions( options,'PlotFcr', { @ gaplotbestf});
```

% 求解

```
    [ x,fval] = ga( @ fitness,nvars,[ ],[ ],[ ],[ ],lb,ub,[ ],[ ],options);
    setdemorandstream( pi);
    wl = x( 1:inputnum * hiddennum_best);
    Bl = x( inputnum * hiddennum_best + 1:inputnum * hiddennum_best + hid-
dennum_best);
    w2 = x( inputnum * hiddennum_best + hiddennum_best + 1:inputnum * hid-
dennum_best + hiddennum_best + hiddennum_best * outputnum);
    B2 = x( inputnum * hiddennum_best + hiddennum_best + hiddennum_best *
outputnum + 1:inputnum * hiddennum_best + hiddennum_best + hiddennum_best
* outputnum + outputnum);
    net. iw{ 1,1} = reshape( w1,hiddennum_best,inputnum);
    net. lw{ 2,1} = reshape( w2,outputnum,hiddennum_best);
    net. b{ 1} = reshape( B1,hiddennum_best,1);
    net. b{ 2} = reshape( B2,outputnum,1);
```

%% 优化后的神经网络训练

net = train(net,inputn,outputn);%开始训练;

%%优化后的神经网络测试

an1 = sim(net,inputn_test);

test_simul = mapminmax('reverse',an1,outputps);%把仿真得到的数据还原为原始的数量级;

[mae1,mse1,rmse1,mape1,error1,errorPercent 1] = calc_error(output_test,test_simul);%误差指标

附录 4 - 4　灰色预测模型代码

y = [0.6517, 1.2154, 2.0179, 2.7893, 4.5705, 7.7337, 9.7283, 13.3884, 16.9651, 18229, 20.2282, 35.3280, 43.0134];

```
n = length(y);          %计算出数据 y 长度
disp('级比检验')
lambda = y(1:end-1)./y(2:end);
range = minmax(lambda)
range1 = [exp(-2/(n+1)),exp(2/(n+1))]
yy = ones(n,l);         %n 行 1 列的 1 矩阵
for i = 2:n;            %for 循环累加数据
yy(i) = yy(i-i) + y(i);
end              %原始数据累加
B = ones(n-1,2);    % n-1 行 2 列的 1 矩阵
for i = 1:(n-1)     % for 循环计算 B 矩阵
B(i,l) = -(yy(i)+yy(i+1))/2;
B(i,2) =1;
end
BT = B';
forj = 1:(n-1)
```

```
YN(j) = y(j + 1);
end
YN = YN';
A = inv(BT * B) * BT * YN;
a = A(1);                        % 取 A 矩阵的第一个数
u = A(2);                        % 取第二个
t = u / a;
t_teSt = input('输入预测个数');% 预测后续数据
i = 1: t_test + n;
yys(i + 1) = (y(1) - t). * exp( - a. * i) + t;      % yys 为预测数据
yys(1) = y(1);            % 将 y 矩阵的第一个数字赋给 yys 矩阵的第一个
位置
for j = n + t_test: - 1 :2      % for 循环将预测数据 yys 还原
ys(j) = yys(j) - yys(j - 1);
end
x = 1: n;                        % x 为 1 到 n 的数列
xs = 2: n + t_test;              % xs 为 2 到 n + t_text 的数列
yn = ys(2: n + t_test);          % 将 ys 矩阵第 2 到 n + t_text 的数赋值给 yn
xs = [1, xs];
yn = [y(1), yn];
plot(x, y, '^r', xs, yn, '. - b');
det = 0; % 画线
DD = [0];
for i = 2: n
    DD = [DD; abs(yn(i) - y(i))];
    det = det + abs(yn(i) - y(i));
    end
det = det / (n - 1);
det1 = 0; % 画线
EE = [];
```

```
for i = 2:n
EE = [EE;abs(yn(i) - y(i))/yn(i)];
det1 = det1 + abs(yn(i) - y(i))/yn(i);
end
det1 = det1/(n - 1);
disp(['绝对误差为:',num2str(det)]);
disp(['百分绝对误差为:',num2str(detl),'%']);
disp(['预测值为:',num2str(ys(n + 1:n + t_test))]);
p = 0.5;
max_err = max(abs(DD));
r = 0;
for k = 1:n
r = r + p * max_err/(abs(DD(k)) + p * max_err);
end
r = r/n;                              % r 表示关联度
aver_e0 = sum(DD)/n;                  % 预测误差均值
aver_x0 = sum(y)/n;                   % 原始数据均值
s1 = sqrt(sum((y - aver_x0).^2)/n);   % 原始数据标准差
s2 = sqrt(sum((DD - aver_e0).^2)/n);  % 预测数据标准差
c = s2/s1;
s0 = 0.6745 * s1;
m = 0;
for k = 1:n
if abs(DD(k) - aver_e0) < s0
m = m + 1;
end
end
P = m/n; % 小误差概率
if P > 0.95&c < 0.35
    disp('预测精度好');
```

```
else if P > 0.8&c < 0.5
    disp('预测合格');
else if P > 0.7&c < 0.65
    disp('预测勉强合格');
```

5 第五章

人工智能在制造业成本控制中的
理论分析与应用研究

第一节 基于系统动力学的成本控制模型构建

一、粤港澳大湾区汽车制造业成本控制的系统分析

(一) 粤港澳大湾区汽车制造业成本控制现状

粤港澳大湾区汽车制造企业汽车生产过程具有连续性和复杂性等特点，这使得对粤港澳大湾区汽车制造业进行成本控制总体分析就变得更为复杂。目前，在粤港澳大湾区汽车制造企业主要采用价值链分析的成本管理模式。价值链分析是指在分析汽车制造企业内部和外部环境的基础上，基于公司全面的发展战略，通过合理控制价值链上的各个环节实现成本控制管控归集，删减一些非必要的成本，简化汽车产品生产制造的整体工作流程，从而加强价值链上的成本控制各环节的内部关联性。粤港澳大湾区汽车制造业成本控制的重点是要把控制目标精细化，分解到设计、采购、生产和售后服务等各方面。汽车制造企业的成本分解可以从性态角度划分为变动性或固定性，也可依据可控性划分为可控与不可控。通过汽车产业

的生命周期对设计、采购、生产和售后服务等环节的成本进行精准划分管控，才能确保大湾区内汽车制造企业在汽车产品的生产周期内获利最大。目前粤港澳大湾区的汽车制造企业的成本控制方式运用作业成本法和标准成本法，就是在进一步分析各项经济指标基础上，确定在汽车生产成本和制造费用等方面的预算，通过对比分析粤港澳大湾区汽车制造的标准成本和实际成本之间的差异，尽可能减少增值较少的成本和非必要费用的支出。

尽管如此，粤港澳大湾区汽车制造业成本控制的主要方法还是直接降低直接材料、直接人工和制造费用，也就是只关注生产领域的成本控制，对汽车产品设计开发、销售和汽车售后服务等过程产生的成本费用控制不太关注，这种成本控制形式很明显是不能适应大湾区成本管理需要的。如果粤港澳大湾区汽车制造业只是单纯地将减少汽车生产成本费用视作制造企业成本控制的全部内容，将会导致汽车制造业企业很难在激烈的竞争环境下立足，不适合企业的长远发展。处在买方市场环境下，汽车制造企业进行全面成本管控的目的是使经济效益达到最大化。粤港澳大湾区汽车制造企业在进行成本控制过程中，不能一味降低生产制造环节的成本支出，忽视对产品质量的控制，需要加强对汽车产品的竞争效益性分析。由于粤港澳大湾区内汽车制造企业原料采购主要依赖进口，若汽车原料的采购成本大幅上涨，会直接导致大湾区内的汽车制造总成本增加。大湾区内汽车制造的采购预算是根据汽车产量计划制定的，材料采购过少会影响汽车正常生产，但若是采购过多又会造成原材料的冗余和储存成本的增加。大湾区内的许多汽车制造企业没有形成完善的领料机制，一些车间生产工人对制造环节要提升原料使用效率的意识比较薄弱，汽车制造环节出现的废料和未使用的边角料既没有再加工生产，也没有作为残料直接出售，而是直接废弃，这种对原材料的处理方式不利于提升汽车制造原料的实际利用率。粤港澳大湾区一些汽车制造业的原材料盘点制度还不够完善。目前，大湾区内的汽车原料盘点只是对需要使用的部分进行盘点，对于暂时没有被利用和库存时间超过一年的部分则不纳入盘点范围。同时大湾区内的许多汽车制造企业对于原材料的盘点环节没有设置配套的监督管理措施，因此其库存材料数据的准确性得不到保证。例如，比亚迪股份有限公司的生产工艺不断改良升级，使其产品的制造工序和产品结构均有所改变，企业成本控制难度增加。

粤港澳大湾区汽车制造业在销售阶段的成本主要包括销售汽车结转的主营业务成本和销售部门为了销售汽车而发生的销售费用。虽然汽车制造企业良好的售后服务会增加汽车销量、提升顾客的忠诚度，但汽车制造企业的售后服务，比如一年保修、6 个月包退换等服务都会使企业的总成本上升。因此在汽车产品的销售环节，粤港澳大湾区的汽车制造企业要做好汽车售后服务与顾客使用成本的平衡。

（二）粤港澳大湾区汽车制造业成本控制中存在的问题

通过前面的文献综述可知，国外经过多年的研究与实践，已经形成较为完善的汽车制造业的成本控制理论体系和结构框架，并且已经在制造业、金融业、房地产业和服务业等企业的成本控制中得到了良好运用。粤港澳大湾区汽车制造业企业在其产业发展过程中面临着巨大的国内外汽车产品和价格竞争压力。汽车制造业经过 60 多年的发展，不断成熟、壮大，并成为粤港澳大湾区经济发展的重要支柱型产业。就目前粤港澳大湾区汽车制造业企业成本控制现状而言，汽车制造企业并没有普遍实施行之有效的成本控制策略。对于大湾区绝大多数汽车制造企业而言，没有相对完善的成本控制政策和有效降低成本费用的管控措施。当前大湾区内的汽车制造企业，无论是比亚迪还是一汽大众，其成本控制的管理范围依然集中在企业的生产制造环节，只是在汽车制造的生产内部减少直接材料费、直接人工开支和运输成本支出。这种成本管理模式只能实现短期的某一方面的成本缩减，并没有考虑到设计和销售方面的成本管控。

粤港澳大湾区针对汽车制造业的成本控制都只是结合自身的企业实际情况展开，大湾区内并没有统一完善的成本控制方案。例如，供应商体系建立、采购成本占比计算和量价管理、产品生命周期理论、核心竞争力和材料的采购等都是汽车制造业在零部件采购成本控制中所要考虑的因素。相对而言，国外在成本控制理论中的分析研究则显得更加全面，在成本控制体系结构中也表现得更加完善并且更能融入当今高速的社会经济发展中。相对于国外早已形成较为完善的成本控制理论而言，我国对于汽车制造业成本控制的研究较晚，并且难以适应粤港澳大湾区汽车制造业产业发展的新模式。随着改革开放的不断深化，我国在成本控制方面也不断积极引进和消化借鉴国外的先进管理理念，并运用到汽车制造业的成本控制中，降低了非必要成本、提高了生产效率，但和欧美等发达国家的成本控制相比依然存在诸多缺陷。

用成本控制的理论分析研究大湾区汽车制造业企业成本，可以看出对于动态方面明显有漏洞，特别是在汽车制造业企业成本的控制系统中表现出反映信息不足。一般的成本核算主要有事前、事中和事后核算，而在传统的成本核算中采取的是事后核算。事后核算主要针对的是对事后的成本进行核算，不能分析事前及事中的成本核算及其差异，这对汽车制造业的成本控制来说所面临的未预见性因素缺乏有效的控制。

1. 研发设计阶段成本控制存在的问题

粤港澳大湾区许多汽车制造业企业对产品研发设计的成本认识不足，一些大湾区汽车制造业企业成本控制关注的重点只在生产层面，对于研发设计层面的成本控制问题没有予以足够的重视。汽车制造的产品成本在研发设计的时候已经被决定了。因为汽车产品的总成本最开始阶段就是汽车的研发设计阶段，汽车制造的生产阶段只表现为汽车成本的发生。因此可以看出，汽车制造业的成本控制起点是研发设计阶段，研发阶段的成本是汽车产品成本控制的关键，其会直接影响到整个汽车生产成本管控。对研究开发阶段的成本进行控制的主要意义在于汽车的总成本主要是由研究开发阶段的成本控制决定的，汽车制造的生产阶段仅仅是成本的发生，不涉及其他费用。当前粤港澳大湾区的汽车制造企业已经逐渐意识到了研发设计阶段对于成本控制的决定性作用，但绝大多数汽车制造企业对于研发设计阶段的成本控制仍然存在认知误区，主要表现在以下三个方面。

第一，汽车制造企业在研发阶段只重视汽车产品的性能，汽车制造业的研发设计部门和市场销售环节可能存在目标不一致。汽车的研发部门在设计汽车时一般只从产品性能考虑，很少考虑汽车产品在市场上的销售情况和成本效益性。通过市场研究表明，由于信息的不对称，会造成功能齐全、性能良好的汽车销量不如价格低而质量略差的汽车，这是由于汽车的购买者对于汽车的认知能力较低导致的。

第二，隐含成本在企业当中是非常重要的，一般而言，汽车制造企业应该对隐含成本引起重视，但是汽车制造企业往往把关注的重心放在了表象成本上。产品的成本是由多个对应指标构成的，在研发设计阶段选取的零件质量和相应的数量也会影响产品的成本。例如，如果在选取零件过程中不对材质进行检测，使用劣质零件会使整个汽车产品的质量表现为不合格的状态，没有顾客进行购买会直接列为次品或者报废处理。从另一个角度看，汽车的储存、零部件的更换和整车的组装这些隐含的成本均会影响汽车产品的总成本，然而汽车的设计和生产管理人员也很容易忽视这类隐性成本。此外，汽车产品研发设计阶段对于原材料的选用也会直接影响汽车的总成本，例如，选用特别高档的材料会因原材料产品的成本过高造成汽车总成本的增加，在汽车售价变化幅度不大的情况下导致企业利润下滑。新产品的研发阶段需要投入大量的信息和机械设备，而设计人员往往习惯于不考虑这些费用支出。汽车制造产品的成功不仅仅在于其准确性，还要保证预算经费在合理范围之内，可是在这个过程中设计师只是为了把握准确性没有避免预算的超支范围，比如原材料的浪费或使用一些无用的设备，最终造成企业利润的损失。

第三，粤港澳大湾区的一些汽车制造企业更热衷于开发具有新性能的汽车，忽视了对原汽车产品替代功能的再设计。若汽车在设计的过程中就没有处理好成本控制的规划，这些不合理的设计也会导致汽车产品总成本的上升，而这种成本的降低是可以通过产品的再设计实现的。但对于粤港澳大湾区绝大多数汽车制造企业而言，汽车的研发设计部门通常在开发完一款新的汽车之后不太会过多地关注这款汽车的再设计问题，而是更多地转向开发其他的新型汽车。再设计是为了避免后续出现不可预见的问题，但是由于设计师没有认真对待这一问题，最终会引起产品研发过程中的成本控制出现一系列的问题。设计人员在产品的研发过程中一味地追求产品上市的速度，没有重视对于产品的再设计问题，仅停留在产品的速度和立项中，导致企业研发的每一个产品都没有办法衔接起来，无法对产品进行统一管理。这也是粤港澳大湾区很多汽车制造企业在研发产品阶段会进入的一个误区。

2. 采购环节成本控制存在的问题

改革开放以来，我国的经济发展在这 40 多年中取得了巨大的进步，在全球经济中也产生了巨大的影响，特别是全球经济进入一体化阶段，粤港澳大湾区作为我国最早对外开放的区域，区域内的汽车制造企业也随着全球经济进入这一阶段而产生巨大影响。汽车制造企业的成本控制是获得利润的重要指标，但是现如今企业面对激烈的价格和产品竞争，原有的竞争优势受到了严重制约，也因此汽车制造企业在采购过程中对于成本的合理控制变得极其重要。对于汽车制造业而言，汽车生产的原料采购成本几乎占到总成本的一半，所以对于汽车原料采购的成本控制也将影响到整车的生产。大湾区内的一些汽车制造企业在很长一段时间内都没有重视采购成本的控制，对于采购成本的理论研究也非常少，我国汽车产业的采购成本控制依然存在很大问题。

粤港澳大湾区内汽车制造业的采购成本不仅仅指原料在采购过程中发生的成本，还包括原料采购前和采购后所引起的相关成本费用。对于大湾区汽车制造企业在采购时的成本控制主要存在以下三点问题。

（1）观念落后。粤港澳大湾区内很多汽车制造企业对于采购成本的控制只关注原料的采购价格，忽视了汽车原料如钢铁采购的运输成本和库存成本以及材料的质量。这种汽车制造的采购成本控制政策已经跟不上瞬息万变的市场环境。因此汽车制造企业要改变这种落后的成本控制理念，就必须加强对于原料采购成本的了解。

（2）认为采购成本控制只是采购部门的责任。当前大湾区汽车制造企业的职能部门包括采购、生产、销售和财务等部门，专业化分工带来效率化的同时也明确划分了各职能的责任范围。所以其他部门经常会误认为采购部门的成本控制与本部门无关。但是实际情况却是汽车制造的成本指的是生产运营过程中的物质和人工的全部耗费，因此汽车制造是采购、生产、销售及财务等部门和各要素共同作用的成本控制，汽车制造企业的所有部门均是产品成本控制的责任主体，成本控制的责任并不只是由成本控制机构承担，汽车生产供应链上所有成本控制的参与者和实施者，包括每个职能部门和各个员工都参与到了汽车生产运营的成本控制中。

　　（3）忽视与供应商的合作。汽车制造企业若是想要健康长远地发展，与汽车原料供应商建立战略合作伙伴关系的纵向一体化是有利途径。汽车制造企业要想和汽车原料供应商建立合作关系，需要双方在产品价格方面进行协商，但是在现实中汽车制造企业频频对供应商提供的价格进行压价，仅考虑自身的价格成本却没有考虑供应商是否能够获得合理的利润，这就造成供应商无法获得预期利润，不能成为合作关系，间接变成了敌对关系的竞争。这样极有可能导致后期采购原料的价格上升，若之前的采购量大造成较大库存，则直接导致汽车制造企业的管理成本增加。汽车制造企业只有和原料供应商建立良好的关系，才能维持原料采购价格并减少原料库存量以降低管理成本。此外，大湾区的汽车制造企业可以在汽车产品设计阶段考虑供应商的选择，这样供应商不仅可以提供高质量高性价比的材料，还能对高性能的汽车产品设计提出建议。

3. 生产制造成本控制存在的问题

　　粤港澳大湾区汽车制造业的成本控制均以生产制造环节管控为重点，这一环节的成本控制问题相对采购和销售阶段而言较少。当前的汽车制造企业将汽车制造成本划分为三大部分，包括原材料采购、人工成本和制造费用。汽车制造企业是原料占比较大的制造业，故材料的耗用成本对汽车总成本的影响很大。

　　汽车制造企业若是没有做好原材料的消耗控制、使用劣质原材料或原料利用不合理，这样的结果会加大生产成本的支出，比如使用劣质原材料后，产品的质量会受到影响，甚至会出现报废的现象。汽车制造的生产效率对产品成本的影响重大，如果企业的员工工作效率低下，积极性不高，则汽车生产的工时耗费过长，单位产出率低，最终造成汽车制造总成本上升。例如，在相同单位时间内，对于效率高的员工而言生产的产品数量比效率低的员工多，由此可以进一步说明单位时间内，相对于效率高的员工而言，效率低的员工会给企业带来高人工成本，相应的汽车制造成本也会提高。之所以会产生这样的结果主要是因为企业对员工工资的支出方式不一致，企业过于死板地盯在一个指标上，比如时间，没有对员工的行为和结果进行制约。一个产品的生产成本会伴随着多方面的费用支出，不仅仅在人工成本上，还包括一些其他的成本，而这一部分也会影响产品的整个生产成本。所以，在控制企业生产制造成本上，企业的重心应该放在减少一些没有必要的原材料上，避免浪费，对员工的行为进行规范，对员工的工作效率提出要求及监督等。

4. 营销服务成本控制存在的问题

粤港澳大湾区的汽车制造成本控制对于营销服务成本越来越重视。当前的市场主流为顾客至上原则，大湾区汽车制造企业的经营理念即"以顾客为中心"。因此除了要重视汽车研发设计阶段、采购环节和实际生产阶段的成本控制之外，对于汽车产品的售后服务成本控制也需要引起重视。汽车制造业的销售服务成本是汽车总成本支出中的重要部分。大湾区的很多汽车制造企业虽然重视汽车的营销服务，却忽视了对服务成本的控制。汽车制造产业之前的成本控制理论认为管控的终点为销售，没有充分考虑汽车售出之后的售后服务成本控制问题。一辆汽车的使用寿命较长，很多国外品牌如丰田、本田的4S店的售后服务都做得十分到位，这属于汽车企业竞争的软实力。对于汽车产品的售后服务成本控制的重要性并不亚于汽车本身的质量水平，优秀的汽车制造产品的售后服务不仅可以提升汽车的销量，增加市场占有率，还能有助于汽车制造企业树立良好的品牌形象。所以，汽车制造企业的成本控制一定不能忽视对汽车销售阶段和售后服务的成本管控。大湾区的汽车制造企业应当以客户为中心，努力提升汽车售后服务质量水平，增强对营销服务的成本管控力度。

粤港澳大湾区的汽车制造业成本控制存在的问题除了在研发设计阶段、采购环节、生产运营阶段和营销服务成本管控阶段外，还存在以下四个问题：一是缺乏健全的成本控制意识。要提升企业利润，需要从汽车制造企业收入的增加和成本支出的管控两方面着手。在传统的企业经营管理环节中，成本控制往往是财务和生产的事情，同时生产工作还需要确保正常开展的前提下才能实现对成本控制问题的关注，职能部门各自为政容易导致对成本控制只是单纯地减少工资支出和降低资源作业的消耗以压缩成本。汽车制造业的员工综合素质也有待提升，他们往往只专注自身而对企业整体的成本控制问题漠不关心。生产车间的员工则认为只要按照公司制度要求能生产出质量合格的汽车就好，并没用充分考虑原材料和工时消耗是否出现无效支出，因此多数汽车制造企业并未对成本控制的各方面考虑到位。二是成本控制内容相对陈旧。目前粤港澳大湾区的一些汽车制造企业的成本控制没有与企业的实际生产情况相联系，单纯局限在控制人工成本支出中，对大湾区内汽车制造业所面临的市场和经营环境的重大变化没有充分考量。如果在实际发展中不能从产品的生产环节进行成本分析，就难以在机械消耗、能源消耗等环节对成本组成进行分析。同时，如果在实际生产环节中不能让员工有效参与到成本控制的过程中，不仅不利于审批工作的科学性，同时对于企业的经营发展也会产生十分显著的负面影响。三是没有健全的成本控制监控体系。粤港澳大湾区的很多汽车制造企业并没有建立较为完善的成本管理和控制体系，由于当前成本管理制度缺乏健全性，参与到成本控制中的人员也缺乏主观意识，在成本控制中不能有效实现全员的积极作用，可以说成本监控体系的不健全问题已经成为汽车制造业企业发展过程中的主要问题，如果今后不能设立对整个成本控制的执行过程，就难以实现对相关问题的有效反馈，使汽车制造企业在实际的成本控制中即便出现问题也很难对问题进行纠正或是尽快解决问题。四是缺乏与时俱进的成本创新方法。单纯地按照传统工作经验对成本控制预算进行总结，在事后对成本进行相应的对比分析，并不能对新市场环境下的企业进行有效成本控制，难以实现对成本控制因素多元化的有效分析，质量成本管理方法也很难在汽车企业中进行合理的应用，所以对这项工作的开展也将产生一定的负面影响，严重的甚至还将对汽车制造业的稳定运行产生制约性影响。

（三）粤港澳大湾区主要汽车制造业成本控制方法分析

粤港澳大湾区汽车制造业的成本控制不应当只局限于某个单一的职能部门，而是需要企业的生产制造部、研发部、采购部和财务部等各个部门全体员工都参与到成本控制当中，以此构建相对完整的成本管理体系。对于汽车制造业公司来讲，成本管控工作的重点环节在于研发设计、采购、生产和销售阶段。

1. 研发过程成本管理与控制

在研发过程中，粤港澳大湾区汽车制造企业要依据市场的需求来确定汽车的研发设计、生产工艺路线以及产品的出厂标准。在汽车的研发设计环节应当采用新能源和低成本的材料，充分考虑汽车的性能和质量并匹配整车的使用寿命，同时也要防止功能过剩导致的成本耗费过大。应当加速推进先前汽车的更新迭代进程，精致的设计元素以及工艺手段将有利于模组化、集成化和规模化生产，也能减少汽车的组装程序，在提高装配效率的同时可以改善汽车整机性能优化结构布局，使汽车企业具有核心竞争力。大湾区的汽车制造企业同样面临着国内外合资企业的冲击，我国的汽车产业可以依托香港大学、中山大学和暨南大学高等学府的人才优势，采取校企合作研发新型汽车，既可以节约汽车制造企业的自主研发成本，又能提升员工的综合素质，企业可以将高校的技术成果直接运用到汽车制造中形成生产力，从而降低汽车企业的制造成本。

2. 采购过程成本管理与控制

通过研究粤港澳大湾区的汽车制造零部件的成本结构可以发现材料费用的占比达到了总成本的80%，因此汽车制造零部件的采购成本是大湾区汽车制造产业成本控制的关键所在。汽车制造企业可以以销售预算为起点，布局零部件采购环节的预估，以使相关部门能够挑选优质的供应商，对于生产制造部门来说，基于销售订单来进行适当的采买工作是相当重要的。汽车制造企业的零件采购部门需要建立专门的采购评估机构以评估供应商的生产能力、零件质量、产品价格、技术优势和物流运输等各方面的综合实力，在取得这些信息的前提下，筛选出综合实力和信誉最好的供应商。同时对于需要长期合作的供货商，采购部门的评估小组应每年或每半年、每季度实地考察供应商的产品质量、生产能力和企业管理水平等，经过考核之后，综合评分高的供应商则继续合作，若评分低则采购部门需要考虑是否与该供应商继续合作。采购部门对于每种原材料的供应商选定不应该少于2家，对于需要长期批量购买的原料供应商则要建立好战略合作关系，同时对于重要性不同的零部件采购也要选择不同的采购策略，跟踪零部件的价格走向，最大限度地降低原料采购成本，控制成本。

3. 生产过程成本管理与控制

投入所需材料至汽车整车的出产，这一整个流程便是汽车制造企业的生产环节活动。其一，对于汽车制造业的原材料管控要按汽车产量的定额领料进行定额管控，零配件的出库和入库需要入库员进行第一道检验，然后是各部门联合过程检验，入库之后还要盘点监察。汽车产品剩下的边角料可以直接在市场上出售或对其进行再利用。在技术条件允许的情况下尽可能地节约钢材和模具，比如直接引进新的制造工艺，之前同样质量和大小的钢材用原来的模具生产只能生产出 3 件产品，但是使用新工艺模具后能生产出 5 件产品，大大提升了零部件的利用率，减少了边角料的产生。其二，粤港澳大湾区汽车制造企业要加强对直接生产成本和制造管理人员的人工成本支出，精简机构、减员增效，各岗位应当进行明确的责任划分，可以用较为直观的图表展示要完成的目标规划，在减轻生产制造人员劳动强度压力的情况下提升设备的使用效率。要区分好实际生产过程中发生的增值时间和非增值时间，减少不必要的时间浪费。其三，对于汽车制造业的制造成本控制，对于辅助生产部门发生的水电费、设备折旧费和照明费要尽可能地减少不必要的浪费，例如，在工人休息时及时关闭电源，或者直接装配低压静压的电器装置，提高供电系统的功率。生产车间和办公室的空调要设置为最节电的温度，对于用水的问题也要规范，汽车生产用水和员工的生活用水要分开核算，拒绝浪费。其四，每一位员工都要参与到成本控制体系中，汽车制造企业要加强对员工的定期生产技术培训，控制好汽车成品的质量，建立员工的质量意识而非单纯的数量意识。力求减少产品的不合格率，完善对汽车生产制造人员的考核制度，在能充分调动员工积极性的基础上将其工作态度和能力与工资直接挂钩。

4. 销售过程成本管理与控制

粤港澳大湾区汽车制造企业要高度重视销售环节的成本控制，对于汽车销售阶段的开支范围要作出明确的规定，销售部门销售费用的报销要严格按照税务部门的要求核查其真实性和合理性，确保费用责任归口明确。对于销售部门的物流运输要依据成本效益原则，可以适当地进行产品运输外包，节省原料和产品的运输费用同时加快运输的速度。大湾区内的汽车制造业要成立销售事业部门，在做好销售的同时要提供具有竞争优势的售后服务，如 1 年包修和 3 个月包退换服务，给顾客带来更好的消费体验。

顾客生日或重大节假日提供礼品关怀，尽最大能力满足汽车购买者的诉求以积极打开汽车零售市场。为顾客提供包装服务和提高汽车的到货速度，改进物流技术提高汽车运输装载率。重视汽车产品的质量，因为对于顾客而言，汽车的使用价值往往是其考虑的重点。对于售后服务要做到跟踪落实，及时为顾客解决问题，并积极与顾客沟通，重视顾客提出的具有建设性的意见。

二、系统动力学在汽车制造业领域的适用性分析

（一）系统动力学理论基础

1. 系统动力学的基本原理

系统动力学（system dynamics，SD）是一门交叉性的学科，用于解决系统问题，是杰伊·福里斯特（Jay Forrester）教授在20世纪50年代提出将控制论、决策论以及信息论相结合起来而形成的。系统动力学尤其适合用于解决随时间推移而变化的复杂问题，主要采用定量和定性结合的研究方法。一般而言用系统动力学所建立的模型是现实系统的简化，只能反映全面现实系统的一个侧面或者是某个重要组成部分系统。因此系统动力学家普遍认为：并不存在一个完完全全符合现实情况的完美模型，系统动力学所构建的任何模型都仅仅是符合某种预定要求下的相对成果。模型和现实系统的关系如图5-1所示。

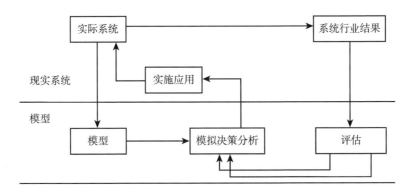

图5-1　系统与动力学模型现实系统的关系

2. 系统动力学解决问题的步骤

（1）明确系统动力学建模的目的。

（2）确定系统边界。对系统内存在的影响因素进行性质判定，即区分好内生、外生和可忽视变量。系统的内部和外部直接对内生变量产生影响，一般而言，内生变量产生在内部反馈结构，但是内生变量的变化则由外部决定。

（3）分析系统结构。明确系统建模目的和边界的前提下，首先探究系统结构的影响因素，其次分析两者之间的内在关系，最后总结出原因，并分析回路的反馈，同时系统的难易程度取决于反馈回路的个数。

（4）创立模型。系统模型的创立首先要构建因果之间的关系图，然后在此基础上识别有关的变量类型。例如，什么因素应该被划分为速率变量、什么因素可以归类为水平变量，建立起流程图并对变量的变化分析出方程式，然后对其进行编写。

（5）运用模型。首先对创立起来的模型进行运用，然后对模型进行真实可靠的验证，其中在建立模型的过程中要对整个过程进行验证实施。其次可以对结果进行分析并进行一定的优化，直到结果达到最优。最后在外部大环境下，在相关政策上进行一定的分析并对模型的运用提出切实可行的建议。

Vensim 仿真软件具有一定的视觉效果，并且还具有对图形进行改善的功能，通常是系统动力学常用的建模工具。建立因果关系图是在建立相关变量的基础上进行的，如速率变量和水平变量等，之后开始系统运行的编程，输入与之相关的数值和方程才完成模型的建立，最后对模型进行验证，当模型合格后再深入研究分析。Vensim 仿真软件的工具多样，对研究分析起作用的主要有数据建模工具和结构系统分析工具。这两种工具的主要作用是将分析的结果展现出来，如数值表、树状图或者饼状图等形式。创立模型之初，首先要明白需要解决什么问题，其次要了解建立模型的目标和意义。通过对理论进行探究，汽车制造业的成本与成本原材料、成本的控制以及控制的目的有一定的关系，彼此相互影响，相互制约（见图 5-2）。

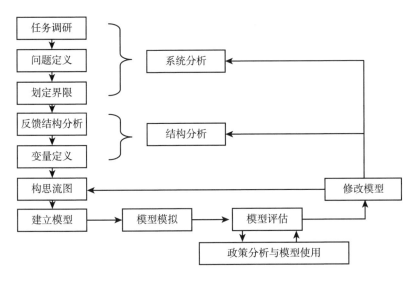

图 5 – 2　Vensim 仿真软件的工作过程

本书通过对汽车制造业的研究，以成本为出发点，经过分析探究寻找和汽车制造业成本控制的相关因素及成本结构构成的多种影响因素，运用一定的模型分析，得出影响汽车制造成本的关键因素，用来降低汽车制造业生产成本以及为整个汽车制造业成本的合理控制提供一定的合理建议。

3. 系统动力学软件——Vensim PLE

系统动力学的 Vensim PLE 软件，是由美国 Ventana Systems 公司推出的在 Windows 操作平台下运行的系统动力学专用软件包。Vensim PLE 软件是对系统动力学模型进行因素概念化、构建模型、分析结果的过程，该软件是一款可视化的模型工具。Vensim PLE（ventana simulation environment personal learning edition）和 PLE Plus 是为简化系统动力学的学习设计的 Vensim 的标准版本。Vensim PLE 的建模方式是在构建因素因果关系图、状态变量和流图的基础上形成的。Vensim 中变量与变量之间的关系是用箭头来连接的，依据系统变量之间的关系画出因果关系图并作出反馈回路。建立好一个可模拟现实情况的系统动力学模型后，利用 Vensim 软件可以较为全面地研究分析该模型。Vensim PLE 软件的运用具有一定的局限性，因为功能结构的制约，更多是用来建立规模不是很大的系统动力学模型，相反，对于规模较大的系统动力学模型则需要用功能更为强大的 Vensim PLE

Plus 软件，因为 Vensim PLE Plus 软件支持多视图结构的系统模型。

Vensim PLE 软件可以用多种分析方法分析已经构建好的系统动力学模型，Vensim PLE 可用结构和数据集分析系统模型，其中结构分析模式主要是指原因树、结果树和反馈回归列表分析，而相关因素随时间变化的曲线图和数据图分析则属于数据集分析。同时，Vensim PLE 软件还有另一重要功能，即可以判断系统模型是否合理和检验模型的真实性，根据检验结果对系统模型中的参数或结构作出准确调整。

系统动力学发展初期使用的软件并不是 Vensim PLE，而是 SIM PLE 软件，这种软件系统模型结构只能用程序语言描述。在 1990 年以前的系统模型软件主要为 SIM PLE、DYNAMO，这些软件的基础依然是程序语言。系统动力学软件与程序语言软件有一定的差异性，主要在于系统动力学软件可以将图形可视化。系统动力学软件种类多样，如 Vensim、Powersim 等，主要都是在 Windows 操作系统的基础上启动的。其中 Vensim 软件可应用于科学、金融和教育领域，因此应用最为广泛。Vensim 软件也存在多个不同的版本，Vensim PLE 是可用于 Windows 系统的、易操作的个人学习版。Vensim PLE 软件可以直接使用"Ctrl + C"和"Ctrl + V"的复制功能，还可以用因果关系图和流图等常用分析方法进行模型分析。本书采用 Vensim PLE 软件先绘制因果关系图和存量流量图然后再进行系统模型分析。

（二）系统动力学研究的问题

国内外利用系统动力学与汽车制造业成本控制相结合的研究较少。学者们大致基于统计性分析、定性分析以及定量分析手段来开展汽车制造业的成本管控研究工作，从系统学角度出发进行的汽车制造业成本控制探索工作则相对贫乏。对于成本控制的研究思路，大多数学者习惯性运用实证手法，以建立研究模型和论证假设，进而开展相关研究工作。对于成本管控工作中的有关决策事项，学者们的研究成果给予的支持和启示相对较少。此外，对于参与约束以及激励体系的受众群体行为的作用机制也较难映射出来。纵观当前的相关定量分析研究成果，纵使博弈论均衡点被纳入绩效评估领域的研究方法，然而此种研究方式严格来说还是属于静态研究法，在实施过程中，将目标时点求解与分析视为核心工作，且方式较为单调。立足于汽车制造业的成本管控工作，我们会发现其会由于环境的转变而趋于一个动态发展的趋势，其成长的协同性存在于成本控制工作的开展到结束。与此同时，利用 Stata 和 SPSS 进行实证开展的分析结果也很难反映其成本控制的整体发展流程，无法基于系统演变乃至动态成长的视角映射汽车制造业的成本控制特点。本书以系统动力学为工具，建立汽车制造业成本控制系统动力学模型，进而利用此模型开展系统仿真剖析，有针对性地列举推进汽车制造企业成本控制工作的实操性的解决方法。汽车制造业成本系统本身就具有复杂性和动态性，同时系统动力学的研究具有动态性和系统性的特点。因此，将二者结合展开研究是可行的。

系统动力学与数学、系统学和控制学的联系较为紧密，有一些包括随机理论、状态空理论和大摄动理论以及系统辨识等理论相结合的研究内容。目前有许多研究将系统动力学系统转化为马尔科夫过程模拟。马尔科夫过程就是充分利用数学成功进行模拟，而系统动力学模型是使用计算机辅助，即用 Vensim 软件建立 SD 模型。社会对于 SD 模型的应用主要是在房地产、金融业等较为复杂的领域，SD 模型的广泛应用有助于建模的系统化和规范化发展，同时也使得建模和社会实际联系更为紧密。彭斯（JR Burns）曾结合 SD 模型并采用数学中的图论对模型进行稳定性和灵敏度的仿真分析，并输入良好的结构方程和适当的参数。一般而言 SD 模型的稳定性分析就反映了线性多变量系统理论和分叉理论或大摄动理论，对于参数的选择和测试更多的是为了用状态分析法讨论相关因素的稳定性。而关于系统动力学的灵敏度分析，则不仅包括了如何构建模型结构方程，还包括怎样在一个不断变化的参数中选择适当的参数值以及初始值的选择问题，一个系统模型里的 SD 模型仿真也是基于 Monte Carlo 图论和基准参数的轨迹线性变化来推动，SD 模型的参数识别是系统仿真的基础，若参数选择失误，则极有可能造成整个模型结果出现偏差甚至相反的结论。有关系统动力学模型可靠性和仿真误差分析的研究尚处于空缺状态。

（三）系统动力学应用于汽车制造业成本控制中的适用性分析

作为装备制造业中不可忽视的构成部分，装备制造业的相关理论研究在国外学者的研究成果中较为贫乏。本书将装备制造业延伸至制造业，进行相关外文文献阅读,笔者发现采用系统动力学以剖析制造业的相关研究,学者们偏向于该行业的生产周期环节,如供应链管理系统、可持续性的制造评价、实施生产计划管控系统、生产流程以及资源体系的结构、可持续性的供应商管理、原材料消耗评价等,对于行业系统进行整体剖析则相对较少。

国内文献中,在汽车制造业领域基于系统动力学的研究则较为丰富。笔者比照了国内外的相关文献,发现两者的研究范式相当类似,大多是基于制造业产业的生命周期,对其多个环节深入探索剖析。经过相关文献的整合阅读,笔者总结出相关文献的研究对象大体涵括了产业链环节、产品创新和流程或工艺创新关系、绩效管控和加强、节能减排的改善途径、制造业信息化系统与信息化指标体系相结合、制造业集群模式及其规模化的集聚效应、生产者服务业与制造业之间的互动关系。

三、汽车制造业系统模型建立的目的与原则

构建汽车制造业成本控制系统动力学模型的基础是要明确系统建模的目的和划定界限。建立 SD 模型的目的是处理汽车制造企业所面临的成本控制问题,其原则是面向问题而非单纯构建模型。本章主要是研究和分析汽车制造企业的成本,即通过对汽车生产制造产生影响的一系列因素进行分析来探究汽车制造的成本变化,并通过仿真模拟对汽车制造业企业的成本进行研究,通过分析仿真模拟的结果,对具体案例比亚迪股份有限公司的成本控制提出建议,以期能够由点及面推动整个汽车制造企业成本控制的发展。

(一) 模型建立的目的

系统动力学的核心目标在于构建基于反馈机制与多变量因果关联的动态模拟框架,通过量化分析系统内部要素间的相互作用机制,实现对复杂问题的系统性解析与演化规律挖掘。对汽车制造企业的成本控制的重点是非正常的差异和额外的费用支出,一般指的是实际成本与预算或计划成本的差异很大的那部分。当汽车生产过程中存在多个因素因环境影响而发生

变化时，构建好的系统动力学模型就应当输入变化后的值进行结果分析。如果成本控制系统中存在成本偏差，则应当及时寻找差异发生的缘由，根据问题的缘由分析出成本偏差应采取怎样的策略。本章所涉及的汽车制造业成本控制系统动力学模型可以反映制造成本进度计划和汽车质量控制等多方面的成本支出。

　　本章研究的成本控制是汽车制造业成本控制，是站在汽车制造企业管理层面寻求一种较为系统的成本控制模式，分析汽车制造业的成本控制现状，了解了传统成本控制存在的不足和缺陷，对系统动力学应用于汽车制造业的适用性进行论述，证明是可以利用系统动力学模型解决成本控制问题的。构建系统动力学模型的基础是要确定系统影响因素的边界，然后找出质量、政策和成本等各个影响因素之间存在的内在联系并建立因果关系图之后，建立汽车制造业成本控制的系统动力学模型。建立模型方程把模型中的各变量作出定量联系，变量的参数赋值要根据企业的具体情况灵活改变，把模型放入 Vensim 软件中进行模拟分析预测，把实际汽车生产成本和预测或计划的成本进行对比看是否存在重大成本偏差。若存在重大偏差，则把主要变量的赋值进行修正，继续放入模型中进行模拟分析，据此找出影响重大成本偏差的相关因素。总之，基于系统动力学构建汽车制造业成本控制模型的目的是对其成本控制进行动态的系统性分析。

（二）模型建立的原则

　　汽车制造业成本控制的系统模型构建的原则有两个：一个是必须建立构思模型结构的原则，另一个是建立模型方程的原则，同时模型方程也是系统模型构建的基础。

1. 构思模型结构的原则

　　（1）影响成本的相关变量对于成本控制的系统性描述。影响成本的相关变量是指汽车制造企业面对的国际和国内环境，包括政府的政策、汽车质量、采购成本、生产效率及销售服务环节的各种人工、材料和资金的消耗。

　　（2）系统动力学模型中每一条反馈回路一定会反映汽车制造因素的某个成本相关变量。同时汽车制造企业系统内部若存在速率变量和中间变量的反馈回路，则表明构建的系统模型出现错误。

（3）物质变动遵循守恒原则。汽车制造产业的物质守恒与物理学上的能量守恒定律类似：构建的系统模型中若增加某个相关变量，则一定会使得系统减少同等数量的某个变量。

（4）信息非守恒流。系统动力学的系统分析依赖于信息的传递，汽车制造成本相关变量之间的因果关系形成闭环系统建立的基础便是信息传递。成本的相关变量对另一个变量的影响也是基于信息流动，但不是每个变量对信息的吸收都是一定的。

（5）汽车制造业的速率变量可以控制其相关的状态变量。速率变量是一个中间变量，是一个状态变量对另一个状态变量产生影响的"桥梁"。

（6）汽车制造业的信息链是两个异类物质守恒系统的唯一纽带。其含义是不同种类的变量系统不可以直接产生联系，这两个子模块一定要通过信息链的作用才能发生关联。

2. 建立模型方程的原则

（1）汽车制造企业建立的任何一个系统模型方程其左右两边的量纲一定是恒等的，在模型方程的两边同时加上或是减去一个相等的量纲使方程等式依然成立。

（2）汽车制造企业在整个系统中的各个状态变量组的量纲是相等的。模型系统内用状态变量的量纲比时间即可得出速率变量的量纲。

（3）系统模型中的方程变量即使是取极端值，其方程同样成立。汽车制造的系统方程无论其变量的参数值是否为特殊值，该系统方程均能输出正确的结果。

（4）系统动力学模型中每一个参数都有一定的经济含义。

四、汽车制造业成本控制系统边界的确定

汽车制造业对于系统边界的划分是进行成本控制的基础，因此边界的确定把影响成本的因素分为两大类：一类是会对成本控制造成影响的因素，处于系统的边界内；另一类是对汽车制造业成本控制没有影响的因素，则划归至系统边界外。税收减免政策和汽车制造所产生的原料耗费也都属于系统边界内的影响因素。汽车制造成本的一个重要的影响因素即为

销售量，销量增加自然造成总成本上升；但从另一个角度来看，汽车的生产量增加也会带来规模效益，即每多生产一台汽车，则单位汽车的成本是下降的，对汽车制造生产造成最根本的影响因素是汽车的供应量和需求量之间的关系。

图 5 – 3 的因果反馈图为正反馈回路。随着汽车制造企业数量的增多，汽车的产能随企业数量的增多而上升，此时汽车的供应量大于需求量，规模效益大，则汽车制造成本下降，汽车产量增加，单位制造材料费用就会下降。当制造费用下降时，汽车生产商认为生产汽车有利可图，刺激市场上汽车产能的增加。

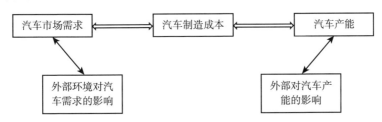

图 5 – 3　汽车市场供求关系

图 5 – 4 的因果反馈图为负反馈回路。市场上对汽车需求量增加，此时的汽车供应量小于需求量，规模效益小，则汽车生产成本增加，制造材料费用就会上升。当制造材料费用上升时，汽车制造商会减少汽车的生产量，根据供求关系原理，汽车的需求量也会下降。汽车制造成本控制水平可以通过市场"看不见的手"来调节，供需对汽车生产成本的影响就是在这两个反馈回路的作用下共同形成的。若汽车的供应量大于国内、国际市场的需求量时，则说明我国汽车产能过剩，或是所生产的汽车不能适应当前市场的需求，过多地把成本控制的关注点放在汽车的生产制造环节，没有考虑到在研发阶段对汽车外观、质量和性能的设计，就可能会影响到后期的销售量和该品牌汽车的市场占有率。如果汽车的供应量小于国内、国际市场的需求量时，则说明汽车产能过小，给汽车制造企业造成巨额的利润损失。

确定汽车制造业的成本控制系统边界指的是划分系统所研究问题的相关变量和非相关变量的界限，因此在确定成本控制的系统前就需要对汽车制造成本的影响因素进行分析，明确何为相关变量、何为不相关变量。成

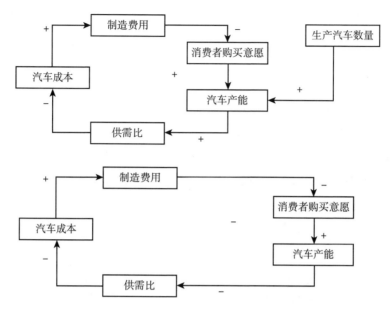

图 5 – 4　汽车供给与需求对制造总成本的影响

本影响因素的系统分析：汽车制造企业群本身就是一个非常复杂庞大的系统，影响汽车生产制造成本的相关变量因素来自国际和国内的各个方面，汽车制造企业的特性决定了其成本控制系统也是非常复杂、开放的。从汽车制造生产出发，可以把影响成本控制的主客观因素划分为五大类：员工素质、原料采购、技术水平、管理能力及政府政策，这五大因素的联动分析有利于汽车制造业成本控制的内在剖析。其一，从员工素质方面考虑。推动汽车制造企业生产运行系统的主体包括基本的生产制造人员和高级管理人员，员工的主观能动性对汽车制造业的系统动力学成本控制有决定性的作用。在汽车制造企业的生产成本控制影响因素中，员工的因素可以分为两大类：一类是直接从事汽车生产制造的基层工人，另一类是从事成本控制工作的高级管理人员。其二，原料采购。汽车制造企业的材料采购成本是影响整车制造成本的重点部分，汽车制造的材料采购成本是采购材料的价格、运输费和材料损耗率共同作用的结果。汽车制造企业的材料价格主要是合同价格和材料运输保险费的加总，若材料价格上升则会导致汽车制造总成本的直线上升，因此汽车制造企业采购部门的管理人员要选择 2 家以上的供应商以在价格波动时可以有备选方案。影响材料成本的另一个重要因素是材料的利用率，如果材料的利用率高则损耗率就小，这时材料成本基本能维持在较低水平。若汽车制造企业存在非常严重的非正常损耗则会造成材料成本耗费上升。其三，技术水平。技术工艺是影响汽车生产制造成本的决定性因素，技术是进行成本控制和整车生产运营的关键，尤其是研发设计环节的汽车材料的选择、方案的运用以及生产的工艺流程等是汽车制造企业进行成本控制的开端。其四，管理能力。对于汽车制造企业而言，企业的管理能力不仅指整个汽车制造企业的综合管理方法以及成本管控的制度，还包括管理人员自身的素质。其五，社会因素。汽车制造企业的社会因素包括消费者对汽车的需求以及政府对于汽车行业的优惠政策等。因此，对汽车制造业生产成本的影响因素进行系统分析，要考虑员工素质、原料采购、工艺水平、成本控制能力及政府优惠政策这五个因素，这是基于全方位地考虑企业内外部环境作出的。同时，汽车制造企业在进行成本管控时识别出相关因素的可控和不可控性也是很有必要的。员工素质、原料采购、技术水平、管理能力及社会因素这五大因素中的前四个是具有可控性的，而社会因素相对于单个汽车制造企业或是整个汽车产业群而言其成本控制均是不可控的，当然政府政策相对其他四大方面而言是一个比较稳定的影响因素。

确定内生变量和外生变量。构建系统动力学基本模型的目的是找到汽车制造业成本控制相关影响因素之间的因果关系并构建因果关系图和流图，根据汽车制造企业生产的成本变动规律模拟汽车制造企业在不同的成本控制条件下，哪些才是影响成本变动的主要因素。对于汽车制造企业的成本边界的划分是把相关变量因素划至系统内部，而把不相关因素划至系统动力学模型的外部。因此将汽车制造企业的成本控制的影响因素排序为系统内部影响因素、系统外生影响因素和可忽略不计的影响因素。其中最为重要的影响因素是系统内部影响因素，又称内生影响因素，即为内生变量，而在系统边界之外的影响因素为可忽略的因素，在作系统动力学分析时不予考虑。

通过系统分析汽车制造企业相关成本影响因素，得出员工素质、原料采购、工艺水平、成本控制能力及政府优惠政策这五个方面均会对成本产生重要影响。如图 5 - 5 所示，相关变量和变量之间的衍生因素也是互相关联的。先将这些因素建立因果关系然后构建方程形成系统模型。因此可以把汽车制造企业的成本动因划分为成本控制的直接影响因素和间接影响因素。直接影响因素主要是指汽车制造企业的直接材料和直接人工的资源消耗,而间接影响因素则是指汽车制造费用的消耗、辅助生产费用的支出和质量问题引起的返工耗费。如果从汽车质量总成本的角度看,依据汽车产品的寿命周期,从研发设计阶段到材料采购环节再到汽车的生产制造阶段,最后到销售费用环节,均会形成汽车制造企业的因果关系系统。

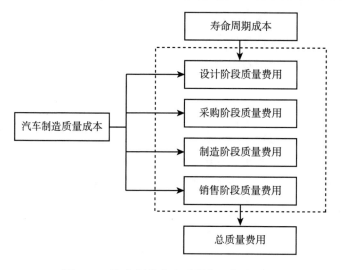

图 5-5　汽车制造企业质量费用构建思路

五、系统动力学的汽车制造业成本控制系统因果反馈图

本章研究的是基于系统动力学的汽车制造业成本控制系统,重点研究的问题是将系统动力学模拟置于不同的成本控制水平下,依据相关成本因素的变动规律,通过模型系统分析找出影响汽车制造业成本控制的主要因素,作为解决汽车制造成本控制问题的关键。因此本章节将从人力资源反馈图、设备资源反馈图和物料资源反馈图来分析汽车制造企业成本控制的相关影响因素的主次。

(一) 人力资源反馈图

图 5-6 的因果反馈图为人力资源正反馈回路。在这个反馈图中,起点

是汽车需求量，当市场对汽车需求量增加时，汽车制造企业必定会加大汽车的生产量，汽车生产量的增加要求汽车制造企业的产能增加，故汽车制造商会扩招员工，但是新员工的引进需要经过汽车制造的熟练员工培训过后才能胜任。汽车制造企业增加的新员工便会扩大汽车的生产量。汽车生产量的增加，即汽车的供应量增加会刺激需求量的增加，由此形成一个人力资源的正回馈因果关系。

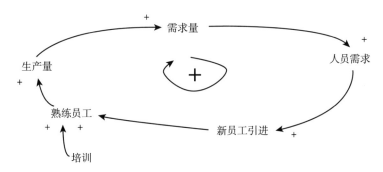

图 5 – 6　人力资源正反馈

（二）设备资源反馈图

图 5 – 7 的因果反馈图为设备资源正反馈图。在这个反馈图中，起点仍然是汽车需求量，当市场对汽车需求量增加时，汽车制造企业必定会加大汽车的生产量，汽车生产量的增加要求汽车制造企业的产能增加，故汽车制造会增加新设备扩大汽车的生产量。汽车生产量的增加，即汽车的供应量增加会刺激需求量的增加，由此形成一个设备资源正反馈图。

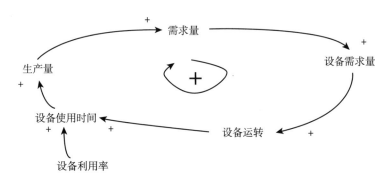

图 5 – 7　设备资源正反馈

图 5-8 的因果反馈图为设备资源负反馈图。在这个反馈图中,起点是汽车需求量,当市场对汽车需求量减少时,汽车制造企业会减少汽车的生产量,汽车生产量的减少导致汽车制造企业的产能需求下降,故汽车制造企业会减少生产设备。

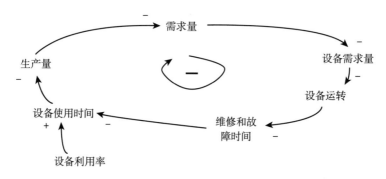

图 5-8　设备资源负反馈

(三) 物料资源反馈图

图 5-9 的因果反馈图为物料资源正反馈图。物料资源反馈图的起点是汽车需求量,当市场对汽车总需求增加时,则汽车制造企业必定会加大汽车的生产量,汽车生产量的增加要求汽车制造企业增加产能,因此汽车制造厂商对汽车制造的原料消耗会增加,汽车生产量的增加形成规模效应,导致单位汽车产品的原料消耗量下降,同时汽车的供应量增加会刺激需求量的增加,由此形成一个物料资源的正回馈因果关系。

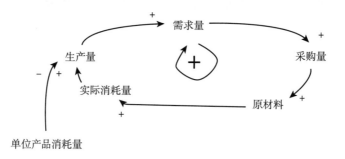

图 5-9　物料资源正反馈

图 5-10 的因果反馈图为物料资源负反馈图。物料资源反馈图的起

点是汽车需求量，当市场对汽车总需求减少时，则汽车制造企业会减少
汽车的生产量，汽车生产量的减少使汽车制造厂商对汽车制造的原料消
耗减少，汽车生产量难以形成规模效应，单位汽车产品的原料消耗量
上升。

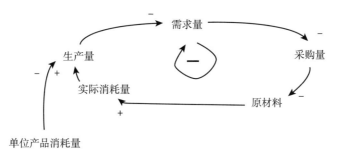

图 5 – 10　物料资源负反馈

六、汽车制造业成本控制模型的建立

如图 5 – 11 所示，汽车制造业成本控制的影响因素包括员工素质、设
备的利用率、原材料的消耗、汽车制造工艺和市场竞争环境，这五大要素

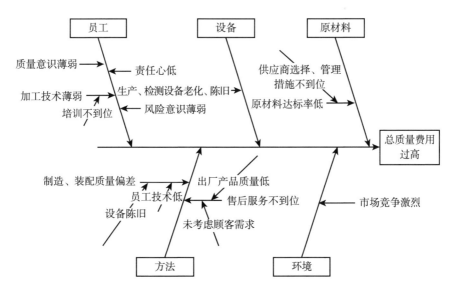

图 5 – 11　影响总质量费用的主要因素

均直接对汽车制造总成本产生影响。如图 5 – 12 所示，员工的质量意识淡薄、对新员工的培训不到位、生产检测设备过于陈旧、对于供应商的选择不恰当、汽车产品的出产质量低、市场竞争激烈引发的价格战等因素均会导致汽车制造企业的成本费用上升，不利于汽车的成本控制。

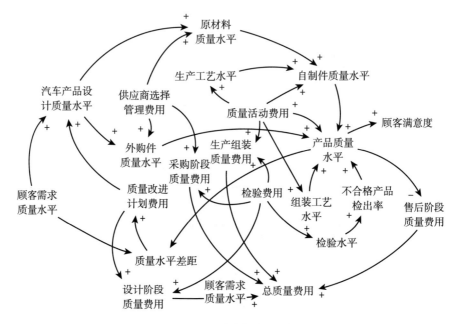

图 5 – 12　总质量费用因果关系

（一）人力资源子系统流图

人力资源子系统流图如图 5 – 13 所示。其中基本方程有：

L 新员工数量 = INTEG（新员工招聘速率 – 新员工晋升率 –

新员工离职率，新员工数量初值）

L 成熟工 = INTEG（新员工晋升率 – 离职率，成熟工数量初值）

A 最大生产量 = 成熟工最大生产量 × 成熟工数量 +

新员工最大生产量 × 新员工数量

A 实际生产量 =（成熟工劳动生产率 × 成熟工数量 +

新员工劳动生产率 × 新员工数量）× 出勤率

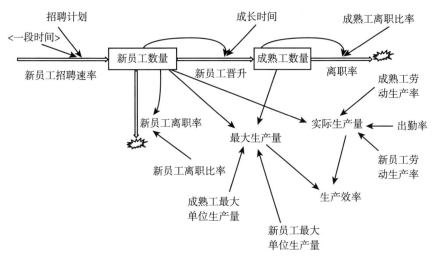

图 5 - 13　人力资源子系统

（二）设备资源子系统流图

设备资源子系统流图如图 5 - 14 所示。其中基本方程有：

L 设备数 = INTEG（设备增长率 - 设备折旧率，设备数初值）

A 作业时间 = 设备数 × 单位设备工作时间

A 实际作业时间 = 作业时间 × 利用率 - 维修时间 - 故障时间

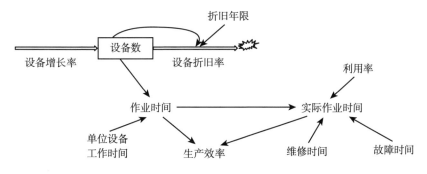

图 5 - 14　设备资源子系统

（三）物料资源子系统流图

物料资源子系统流图如图 5 - 15 所示。其中基本方程有：

L 原材料 = INTEG（采购量增加 - 材料损耗量，原材料初值）

$$L\ 废料 = INTEG(材料损耗量,废料初值)$$
$$A\ 生产量 = 原材料的总耗费/单位产品耗用量$$

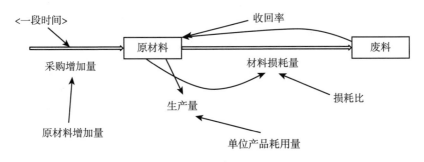

图 5-15　物料资源子系统

（四）物流系统成本子模型

汽车制造企业最主要的物料就是钢铁，钢铁生产成本不仅取决于钢铁的生产量，还包括钢铁的物流运输成本，汽车制造的物料系统成本子模型（见图 5-16）中，从原材料的领用，经过连铸、热轧和冷轧三道工序后形

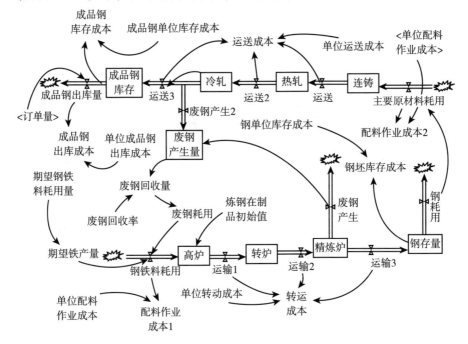

图 5-16　汽车生产过程中物流系统成本子模型

成成品钢，这些加工工序即为汽车制造企业钢铁的生产成本。钢铁的物料运输成本主要指的是原有的配料作业成本和成品钢出库等不同工序流程的物料转运产生的成本。

第二节 基于系统动力学的成本控制模型应用——以比亚迪为例

一、比亚迪公司简介

比亚迪股份有限公司（以下简称比亚迪）于 1995 年成立，总部设在深圳市，并于 2002 年和 2013 年分别在香港和深圳上市。

根据比亚迪官网及年报资料显示，比亚迪在全球的汽车和电池方面技术非常先进，由于其不断地研发，目前比亚迪在电池、电机和电控等生产技术方面排名十分靠前，这也成为比亚迪的特有优势。比亚迪的发展根据其具体的业务情况，可以分为三个阶段（见图 5 - 17）。

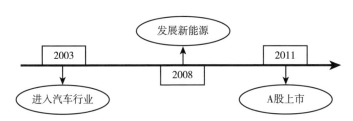

图 5 - 17　比亚迪企业发展变革

第一阶段：1995 ~ 2002 年。这一阶段首先是王传福以 250 万元成立比亚迪，当时仅有 20 名工作人员，而且仅代工生产镍镉充电电池。由于1997 年镍电池发展遭遇"瓶颈"，故转产锂离子电池行业，并依靠其研发能力在该产业遥遥领先。2002 年开始，比亚迪尝试将磷酸铁电池技术向车用化发展，并于同年在香港上市。

第二阶段：2003 ~ 2014 年。由于中国汽车行业未来巨大的发展前景，比亚迪向汽车行业发展，其标志就是收购西安秦川汽车有限责任公司。

2008 年巴菲特看重比亚迪良好的发展前景而对比亚迪进行了投资。随后在 2011 年比亚迪于深圳上市。

第三阶段：2015 年至今。比亚迪于 2015 年起形成 IT、汽车、新能源等三大产业格局。在这一阶段，由于国家政策的实施，比亚迪不断加大开发新能源力度，同时通过积极发展太阳能电站、LED 照明灯等方法来布局新能源产业链。

根据比亚迪第三阶段的业务布局，可以看出其目前有 IT、汽车和新能源等三大产业板块的主营业务。对于 IT 板块，基本是生产二次充电电池等电子产品；对于汽车业务则是生产新能源汽车及与其相关的零部件等；对于新能源板块则是致力于生产太阳能电站、储能电站等。比亚迪的二次充电电池的生产在国内外都比较领先，有很多重要的客户，如华为、三星等公司。比亚迪依据其先进的研发技术，在新能源汽车领域占据着重要位置。目前三大业务板块中的新能源业务是其着重发展的领域，因此，比亚迪会集中较多的资源投入该业务的发展中。

到目前为止，比亚迪已经有四大基地来专门用于生产汽车，通过多年的发展，比亚迪在整车制造、模具研发、车型开发等方面的生产水平都比较领先，其逐渐完善的产业格局也为比亚迪成为中国最具创新的新锐品牌作出了贡献。

（一）比亚迪企业业务范围

比亚迪的业务包括二次充电电池及光伏业务、手机部件、组装业务及新能源汽车业务，比亚迪生产的镍电池和锂电池在各种数码相机和手机等产品中被较多使用。其于 2003 年开始制造汽车，较有代表性的车型有高端 SUV 车型 S6、纯电动汽车 E6 等。

（二）比亚迪公司新能源汽车发展现状

根据比亚迪的财报可知，比亚迪的新能源汽车业务在 2014 年以前发展较为缓慢，在 2015 年和 2016 年发展较快。因此，根据发展的速度，将 2015~2016 年视为该业务的高速发展期，将 2014 年以前作为该业务的引入期。

根据表 5 - 1 可以看出，比亚迪新能源汽车业务的份额在我国整个行业中占有 25% 左右的份额，比重较大，自然也就可以看出比亚迪在该行业中的领头羊地位。近几年，比亚迪在该行业的竞争力虽然出于种种原因未得到明显加强，但这并没有影响到比亚迪新能源汽车业务销量的领先地位。

表 5 - 1 　　　　　　　　　　　新能源汽车相关销量统计

指标	2014 年	2015 年	2016 年	2017 年	2018 年
比亚迪新能源汽车销量（辆）	18800	58000	96000	110000	227152
全国新能源汽车销量（辆）	74763	331092	507000	777000	1256000
比亚迪市场份额（%）	25	18	19	14	18

资料来源：比亚迪 2014 ~ 2018 年年报。

二、比亚迪的成本控制概况

由表 5 - 2 可知，在比亚迪 2015 ~ 2018 年 7 项成本费用的占比中，有 1 项指标（原材料费用）数值接近其他 6 项指标数值之和的 2 倍并超过了总成本的 50%，可见原材料费用在比亚迪公司成本中占有主导作用，影响着比亚迪公司成本的总趋势。其中制造费用占比在 18%~21% 之间；劳动力成本和研发成本几乎一致，它们之和占比在 16% 左右。可以得出在比亚迪的成本结构中，首先是生产阶段所发生的成本耗用最大，其次是劳动力和研发成本。

表 5 - 2 　　　　　　　　　　比亚迪 2015 ~ 2018 年成本分配

指标	2015 年	2016 年	2017 年	2018 年
劳动力成本（百万元）	14.14	17.15	22.56	27.52
研发成本（百万元）	13.4	15.5	16.1	16.9
制造费用（百万元）	34.34	41.65	47.91	58.48
原材料费用（百万元）	111	129	141	172
原材料利用率（%）	76.80	77.40	77.90	79.80
运营成本（百万元）	5.20	7.00	8.06	8.20
期间费用（百万元）	5.23	8.03	8.09	8.21
环境成本（百万元）	1.72	1.67	1.65	1.59
成本费用总额（百万元）	182	220	245.4	292.4

资料来源：比亚迪 2015 ~ 2018 年年报。

平均每年各项成本费用占总成本的比例如图 5 – 18 所示。

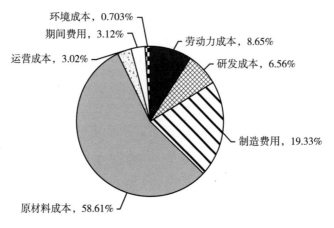

图 5 – 18　比亚迪 2015 ~ 2018 年各项成本占成本总额比例

资料来源：比亚迪 2015 ~ 2018 年年报。

比亚迪成本占比主要由研发成本、生产阶段成本、期间费用及劳动力成本构成，接下来将从以上 4 个指标来对比亚迪 2015 ~ 2018 年的成本控制现状并进行分析。

（一）比亚迪研发成本控制现状

比亚迪每年的研发成本都会上升，研发成本之所以出现上升，主要原因在于早期比亚迪没有很好的生产制造技术，大多数的技术需要从国外引进，如汽车的设计图、生产零件以及技术性人才等。每年的研发成本上升使比亚迪管理者认识到必须拥有自己的核心技术和生产的竞争力，为此比亚迪加强了自主研发的成本，比如专门开设了公司内部的研发中心用来负责核心产品的研发。在这个过程中，比亚迪对研发中心设计的方案进行严格的审批和监管，以便明确目标和任务，另外也可以发现自身的不足之处，不断进行完善。从图 5 – 19 中比亚迪 4 年来的研发成本费用来看，成本的趋势逐渐趋于一个平缓的状态，2016 ~ 2018 年从 15.5 百万元到 16.9 百万元，涨幅为 1.4 百万元，其研发成本涨幅程度低于 2014 ~ 2015 年的幅度，但是依然呈上升的趋势。

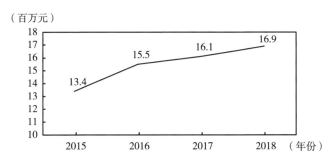

图 5 - 19　比亚迪 2015 ~ 2018 年研发成本
资料来源：比亚迪 2015 ~ 2018 年年报。

（二）比亚迪生产阶段成本控制现状

比亚迪在生产阶段的成本是成本结构中占比最大的部分，主要由制造费用和原材料构成，其中原材料在整个成本中占比超过了 50%。比亚迪在生产中许多原材料需要从国外引进，导致汽车原材料的零部件成本总额约占产品售价的 55%，原材料的成本极大地影响着比亚迪总体生产成本控制的有效性。

比亚迪在生产阶段的成本控制中作出了一些具体的方案：第一，比亚迪在价格上再三考虑，通过对每个供应商、原材料材质及其报价由公司的财务部门和审计部门审核，选择最优方案；第二，原材料是生产成本的重中之重，比亚迪对关键的原材料会进行跟踪处理，无论是采购还是供应商的选择都会进行实地考核，并与供应商签订合作关系，便于长期的供应；第三，在制造费用方面，主要在于原料及员工的合理分配并且采用定额定量的方法，每个月初建立目标成本，月底财务部门统计各个车间的材料耗用情况并与预期目标进行对比，对员工实行业绩考核制度。

由图 5 - 20 可知，比亚迪在 2015 ~ 2018 年的生产成本一直处于上升阶段并且增速较快，整体增长幅度为 58.58%，特别是在 2016 ~ 2017 年增长速度达到了 21.99%，主要是因为在 2016 ~ 2017 年比亚迪使用的原材料市场价格突然上升，但是明显可以看出制造费用的增长幅度相对于生产成本而言处于平缓。因此，比亚迪有必要采取一定的措施来对生产成本进行有效的控制。

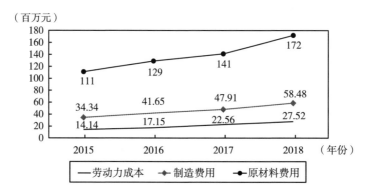

图 5 – 20　比亚迪 2015～2018 年生产成本

资料来源：比亚迪 2015～2018 年年报。

（三）比亚迪期间费用控制现状

企业的利润不仅取决于生产成本和制造费用，企业的期间费用也会对企业的利润产生一定的影响，也是成本控制中的一个重要组成部分，所以比亚迪对期间费用的控制也采取了一定的措施。主要体现在：首先，比亚迪为了降低运输费用支出和运输过程中造成的额外损失，积极地选择一些低成本的运输工具并合理地选择最佳路线；其次，为了避免顾客在购买产品后出现退货和报废现象，比亚迪进行了大量的市场调研，用以了解经销商和顾客的需求，从而掌握市场的需求变化，作出经营决策和预算管理；最后，对于购买产品的顾客进行详细的信用登记，便于筛选信誉高的顾客从而为顾客制订详细可行的购买方案。

由图 5 – 21 可知，比亚迪在 2015～2018 年的费用相对于生产成本和制造费用而言占比较小，但还是呈现上升的趋势。每年的期间费用额度是不稳定的，销售费用 2018 年前高于管理费用，在 2017 年达到最高，2018 年又与管理费用几乎一致。财务费用一直比销售费用和管理费用低，和管理费用一样相对比较稳定。

（四）比亚迪劳动力成本控制现状

劳动力成本对于比亚迪总成本而言也有一定的影响。比亚迪为了控制

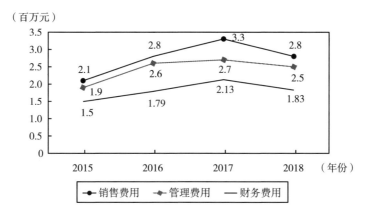

图 5-21　比亚迪 2015~2018 年期间费用

资料来源：比亚迪 2015~2018 年年报。

劳动力成本给总成本带来的影响，进行了产品技术改善，应用新的技术理念，采用新的原材料来加强产品的技术含量以及节约人工的劳动力成本等。公司专门聘请技术专家并组织员工学习新技术。引用先进的设备并学习使用方法都是为了能够提高员工的工作效率，缩短产品的生产时间。同时，比亚迪还对人事管理进行了制度改革，打破了原先的用人制度，以"肯干、能干、干好"的理念原则要求员工之间有效地竞争，采取优胜劣汰制度，鼓励企业员工积极向上，从而提高员工的工作积极性和工作热情。

由图 5-22 可知，2016~2018 年比亚迪劳动力成本上涨的幅度相对于2015~2016 年来说较大，增长率也在不断加快。所以，比亚迪在对生产总成本进行控制时，对劳动力成本也给予了足够的重视。

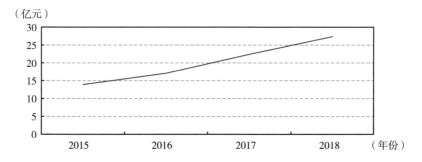

图 5-22　比亚迪 2015~2018 年劳动力成本

资料来源：比亚迪 2015~2018 年年报。

三、比亚迪系统模型仿真假设及参数设置

（一）系统模型仿真假设

模型是在一个适当的时间限制范围内进行确定和描述的结果。在建立模型时应对所要研究的问题给出详尽的说明。假设必须是动态的，它是以内在反馈和系统存量流量图的形式表现出来的。另外，随着建模过程和现实学习过程的变化，模拟假设会随之变化，因此需在模拟仿真前对模型进行假设。

假设1：不考虑资源的成本价格。

假设2：不考虑物料资源采购的订货时间延迟。

假设3：生产的产品归为一种，对多元化产品进行简化处理。

假设4：员工培训期的长短对最终培养结果不产生影响。

假设5：企业生产过程中不考虑作业方法对生产效率的影响。

假设6：为了简化模型，不考虑原材料出现库存情况。

假设7：以2014年数据资料为模拟初始值，模拟期间为2014～2018年。

（二）系统动力学模型参数设置

系统模型建立首先要完成的工作是对系统结构的确定。在人力资源、设备资源和物料资源的模型建成之后，并不意味着建模工作结束，在正式对模型进行仿真之前，还需要对模型中的方程式所涉及的参数进行确定，这些参数包括常量、状态变量、表函数和辅助变量。

本章通过对比亚迪汽车制造企业产品生产线相关资源进行统计分析，对各子系统参数的确定主要通过以下途径实现。

1. 全方位搜集相关变量的数据资料

通过对企业颁布的可持续发展系列报告、企业新闻讯息和相关行业信息的分析收集数据，并根据制造业的背景和相关专业知识，综合运用统计学、会计学和其他数据处理方法对数据进行合理估计。

2. 模拟试验分析

有些参数不能从企业中直接获得或者关系到企业的机密，但是在模拟

时又必须用到参数的值，可以通过模拟试验来确定参数的变化范围，然后在此变化范围内通过模型调试对参数进行粗略的调试，直到试验的参数达到模型仿真要求时，即可将此参数设置为该项参数的值。

3. 运用软件本身所具有的功能处理数据

Vensim 软件中表函数功能可以将变量之间的非线性关系通过列表和图形的方式表示出来，充分体现了系统动力学方法将定性和定量分析相结合的特点。在运用表函数功能时，可以将这些非线性关系的数据直接输入框中，也可以点击图形框中的点，自动构成图形，并用图形的斜率表述其变化情况，如表 5 – 3 所示。

表 5 – 3   常数参数的设置

主要常量	单位	参数值
成长时间	年	1
出勤率	Dmnl	0.85
成熟工劳动生产率	台/(人·年)	110
新员工劳动生产率	台/(人·年)	80
新员工离职比率	Dmnl	0.3
成熟工离职比率	Dmnl	0.1
设备增长率	台/年	2
设备利用率	Dmnl	0.8
折旧年限	年	10
单位设备工作时间	小时/台	4000
维修时间	小时	300
故障时间	小时	500
回收率	Dmnl	0.1
损耗比	Dmnl	0.03
单位产品耗用量	吨/台	0.52

成长时间：企业对新引进的员工进行为期 1 年的培训，才能使其技能水平达到成熟工的水平。

出勤率：根据企业近一年来每月出勤情况求得出勤率为 0.85，并将其设置为此参数的值。

成熟工劳动生产率：根据企业成熟员工的生产速度计算得出一年内每人的生产量为 110 台。

新员工劳动生产率：根据企业新员工一年内的总生产量和新员工人数求得新员工的生产量为 80 台。

新员工离职比率：新员工因为技术不熟练、能力不足而面临解雇，或者因对这项工作不感兴趣而自行辞职，其辞职率会比成熟员工高，为 0.3。

成熟工离职比率：根据企业成熟员工离职情况得出其值为 0.1。

设备增长率：企业生产部门根据每年的客户订购量和设备现有生产能力增加设备，根据实际情况得出每年企业会增加 2 台设备。

设备利用率：企业对设备的使用率会因员工出勤率和设备运作情况而变，根据企业一年内设备使用台数和实际拥有台数可得使用率为 0.8。

折旧年限：根据设备的使用寿命而定，设备的平均使用寿命为 10 年。

单位设备工作时间：根据企业一年中设备实际工作天数 250 天和每天两班倒的情况，得到设备一年的工作时间为 4000 小时。

维修时间和故障时间：根据企业设备管理部门的相关数据得出一年中对设备的维修时间为 300 小时，因设备突发情况而导致停工的故障时间为 500 小时。

回收率：对于废料和呆料，企业采用回收再利用措施，回收率达到 0.1。

损耗比：在生产产品时，总会有一部分原材料因仓储、生产工具或员工因素而产生损耗，材料损耗比为 0.03。

单位产品耗用量：企业生产线生产一件产品所需要的原材料为 0.52 吨。

初始值设置见表 5 - 4。

表 5 - 4　　　　　　　　　　初始值设置

变量名称	单位	初始值
新员工数量	人	10
成熟工	人	100
设备数	台	10
原材料	吨	1000
废料	吨	20

表函数的设置：表函数通常是对某一变量发生变化而引起另一变量变化的描述，可以形象地反映两变量之间的非线性关系。在 3 个子系统中，插入了表函数，分别存在于人力资源子系统和物料资源子系统中。

4. 模型时间参数设置

Vensim 模型的时间设定包括时间起点（INITIAL TIME）、时间终点（FINAL TIME）和时间步长（TIME STEP），每次建立新模型时，都要进行相关的设置及定义。当这些时间参数被设定好后，系统就直接将这些数据作为系统模型的内部变量，而且在方程中以常量的形式反映出来（见图 5 - 23）。本章所建立的模型中时间为 52 周，即模拟一年的时间，计算步长为 0.5，单位为周，即每周存储一次结果。

（01）FINAL TIME = 52　　　　　　　　Units：Week

The final time for the simulation.

（02）INITIAL TIME = 0　　　　　　　　Units：Week

The initial time for the simulation.

（03）SAVEPER = TIME STEP　　　　　　Units：Week

The frequency with which output is stored.

（04）TIME STEP = 0.5　　　　　　　　Units：Week

The time step for the simulation.

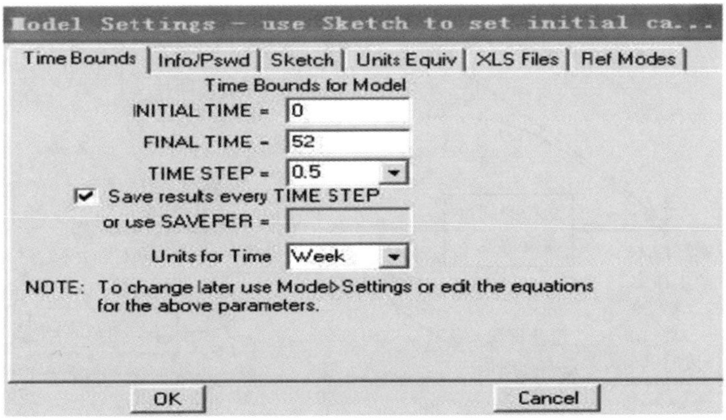

图 5 - 23　Vensim 时间参数的设定

（三）模型相关问题说明

在第四章的基础上，根据比亚迪股份有限公司的基本情况建立汽车制造业系统动力学模型流图。汽车生产的风险包括自然风险、技术风险和组织生产风险。比亚迪股份有限公司的系统成本控制包括工人专业素质、生产技术管理水平、团队成员素质和材料损耗偏差等。图 5 - 24 是比亚迪成本控制系统动力学流图的简化，先建立汽车制造总成本和工人专业素质、生产技术管理水平、团队成员素质和材料损耗偏差的因果关系图，然后将汽车制造的人工成本、材料价格和实际资源的使用率提取出来，将影响比亚迪股份有限公司成本的最直接因素生产工艺和质量成本返工率提取出来，以形成简化的企业制造业成本管控系统动力学模型。

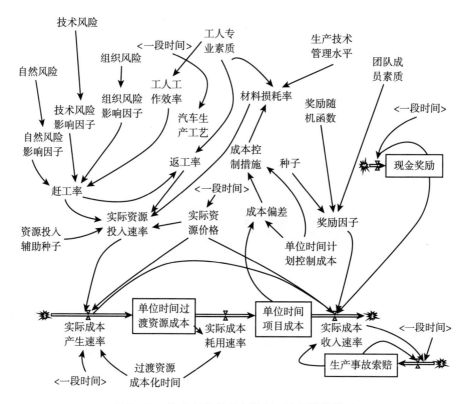

图 5 - 24　汽车制造业成本控制系统的简化模型

四、成本控制动态系统的 SD 模型构建

(一) 人力资源子系统仿真

人力资源子系统模型虽然比较简单,但是却将影响员工生产效率的因素表示了出来。根据企业产品生产线的人员增长情况,表明不同员工数、一定的出勤率、成长时间和现阶段员工劳动生产率情况下的生产量。

1. 员工数量的发展趋势分析

从图 5–25 可以看出新员工数量变化趋势。新员工数量在 2015 年达到最高,而后新员工数量开始下降。2013~2015 年,新员工数量增多,这主要是因为在这几年中的招聘人数较多,使得新员工数量大幅度增加。2015~2016 年,新员工数量有所下降,这主要是由于 2015 年新员工数量较多,期间新员工离职 24 人,新员工晋升 82 人,而招聘的新员工仅 85 人,引起新员工的晋升速率与离职率之和高于新员工招聘速率,最终出现了新员工数量下降的现象。2015~2018 年的新员工数量下降也是由于新员工晋升率与离职率之和大于新员工的招聘速率。

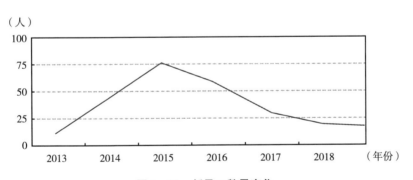

图 5–25   新员工数量变化

资料来源:比亚迪 2013~2018 年年报。

从图 5–26 可以看出成熟工的数量逐年上升。2014~2015 年增长量为零,主要是由于新员工晋升速率和成熟工离职率相等。到 2015 年初新员工数量有所增加,在 2015~2016 年随着新员工数量的增加,员工晋升率提高,从而刺激成熟员工数量增加,而 2016~2017 年,成熟工增长数量逐年

减少是由于随后两年新员工数量减少，使得在这两年中新员工晋升率大于成熟工离职率，而与成熟工离职率差值逐渐减小，形成了成熟工数量增加，但成熟工增量减少。2017～2018 年成熟工数量基本保持不变，但实际上 2017 年成熟工数量比 2018 年多 1 人，这主要是由于新员工晋升速率和成熟工离职率差值为 -1 所决定的。

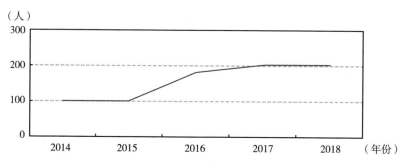

图 5 - 26　成熟工数量变化
资料来源：比亚迪 2014～2018 年年报。

2. 实际生产量的发展趋势

企业投入一定量的人力资源时，无论是新员工还是成熟工都存在最大的单位生产量，人力资源所能创造的最大生产量是固定不变的，而在实际生产中，新员工和成熟工的单位生产量低于最大的单位生产量，实际的生产量就可以表示人力资源生产效率情况。成熟工的数量保持不变，而新员工数量猛增，引起实际生产量的变化。而后新员工数量逐渐减少，成熟工数量增加，实际生产量增加。由此可见，企业中成熟员工较多时，实际生产量会比较高。因此，越快将新员工培养成成熟工，越能提高企业的人力资源效率。

（二）设备资源子系统仿真

如今制造业竞争激烈，企业所拥有的设备越多，设备有效运作时间越长，就越能够提高设备资源的利用程度，改善企业的生产效率。况且企业添加一台设备所占用的成本较高，充分合理地利用设备资源可以有效提高生产量，改善生产效率。企业以 2014 年相关数据预测出未来 5 年设备资源生产效率的变化情况（见图 5 - 27）。从图中可以看出，年企业设备数量逐年增加，随着设备数量的增加，企业的生产效率发生缓慢的变化。生产效率发生变化是由于设备在生产过程中肯定会因设备本身的情况而产生维修时间和故障时间，维修时间和故障时间在作业时间中所占的比重越小，设备的生产效率就越高。

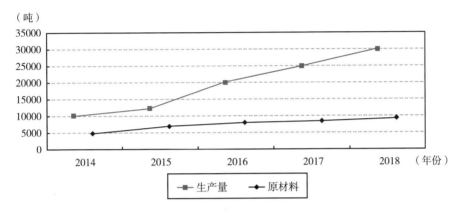

图5-27 设备生产效率变化

资料来源：比亚迪2014~2018年年报。

（三）物料资源子系统仿真

物料资源是比亚迪股份有限公司生产线完成生产任务的必需资源，不同数量的物料投入所生产的产品数不同。如图5-28所示，在单位产品消耗量和损耗比固定的情况下，生产量随原材料数量的增加而增加。

图5-28 物料资源生产量变化

资料来源：比亚迪2014~2018年年报。

五、比亚迪的 SD 模型检验及结果分析

（一）模拟相关问题说明

比亚迪汽车制造的系统动力学成本控制模型是对第四章粤港澳大湾区汽车制造业成本管控系统动力学模型的简化。比亚迪的系统模型并没有像第四章构建的基本模型一样包括人工、政策、技术、管理和采购五大方面的所有因素，而是只选择与比亚迪股份有限公司的汽车制造密切相关的影响因素构建因果关系图、建立系统方程之后进行模拟，分析其结果。因此本章只是构建一个相对准确的模型，该模型分析出的结果与实际情况具有一致性，对其他汽车制造企业的成本控制系统模型建立具有一定的借鉴意义。

（二）模拟结果分析

基于系统动力学的汽车制造业成本控制系统模拟结果分析，主要是用于仿真汽车制造成本相关影响因素的变化行为，本章建立的比亚迪成本控制系统动力学模型并没有包含所有的相关参数，并且很多系数是在假设变化不大的基础上进行的。例如，假设比亚迪的返工率和实际资源的耗用率是不变的，并没有对出现变化的情况进行过多的讨论。本章选取了比亚迪股份有限公司作为应用实例，并依据相关资料对模型中的相关变量取值及计算进行了估计，在此基础上建立汽车制造业成本控制模型的变量方程式。

在模拟软件 Vensim 中建立比亚迪汽车制造的系统动力学成本控制模型，对方程参数和变量进行赋值并输入系统模型中，进行仿真检验。通过后进行模拟得出的结果如图 5 - 29 所示。

将比亚迪股份有限公司的所有实际数据输入比亚迪股份有限公司的成本控制系统动力学模型仿真中分析其结果（见图 5 - 30），通过不断变化赋值找出汽车制造成本控制的主要变量，比较仿真结果与实际情况的偏差，分析出产生成本支出偏差的原因。

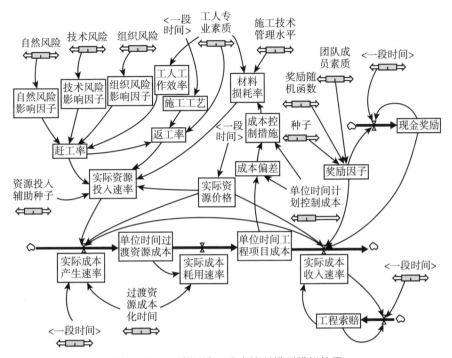

图 5 – 29　汽车制造业成本控制模型模拟结果

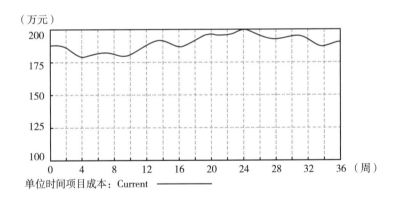

图 5 – 30　单位时间成本仿真结果

图 5 – 31 是比亚迪汽车制造企业的单位时间成本的动态变动情况。从仿真结果中可以看出存在较大的成本偏差，因为标准的单位时间成本为 180 万元，从仿真图看，实际成本虽然是围绕着标准成本波动，但波动的幅度过大，偏差过于明显。主要表现为出现过多的超支差。图 5 – 32 的单位时间成本偏差中波动偏差更为明显。依据图 5 – 31 和图 5 – 32，可以得

出比亚迪汽车制造的实际成本在前 12 个星期普遍低于预算成本,这也在一定程度上反映了所建立的比亚迪汽车制造成本控制模型是非常接近实际情况的,且花费的成本较低。所以从系统整体的结果分析来看,汽车制造成本很可能是受到员工工作效率、成本管控水平和技术工艺的影响。只要其中一个因素发生变化,必然导致汽车制造总成本发生重大变化,如果能对这些因素进行提前预测分析,并作出相应的应对措施,将会对汽车制造企业的成本控制起到一定的控制作用。

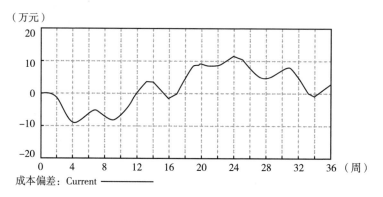

图 5-31　单位时间成本偏差仿真结果

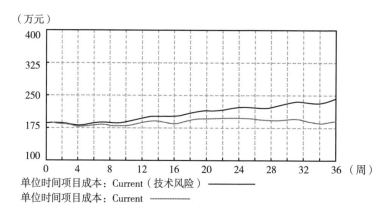

图 5-32　技术风险对成本变动行为的影响

从以上各种比较分析中可以看出,汽车制造成本控制系统动力学模型在技术风险变动和工人专业素质普遍提高的情况下的变动模拟,可以直观地通过图形呈现出来。通过模型测试仿真结果找到影响汽车制造生产成本的主要因素为工人专业素质普遍提高,如图 5-33 所示,验证了基于系统动力学的汽车制造业成本控制的仿真结果具有实际可操作性，可以运用该模型对成本控制进行预测分析。系统动力学仿真模型能系统地模拟企业面临的实际情况，如果单一地改变一个或某几个参数的赋值，其系统模型依然能作出合理的解释，比如将组织风险从原来的赋值0.3变成0.2，或者在技术风险和组织风险的赋值都减少0.5，本书所构建的汽车制造业成本控制系统动力学模型依然有用。

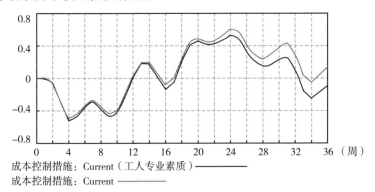

成本控制措施：Current（工人专业素质）————
成本控制措施：Current ————

图5-33　工人专业素质提高汽车制造业成本变动模拟

第三节　对策建议

一、比亚迪股份有限公司成本控制对策

前面主要将比亚迪股份有限公司的成本控制系统应用到构建的系统动力学模型中，系统模型结果反映出的影响汽车生产的因素有很多，通过系统分析只能根据各个因素的因果关系图和流图对模型进行分析。从比亚迪汽车制造成本控制的系统动力学系统模拟分析中，可以得出应对汽车制造业的成本控制对策。

（一）人力资源效率化

不断优化公司员工工作场地的设置、照顾员工的个人感受、加强人文关怀，对于间接提升员工工作积极性、出勤率、主动性都具有非常积极的效果，而非粗暴的"一刀切"，仅仅依靠强硬的制度来约束员工的行为。一个优美、舒适的工作环境可以提升工作人员的工作心情，进而提升工作效率，加快工作的开展，提升企业的运营效率。所以，要加强对这些方面的建设。首先可以从生产车间开始，将生产场地的各项布局进行精心设计，调整不同工位的光线射入、新鲜空气的流动，使不同的工作岗位都能有一定的个人活动空间，一方面既有助于缓解工作疲劳，另一方面又可以减少工作程序受到外界因素的影响。另外，企业也要不定期开展一些活动，促进不同工位员工的交流与沟通，在缓解工作上枯燥的同时也可以互相交流，进而提升工作能力。同时公司还应开展一些主题活动竞赛，比如"技术小能手争霸赛""月度出勤我最行排行榜"等活动，来促使员工不断提升自身技术水平、提高工作的积极性。最终，公司员工的技术得到加强、出勤率得到提高，员工工作的良好心态也会逐步形成，这对于企业的经营具有非常积极的作用。出勤率对生产效率的影响见表 5 - 5。

表 5 - 5   出勤率与生产效率改善

出勤率	生产效率					
	2013 年	2014 年	2015 年	2016 年	2017 年	2018 年
0.85	0.6308	0.599	0.617	0.627	0.6313	0.6318
0.9	0.6679	0.6352	0.653	0.664	0.668	0.669

资料来源：比亚迪 2013 ~ 2018 年年报。

为了提高员工的上进心，公司可以采取相关激励制度。为了使得公司员工在工作上更加努力、积极进取，可以设置一些专门的激励措施，根据员工对于公司的贡献，在基本工资的基础上，对于工作努力、工作成果突出、绩效考核优秀的员工进行嘉奖，让员工感受到对其工作的认可，获得付出与回报的满足感。在相关制度的设立上，既要在物质上奖励，又要在精神层面激励，在使员工生活上得到改善的同时，心理上也能感受到公司的认可与鼓励，激发其工作荣誉感及成就感。在激励奖励措施层面，要注意区分不同的层次，对于员工作出贡献的高低，进行相匹配的奖励措施。为了使奖励更加公平合理，公司需要加强对于考核制度的建设，对于工作绩效做到公平客观评价。另外，也要加强公司员工对于公司制度的理解与支持，引导员工树立正确的竞争心态，面对奖励做到不骄不躁并再接再厉，努力工作。公司在出台相关奖励标准时，可以酌情提高标准，这可以促使员工不断实现自我超越，更加积极努力工作，使员工更有自豪感。同时，公司在奖励员工时，也要注意时间点，在相关绩效考核结束后，只有及时奖励相关优秀员工，才能加强他们对于工作与奖励的正确认知，并加强这二者间的联系，使员工更加重视自我的业绩表现。

比亚迪股份有限公司提升成本控制水平的一个重要途径是招聘高素质的管理人才。高素质人才自身的学习和接受能力很强，员工的培训时间可以明显缩短，公司可以节约员工培训成本。一般而言，汽车生产制造经验丰富的员工会比没有经验的新员工的生产效率高，员工的成长速度与汽车制造的生产效率成正比。比亚迪可以加强对汽车制造企业员工的标准化作业培训，对员工培训过程进行监督、检查和修正，剔除无效动素，强化标准作业，提高员工对作业动作的熟练度。

（二）设备资源效率化

汽车制造企业生产阶段所需要的设备投资大，通常趋于自动化，如果企业要提高设备的有效性，应该根据企业发生订单数额的变化来合理安排设备和生产任务。企业在安排生产任务时，首先应该了解设备的特性，如适用的范围、折旧时间、性能等，然后追踪生产的进度并根据需要进行调整；其次要合理安排设备的投入时间，避免设备出现闲置，提高设备的有效性；最后要注意设备的承受能力，规范操作，防止设备超负荷工作。

设备操作人员的胜任能力也是影响成本控制的另一重要因素。企业在配置设备操作人员时，首先要对人员进行定期培训，尤其是要增强员工对设备结构、性能、生产条件、维修方法等的了解，并对员工进行设备常见故障和安全操作规程的培训。缩短维修时间和故障时间，构建良好的工作环境。企业应确保设备周围环境的整齐、清洁；根据设备自身的结构、性能、精度等特点，装置防潮、防尘、防震等防护装置；配备相关的检测、控制、分析仪表和安全保护装置。做好设备维护工作。在日常维护中，要求操作人员在工作前对设备进行全方位的检查，按规定对设备进行加油润滑；工作时严格按操作规章维护、使用设备，随时关注设备运转情况；下班后应对设备进行认真清扫擦拭，并在交接笔记本上做好设备状况的记

录。另外，在维修人员的配合下，操作人员定期对设备进行维护。

（三）物料资源效率化

加强管理力度，减少物料损耗。物料的损耗贯穿于整个生产过程（见图 5-34），从原材料的入库、仓储、投产到成品都存在物料损耗。企业应减少物料损耗，实现物料的有效利用。

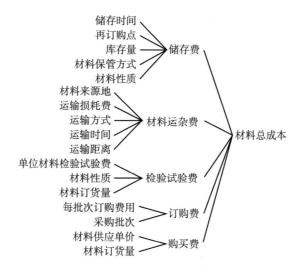

图 5-34　材料总成本原因树状图

入库前，企业应对各供应商供应的物料进行验收，选择物料合格率高的供应商；物料运输过程中，为确保物料的安全，应增加保护装置；与运输方协商大型物料尽可能直接运送到使用地点；对运输设备进行检查，确保运输设备平坦、整洁；对搬运人员进行专业培训，严格按照搬运要求作业。

入库过程中，应采用合适的物料搬运方式，选用对物料损耗程度较低的工具进行搬运；采用合理的堆砌方法进行存放。

入库后，员工应控制好仓库环境的整洁、湿度、光照和温度；制定先进先出的物料进出原则；将物料按照原材料、半成品、呆废料进行区域划分；制订突发自然灾害应急处理方案，降低其对物料的影响程度；按照物料特性和保管要求，制定保管措施；严格执行仓库安全管理规章制度，定期检查各项安全保卫工作。加工制造时，将物料置于相对安全的位置；使用与物料特性相符合的搬运工具和器皿，减少物料损耗；运用运筹学知识选择最优化的裁料方法；规范员工取舍物料的动作。

（四）与上游供应商合作，提高废料回收率

比亚迪股份有限公司加强与供应商的合作，有利于保障汽车原料的供应和采购价格的稳定。在公司整个生产环节的各个阶段，产生的加工废料有些具有再次利用价值，并非直接报废无法使用。比亚迪应该在各方面加强管理，并与对加工废料有收购意愿的上游合作商进行洽谈，合理地创造换取加工所需物资的新渠道。同时，将另一部分可以直接利用的废料，投入循环生产有实用价值的周边产品、相关辅助工具中，在改善资源重新利用的同时，为公司创造更多价值。

二、粤港澳大湾区汽车制造业成本控制的对策和建议

（一）基于 SD 模型的成本控制

粤港澳大湾区的骨干产业主要是有关汽车制造方面的产业，在大湾区集聚效应影响下，发展前景尤为可观。随着广东汽车产销量越来越高，具有一定规模的汽车制造企业也越来越多。从广东省汽车行业协会公布的报表来看，广东地区有关汽车制造方面的企业由 2013 年的 574 家提高到 2018 年的 833 家，增量为 259 家，完成增加值 1859.7 亿元，与同时期相比增长了 7.4%，增长幅度比全省规模以上工业平均水平还高 1.2 个百分点。在汽车生产行业，珠三角 9 市集聚了包括广汽乘用车、广本、广丰、东风日产、比亚迪等众所周知的整车厂商，形成了深圳、广州、佛山 3 个整车制造产业集群。当下，大湾区的企业中较多的还是中小企业，迫切需要现代供应链整合这些销量相对小但种类多的产品或服务累积的市场。从 2018 年的报表可以看出，广东地区民营中小企业占整个地区各类市场主体的比例超过 90%，大约有 1000 家。而大湾区许多中小民营企业大部分还是重视中小型制造工艺，会把更多的人力、物力投入到技术、专业度、服务中去，其单兵作战的采购周期很长、采购方式并不灵活，流程冗杂，增加了交易成本。采购流程工作内容大致涉及订单、供应、储藏、统计核算、质检、生产、销售、运输等，这些工作内容如果分由各个不同部门去完成，

由于缺乏整体统筹规划，且手续复杂烦琐，工作效率不高；特别是对走俏的原材料，还是主张企业提前制订采购计划，尽可能地囤积原材料，否则会使企业的采购成本增加，由此汽车的成本投入和销售价格也会相应增加，导致汽车在市场上的竞争力弱化。

粤港澳大湾区的汽车质量水平最终是受汽车总质量费用影响的，而产品的质量水平又会被许多其他方面的因素影响，比如原材料和外购件的生产质量、制造设备的加工水平、生产人员的加工工艺水平等，本书基于系统动力学方法的原理，合理分析汽车成品在采购、生产组装、销售及售后等环节中是如何产生各种质量费用的，通过 Vensim 建立了总质量费用系统动力学模型，同时使用定性与定量的分析方式来展现总质量费用的形成过程和其各子系统间的相互联系。依据比亚迪的一些基础情况，简单地建立一般 SD 模型，并根据 SD 模型计算出的位于模型边界上的点和模型中存在的主要变量对需要作出分析的实际情况进行研究，然后利用一些专业的手段去获取与之相关的资料，对这些资料整合分析后，通过分析结果和相关文献的研究，根据各变量之间的联系建立可以模拟模型的表达方程，再利用实际数值对之前建立的模型进行赋值（见图 5－35）。

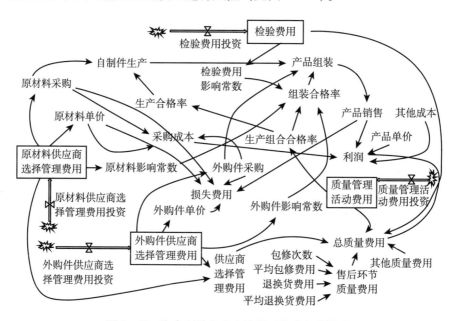

图 5－35　汽车制造业成本控制系统动力学模型

由以上模型可知，把构成的模型表达式和临界值的赋值代入到模型的Vensim 中，在对模型进行相关检验并且确定无误差以后，利用得到的模型仿真。通过生产单位产品平均消耗的费用以及预算与实际之间成本偏差的仿真结果可以看出，其变动大致符合实际情况。此处的仿真结果只是一个预测分析，最终的结果还是要根据成本的变动情况再对汽车制造行业的具体成本进行相关分析，通过模型的仿真分析找出影响成本变动的关键点，再针对这些关键点找出相应的应对措施。其一，在行业内部，建立行业的信息化公开，积极引入系统动力学软件——Vensim PLE，将企业的整个生产过程合理地联系起来，将逐个分散的工作点相互连接，贯穿全程，提高信息传递的效率并正确完整地传递数据。分析所有数据之间的联系，可以保证更多资源合理配置。网络科技的发展与普及对众多原有产业产生了重大影响，在汽车零部件行业，"互联网＋零部件"越来越为大众熟悉。汽车零部件企业应该努力发展网络销售和实体销售相结合的方式。在网络销售平台上，销售方能更及时地知道购买方的需求和偏好及售后反馈，能更好地适应市场，完成产品的创新，提早占领市场，也便于与客户联系，了解客户情况，提高企业信用度。运用系统动力学，把系统动力学应用于汽车制造业成本控制中，统筹分析企业内外部的优劣势，尽量扬长避短，利用自身优势，克服不利于自己的劣势，在市场中提早占据有利位置，凸显自身的优势并扩大这种优势，展现自己独有的品牌特点，通过自己的经营特色，确切落实"无中生有，有中取优"的企业文化，从而在竞争中取胜。其二，一定要在生产、销售的各个环节争取创新，通过不断改革创新，将企业的研发部门和生产、销售等各部门有机统一地联合起来，使创新技术与企业生产的各个环节相融合，进一步让企业的不同环节能够通过创新技术来减少生产的成本。

（二）工业 4.0 时代下的成本控制

现阶段粤港澳大湾区汽车制造行业正面临着极大的挑战：在各大发达国家和发展中国家的冲击下，汽车生产力和各方面成本急速增加；国内经济转入高质量发展期；受到自然资源影响，形势愈发严峻。在这样的情况下，国内的汽车制造行业虽然数量庞大但是综合实力却不够，特别是自主创新方面较为欠缺，资源利用也不够充分，产业生产链规划尚需改进。2013 年 4 月，在汉诺威工业博览会上，德国首次发布了"工业 4.0"，被广泛称为新型工业革命（主要以智能生产）。"工业 4.0"的工业生产控制方式由集中式控制向分布式控制转变，目的就是为了构造个性化和数字化的生产方式。在这种背景下，以往的生产方式可能会被取代，并出现各种各样的创新型合作方式。创造新价值的方式正在发生改变，产业链即将被分工、重新组合。外国学术领域及产业行业得出的结论是，"工业 4.0"主要是以智慧制造为主要部分的工业革命。此变革要结合信息通信技术和网络空间虚拟系统——信息物理系统的方法，将智慧制造运用到方方面面。

"工业 4.0"时代下汽车制造业成本控制主要涉及如下几个方面。

（1）"智慧工厂"，重点是运用智能的生产工艺流程，并利用好分布式的制造设备，实现生产经营模式的智能化、网络化、数字化。在生产创新实践中，生产制造的智能化、网络化、数字化是实现产品创新的里程碑式的一步，将数字技术和智能技术与商品融合，使商品功能更加丰富多样，推动商品向数控和智能进步，从最基础的层面开始提高汽车性价比和市场竞争力。

（2）"智慧生产"，重点放在各个部门的物流管理、人机互动以及 3D 技术在产品制造过程中的应用等。这个计划主要是想将中小企业集中起来，力求中小企业在汽车生产改造革新中使用智慧化生产，以便在市场激流中稳住自身，在得益于新一代生产技术的同时，也能为先进工业生产技术工程添砖加瓦。

（3）"智慧物流"，主要是使用互联网、物联网、务联网，合理规划物流资源，充分利用现有物流资源供应方的高效率，在短时间内得到服务匹配与物流支持。"工业 4.0"的出现，使智慧工厂作为企业战略核心和基础的作用越来越显著。不同于老式企业中智能化生产设备以及传统制造执行系统，智慧工厂的实质是对工厂本身运行状况有着系统的了解，并自主形成新的生产运行模式的智慧存在。总而言之，智慧工厂应该在制造物联的基础上，依据对数据进行分析，发现工厂生产运行规律，利用这种规律实现智能化决策，进而将智能化决策转化为智能化服务，最后通过网络敏捷配置，实现与服务一致，通过自我认识、自我学习、自我提升、自我适应的过程形成工厂新产物。加强对成本控制体系的完善，通过提高工作人员的成本观念，使成本约束理念在企业员工中逐渐常态化，进而将成本控制体系逐渐固化在企业发展中，保证员工都能在工作中发挥自身独特的价值意义。成本控制内容需要在传统生产控制环节中逐渐向着人力资源成本和质量安全的方向发展。在开展这一工作中，安全管理也将成为汽车制造企业中最关键的工作内容，并将对企业成本控制的有效发挥起到重要作用。另外，在这样一个经济、技术都飞速发展的时代，控制人工成本将会成为制造企业实现成本控制的重中之重，并应在企业各个部门的员工岗位职责中加以明确设定。在对全面成本效益的分析中，成本效益原则也将成为今后工作中最关键的衡量标准。除此之外，质量成本必然也是企业成本计量中的重大影响因素，所以对质量管理体系进行合理整改也会成为企业管理的核心内容。

监督生产成本的控制在汽车制造行业的前进道路上占据着非同一般的位置。企业的成本控制应该结合国家相关方针政策，结合自身发展的特点，保证内外部监督能够持续。内部监督是指公司管理部门对各个部门的监督，要在成本控制部分一步步贯彻落实，每个部门根据生产一线所反映的数据对制造成本进行控制和整合，保证每个环节出现的问题都能引起注意并且得到解决。外部监督则主要是外部材料和供应市场的变化，要建立必要的监督记录，把握最新的数据，最终在网络大数据平台上对管理层提出的各项要求或标准进行相应的调整。

第四节　本章小结

本章节主要是建立了粤港澳大湾区汽车制造业成本控制的系统动力学模型，并在模拟软件 Vensim 中建立比亚迪汽车制造的系统动力学成本控制模型，对方程参数和变量进行赋值输入系统模型进行仿真检验。对实际案例进行模拟分析和数据处理，根据处理的结果模拟模型中各变量之间的联系方程，再对模型边界点进行赋值。汽车制造成本控制系统动力学模型是在技术风险变动和工人专业素质普遍提高的情况下的变动模拟，可以直观地通过图形呈现出来。通过模型测试仿真结果，找到影响汽车制造生产成本的主要因素为工人专业素质普遍提高。证实了基于系统动力学的粤港澳大湾区汽车制造业成本控制的仿真结果与实际结果具有一致性，因此可以运用该系统模型对成本控制进行预测分析。最后，提出基于 SD 模型的粤港澳大湾区汽车制造业成本控制的对策建议和"工业 4.0"时代下的汽车制造业成本控制措施建议。

第六章 **6**

人工智能在制造业价值评估中的理论分析与应用研究

第一节 基于深度学习的价值评估模型构建

一、深度学习在价值评估中的适用性

（一）深度学习在企业价值评估中的适用性

（1）通过深入学习，可以从更多方面考察科创板公司的价值影响因素。科创板公司价值来源包括当前资产的利润、潜在资本的未来利润和新兴现代信息科技公司所特有的不确定价值，例如，已有的且没有形成收益的专利、专有技术价值、无形资产未来的盈利能力价值等，以及虽不能满足公司资本的定义，但预期会为公司发展提供巨大经济利润流入的资源，包括知识资本、提高经营管理水平和构建良好社会关系的人力资本。这种无法用传统评估方式判断的价值，可以给科创板公司带来大量的潜在未来利润，而深度学习模型则能够利用自我组织和自我学习的功能，建立无形资产、人力资本和科创板公司价值之间的非线性联系，从而较为全面、合理地评价科创板公司价值。

（2）深度学习技术可以有效解决各种影响因素之间的互相制约。因为科创板公司价值与其价值影响因素之间是非常复杂的非线性关联，且各个价值影响因素对公司价值影响的程度不同，所以目前还没有发现一个可以说明各个价值影响因素与科创板公司价值定量关系的数学模型。而深度学习方法虽无法说明所有价值影响因素对科创板公司价值的量化影响程度，但可以借助模拟人脑处理系统，处理价值影响因素与科创板公司价值以及不同价值影响因素之间相互影响、互相制约的关联，从而有效解决了多维且复杂变数间的关联问题。

（3）深度学习可以使得评估结果更为精确。传统估值法的局限性有以下几点：首先，科创板企业大多属于成立初期，收益率为负数，无法达到收益法的使用前提；其次，科创板企业大多处于企业发展初期，缺乏稳定性，从而无法合理判断收益法所需要的评价参数。若通过深入学习评价科创板公司价值，所需要的评估参数均基于公司内部和年度报告中的财务数据，可见这些财务数据将更具备真实性和客观性，同时估值的计算过程将利用 Pycharm 软件实现，所得出的结果将会更为精确、客观。

由此可见，采用深度学习模型评估科创板的公司价值，识别价值相关因素与公司价值之间的合理联系，有效规避了以往公司价值评估方式的不足之处，大大增强了公司价值评估结论的客观性和合理性，所以本书将深度学习模型运用于科创板企业价值评估中。

（二）深度学习价值评估的运作机理

1. 多层感知机（MPL）的设计

多层感知机是以神经网络模型为基础的（见图 6 - 1）。神经网络模型的结构主要有三层，分别是输入层、隐藏层和输出层。隐藏层负责连接输入层和输出层，在进行函数计算的同时对外界传递的样本或数据信息加以处理，而输出层则会传递经过隐藏层复杂变换后的数据信息。隐藏层中含有两个函数，分别为加权和转移，起着承接输入与输出的功能，也分别负责与前者突触联系，与后者的神经相互作用。隐藏层可以明显增强模型训练效果，因为里面包含了许多高阶数据特征，通过对它的处理，最终可以在输出层获取答案。

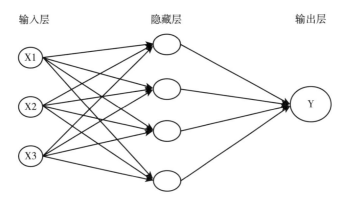

输入层　　　　　　隐藏层　　　　　　输出层

图 6-1　神经网络基本模型

神经网络系统中最令人称赞的地方就在于它自主学习能力非常强大，可以就预测值和现实数值之间的差异，不断调节自己隐藏层的函数变化，进而提高预测精度，通常是在激励函数的影响下，系统将对突触权值作出细微的改变，同时通过不断调整偏置使得参数变化，以此起到优化预测函数的效果。按照监督学习与无监督学习划分，深度学习就属于前者，研究者们又称其为"教师学习"，也就是说在这里提供一个前提，模型本身就和教师一样拥有知识水平，可以按自己的水平对输入数据有一个自身的期望，所以每一个数据组都对应一个期望值，学者们称其为"期望信号"，它也是对样本训练预期的最好结果。在我们的实践过程中，当输出结果和它相距甚远时，即表示预期效果不佳，网络将会对隐藏层中的权重进行自适应，并持续提升，伴随而出的便是对输出值的持续调整，直到最后所有样本的预测值都满足了我们的需求并与预期信号比较相似，表明深度学习已经满足了需求，可以单独对剩下的数据加以检验。

多层感知机是由全连接层构成的神经网络形成的，包括了至少一个隐藏层，而各个隐藏层的输入、输出可以利用激活函数实现转换（见图 6-2）。多层感知机的层数，以及在各隐藏层中隐藏单位数量都为超参数。以单隐藏层模式为例，多层感知机可以按如下方法运算输出：

$$H = \phi(XW_h + b_h) \tag{6-1}$$

$$O = (HW_o + b_o) \tag{6-2}$$

其中，H 为隐藏层的输出，O 为多层感知机输出，W_h 为隐藏层的权重参数，W_o 为输出层的权重参数，b_h 和 b_o 为偏差参数，Φ 表示激活函数。

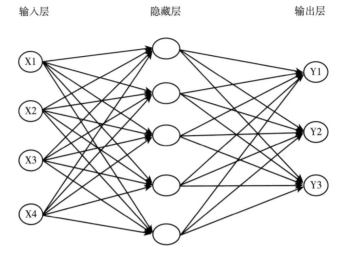

图 6 - 2 多层感知机的神经网络

2. 深度学习构建初始化

深度学习模型初始化设置主要包括模块结构的初始化、权值学习增量初始化、权值和参数学习量的初始化设置等。隐含的层节点数则需要经过后续监督与学习设定，通常使用以下三个方式完成初始设定：

$$\sum_{i=0}^{n} C_m^i > k \tag{6-3}$$

其中，k 是样本数量，m 是隐藏层的节点数量，n 是输入层的神经元数量。如果 $i > m$，则 C_m^i 为 0。

$$m = \log_2 n \tag{6-4}$$

式中，m、n 仍分别是指隐藏层神经元数量与输入层神经元数量。

$$m = \sqrt{n + l} + a \tag{6-5}$$

式中，l 是输出层神经元数量，a 则是凭经验选择的 [1，10] 之间的常量。

3. 深度学习的训练与检验

完成初始化设置后，输入样本集数据并对数据进行训练与反复学习，为使模型的拟合效率更佳，可以对模型的参数加以调节。当偏差值等于学习效率时则需将误差值逆向反馈到原定的训练参数中，并将连接权值

w 作为误差分配调整的参考依据，直到所得偏差值最小化，此时对相应的深度学习模型各参数值均进行了优化，模型已基本建立完成，如图 6 – 3 所示。

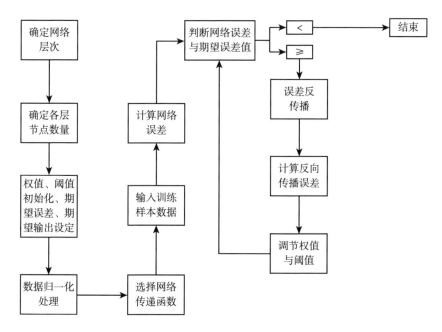

图 6 – 3　深度学习模型

深度学习构建的最后部分即为深度学习对企业价值的评估，本书将训练完成的深度学习模型的仿真评估结果与企业价值评价方法进行对比分析。

二、企业价值评估指标的选择

（一）现有获利能力影响因素

1. 核心产品获利能力

获利能力是指公司依靠技术产品在日常生产经营活动中获取盈利的能力。公司通过稳定的盈利和稳健的现金流入，能够持续增加公司的市场价值。通过销售技术进行日常生产运营活动，把公司不断开发产生的创新技术成果转换为经济成果，从而实现公司盈利和市场价值稳定增长的目的。总而言之，提升公司核心技术产品或业务成果的竞争力，是新一代信息技术型公司最终的发展目标。技术产品的获利能力是新一代信息技术型公司获取经营收益的直接表现，技术产品的市场占有率越高则表示该技术在市场上的竞争性越强，公司所得到的收益也就越高，因此必须增强公司技术产品的获利能力从而增加公司价值。

2. 资产盈利能力

资产盈利能力是指公司资本创造收益的能力，表现为在特定时间内公司创造利润水平的高低以及金额的多寡，体现着公司盈利绩效水准。资本的获利能力越强，其获得的利润金额便越多，同时也给公司持续发展带来更多的资本保障。科创板新一代信息技术型公司在发展过程中必须注入大量的资本来开展产品的开发、测试和市场推广，一旦公司的资本获利能力增强，公司研究创新等活动就具备了有效的资本保证，公司就具备更多的发展竞争力，对公司价值提升会产生更强大的驱动效应。

3. 营运能力

营运能力是对企业资本运用状况与管理状况的综合评价。营运能力也会对资产盈利能力产生影响。如果公司的固定资产并无闲置状态且资金使用率较高，其获利能力就将保持较高。对于融资需求迫切的科创板企业来说，持续的研发投入需要自身资本与外部融资来维持。但是如果企业资金链断裂将影响研究活动的持续开展。如果公司自有资本的经营实力较强，资本"造血"能力较强，就可以保证公司生产活动的顺利完成，进而影响企业价值。

4. 偿债能力

偿债能力是指公司以拥有的资产变现，用来偿还债务抵抗财务风险的能力。我们通常用企业的短期偿债能力和长期偿债能力来反映企业面临的财务风险。在产品研发阶段、生产测试阶段、生产推广阶段及后续维持市场占有率阶段都面临着较大的风险。所以，如果公司的偿债能力较强、生产的多元化程度较高，以及公司能够更有效地抵抗财务风险，则公司价值也将随之有所增加。

5. 创造现金流的能力

创造现金流的能力是指企业在生产运营活动中产生现金流的能力。现金流是以现金为基础，反映企业经营、投资和融资过程中资金的来源与流向。企业应当提升财务管理水平，以便更好地提升现金流的创造能力。现金流不仅是企业日常生产活动的保证，同时也是企业长期稳定发展的基础。只有当企业拥有足够的现金流，才能使科研活动顺利开展；如果企业能够抓住有效的投资时机，其现金创造水平也会影响到企业的价值。

6. 发展能力

发展能力是指公司规模的增长和运营管理水平的提升。企业的发展能力越强，未来获利机会就越大，企业的潜在获利价值也就越大。通过对科创板企业发展能力的分析，可以发现企业发展能力与营业收入和净利润有密切的关联。当营业收入、净利润稳步增长时，意味着公司未来发展前景良好，增长机会较多，能够吸引大量外部资本。在企业规模逐步扩大的同时，随着行业市场份额的扩大，企业将逐步在竞争中占据积极的战略地位。由于市场占有率是不断成长提高的，企业唯有经过持续的自我积累、持续的发展才能赢得行业市场主导地位，进而提升企业的品牌价值。

（二）未来潜在获利能力影响因素

1. 科研创新能力

科研创新能力是科创企业得以生存发展的重要基础，也是企业取得市场竞争优势的关键因素，是价值创造的关键步骤。透过对该能力高低的评价，外部信息使用者可以预判该科创企业未来的发展态势和获利情况。科创企业的科研创新能力即企业的核心竞争力，所以科技研发活动是科创企业实现可持续发展的关键。根据巴尼的资源基础理论，利用异质化资源，可以为企业提供稀缺性、难以模拟式的竞争优势，而这些竞争优势的独创性是其他企业无法比拟的。科创企业的科研创新能力为异质性资源，该资源可以促进企业发明和创造出科学技术性含量较高的新技术，进而达到高额的经济附加值，提升企业价值。

企业的科研创新能力主要体现为研发实力和技术实力两个方面。科研实力是指科创企业在研发平台的投入能力和科研能力。研发平台的投入包括财力和人力的投入，科研能力则是指科研人员的科研效率和效果。技术实力体现了科创企业拥有的专利或非专利技术的数量和质量。企业拥有的专利数量在行业中的高低，以及专利的可替代性都是企业技术实力的表现，如果企业拥有的专利数量超过同行平均值，并且拥有的专利可替代性低，那么该企业的技术实力在行业中就属于较强的。

2. 人力资源能力

人力资源能力是指企业领导者善于整合企业的资源，凝聚企业员工的领导能力以及技术人员的科研与创新能力等。上述的人力资源能力均成为企业价值创造的关键部分。人作为公司整体经营的主要实施者，对公司经营的整体影响往往带有主观能动性。能力杰出的企业家通过把控公司的总体发展走向，为公司创造了运营所必需的人际关系网络，并指导公司的总体发展走向；而经验丰富的企业管理者则能把握最有效的投资时机，整理和协调公司的内部资源；技术人员作为公司科研活动的主要执行主体，是公司核心技术竞争力的主要缔造者，是公司自主开发与成功转移创新能力的基本保障，技术人员能力的强弱也直接决定着公司在核心技术产业的获利能力和市场竞争力，因此各个角色职位上的技术人员组成了特殊人才市场，给公司带来巨大经济价值。

（三）企业价值评估指标的选择

1. 盈利能力指标

本书选取最具代表性的盈利能力指标毛利率、销售净利率、净资产收益率和息税前利润，它们分别从绝对值和相对量方面反映企业的盈利能力。盈利指标计算公式见式（6-6）、式（6-7）、式（6-8）、式（6-9）。

$$毛利率 = \frac{营业收入 - 营业成本}{营业收入} \qquad (6-6)$$

$$销售净利率 = \frac{净利润}{营业收入} \qquad (6-7)$$

$$净资产收益率 = \frac{净利润}{(期初股东权益 + 期末股东权益)/2} \qquad (6-8)$$

$$息税前利润 = 净利润 + 所得税费用 + 财务费用 \qquad (6-9)$$

2. 偿债能力指标

本书将分别通过资产负债率和经营现金流动负债比来评价企业的偿债能力。资产负债率的计算过程见式（6-10），经营现金流动负债比见

式 (6-11)。

$$资产负债率 = \frac{负债}{资产} \times 100\% \qquad (6-10)$$

$$经营现金流动负债比 = \frac{经营活动产生的现金流量净额}{流动负债} \qquad (6-11)$$

3. 营运能力指标

本书主要通过营运资金周转率、总资产周转率和应收账款周转率这三项指标来反映企业的运营能力。营运资金周转率的计算过程见式 (6-12)，总资产周转率的计算过程见式 (6-13)，应收账款周转率计算过程见式 (6-14)。

$$营运资金周转率 = \frac{销售收入净额}{(平均流动资产 - 平均流动负债)} \qquad (6-12)$$

$$总资产周转率 = \frac{营业收入}{(年初总资产 + 年末总资产)/2} \qquad (6-13)$$

$$应收账款周转率 = \frac{营业收入}{(年初应收账款 + 年末应收账款)/2} \qquad (6-14)$$

4. 创造现金流能力指标

本书主要通过收入获现比和全部现金回收率这两项指标，来体现企业创造现金流的能力。收入获现比计算过程见式 (6-15)，全部现金回收率计算过程见式 (6-16)。

$$收入获现比 = \frac{经营活动产生的现金流入}{营业收入} \qquad (6-15)$$

$$全部现金回收率 = \frac{经营活动产生的现金流量净额}{资产总额} \qquad (6-16)$$

5. 发展能力指标

本书选取资产总额、总资产增长率以及销售增长率这三项指标来分析企业发展能力。资产总额计算过程见式 (6-17)，总资产增长率计算过程见式 (6-18)，销售增长率计算过程见式 (6-19)。

$$资产总额 = 流动资产 + 非流动资产 \qquad (6-17)$$

$$总资产增长率 = \frac{期末总资产 - 期初总资产}{期初总资产} \times 100\% \qquad (6-18)$$

$$销售增长率 = \frac{当期营业收入 - 前一期营业收入}{前一期营业收入} \times 100\% \quad (6-19)$$

6. 科研创新能力指标

本书主要通过专利收入贡献能力、科研费用投入率以及研发人员数量占比这三项指标来体现企业的科研能力。科研费用投入率的计算过程见式（6-20），研发人员数量占比计算过程见式（6-21），专利收入贡献能力计算过程见式（6-22）。

$$科研费用投入率 = \frac{研发费用投入}{营业收入 + 营业外收入} \times 100\% \quad (6-20)$$

$$研发人员数量占比 = \frac{研发人员人数}{员工总人数} \times 100\% \quad (6-21)$$

$$专利收入贡献能力 = \frac{\ln 主营业务收入}{授权专利数} \times 100\% \quad (6-22)$$

7. 人力资源能力指标

实际控制人综合素质，主要是指通过控制人的年龄、教育背景、学术背景和职业背景来评估实际控制人对公司重大战略决策、社会关系网络建设等方面的贡献。而年龄也在相当程度上可以体现实际控制人的管理经验、社会关系、对创新观念的接受度；教育背景主要体现了实际控制人的教育智力水平和专业技术知识储备；而学科背景则是指实际控制人所具备的技术类学科职称等情况。由于对实际控制人综合素质评价的各种因素一般均是定性因素，未实现各因素之间的横向可比性，因此必须对各因素作出量化处理，量化标准如表6-1所示。

表6-1　　　　　　　　　实际控制人综合素质影响因素测度

变量名	测度方法
年龄	35 岁以下 = 0.25；35～39 岁 = 0.5；40（含）～44 岁 = 0.75；45（含）～49 岁 = 1；50（含）～54 岁 = 0.75；55（含）～59 岁 = 0.5；60（含）岁以上 = 0.25
教育背景	高中及以下 = 0；专科 = 0.25；本科 = 0.5；硕士 = 0.75；博士 = 1
专业背景	技术类专业背景 = 1；非技术类专业背景 = 0
职能背景	产出型 = 1；生产型 = 0

实际控制人综合素质的计算公式见式（6-23）。

$$实际控制人综合素质 = 年龄 \times 25\% + 教育水平 \times 25\%$$
$$+ 专业背景 \times 25\% + 职能背景 \times 25\% \quad (6-23)$$

科研人员的综合效能主要是从产品视角反映研究技术人员对公司的直接价值的贡献程度。人力资本增值率计算过程见式（6-24）。

$$人力资本增值率 = \frac{税前利润 + 职工薪酬 + 利息费用}{应付职工薪酬} \quad (6-24)$$

三、指标的相关性检验及筛选

由于从数理统计视角出发，上述选择的指标间可能具有很大的关联，即指标间可能存在共线性。本书将对初选指数加以考察，选择与科创板价值相关更多的、剔除重复性且影响意义较小的指标。本书从国泰安 CSMAR 数据库中整理了 215 家科创板内部相关的指标数据，并从万得数据库中整理了企业市场价值指标数据作为相关性检验的原始数据。由于科创板上市企业时间较短，为保证数据检验有充足的数据支撑，本书选取这 215 家企业 2019 年 9 月 30 日至 2020 年 12 月 31 日的相关指标季度数据。

本书使用 IBM 的 SPSS Statistics 23 数据管理软件对各个指数实行了统计分析。在统计分析过程中，关于连续变量之间的相互关系分析通过皮尔逊（Pearson）的相关系数分析计算公式如下：

$$r = \frac{N \sum x_i y_i - \sum x_i \sum y_i}{\sqrt{N \sum x_i^2 - (\sum x_i)^2} \sqrt{N \sum y_i^2 - (\sum y_i)^2}} \quad (6-25)$$

将价值影响因素数据与企业市值输入 SPSS 软件进行相关性检验，其结果输出如下。

1. 盈利能力指标

通过表 6-2 可见，毛利率、销售净利率、净资产收益率与市值相关性都很低，只有息税前利润与市值的相关性达到 0.483，证明息税前利润与市值的相关性是显著的。另外，息税前利润与销售净利率、净资产收益率的相关性也分别达到 0.099 与 0.445，说明息税前利润与其他盈利指标的相关性也十分显著。从该检验结果可以看出，目前科创板企业盈利能力对市值的影响，更倾向于抛开企业资本成本以及所在地不同税负影响，更多关注企业创造利润的能力。因此本书选取对企业市值影响较大的息税前利润指标来反映科创板企业的盈利能力。

表6-2　　　　　　　　　　　盈利能力指标相关性

	指标	营业毛利率	销售净利率	净资产收益率	息税前利润	市值
毛利率	Pearson 相关性	1	-0.098 **	0.005	-0.112 **	0.025
	显著性（单尾）		0.005	0.453	0.001	0.256
	N	701	701	701	701	701
销售净利率	Pearson 相关性	-0.098 **	1	0.596 **	0.099 **	-0.022
	显著性（单尾）	0.005		0.000	0.004	0.284
	N	701	701	701	701	701
净资产收益率	Pearson 相关性	0.005	0.596 **	1	0.445 **	0.014
	显著性（单尾）	0.453	0.000		0.000	0.355
	N	701	701	701	701	701
息税前利润	Pearson 相关性	-0.112 **	0.099 **	0.445 **	1	0.483 **
	显著性（单尾）	0.001	0.004	0.000		0.000
	N	701	701	701	701	701
市值	Pearson 相关性	0.025	-0.022	0.014	0.483 **	1
	显著性（单尾）	0.256	0.284	0.355	0.000	
	N	701	701	701	701	701

注：** 表示在置信度（单测）为 0.01 时，相关性是显著的。

2. 偿债能力指标

由表6-3可见，企业资产负债率及经营现金流动负债比与市值之间的相关性系数分别为 0.119 和 0.051，资产负债率的显著性 0.001 小于 0.01，说明该指标与市值具有较强的相关性，而经营现金流动负债比和市值间的显著性水平为 0.090 大于 0.01，说明二者之间的关联较弱。所以，本书主要采用企业的资产负债率来反映科创板企业的偿债能力。

表6-3   偿债能力指标相关性分析

指标		资产负债率	经营现金流动负债比	市值
资产负债率	Pearson 相关性	1	-0.274**	0.119**
	显著性（单尾）		0.000	0.001
	N	701	701	701
经营现金流动负债比	Pearson 相关性	-0.274**	1	0.051
	显著性（单尾）	0.000		0.090
	N	701	701	701
市值	Pearson 相关性	0.119**	0.051	1
	显著性（单尾）	0.001	0.090	
	N	701	701	701

注：** 表示在置信度（单测）为 0.01 时，相关性是显著的。

3. 营运能力指标

由表6-4可见，营运资金周转率、总资产周转率和应收账款周转率与市值之间相关性系数分别为 0.066、0.030 和 0.003，营运资金周转率与市值显著性水平为 0.041，小于 0.05，说明该指数与市值之间有很大的关联。而总资产周转率和应收账款周转率与市值分别为 0.213 和 0.464，均大于 0.05，表明这两个指标都与市值相关性较弱。而营运资金周转率与总资产周转率之间相关系数高达 0.585，说明两项指标关联性较强。由于科创板企业营运资金周转情况对市值的影响更显著，故本书选择对企业市值影响较大的营运资金周转率指标来反映科创板企业的营运能力。

表6-4   营运能力指标相关性

指标		营运资金（资本）周转率	总资产周转率	应收账款周转率	市值
营运资金（资本）周转率	Pearson 相关性	1	0.585**	0.025	0.066*
	显著性（单尾）		0.000	0.255	0.041
	N	701	701	701	701
总资产周转率	Pearson 相关性	0.585**	1	0.103**	0.030
	显著性（单尾）	0.000		0.003	0.213
	N	701	701	701	701

续表

指标		营运资金 （资本）周转率	总资产 周转率	应收账款 周转率	市值
应收账款 周转率	Pearson 相关性	0.025	0.103**	1	0.003
	显著性（单尾）	0.255	0.003		0.464
	N	701	701	701	701
市值	Pearson 相关性	0.066*	0.030	0.003	1
	显著性（单尾）	0.041	0.213	0.464	
	N	701	701	701	701

注：** 表示在置信度（单测）为 0.01 时，相关性是显著的；* 表示在置信度（单测）为 0.05 时，相关性是显著的。

4. 现金创造能力指标

由表 6-5 可见，企业的收入获现比、全部现金回收率与市值之间的相关性水平为 -0.003 和 0.126，全部现金回收率显著性水平为 0.000 小于 0.01，表明全部现金回收率与市值的相关性表现较强，而收入获现比的显著性水平为 0.467，远大于 0.01，表明收入获现比与市值的相关性较弱。由该检验结果可知，本书选取与市值相关性更强的全部现金回收率指标反映科创板企业现金的创造能力。

表 6-5　　　　　　　　　现金创造能力指标相关性分析

指标		收入获现比	全部现金回收率	市值
收入获现比	Pearson 相关性	1	0.017	-0.003
	显著性（单尾）		0.328	0.467
	N	701	701	701
全部现金 回收率	Pearson 相关性	0.017	1	0.126**
	显著性（单尾）	0.328		0.000
	N	701	701	701
市值	Pearson 相关性	-0.003	0.126**	1
	显著性（单尾）	0.467	0.000	
	N	701	701	701

注：** 表示在置信度（单测）为 0.01 时，相关性是显著的。

5. 发展能力指标

由表 6-6 可见，资产总计、总资产增长率、营业收入增长率与市值之间的相关系数分别为 0.731、-0.001、0.040，其中资产总计显著性水平为 0.000 小于 0.01，说明了资产总计指标和市值之间存在着很大的关联；
总资产增长率和营业收入增长率与市值的显著性水平分别为 0.49 和
0.145，均大于 0.01，说明这两项指标与市值的关联性相对较弱。考虑到
科创板企业大多处于技术开发初期，多数呈现负盈利的现象，营业收入和
总资产暂时没有出现稳定提升，而资产总计指标反映企业当前资产规模，
资产规模大小是判断企业未来发展潜能的重要依据，因此本书选取与市值
相关性较强的资产总计指标反映科创板企业的发展能力。

表 6-6 发展能力指标相关性分析

指标		资产总计	总资产增长率	营业收入增长率	市值
资产总计	Pearson 相关性	1	-0.054	0.004	0.731**
	显著性（单尾）		0.076	0.462	0.000
	N	701	701	701	701
总资产增长率	Pearson 相关性	-0.054	1	0.005	-0.001
	显著性（单尾）	0.076		0.444	0.490
	N	701	701	701	701
营业收入增长率	Pearson 相关性	0.004	0.005	1	0.040
	显著性（单尾）	0.462	0.444		0.145
	N	701	701	701	701
市值	Pearson 相关性	0.731**	-0.001	0.040	1
	显著性（单尾）	0.000	0.490	0.145	
	N	701	701	701	701

注：** 表示在置信度（单测）为 0.01 时，相关性是显著的。

6. 科研创新能力指标

由表 6-7 可见研发投入、科研费用投入率、研发人员数量占比与市值
的相关性系数分别为 0.815、-0.002、0.114，其中研发投入、研发人员
数量占比与市值显著性水平分别为 0.000 和 0.001，均小于 0.01，表明研
发投入、研发人员数量占比与市值相关性较强；科研费用投入率和市值之
间显著性水平为 0.482，大于 0.01，表明该指标与市值相关性较弱。因此
本书选取与市值相关性较强的研发投入和研发人员数量占比指标来反映科
创板企业的科研创新能力。

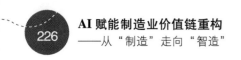

表 6 – 7　　　　　　　　　　科研创新能力指标相关性分析

	指标	研发投入	科研费用投入率	研发人员数量占比	市值
研发投入	Pearson 相关性	1	0.007	0.044	0.815**
	显著性（单尾）		0.428	0.125	0.000
	N	701	701	701	701
科研费用投入率	Pearson 相关性	0.007	1	-0.010	-0.002
	显著性（单尾）	0.428		0.394	0.482
	N	701	701	701	701
研发人员数量占比	Pearson 相关性	0.044	-0.010	1	0.114**
	显著性（单尾）	0.125	0.394		0.001
	N	701	701	701	701
市值	Pearson 相关性	0.815**	-0.002	0.114**	1
	显著性（单尾）	0.000	0.482	0.001	
	N	701	701	701	701

注：** 表示在置信度（单测）为 0.01 时，相关性是显著的。

7. 人力资源能力指标

　　在数据收集时发现，有些科创板企业并没有实际控制人，如澜起科技、中微公司等，所以本书对没有实际控制人的企业进行筛选，最后留下203 家有实际控制人的企业，通过 2020 年的企业年度报告对其控制人综合素质进行评估。由表 6 – 8 可见，实际控制人的综合能力与市值之间相关性系数为 0.007，说明两个指数间的关联较弱，所以不作为评估企业人力资源能力的指标。由表 6 – 9 可见，人力资本增值指数与市值之间的相关性系数为 0.149，两者间显著性水平为 0.000，小于 0.01，表明人力资本增值指数与市值相关性较强，因此本书选取与市值相关性较强的指标来反映科创板企业人力资源能力。

表 6 – 8　　　　　　　　人力资源能力指标相关性分析（一）

	指标	实际控制人综合素质	2020 年 12 月市值
实际控制人综合素质	Pearson 相关性	1	0.007
	显著性（单尾）		0.485
	N	203	203

续表

指标		实际控制人综合素质	2020 年 12 月市值
2020 年 12 月市值	Pearson 相关性	0.007	1
	显著性（单尾）	0.485	
	N	203	203

表 6 – 9　　　　　　　　**人力资源能力指标相关性分析（二）**

指标		人力资本增值率	市值
人力资本增值率	Pearson 相关性	1	0.149 **
	显著性（单尾）		0.000
	N	701	701
市值	Pearson 相关性	0.149 **	1
	显著性（单尾）	0.000	
	N	701	701

注：** 表示在置信度（单测）为 0.01 时，相关性是显著的。

最终得到的科创板价值评估指标体系如表 6 – 10 所示。

表 6 – 10　　　　　　　　**科创板价值评估指标体系**

一级指标	二级指标	二级指标计算公式
盈利能力	息税前利润	息税前利润 = 净利润 + 所得税费用 + 财务费用
营运能力	营运资金周转率	$营运资金周转率 = \dfrac{销售收入净额}{平均流动资产 - 平均流动负债}$
偿债能力	资产负债率	$资产负债率 = \dfrac{负债}{资产} \times 100\%$
现金创造能力	全部现金回收率	$全部现金回收率 = \dfrac{经营活动产生的现金流量净额}{资产总额}$
发展能力	资产总额	资产总额 = 流动资产 + 非流动资产
科研创新能力	研发投入	无
	研发人员数量占比	$研发人员数量占比 = \dfrac{研发人员数量}{员工数量}$
人力资源能力	人力资本增值率	$人力资本增值率 = \dfrac{税前利润 + 职工薪酬 + 利息费用}{应付职工薪酬}$

第二节　基于深度学习的价值评估模型应用——以交控科技为例

一、交控科技基本情况

交控科技股份有限公司（以下简称交控科技，688015. SH）创立于 2009 年 12 月，并在 2019 年 7 月成为中国首批科创板上市公司。根据交控科技官网及年报资料显示，公司股票的挂牌发行价为 16. 18 元，发售股数为 4000 万股，募集资金净额高达 5. 852 亿元。交控科技的基本情况见表 6 - 11。公司是业内领先的全生命周期提供管家式服务的城市轨道交通系统整体解决与对策供应商，以 CBTC 技术为核心，主攻信息技术设备的研究、系统集成、通信控制系统维保养护及其他有关技术服务等业务。为城市提供了基于网络的列车运行管理系统（CBTC）、全自动运行系统（FAO）、互联互通系统（I - CBTC）、城市云管理、TIDS 管理等综合解决方案，内容包括规范建立、基础理论研发、信息系统方案设计、技术开发、智能生产、检测与检验、建设执行、技术培训以及运营保障等，并以此完成了城市信号系统的全生命周期服务与维护。

表 6 - 11　　　　　　　　　交控科技基本情况

项目	交控科技（688015）	项目	交控科技（688015）
公司名称	交控科技股份有限公司	英文名称	Traffic Control Technology Co., Ltd.
上市市场	上海证券交易所	股票代码	688015
上市日期	2019 - 07 - 22	成立日期	2009 - 12 - 04
注册资本	1. 600 亿	法定代表人	郜春海

交控科技自创立就在为创造更好的轨道交通环境而努力奋斗着。北京地铁燕房线是国内首次成功实施全自动化控制系统的应用案例，这是该公司在技术创新路上的里程碑。FAO 是在 CBTC 技术的基础上通过智能化提

升而得来的。令人震惊的是该技术是可逆的，CBTC 技术能够升级至 FAO，FAO 也能转换回 CBTC，这对今后两项技术之间的互联互通打下了牢固的技术基石，并具有高度延伸上升的可能性。该公司主要产品及运用实例如表 6-12 所示。

表 6-12　　　　　　　　　公司主要产品及运用实例

主要产品	CBTC（基于通信的列车运行控制系统）
	I-CBTC（互联互通的 CBTC 系统）
	FAO（全自动运行系统）
	VBTV（基于车车通信的列车控制系统）
	天枢系统
	T-IPSS（智能列车服务系统）
	城市轨道交通云平台
	无感改造
	TIDS（列车障碍物智能检测系统）
应用案例	北京地铁 6 号线 IPSS 项目
	北京地铁 5 号线无感改造项目
	北京大兴国际机场线
	朔黄重载铁路移动闭塞项目
	呼和浩特云平台
	全自动运行控制系统的国家重点示范项目——燕房线
	国家轨道交通互联互通示范工程——重庆环线
	北京轨道交通核心技术 CBTC 项目及示范工程——亦庄线

二、交控科技企业价值评估现状分析

（一）交控科技企业价值直接影响因素分析

1. 企业财务状况分析

企业财务状况是反映企业当前价值的重要因素之一，公司发布的财务报表是掌握公司数据最直接的方法，因此本书将透过财务报表的数据，分别从以下四个方面对交控科技的财务状况展开剖析。

（1）公司偿债能力分析。反映偿债能力的指标为流动比率、速动比率、资产负债率。从交控科技 2018～2020 年的财务指标变化进行分析，由表 6-13 可见交控科技的三大偿债能力指标的变动情况。其中，流动比率和速动比率是反映企业短期偿债能力的主要指标，流动比率反映企业用短期内可兑换现金的流动资产偿还到期流动负债的能力，通常流动比率越大表明公司的短期偿债能力越强，反之则越弱。通过与行业平均数的比较，可以发现交控科技在 2018～2020 年流动比率呈稳定增长的态势，表明企业短期偿债能力提升明显，但与行业平均数相比还是不及业内平均水平，公司短期偿债能力有待进一步改善。通过表中数据可见交控科技 2018～2020 年速动比率有所提高，基本维持在 1 左右，相较于行业均值也有较好的表现，反映出交控科技的短期偿债能力有所提高。

表 6-13　　　　　　　　交控科技偿债能力指标

名称	流动比率			速动比率			资产负债率（%）		
	2018 年	2019 年	2020 年	2018 年	2019 年	2020 年	2018 年	2019 年	2020 年
交控科技	1.216	1.389	1.346	0.944	1.023	1.010	80.71	69.19	69.67
行业均值	1.405	1.440	1.412	1.007	1.085	1.49	54.89	54.42	54.67

资料来源：公司年报以及国泰安数据库。

资产负债率即负债总额与资产总额的比率，是反映企业长期偿还债务能力的指标。企业的资产负债率一般维持在 60%～70% 比较合理，通常 60% 是最合适的。因为资产负债率反映企业资金中来源于负债的占比，该比率越高说明企业负债越大，风险越高。从表 6-13 中的数据可以看出，交控科技 2018 年资产负债比高达 80% 以上，在科创板上市融资后，资金来源渠道增加使得该比率有所降低，交控科技的负债近年来有所减少，长期偿债能力有所提高。但与行业均值相比，仍远远高于行业资产负债率的平均数，说明交控科技偿债风险比较显著，值得关注。

（2）公司营运能力分析。反映营运能力的指标为总资产周转率、存货周转率和应收账款周转率。本书选取交控科技2018~2020年的财务数据进行分析，并利用这些财务指标的变化趋势对交控科技的整体经营能力加以分析。由表6-14可知，2018~2020年公司的总资产周转率持续小幅下降，表明企业销售能力有所下降，并且资产投资的效益也没有往年好。存货周转率也在2018~2020年间呈现缓慢下降的状况。应收账款周转率则保持稳定增长，由2018年的1.736次上升至2020年的2.270次，表明企业应收账款能够及时收回，资金使用效率有所提升。综上所述，尽管交控科技的营运指标有一定程度的波动，但是整体趋向好的方向发展。

表6-14 交控科技营运能力指标 单位：次

主要财务指标	2018年	2019年	2020年
总资产周转率	0.684	0.585	0.513
存货周转率	2.046	1.892	1.516
应收账款周转率	1.736	1.825	2.270

（3）公司盈利能力分析。反映公司盈利能力的指标为营业利润率、净资产收益率、净利率。盈利指数越高表示企业的获利能力越强，投资者投资的愿望也越强烈。因此本书对交控科技在2018~2020年的数据进行解析。由表6-15可见，这3年间各盈利能力指标都呈现逐渐提升的状态。营业利润率即企业在某一会计期间内营业利润与营业收入的比率，该比率越高，企业获得利润的能力也就越强。该公司净资产收益率呈现一种稳步增长的趋势，总体而言，交控科技的盈利水平较好。

表6-15 交控科技盈利能力指标 单位：%

主要财务指标	2018年	2019年	2020年
毛利率	26.93	26.66	32.34
净利率	5.67	7.58	11.84
总资产收益率	3.67	4.43	6.07
净资产收益率	17.91	18.51	20.09

（4）公司发展能力分析。公司发展能力反映着一个公司的未来发展空间，该指标对于科创板企业来说尤为重要。发展能力相关指标高的公司，往往代表着企业拥有较好的发展前景，投资者前期的投入在不久的将来会为他们带来可观的收益。本书通过营业收入增长率、营业利润增长率、总资产增长率、净资产增长率 4 项指标，对企业的长期发展作出了综合解析。从表 6 – 16 可以看出，交控科技营业收入增长率先增长后降低，营业利润增长率也受到营业收入的变动产生了同方向的变动，但是总体营业收入和营业利润都是保持着良好的增长态势；总资产增长率则呈现持续上升的态势，这主要归功于交控科技 2019 年上市后资产规模的扩张。综上可知，交控科技正处于从过去高速发展的阶段逐渐转变至稳步增长的阶段，所以交控科技未来成长性也将保持平稳上升，其发展潜力还是非常可观的。

表 6 – 16　　　　　　　　　　**交控科技发展能力指标**　　　　　　单位：%

主要财务指标	2018 年	2019 年	2020 年
营业收入增长率	0.32	0.42	0.23
营业利润增长率	0.48	0.92	0.86
总资产增长率	0.13	0.21	0.37
净资产增长率	0.30	0.03	0.09

2. 企业治理分析

（1）公司股权结构分析。公司治理是当代完善企业制度的关键举措，有效的公司治理往往能够决定公司发展高度。该公司的股权结构并不集中，说明公司的权力是比较分散的，能够有效避免一股独大的局面。如图 6 – 4 所示，各个股东持股比例较为平衡，其中第一大股东京投公司及基石基金合计持股比例为 26.66%，第二大股东郜春海持股比例为 14.85%，第三大股东交大资产及其一致行动人交大创新合计持股比例为 14.62%，第四大股东爱地浩海持股比例为 11.00%。发行人中没有总持股比例大于 30% 的单个重要持股人，而单一股东所拥有股份比例也没有绝对优势，企业内大部分主要股东间也不存在联合控股的安排。

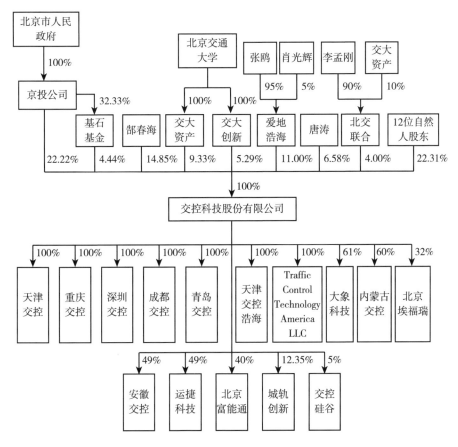

图 6-4　交控科技股权结构

资料来源：交控科技《招股说明书》。

（2）公司高管及技术团队成员分析。董事长郜春海先生不仅具备扎实的专业基础，同时在该领域具备多年的研究经验，能够把握该技术的研发方向，当好公司"领航员"。公司的其他高级管理人员，包括张建明、刘波、顿飞、王伟、李春红及秦红全等都在新一代信息技术领域龙头企业有过任职经历。

交控科技核心技术团队成员（见表 6-17）都是北京交通大学毕业，大多是硕士学位，有的是在学校任教后再到该公司任职。这样的技术团队有着相同的教育背景，更有利于团队凝聚力的培养，但同时也存在一定的局限性。

表 6-17 交控科技核心技术团队成员相关经历

序号	姓名	职务	主要经历
1	郜春海	董事长兼总经理	北京交通大学控制系统与安全国家重点实验室副教授、北京交通大学轨道交通运动控制国家工程技术研发中心主任，国家高级人才培养规划的领军型人才
2	刘波	副总经理	北京交通大学电子学院教师，曾担任瑞安时代研发中心主任
3	王伟	副总经理	北京交通大学电子信息工程专业硕士，曾担任瑞安时代研发中心软件工程师
4	张强	研发中心主管	北京交通大学电子工程学院博士，从 2009 年至今担任公司总开发工程师、系统设计部副主任、研究所副主任、研究中心主管
5	杨旭文	设计中心主管	北京交通大学交通信息工程及控制专业硕士，任产品设计部部长、研究院副院长、设计中心主管
6	肖骁	研究院副院长	北京交通大学自动化专业学士，任企业软件开发工程师，为主任助理、研究院副院长

资料来源：交控科技《招股说明书》。

（3）人才结构和激励机制。对高新技术公司而言，健全的管理体系是必不可少的。它不但能够调动员工的创造力，而且让员工能够获得适当的鼓励。然而在交控科技并没有具体的员工激励政策，公司对于研发人才的激励和吸引还有待改进。

从图 6-5 可以看出，截至 2018 年 12 月 31 日，交控科技发行人以及控股公司按照劳动合同规定招聘的职工数量为 1032 人，其中研发技术人员和工程技术人员分别有 179 人、613 人，合计 792 人，占员工总数的 76.74%。由图 6-6 可见，员工受教育程度硕士及以上共 188 人，占总职工数量的 18.22%，接近公司员工总数的 1/5。从公司员工的结构看，交控科技技术人员及高学历占比非常高。因此，发挥在这一层次员工的创造力对于公司未来持续发展、保持行业竞争力不可或缺。

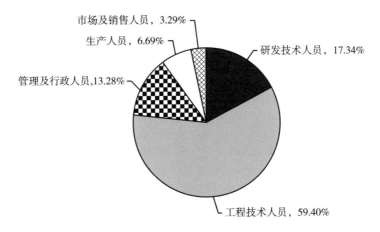

市场及销售人员，3.29%
生产人员，6.69%
研发技术人员，17.34%
管理及行政人员,13.28%
工程技术人员，59.40%

图 6-5　交控科技员工专业结构

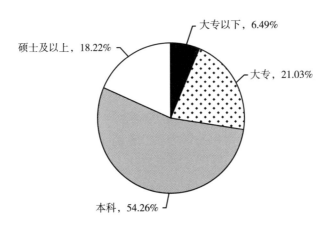

大专以下，6.49%
硕士及以上，18.22%
大专，21.03%
本科，54.26%

图 6-6　交控科技员工受教育程度

不过，目前交控科技对人员激励机制并没有出台具体的奖励政策，仅在工资及待遇、职位发展与提升机会、专业知识和能力的发展三个方面保证了核心人员的长期稳定性。因此未来人才的流失是潜在的风险之一。

3. 企业研发投入与技术成果分析

交控科技在研发投入方面的比率并不是特别高。如图 6-7 所示，2018 年、2019 年和 2020 年研发费用占营业收入比率分别为 6.62%、6.80% 和 8.60%。研发投入占比逐年递增，可见交控科技对技术创新还是比较重视的。

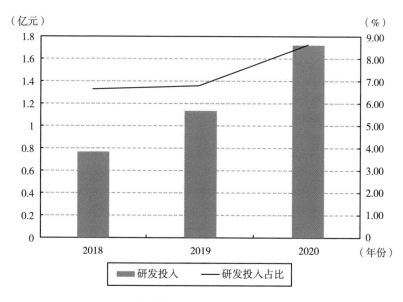

图 6 – 7　交控科技 2018 ～ 2020 年研发投入及占比

公司核心技术主要来源于两个渠道：一部分是股东技术入股。在公司建立初期，北京交通大学以 CBTC 技术相关的 31 项专利和 18 项非专利技术作为资本投入企业运营，相关资产现已全部顺利完成财产移交程序。另一部分是自主研发。公司后续技术都是基于上述基础，在公司内部组建研发团队后，由研发团队实现技术创新和再创造。

交控科技的研发技术项目分为两个方向，分别是既有技术的升级和创新技术研发。既有技术包括 CBTC、I – CBTC、FAO，主要是在现有技术基础上，根据技术存在的问题进行改进，并对已经在项目上应用的产品技术更新。企业现有技术无论是在国内还是国际上都处于技术领先的水平。创新技术主要是第 5 代城市轨道交通信号系统（VBTC）的研发，该系统是全球公认的城市轨道信号的发展方向。无论是交控科技还是国内外竞争对手，他们对该技术的研究进行得如火如荼。目前全球范围内还没有该技术的工程应用。

企业的已有技术产品与储备技术均为该行业技术的主导，在研项目产品亦处于研究热门范畴。公司目前最主要的在研项目与技术领先程度以及竞争对手研究状况如表 6 – 18 所示。

表 6 - 18　　　　　　　　交控科技核心技术

序号	名称	研发目标	行业技术水平	国内竞争对手研发情况
1	互联互通产品研发项目	开发出互联互通 CBTC 产品并予以运用	国际领先	国内的通号国铁、众合科技、华铁技术与公司共同参与重庆互联互通示范工程，国际上暂时没有实现城市轨道交通 CBTC 信号系统互联互通产品的工程应用
2	BDMS 产品研发项目	开发出全套的 BDMS - 300 并予以运用	国内领先	国内外竞争对手在同步开展产品研发
3	兼容 CBTC 及 C2ATO 的车载设备产品研发项目	开发出兼容 CBTC 及 C2ATO 的车载设备并定型	国内领先	通号国铁、华铁技术等国内厂商均开展 C2 + ATO 项目的研发，C2 为中国铁路标准，国外尚无此技术
4	基于车车通信的列控系统产品研发	开发出全套车车通信系统，并进行验证	国际领先	富欣智控、众合科技正在进行研发。阿尔斯通目前在里尔线试验车车通信系统，泰雷兹等也在进行车车通信产品研究
5	重载铁路列车运行控制系统产品研发项目	完成重载铁路列车运行控制系统产品研发并验证	国际领先	通号国铁、华铁技术、卡斯柯、中车时代电气等正在进行研发。国际竞争对手暂无研发该产品，目前澳洲开通了一条基于固定的具备无人驾驶功能的重载铁路
6	基于互联互通的 FAO 产品研发项目	开发出满足互联互通的 FAO 产品并予以应用	国际领先	卡斯柯、通号国铁、华铁技术和利时目前正在研发相关产品，部分已经有中标线路、国外竞争对手具有 FAO 产品，但是没有进行互联互通的研发
7	防撞—列车辅助追踪预警系统	研制列车辅助追踪预警系统，实现列车辅助追踪预警功能应用	国际领先	国内其他竞争对手正在研发，暂无相关产品应用，西门子、克诺尔等国际厂商在有轨电车领域进行研究，但目前没有投入工程应用
8	ATS 产品升级项目	开发出满足互联互通标准的 ATS 产品并予以应用	与行业水平同步	不适用

（二）交控科技企业价值间接影响因素分析

1. 行业环境与产业政策分析

新一代信息技术是我国传统经济转型的巨大驱动力。自 2018 年以来，发达国家为促进产业融合创新，加强了对 5G、人工智能、物联网、云计算等新一代信息技术的创新投入力度。同样地，轨道交通装备行业也是我国政府扶持的国家发展战略新产业，在《"十四五"国家战略性新兴产业发展规划》等文件中均提到要着重发展交通技术装备等现代化制造业（见表 6 - 19）。总体来说，交控科技所处行业的监管制度、法律法规、技术标准以及有关政策措施都有助于企业的业务拓展。

表 6 - 19　　　　　　新一代信息技术与轨道交通装备行业相关政策

发布时间	发布机构	法律、法规及政策	主要内容
2019	国务院	《政府工作报告》	将促进集成电路、宇航、造船及海洋工程装备、工业机器人、先进轨道及交通装置、先进发电装置、工程机械、高档数控机床、药品和医用电子设备等行业的创新发展
2020	国家铁路局	《铁路标准化"十四五"发展规划》	与相关主管部门共同推动新一代信息技术在综合交通领域中的深入运用，有效集成不同交通模式数据资源，做好对综合交通运输出行数据服务的有效集成，并进一步推进有关技术标准的研发与制定修订等工作
2020	中国共产党中央委员会	《中共中央关于制定国民经济和社会发展第十四个五年规划和二〇三五年远景目标的建议》	规划指出：尤其是目前中国所掌握的世界领先信息运用于工业领域，与工业实现融合快速发展，通过强化对工业全基本要素、全过程、全产业链体系的信息管理与改革，提高工业的数字化、互联网和智能管理水平，才能促进工业的高质量快速发展
2021	中央全面深化改革委员会	《关于深化新一代信息技术与制造业融合发展的指导意见》	将新一代信息技术，与工业生产实现融合，通过强化对工业生产全要素、全过程、全价值链环节的控制与改革，以提高工业生产的信息数字化、智能化程度，才能推动工业生产高效率快速健康发展

2. 行业发展状况分析

（1）行业发展现状分析。新一代信息技术行业是我国新兴产业之一，该行业具有知识密集、技术密集的特性。该行业不仅能为我国传统行业数字化转型赋能，还可以使人们的生活发生翻天覆地的变化。城市轨道交通信号是新一代信息技术行业中细分的一类，该领域的主流产品是 CBTC 技术。

城市轨道交通信号系统的发展经历了三大主要阶段：从最早期的固定闭塞到后来的准移动闭塞，直至当下的移动闭塞阶段。这里的"闭塞"指的是列车之间保持的距离。以前都是采用固定的距离避免前后列车碰撞。随着技术的发展，现在可以基于通信自动灵活地控制距离，从而提高列车密度，增强城市轨道交通运行效率。标准移动闭塞体系使得列车的工作效率得到明显提升，该体系能够使列车时间间距由 2 分钟以上减少至 90 秒。

近年来，随着城镇化建设的推进，城市交通压力也与日俱增。为满足人们选择公共交通方式的出行需求，提高城市轨道列车运行效率势在必行。轨道信号系统下游产业的智能化、自动化水平的进一步提升，促使了城市轨道交通信号系统向互联互通、全自动运行的方向迅速发展。CBTC 控制系统利用车—地双向通信技术、计算机和自主控制等前沿科技，为今后演进到 I－CBTC 和 FAO 创造了更丰富的发展可能。

多个发达国家的中心城市轨道建设已经或正计划采用 I－CBTC 和 FAO 技术产品，比如巴黎、纽约都在进行城市轨道交通互联互通的建设。根据国际公共交通协会（UITP）的数据显示，FAO 的使用比率也在逐渐提高。2015～2017 年，采用 FAO 系统的线路比例占新线路建设的 12%，随着 FAO 系统的进一步完善与推广应用，到 2022 年预计 FAO 系统的使用比率将提高到 48%。

在国内，I－CBTC 和 FAO 在示范项目中都获得了良好效果，并获得了普遍肯定。在"重庆市地铁互联互通国家示范性工程项目"获得重大发展后，目前中国的北京市、武汉市、青岛市、长沙市等许多大中城市也在计划城市轨道交通的互联互通。在"首都地铁燕房线无人驾驶系统创新示范工程项目"（见图 6 - 8）顺利启动后，中国境内 FAO 线路的比重也在逐步增加。

图 6 - 8 北京燕房线首条无人驾驶地铁

（2）行业发展趋势分析。从未来发展来看，信号系统功能日益强大，意味着系统的架构也将变得更加复杂，那么系统的应用与维护将成为难题。VBTC 是以列车为中心的新型列车控制系统。该系统的优点在于精简了轨旁装置，从而使系统的复杂性大大降低，克服了原有技术存在的问题；信息系统交互的复杂性降低，有效地缩短了信息传输的延迟时间，从而压缩了列车的运行时间间隔。可见，未来 VBTC 技术的成功研发应用将引领轨道信息系统迈向新的时代。

法国的阿尔斯通公司是全球最早开始研发 VBTC 技术的公司，目前在法国里尔县展开实验。美国 GE 公司的 ITCS 控制系统、欧洲 ERTMS 的 ERTMS - Regional 控制系统都以通过减少地面设备对信号系统的干扰为目标，对当前的信息系统进行优化升级。但是本书成书前，国内外尚未有 VBTC 相关产品在已经开通的线路上应用。

与此同时，该行业未来发展也存在制约因素。具体如下：其一，缺乏专业技术人才。这意味着研究开发人员面临着非常大的压力，新一代信息技术的发展关键就是技术人才，他们不仅需要具备过硬的专业知识理论背景，更需要有相应的技术运用与实践操作经验。同时，在技术开发阶段，企业未来是否能够顺利地运营和发展也依赖于开发出来的技术应用情况。因此对于科创板企业的技术人才来说，为了让新技术早日面世，他们还需同时具备较强的奉献精神和抗压能力。该行业目前具备以上综合能力的专业技术人才资源相对匮乏，可能会制约该行业未来的发展进程。

其二，新一代信息技术行业融资情况也将关系该行业的发展。该行业资金来源主要是政府补贴和外部融资。政府的政策将影响企业的长远发展，如果未来政策发生变动，或地方政府财政紧缩，该行业的建设步伐可能就会放缓。尽管目前科创板的成立为新一代信息技术企业提供了广阔的外部融资平台，但是由于存在各种因素，经济的整体下滑或是企业信息披露不佳都将阻碍企业长期在资本市场的融资。缺乏资金的支持，该行业的发展必将受到限制。

3. 行业竞争格局及交控科技市场地位

（1）行业竞争格局。在我国自主研发 CBTC 成功之前，该行业被海外企业垄断。因为缺乏自主研发技术，我国只能依赖于引进国外技术。然而，交控科技的出现不仅突破了零技术的被动困局，现阶段企业研发成果已经达到了第三代城市轨道交通国际技术标准，更值得骄傲的是，该企业研发的 I‐CBTC 系统攻破了不同线路间互联互通的世界级难关，代表着全球领先技术标准的全自主 FAO 技术系统实现了轨道交通领域的最高自动化等级 GoA4 级。

目前，I‐CBTC、FAO 技术已经在全球展开了系统的研发和应用。海外企业技术应用案例：阿尔斯通参与了法国巴黎地铁的互联互通工程项目的建设，西门子、泰雷兹参与了美国纽约地铁的互联互通项目的建设；西门子、阿尔斯通、泰雷兹、庞巴迪等国际企业都已经进行了 FAO 的工程应用。国内技术应用案例：通号国铁、华铁技术、众合科技与交控科技分别承担了 4 条线路的信号系统建设并完成了重庆轨道交通互联互通项目的示范工程建设；2019 年 3 月，交控科技与香港地铁签订协议，双方达成了在香港城市轨道交通线路进行 VBTC 技术应用的合作意向。

目前，我国共有 12 家企业具备城市轨道交通信号系统项目建设承包的能力。鉴于我国华东地区经济较为发达，对技术创新类企业较为友好，大多数竞争对手，如卡斯柯、电气泰雷兹、恩瑞特、新誉庞巴迪，都占据了华东地区。在华南地区，目前还没有竞争对手，我国政府近年来也在加强粤港澳大湾区建设，为科技创新企业提供了充足的发展空间和优渥的市场环境，交控科技也抢占先机，已在华南地区建立了深圳分公司，进行了市场拓展。

（2）交控科技市场地位。交控科技在我国城市轨道交通信号行业处于领先的地位，该企业参加了多项技术标准的制定，促进了全自主运行、互联互通等技术的发展。交控科技主要竞争优势与劣势见表 6 - 20。

表 6 - 20　　　　　　　　交控科技的优势与劣势

优势	与国际竞争对手对比	1. 产品可靠性和安全性较高
		2. 产品满足国内客户个性化需求
		3. 打破国外厂商垄断，成本降低
		4. 为客户提供本地化服务
	与国内竞争对手对比	1. 拥有核心技术所有权
		2. 在技术方面有先发优势
		3. 具有持续创新的机制和能力
		4. 具有丰富的项目实施经验
		5. 人才培养优势
劣势	与行业先驱企业对比	1. 品牌劣势
		2. 基础研究时间较短
		3. 资金劣势
		4. 产品较为单一

交控科技的产品通常具有高可靠性和高度稳定性。国外厂家的产品虽然通过近几年的科技积累发展和全球化运用后已经越来越标准化了，但由于国内都市轨道交通建设存在着车速快、客流量大、列车间距小等特点，因此外国厂家的标准化产品往往无法满足国内地铁线路的特点。而交控科技在满足相同的国际标准条件和最高可靠性等级的基础上，公司的产品设计也为国内外顾客提供了更加稳定的系统选型方法。

交控科技的产品契合国内客户个性化需要。由于国内的客运强度和复杂程度都远高于海外的城市轨道交通运营，因此为了改善旅客的出行感受以及运营企业的经营水平，往往在进行城市轨道交通规划时就必须提供相应的定制化要求。迅速抓住并发现适应行业技术发展趋势的应用需要，以最快的速度和最低的成本，依据国际行业标准和技术规范把需求转变为安全、可信的产品，并推向国际市场是交控科技的核心竞争力。交控科技在为客户提供安全、可信、平稳、快捷的城市轨道交通信号控制器产品服务的前提下，把技术应用需求、经营管控方法以及后期经营维保方面的技术需求，在开发和再产品开发阶段融入通信控制器产品设计中，并嵌入了便于后期经营、管理、维护的诸多功能，包括实现信息可视化的故障信息、移动终端、设备状态信息感知功能等。

（三）交控科技企业价值评估现状

1. 交控科技估值选择

交控科技综合考量了自身的情况，采用《上海证券交易所科创板股票上市规则》的第22条之（一）"预计市值不低于人民币10亿元，最近两年净利润均为正且累计净利润不低于人民币5000万元，或者预计市值不低于人民币10亿元，最近一年净利润为正且营业收入不低于人民币1亿元"的上市标准。对于市值的评估，交控科技通过分别使用市场法、成本法、收益法三种方法进行评估发现，其中的成本法和收益法均不适合。从成本法上来说，交控科技属于信息技术的高新企业，公司资本形式属轻资产形式，因此成本法并不适合；从收益法来说，交控科技处于较高的成长型公司，使用收益法对其进行评估可能造成了现金流预估错误，所以收益法也不合适。交控科技运用市场法中市盈率法对公司进行了评估，公司目前处在成长期，保证了较高强度的研究投资，公司未来成长性也很高，因此该方法相对来说是比较适合交控科技的估值方法。交控科技估值方法如表6-21所示。

表6-21　　　　　　　　　交控科技估值方法

估值方法	是否适用	原因
市场法	相对适用	企业处于成长期，保持较高研发投入，但受多方面因素影响，具有一定局限性
成本法	不适用	属于轻资产类型
收益法	不适用	可能导致现金流预测不准

2. 交控科技估值存在的问题

（1）市盈率法估值与市值不符。交控科技自从 2019 年 7 月 22 日上市以来，股价一直处于波动状态。由图 6 - 9 交控科技 2019 ~ 2020 年季度股价变化可见，在这两年间股价一直处于波动的状态，2019 年第四季度股价开始缓慢下跌，由 37.72 元/股跌至 33.1 元/股，公司股价跌了 11.54%。随后 2020 年第一季度股价开始上升，第一季度末股价高达 48.95 元/股，2020 年末又降回 37.54 元/股。然而，随着股价的波动，交控科技通过市盈率法评估的企业价值却整体呈现下滑的趋势，可见仅凭借市盈率估值法是无法准确评估企业价值的。

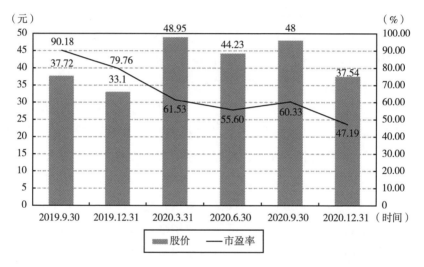

图 6 - 9 交控科技 2019 ~ 2020 年季度股价与市盈率变化
资料来源：根据国泰安数据库整理。

（2）缺乏价值驱动因素的考量。从科创板企业的上市标准就可以看出，企业的盈利能力不是最关键的指标，科创企业更看重的是企业未来盈利能力。但是在用市盈率法估值的时候，依据的是企业当前的盈利能力，仅通过当年的财务状况和经营情况来判断科创企业的价值明显存在不妥之处。交控科技的核心竞争力主要体现在企业的技术实力和研发创新能力方面，缺乏对核心要素的考量，交控科技企业价值就无法完全显现出来，科创企业发展强劲态势也就无法通过价值评估的方式表现出来。

三、样本的选取与处理

（一）样本的选取

本书选取科创板企业作为样本数据的主要来源，理由有如下三个：其一，本书的主要目的在于探讨适用科创板企业的价值评估方式，主要研究对象是科创板企业；其二，由于科创板企业数据都是在证券市场上发布的，其真实性很好且易于掌握；其三，在公开交易时，科创板公司的股价必须和市场上所认可的"公允价值"一致才能代表公司的价格，所以选取科创板上市公司为样本企业。我们在科创板上市公司中，剔除了部分存在信息不良、资料不足问题的企业之后，最终确定了 214 家符合条件的企业作为样本。取其中 6 家企业数据作为深度学习的测试样本，在深度学习模型训练完成后，再以这 6 家企业样本数据检测训练好的深度学习模型的准确性。

（二）样本的预处理

建立模型之前，需要对原始数据进行预处理，以增强深度学习模型对数据处理的应答能力，从而改善模型在训练学习过程中的学习效率和收敛速度，并改善模型的拟合效果。科创板企业价值评估是将评价公司价值各个方面的几个指标的信息综合起来，得出一个综合指数，并由此对公司价值作出一个总体上的评价，该指标体系称为多指标评价体系。在该系统中由于科创板公司价值评定指数的性质不同、统计物理量纲不同以及统计有正有负，在不同指数间的水准差别较大时，若用原有统计值加以划分，将会凸显统计较大的指数在综合划分中的意义，相对弱化统计水准较低指数的意义。所以，为了提升模型在训练过程中的收敛速度，并保证评估结果输出的时效性和精确度，就需要对样本数据信息加以预处理。本书选择常用的"最小—最大标准化"法，通过该方法将数据进行标准化处理，使原始数据均转换为无量纲化指标测评值，即各个指标都处于同一个数量级别上，即可实现综合测量分析。

$min - max$ 的标准化方法是对原始数据展开线性转换。设 $minA$ 和 $maxA$

分别为属性 A 的最小值和最大值，将 A 的一个原始值 X 通过 min – max 标准化映射成在区间 $[0, 1]$ 中的值 x'，其公式为：

$$x' = \frac{X - \min X}{\max X - \min X} \qquad (6-26)$$

本书运用 Pycharm 环境来构建与测试科创板企业深度学习企业价值评估模型时，数据的读取及数据标准化处理的程序语句见附录 6 – 1。

四、深度学习价值评估模型的建立和训练

（一）深度学习价值评估模型的建立

本书在 Pycharm 的集成开发环境下，依靠 Python 编程语言建立深度学习模型。Pycharm 是 Python 开发环境的一种，它能够协助用户提升 Python 语言运作的效能，包括阈值调试、代码跳转、自动完成、项目管理等。开发环境安装好后，就可以开始模型的初始化构建了。

构建深度学习模型，首先需要对模型进行初始化的设定，其中包括模型结构的初始化、权值和参数学习率的初始设定、权值学习增量初始化等。对于模型的初始化，经过相关性检验后最终确认了用于价值评定的指标为 8 个，即输入方向的角度为 8，从而可以把输入层神经元的总量定义为 8；输出层节点预拟合企业价值，因此神经元数量约为 1；隐藏层节点数则需通过后续监督学习确定，除此之外，深度学习的初始化设置、权值 w 以及学习率 LR 的设置，同隐藏层节点数一样，也需要在模型训练的过程中不断调整。

根据机器学习中对 Adam 算法默认参数经验推荐，本书在深度学习中进行初始化设置时，将学习效率（alpha）设置为 0.0001，将隐藏层节点设置为 1，构建代码如下：

```
num_input = x_train. size( )[ –1]
num_output = y_train. size( )[ –1]
model = Net( num_input,[100], num_output, act_method = act_method).
double( )
```

loss_func = nn. MSELoss( )

LR = 0. 0001

w = w － LR * dLoss/dwoptimizer = torch.

optim. Adam(params = model. parameters( ) ,lr = LR)

（二）深度学习价值评估模型的训练

深度学习模型在初始化设置的基础上，通过对样本集的训练反复学习并对模型的参数进行调整，使得模型的拟合效果更好。设置模型的学习效率并与样本的输出误差对比，误差大于学习效率时则需要将误差值逆向反馈到原定的参数中，并以权值 w 作为误差分配调整参数的依据，直至所得误差最小。此时对应的深度学习模型的各参数值均得到优化，模型基本构建完毕。训练代码详情见附录 6 - 1。根据本书模型训练的成果，可以输出如下迭代次数误差效果图，如图 6 - 10 所示。

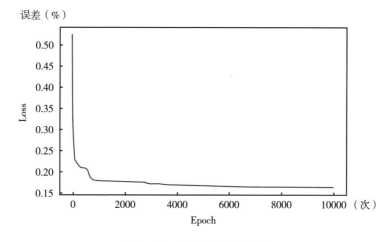

图 6 - 10　迭代次数误差效果

一般情况下，网络模型的输出值和实际值之间的误差 Loss 会随着迭代次数的增加，因不断地学习而降低。这是由于深度学习的网络程序中包含着以误差 Loss 对权值 w 进行修正和更新的功能结构。由图 6 - 10 不难看出，在本模型迭代次数达 6000 次时，误差百分比的值已经基本达到最低、收敛为最优，即在该迭代次数下，模型参数的训练已经足够，无须继续迭

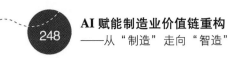
代，因此最终将本模型的迭代次数设置为6000。

五、深度学习价值评估模型的测试

深度学习价值评估模型最后一个部分就是对模型进行测试。本书随机选择了6家企业的数据，对训练好的深度学习价值评估模型进行测试，实际输出与误差如表6-22所示。通过分析深度学习对测试样本实际值与预测值的相对误差，结果显示6组样本中相对误差最大为7.51%，相对误差最小为0.45%，6组测试样本的平均相对误差为4.389%，在可以承受的偏差水平范围内，较好地拟合了企业的实际价值，表明该深度学习价值评估模型训练成功。

表6-22 预测值与实际值的误差

公司代码	实际值（元）	预测值（元）	绝对误差（元）	相对误差（%）
688023	19266666908	19354102221	87435313.02	0.45
688139	20701615080	22124154759	1422539680	6.87
688165	6965763000	6703426357	-262336643.3	3.77
688215	1892690800	2034899461	142208660.5	7.51
688318	14184042500	14458856184	274813684.3	1.94
688595	6487000000	6862689198	375689198.1	5.79

六、交控科技企业价值评估分析

（一）基于深度学习的价值评估

在利用深度学习模型评估交控科技企业价值时，首先统计交控科技各项价值评估指标数据，并对其进行标准化处理，标准化前后指标数据信息如表6-23所示。将经过标准化处理后的指标数据输入到已经训练好的深度学习价值评估模型。该评估过程也是在 Pycharm 环境中使用 Python 实现的，关于数据标准化以及深度学习评估企业价值过程的程序见附录6-1。

表 6 – 23   交控科技企业价值评估指标数据

指标	标准化前数据	标准化后数据
资产总计（元）	4348979828	22.19
息税前利润（元）	260414161.4	0.29
营运资金（资本）周转率（%）	2.06	2.06
全部现金回收率（%）	0.08	0.08
资产负债率（%）	0.70	0.70
研发投入（元）	173254350.4	18.97
研发人员数量占比（%）	0.21	0.21
人力资本增值率（%）	135115.26	0.22

将上述交控科技企业价值评估指标数据输入已训练好的模型中，运算完成后得到交控科技企业价值评估的结果为 6127236608 元。

（二）市盈率法的价值评估

用市盈率方法对企业估值时，需要首先选定或测算一个可比公司股票的平均市盈率或中间值，以该市盈率作为估算的倍数，并采用下列公式计算：

$$每股价值 = 每股收益 \times 市盈率（平均值） \qquad (6-27)$$

$$企业价值 = 每股价值 \times 股本总数 \qquad (6-28)$$

基于市盈率法的同类可比原则，本书将选择 4 家科创板新一代信息技术行业代表企业作为可比对象，并通过计算各公司于 2020 年 12 月 31 日的市盈率均值来确定案例对象的可比市盈率，具体计算结果如表 6 – 24 所示。

表 6 – 24   公司可比市盈率计算

证券代码	证券简称	市盈率
688009	中国通号	14.64
688033	天宜上佳	58.33
688569	铁科轨道	21.24
688586	江航装备	64.66
市盈率均值		39.72

通过上述方法计算得出可比公司市盈率均值为 39.72 倍，交控科技 2020

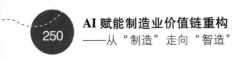

年末的每股收益为 1.48 元/股,根据上述方法测算结果可得出交控科技的每股价格为 58.79 元/股,又知公司股本总数为 160000000 股,所以交控科技 2020 年 12 月 31 日基于市盈率法的企业价值估算结果为 9406400000 元。

(三)对比评估结果分析

本书选定 2020 年 12 月 31 日为评估基准日,分别用市盈率法和深度学习价值评估模型对交控科技进行价值评估,上述两种企业价值评估方法的结果汇总于表 6 – 25。

表 6 – 25 　　　　　　交控科技企业价值评估方法的结果分析

价值评估方法	计算值(元)	实际值(元)	差额百分比(%)
市盈率法	9406400000	6006400000	56.61
深度学习价值评估法	6127236608	6006400000	2.01

由上可见,采用深度学习价值评估模型计算出来的交控科技的企业价值与实际市场价值更为接近,其相对误差比为 2.01%,因此深度学习价值评估模型的评估效果比现在使用的市盈率法更好。

市盈率法的有效运用必须有与目标对象企业价值相近的可借鉴企业,交控科技尽管和中国通号、天宜上佳、铁科轨道、江航装备等同在科创板行业,但是在公司的经营管理模式、技术、资本规模、发展能力等方面仍具有明显差异性,因此即便采用对各企业市盈率平均化处理也无法有效校正与调整差异的影响,进而也无法给交控科技价值设定合理的正可比市盈率,从而导致市场法也无法对交控科技的价值作出正确评价。

深度学习价值评估模型则通过建立科创板企业的价值影响因素体系,通过 SPSS 数据处理软件筛选出与企业价值相关的指标,从企业的视角出发,尽可能全面地把价值影响因素加入评价体系之中。而后,深度学习模型利用机器学习拟合科创板企业价值与各个价值影响因素之间的关系规律,使用该方法评价出来的企业价值的确更接近案例企业的市值。

综上所述,本书构建的科创板企业深度学习价值模型评估科创板企业价值的准确性优于现在使用的市盈率企业价值评估方法,使用深度学习方法对科创板企业价值的评估具有一定的适用性。交控科技企业价值评估模型对科创板价值评估的长远发展具有借鉴意义。

第三节　对策建议

一、加快我国科创板企业价值评估体系研究　完善科创板企业评估机制

我国科创板企业的企业价值主要来源于 A 股市场和海外市场，而证券市场的评估依然由评估机构提供，存在较多主观色彩，较少使用客观评估方法，导致资本市场出现股价偏离公司实际价值的情况。因此，建议加强对科创板企业价值评估方法的系统性研究和应用性实践，完善科创板企业评估机制及制度规范，提高科创板市场运行效率。

二、顺应数字经济发展趋势　构建企业数字化转型价值提升的政策支持体系

促进数字经济发展，使之成为本国经济新的增长点已成为全球各国、各界共识。但数字经济所特有的规模化与外部性特征使得其必须依赖于经济政策支持方能凸显其巨大的发展潜力及其对传统产业的促进作用。尤其是对于单个企业的数字化转型进程来说，更需要政策层面予以一定的扶持和引导，方能驱动其在技术创新和企业组织架构层面达到与数字技术的深度融合，夯实通过数字化转型作用于企业价值提升的技术和组织基础。

三、打造适配数字化转型的内部机制与外部环境

对于企业而言，尤其是聚焦于其价值提升方面时，应更加注重数字化技术与企业自身传统优势业务的融合与促进，将数字技术应用落地与提升企业价值相结合，保障企业在数字化转型的进程中不断优化内部治理体系。对于外部环境，则需要通过市场与政策的充分协同，分别从人才培养、专利保障、社会认可乃至文化认同等方面，引导人才流、资金流以及

社会关注度向数字化转型及转型企业聚焦，集中有限的社会资源打造适配于转型的外部环境，从而促进该类企业的价值提升。

第四节　本章小结

本章首先确定了科创企业的指标体系，并按照所设定的指标数量设定了深度学习模型中输入层和输出层之间的节点数量。其次，利用已处理好的训练集数据进行模型训练，进行训练后的深度学习模型检测，发现本研究所建立的企业深度学习价值评估模型存在合理性，拟合结果有效性较高，且总体均方误差偏小。最后，选用交控科技作为价值评估模型案例分析的样本公司，分别运用当前使用的市盈率价值评估方法和所构建的深度学习模型对交控科技进行价值评估，证实用深度学习模型评估企业价值比市盈率价值评估方法更加准确，并分别从企业层面、政策建议层面提出相应建议。

附 录

附录 6 – 1　深度学习估值代码

一、数据的读取及数据标准化处理的程序语句

```
#读取数据和数据转换
file = '综合指标表 ALL 简化. xlsx'
    workbook = xlrd. open_workbook( file )
    sheet = workbook. sheet_by_index( 0 )
```

```
ncols = sheet. ncols
colnames = ['市值','营运资金(资本)周转率','息税前利润','资产负债
率','全部现金回收率','人力资本增值率','研发人员数量占比','资产总计',
'研发投入']
    x_data, y_data = [ ], [ ]
for col in range( ncols) :
        col_values = sheet. col_values( col)
        col_values = [ each for each in col_values if each! = '' ]
        col_name = col_values[0]
        if col_name = = '代码':
            ids = col_values[1 :]
        if col_name in colnames :
            values = col_values[1 :]
            if col_name == '市值':
                y_data. append( values)
        else :
            x_data. append( values)

    x_data = np. array( x_data). T
    print( x_data. shape)
    firm_ids = list( map( int,sheet. col_values(0)[1 :] ))
    print( firm_ids)
    num_feature = x_data. shape[1]
    #对指标进行标准化处理
    x_data[ :, 1] = ( x_data[ :,1] - np. min( x_data[ :,1] ))/( np. max( x_
data[ :,1] - np. min( x_data[ :,1] )))
    x_data[ :,4] = ( x_data[ :,4] - np. min( x_data[ :,4] ))/( np. max( x_da-
ta[ :, 4] - np. min( x_data[ :,4] )))
    x_data[ :,5] = x_data[ :,4] /100
    #x_data[ :,6] = ( x_data[ :,6] - np. min( x_data[ :,6] ))/( np. max( x_
```

$data[:,6] - np.min(x\_data[:,6])))$

$\#x\_data[:,7] = (x\_data[:,7] - np.min(x\_data[:,7]))/(np.max(x\_data[:,7] - np.min(x\_data[:,7])))$

$x\_data[:,6] = np.log(x\_data[:,6])$

$x\_data[:,7] = np.log(x\_data[:,7])$

$\# x\_data = (x\_data - np.min(x\_data, axis = 0))/(np.max(x\_data, axis = 0) - np.min(x\_data, axis = 0))$

$y\_data = np.array(y\_data).T$

#对市值数据进行标准化处理

$min\_y, max\_y = np.min(y\_data), np.max(y\_data)$

$y\_data = np.log(y\_data)$

$\# y\_data = (y\_data - np.min(y\_data, axis = 0))/(np.max(y\_data, axis = 0) - np.min(y\_data, axis = 0))$

二、深度学习价值评估训练代码

$\#min\_ratio = 100$

#模型构建,1 个隐藏层,节点数为 100

$x\_train, y\_train, x\_test, y\_test, test\_ids = split\_train\_test(x\_data, y\_data)$

$f = open('test\_id.txt', 'w')$

for i in test ids:

$f.write(str(i+2) + '\backslash n')$

$print(" = testids:\{\} = ".format(test\_ids))$

$x\_train, y\_train = torch.from\_numpy(x\_train).view(-1, 1, num\_feature),$
$torch.from\_numpy(y\_train)$

$x\_test, y\_test = torch.from\_numpy(x\_test).view(-1, 1, num\_feature),$
$torch.from\_numpy(y\_test)$

#激活函数使用 relu

$act\_method = "relu"$

num_input = x_train. size( ) [−1]

num_output = y_train. size( ) [−1]

model = Net (num _ input, [100] , num _ output, act _ method = act_meth-od). double( )

#损失函数:均方差损失函数

loss_func = nn. MSELoss( )

#学习率

LR = 0. 0001

#优化器,Adam 优化器主要用于进行梯度下降实现参数的更新

#梯度下降:利用损失函数对参数求导,实现参数的更新,公式为 w = w − LR ∗ dLoss/dw,以达到 loss 减小的目的

optimizer = torch. optim. Adam(params = model. parameters( ) , lr = LR)

#最佳的 loss

best_loss = 999999

best_ratio = 9999

#训练轮数

epochs = 1000000

#info_txt = act_method + '_log. txt'

#f = open(info_txt,'w')

#是否开启训练模式:True 为开启,False 为模型测试

trainable = False

if trainable:

    model. train( )

    for epoch in range(epochs) :

        #自适应调整学习率

        # adjust_learning_rate(optimizer,epoch,lr = L/R)

        #给 net 训练数据,输出预测值

        out = model(x_train). view(−1, 1)

        #计算两者的误差

```
Loss = loss_func(out, y_train)
#清空上一步的残余更新参数值
optimizer. zero_grad()
#误差反向传播,计算参数更新值
Loss. backward()
#将参数更新值施加到 net 的 parameters 上
optimizer. step()
with torch. no_grad():
    model. eval()
    ratio = []
    test_pred = model(x_test). view(-1, 1)
    test_loss = loss_func(test_pred, y_test)
    for i in range(test_pred. size()[0]):
        pred_i = math. exp(test_pred[i, :]. item())
        true_i = math. exp(y_test[i, :]. item())
        ratio. append(abs(pred_i - true_i)/true_i)


if ratio[-1] < 0.1:
    best_ratio = ratio[-1]
    #保存模型
    torch. save(model. state_dict(), act_method + '_best_ratio. pt')


if test_loss < best_loss:
    best_loss = test_loss
    #保存模型
    torch. save(model. state_dict(), act_method + '_best. pt')
torch. save(model. state_dict(), act_method + '_last. pt')
```

第七章 **7**

人工智能在制造业供应商绩效评价中的理论分析与应用研究

第一节 基于 BP 神经网络的供应商绩效评价体系设计

一、BP 神经网络用于供应商绩效评价的可行性

社会经济现象不仅同与它有关的现象构成一个普遍联系的整体，而且在它的内部也存在着很多相互关联的因素，但这种关系又不是一种可以用函数来准确表达的关系。轨道交通企业供应商的选择是由质量水平、采购成本、交付能力、服务和研发水平及企业状况等多种影响因素决定的，任何一个影响因素的变动都可能会影响企业对供应商的选择，上述影响因素和供应商评价之间表现出一种无法确定的非线性关系。在实际供应商选择中，传统评价方法都有一定的主观性和局限性，降低了评价结果的可靠性。

BP 神经网络模型有非常惊人的学习能力，可以适应外部环境的变化，在输入变量受到干扰时，仍可以保持结果的正确性；同时有良好的自学习和自适应性能，能够解决输入和输出之间复杂的非线性映射关系，不需要

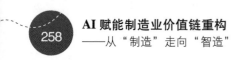
提前确定函数关系，经过多次的自我训练，自动构建输入和输出指标间的函数关系。在使用该模型时，结合供应商选择的影响因子和神经网络的自身功能，形成供应商选择模型。用轨道交通企业供应商选择的影响因子作为输入指标，以对应的专家评价作为输出指标，运行神经网络并开始反复训练。训练完成以后，把 JC 集团潜在的供应商代入模型中，得到供应商的综合评分，进而帮助 JC 集团进行有效的供应商选择。

二、供应商绩效评价体系的构建原则和步骤

本章将文献研究法、问卷调查法和因子分析法相结合来构建 JC 集团供应商绩效评价体系，主要步骤如下。

（一）初始评价指标的确定

在阅读大量供应商绩效评价相关文献的基础上，结合轨道交通车辆制造企业的特点及相关从业人员和专家的研究，对评价指标进行了初步确定，形成初始指标体系。

（二）问卷设计和调查

设计调查问卷，并将问卷以电子邮件的形式发给 JC 集团相关员工及行业内从事该研究方向的专家，对初始评价指标进行评分。然后对反馈的调查问卷进行筛选，剔除不合格的问卷。

（三）通过因子分析确定主成分指标

对问卷得到的数据进行整理，采用信度分析确定问卷结果具有可靠性。之后采用 Stata 软件进行因子分析，通过因子分析提取和确定主因子，并建立因子荷载矩阵对指标因素进行分组和归类。

（四）评价指标的最终确定

对指标因素进行相关性分析，通过相关性分析将各组缺乏相关性的指标予以剔除，形成最终的 JC 集团供应商的绩效评价体系。

三、供应商绩效初始评价指标的确定

对近几年供应商选择评价文献进行指标统计，将具有相同或相近含义的指标表述进行名称的标准化处理，对文献所选用的指标进行统计，如表 7 - 1 所示。

表 7 - 1   指标被引次数统计

指标名称	选用次数	指标名称	选用次数
长期资产负债率	10	原材料状况	2
营业收入增长率	9	交付时间满足率	47
安全性	3	产品设计开发能力	24
研发费用投入比率	8	合同履约能力	15
产品合格率	50	运输能力	9
配置齐全度	2	价格竞争优势	11
产品使用寿命率	10	现金比率	13
价格稳定性	14	售后代理	4
交付数量满足率	37	售后服务满意度	22
降价配合度	12	质量管理体系	26
技术支持满足率	14	授权专利数	11
团队培训	4	企业业绩	5
信誉水平	11	突发订单处理能力	17
产品返修退货率	28	销售利润率	12
维修成本	3	生产柔性	11
品质稳定性	30	资源处理回收能力	1
节能减排能力	1	总资产金额	3
信息化水平	19	市场占有率	8

注：下划线表示根据统计结果挑选出的初始评价指标。

针对文献指标统计结果，通过对相关文献的研究并结合行业特点和相关从业人员及专家的沟通结果，筛选出了 26 个初始评价指标，如表 7 - 2 所示。

表7-2　　　　　　　　轨道交通车辆制造企业供应商绩效初始评价指标

指标名称	
长期资产负债率 X1	交付时间满足率 X14
营业收入增长率 X2	产品设计开发能力 X15
研发费用投入比率 X3	合同履约能力 X16
产品合格率 X4	运输能力 X17
产品使用寿命率 X5	价格竞争优势 X18
价格稳定性 X6	现金比率 X19
交付数量满足率 X7	售后服务满意度 X20
降价配合度 X8	质量管理体系 X21
技术支持满足率 X9	授权专利数 X22
信誉水平 X10	突发订单处理能力 X23
产品返修退货率 X11	销售利润率 X24
品质稳定性 X12	生产柔性 X25
信息化水平 X13	市场占有率 X26

四、调查问卷的设计及数据收集

(一) 调查问卷的设计

问卷调查的目的在于了解轨道交通车辆制造企业对零配件供应商选择的关注点。为此,选择了 JC 集团相关部门员工及供应商评价相关科研人员作为问卷对象,通过发放问卷来了解各专家对我们设计的初始评价指标的认可程度,并以不同受访者对问卷中的评价指标评分作为数据分析的基础,调查问卷评分表如附录 7-1 所示。

问卷由 26 个初始指标组成,分为 Likert 七级量表,该量表由一组描述组成,该组描述按照指标的重要性从小到大分别对应 1~7 评分,其中 5、6、7 分表示指标重要,随着分数升高重要性递增;4 分表示指标重要性一般;1、2、3 分表示指标不重要,随着分数的递减不重要程度递减。通过不同得分来确定对于轨道交通车辆制造企业零配件供应商绩效指标的重要程度。具体问卷设计见附录 7-2。

（二）问卷调查的数据收集

轨道交通车辆制造业供应商绩效指标的选择是一项复杂的系统工程，其评价指标较多，涉及专业领域较广。因此选取的调查对象需具有一定的代表性，以保证统计数据的实用性和科学性。本书中选取的调查对象由两部分组成，如图 7-1 所示：48% 的调查对象来源于 JC 集团设备采购服务科、生产制造部、质量管控部、财务部相关专家，以保证供应商选择评价更适合 JC 集团目前的生产现状和企业要求；52% 的调查对象是目前从事供应商绩效评价的科研人员，以保证可以获取供应商评价领域内的最新理论成果，实现理论与实践的结合。

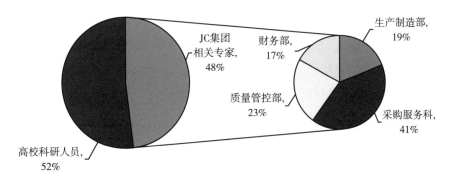

图 7-1　调查对象分布

本次调查问卷一共发出 50 份，收回有效问卷 46 份，回收率为 92%，调查的有效率为 100%，该调查能在一定程度上反映供应商指标的重要程度。

五、信度检验及因子分析

信度即可靠性，是指在相同方法下对某一目标对象进行重复测试时得到的测试结果一致性的程度，通常作为描述测试一致性的一个重要指标。调查问卷的信度就是考察问卷测量的可靠性，即测量所得的结果是否具有内在一致性。本书采取 Cronbach 信度系数法进行信度分析，系数的计算公式如下：

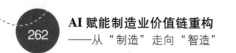

$$a = \frac{k\bar{y}}{\pi(k-1)y} = \frac{k}{k-1}\left(1 - \frac{\sum s_1^2}{s^2}\right) \qquad (7-1)$$

系数的大小反映了问卷信息的一致性程度，即问卷的信度，两者的关系如表 7-3 所示。

表 7-3 系数与问卷信度关系

系数	问卷信度
a≥0.8	非常好
0.7≤a<0.8	较好
0.6≤a<0.7	可接受
a<0.6	较差，考虑重新设计问卷

将附录 7-2 中问卷调查收集的数据使用 Stata 软件进行信度分析，得到的系数如表 7-4 所示。从分析结果可以判定本次问卷信度非常好，数据结果具有较高的可靠性。

表 7-4 信度分析结果

Cronbach's α	项数
0.905	26

本书采用 Kaiser-Guttman 准则来提取主因子，该准则是在数据进行因子分析的基础上，通过确定各个变量的特征根和方差贡献率，选出特征根大于 1 的变量作为主因子的一种提取方法。采用 Stata 软件对数据进行分析，结果如表 7-5 所示。

表 7-5 总方差解释

指标	初始特征值			提取平方和载入		
	合计	方差（%）	累计（%）	合计	方差（%）	累计（%）
1	5.125	23.513	23.513	5.125	23.513	23.513
2	4.384	18.825	42.338	4.384	18.825	42.338
3	2.509	12.157	54.495	2.509	12.157	54.495
4	2.413	11.847	66.342	2.41	11.847	66.342

续表

指标	初始特征值			提取平方和载入		
	合计	方差（%）	累计（%）	合计	方差（%）	累计（%）
5	1.574	7.259	73.601	1.57	7.259	73.601
6	0.971	4.478	78.079			
7	0.914	4.215	82.294			
8	0.805	3.712	86.006			
9	0.678	3.126	89.132			
10	0.497	2.291	91.423			
11	0.413	1.903	93.326			
12	0.322	1.483	94.809			
13	0.206	0.948	95.757			
14	0.198	0.911	96.668			
15	0.173	0.795	97.463			
16	0.132	0.606	98.069			
17	0.108	0.495	98.564			
18	0.082	0.375	98.939			
19	0.067	0.306	99.245			
20	0.043	0.196	99.441			
21	0.035	0.158	99.599			
22	0.029	0.131	99.73			
23	0.021	0.095	99.825			
24	0.016	0.072	99.897			
25	0.012	0.054	99.951			
26	0.011	0.049	100			

由上表可知，有 5 个变量的特征根大于 1，而且这 5 个变量能够映射原变量 73.601% 的信息量。将提取特征根大于 1 的变量命名为 Y1、Y2、Y3、Y4 和 Y5。

在此基础上选择 Y1 ~ Y5 建立因子载荷矩阵，利用方差最大化进行正交旋转，在旋转 8 次后矩阵收敛，得到旋转后的成分矩阵如表 7 - 6 所示。

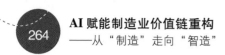

表 7 – 6 　　　　　　　　　　旋转成分因子载荷矩阵

因子	成分				
	Y1	Y2	Y3	Y4	Y5
长期资产负债率 X1	0.088	– 0.019	0.033	0.216	<u>0.873</u>
营业收入增长率 X2	– 0.093	– 0.145	– 0.022	0.242	<u>0.801</u>
研发费用投入比率 X3	0.110	0.053	0.074	<u>0.639</u>	– 0.015
产品合格率 X4	<u>0.627</u>	0.008	0.057	0.100	0.188
产品使用寿命率 X5	<u>0.734</u>	0.164	0.022	0.202	0.068
价格稳定性 X6	– 0.222	<u>0.754</u>	0.051	0.103	0.139
交付数量满足率 X7	0.105	– 0.026	<u>0.844</u>	– 0.019	– 0.147
降价配合度 X8	– 0.036	<u>0.703</u>	0.017	0.100	0.085
技术支持满足率 X9	0.052	0.013	– 0.002	<u>0.637</u>	0.131
信誉水平 X10	0.096	0.113	0.140	0.159	<u>0.821</u>
产品返修退货率 X11	<u>0.835</u>	– 0.012	0.052	– 0.013	0.032
品质稳定性 X12	<u>0.807</u>	0.037	0.070	– 0.119	0.164
信息化水平 X13	0.119	<u>0.833</u>	0.084	0.032	– 0.020
交付时间满足率 X14	0.142	<u>0.760</u>	<u>0.853</u>	0.166	– 0.197
产品设计开发能力 X15	0.102	– 0.234	0.064	<u>0.812</u>	0.068
合同履约能力 X16	0.173	0.086	0.019	<u>0.852</u>	– 0.179
运输能力 X17	0.094	0.011	<u>0.677</u>	0.233	– 0.101
价格竞争优势 X18	0.174	<u>0.783</u>	0.171	0.214	0.045
现金比率 X19	0.013	– 0.022	0.130	0.012	<u>0.672</u>
售后服务满意度 X20	0.005	0.142	– 0.353	<u>0.633</u>	– 0.057
质量管理体系 X21	<u>0.697</u>	0.029	– 0.268	0.094	0.008
授权专利数 X22	0.167	0.057	0.034	<u>0.692</u>	– 0.048
突发订单处理能力 X23	– 0.024	– 0.132	<u>0.756</u>	– 0.135	– 0.017
销售利润率 X24	0.112	– 0.022	– 0.203	0.132	<u>0.832</u>
生产柔性 X25	0.075	– 0.271	0.086	– 0.092	– 0.121
市场占有率 X26	0.086	0.053	0.138	0.067	– 0.129

注：下划线表示根据相关性结果挑选出的二级评价指标。

由表 7 - 6 可知，该项调查具有一定的结构区分效度，可提取 5 个因子，从表中可以看出在 Y1 组中产品合格率（X4）、产品使用寿命率（X5）、产品返修退货率（X11）、品质稳定性（X12）、质量管理体系（X21）这 5 个指标之间相关性较大，将该组这 5 个指标予以保留，又因为这些指标都是衡量产品质量情况的，因此命名 Y1 为质量水平；Y2 组中价格稳定性（X6）、降价配合度（X8）、价格竞争优势（X18）这 3 个指标之间相关性较大，又因为这些指标都是与采购成本相关的，因此命名 Y2 为采购成本；Y3 组中交付数量满足率（X7）、交付时间满足率（X14）、运输能力（X17）、突发订单处理能力（X23）这 4 个指标之间相关性较大，同时由于各个供应商运输能力水平相差不大，经过分析将运输能力（X17）指标剔除，将该组其他指标予以保留，又因为这些指标主要反映产品的交付情况，因此命名 Y3 为交付能力；Y4 组中研发费用投入比率（X3）、技术支持满足率（X9）、产品设计开发能力（X15）、合同履约能力（X16）、售后服务满意度（X20）、授权专利数（X22）这 6 个指标之间相关性较大，将该组这 6 个指标予以保留，因这几个指标是考核供应商的团队服务以及研发情况的，因此将 Y4 归纳命名为服务和研发；Y5 组中长期资产负债率（X1）、营业收入增长率（X2）、信誉水平（X10）、现金比率（X19）、销售利润率（X24）这 5 个指标之间相关性较大，将现金比率（X19）剔除，将该组其他指标予以保留，作为一级指标财务绩效下的二级指标，这几个指标均是衡量企业的财务情况及发展能力，因此将 Y5 命名为财务绩效。

经过相关性分析和指标的筛选，将保留的二级指标重新编号为产品合格率（X1）、产品返修退货率（X2）、品质稳定性（X3）、产品使用寿命率（X4）、质量管理体系（X5）、价格竞争力（X6）、价格稳定性（X7）、降价配合度（X8）、交付数量满足率（X9）、交付时间满足率（X10）、突发订单处理能力（X11）、研发费用投入比率（X12）、产品设计开发能力（X13）、售后服务满意度（X14）、技术支持满足率（X15）、授权专利数（X16）、合同履约能力（X17）、长期资产负债率（X18）、销售利润率（X19）、营业收入增长率（X20）、信誉水平（X21），供应商评价指标体系如表 7 - 7 所示。

表 7 - 7　　　　　　　　　**JC 集团供应商绩效评价指标体系**

一级指标	二级指标	指标类型	数据来源
质量水平（Y1）	产品合格率（X1）	定量	质控人员提供
	产品返修退货率（X2）	定量	质控人员提供
	品质稳定性（X3）	定性	质控专家打分
	产品使用寿命率（X4）	定量	质控人员提供
	质量管理体系（X5）	定性	采购人员提供
采购成本（Y2）	价格竞争力（X6）	定量	采购人员提供
	价格稳定性（X7）	定性	采购专家打分
	降价配合度（X8）	定量	采购人员提供
交付能力（Y3）	交付数量满足率（X9）	定量	质控人员提供
	交付时间满足率（X10）	定量	质控人员提供
	突发订单处理能力（X11）	定量	质控人员提供
服务和研发（Y4）	研发费用投入比率（X12）	定量	资料查询
	产品设计开发能力（X13）	定性	质控专家打分
	售后服务满意度（X14）	定量	质控人员提供
	技术支持满足率（X15）	定性	质控专家打分
	授权专利数（X16）	定量	资料查询
	合同履约能力（X17）	定量	采购结算处提供
财务绩效（Y5）	长期资产负债率（X18）	定量	资料查询
	销售利润率（X19）	定量	资料查询
	营业收入增长率（X20）	定量	资料查询
	信誉水平（X21）	定性	采购专家打分

六、指标分析及量化处理

由以上分析可总结出 JC 集团供应商绩效评价指标体系如下。

（一）质量水平

1. 产品合格率（X1）

产品合格率是指企业在一个生产周期内，所生产的产品中合格产品占全部产品的比例。

产品合格率为定量指标，其计算公式如下：

$$产品合格率 = 最近一次项目合作中合格产品数量/总生产数量 \times 100\%$$

2. 产品返修退货率（X2）

产品返修退货率是指供应商在一个生产周期内交付的所有产品中，出现质量问题需要返修或退货的产品数量所占的比重。

产品返修退货率为定量指标，其计算公式如下：

$$产品返修退货率 = 最近一次项目合作中返修、退货数量/总交付数量 \times 100\%$$

3. 品质稳定性（X3）

品质稳定性是指企业生产的产品在批次内品质的稳定性。品质稳定性不仅反映了供应商的生产稳定情况，也反映了产品品质的波动状况。

品质稳定性为定性指标，其定性评价标准如表7-8所示。

表7-8　　　　　　　　　　　品质稳定性评价标准

定性描述	得分
批次内差异数 < 0.25%	4
批次内差异数 < 0.5%	3
批次内差异数 < 1%	2
批次内差异数 > 1%	1

4. 产品使用寿命率（X4）

产品使用寿命是指产品在使用过程中的自然寿命，是质量水平的重要因素之一，可利用产品平均使用寿命与行业内同类产品最长寿命进行比较来予以量化。

产品使用寿命率为定量指标，其计算公式如下：

$$产品使用寿命 = 产品平均使用寿命/同类产品最长使用寿命 \times 100\%$$

5. 质量管理体系（X5）

质量管理体系指标描述了供应商内部实施的产品质量管理制度的情况。对于JC集团来说，由于其所处的轨道交通行业对供应商选择的标准比一般行业高出很多，提供核心部件的供应商必须通过轨道交通行业特有的质量认证体系——CRCC（中铁检验认证中心）和IRIS（International

Railway Industry Standard，国际铁路行业标准）认证，这在轨道交通行业中是一个至关重要的评价要素，也是该行业的一个专有特点，它可以从侧面反映所选择的供应商的产品质量监察能力。CRCC 是中国实施轨道交通产品认证的第三方检验认证机构。如果供应商的产品通过认证并被添加到其认证目录中，则该产品已获得轨道交通设备制造业的许可证。IRIS 是由欧洲铁路行业协会（UNIFE）制定的全球统一的铁路质量管理体系要求，是目前国际上公认的轨道交通行业质量管理体系标准。它是以国际质量标准 ISO9001 为基础的，主要用于轨道交通行业并对其进行评价的管理系统。供应商在获得了 IRIS 认证之后，就可以把供应商的相关数据导入 IRIS 全球认证数据库，进行统一管理，这就意味其拥有了符合国际轨道交通市场的质量管理平台和资质。目前 JC 集团的国际化程度越来越高，出口打入国际城市轨道交通市场的行为也越来越频繁，因此在选择供应商时，就要对这一指标进行评价。质量体系认证为定性指标，定性评价标准如表 7 - 9 所示。

表 7 - 9　　　　　　　　　　质量体系认证评价标准

定性描述	得分
通过了 ISO9001 认证、IRIS 质量体系认证	4
通过了 ISO9001 认证，但未通过 IRIS 质量体系认证	3
通过了 IRIS 认证，但未通过 ISO9001 质量体系认证	2
未通过 ISO9001 和 IRIS 中任一质量体系认证	1

（二）采购成本

1. 价格竞争力（X6）

价格竞争力反映的是供应商报价与采购部物资评标基准的对比。

价格竞争力为定量指标，其计算公式如下：

$$价格竞争力 = 某采购物资评标基准价/供应商报价 \times 100\%$$

2. 价格稳定性（X7）

价格稳定性是指供应商的产品在一段较长时期内价格的稳定程度，价格稳定性在一定程度上反映了供应商对成本和上游供应渠道的控制能力。

供应商供货价格稳定对于企业生产成本控制有着重要影响。

价格稳定性为定性指标，其定性评价标准如表7－10所示。

表7－10 价格稳定性评价标准

	定性描述	得分
价格非常稳定	受市场影响程度极小	4
价格较为稳定	受市场影响程度较小	3
价格一般稳定	受市场影响程度一般	2
价格很不稳定	受市场影响程度较大	1

3. 降价配合度（X8）

降价配合度为供应商可以接受的企业对物资价格的降价要求的接受程度。降价配合度为定量指标，其计算公式如下：

$$降价配合度 = 企业要求降价幅度 / 供应商接受幅度 \times 100\%$$

（三）交付能力

1. 交付数量满足率（X9）

交付数量满足率指供应商可以按照约定的数量生产并交付企业的能力，其计算公式如下：

$$交付数量满足率 = 可以满足订单要求数量的次数 / 供应商应向企业完成交货次数 \times 100\%$$

2. 交付时间满足率（X10）

交付时间满足率指供应商在约定的交货期内按时交货比率。交付时间满足率为定量指标，其计算公式如下：

$$交付时间满足率 = 可以满足订单要求时间的次数 / 供应商向企业交货次数 \times 100\%$$

3. 突发订单处理能力（X11）

突发订单处理能力反映了供应商对轨道交通车辆制造企业紧急订单的处理能力，体现其能够在多大程度上满足轨道交通车辆制造企业的突发需求。

突发订单处理率为定量指标，其计算公式如下：

$$突发订单处理率 = 订货天数/订货提前天数 \times 100\%$$

（四）服务和研发

1. 研发费用投入比率（X12）

研发费用投入率反映了供应商对研发创新的重视程度，重视程度不同很大程度上决定了其产品领先程度。

研发费用投入率为定量指标，其计算公式如下：

$$研发费用投入率 = 企业年均研发投入/企业年均收入 \times 100\%$$

2. 产品设计开发能力（X13）

产品设计开发能力是反映供应商研发新产品的能力，轨道交通车辆制造企业需要选择设计开发能力强的供应商来满足企业不断提高的需求。

产品设计开发能力为定性指标，其定性评价标准如表 7-11 所示。

表 7-11　　　　　　　　产品设计开发能力评价标准

定性描述	得分
具备强大产品开发和设计能力，有完整的设计开发团队	4
具备较强产品开发和设计能力，设计开发团队较为完善	3
具备一定的产品开发和设计能力，拥有设计开发团队	2
产品开发和设计能力较差，仅能在生产商的帮助下完成产品的设计和提出改善建议	1

3. 售后服务满意度（X14）

售后服务满意度是反映供应商综合服务水平的重要指标。供应商不仅要在产品上满足客户需求，还要在售后服务上持续为客户提供优质的服务。售后服务满意度可以通过售后服务满意率来量化。

售后服务满意率为定量指标，其计算公式如下：

$$售后服务满意率 = 合作期内客户满意反馈总数/$$
$$合作期内供应商提供产品总次数 \times 100\%$$

4. 技术支持满足率（X15）

技术支持满足率是对供应商车间现场技术、工艺问题处理等能力的评价。即按照施工现场的条件和资源限制，要求供应商提供超出产品标准技术要求而需要达到的额外施工技术要求。技术支持满足率为定性指标，其定性评价标准如表 7 – 12 所示。

表 7 – 12　　　　　　　　供应商技术能力评价标准

定性描述	得分
具备完善的设备，满足订单技术要求	4
设备齐全，技术能力基本满足订单要求	3
技术能力不太满足订单要求	2
技术能力不满足订单要求	1

5. 授权专利数（X16）

授权专利数量代表企业的专有技术被专家认同的技术数量，代表供应商的研发能力，可以通过查阅资料直接获得。

6. 合同履约能力（X17）

合同履约能力即结算比率，该指标可以通过财务结算 EPR 系统的计算得到结果，公式如下：

结算比率 = 合同有效期内中标供应商结算金额/中标金额 × 100%

（五）财务绩效

1. 长期资产负债率（X18）

长期资产负债率是指供应商的长期负债占长期资产的比重，该指标体现了供应商企业的非流动债资比，是衡量企业经营安全性的重要指标。

长期资产负债率为定量指标，具体计算公式如下：

长期资产负债率 = 长期负债总额/长期资产总额 × 100%

2. 销售利润率（X19）

销售利润率是衡量企业销售收入的收益水平的指标，属于盈利能力类指标。销售利润率为定量指标，具体计算公式如下：

销售利润率 = 利润总额/营业收入 × 100%

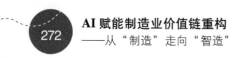
3. 营业收入增长率（X20）

营业收入增长率是评价企业成长状况和发展能力的重要指标。营业收入增长率为定量指标，具体计算公式如下：

营业收入增长率 = 营业收入增长额/上年营业收入总额 × 100%

4. 信誉水平（X21）

信誉是企业的通行证，良好的信誉是企业获得更多信任和合作的基础，可以从供应商的品牌影响力和信用等级两个方面来衡量。

该指标为定性指标，其定性评价标准如表 7 – 13 所示。

表 7 – 13　　　　　　　　　信誉水平评价标准

定性描述	得分
品牌认可度高、信用等级高	4
品牌认可度较高、信用等级较高	3
品牌认可度一般、信用等级一般	2
品牌认可度低，信誉等级低	1

 基于 BP 神经网络的供应商绩效评价模型应用——以 JC 集团为例

一、企业概述

JC 集团股份有限公司（以下简称 JC 集团）成立于 2003 年。根据其官网资料显示，JC 集团位于江苏省常州市，主要从事轨道交通车辆配套产品的研发、生产、销售和服务，在行业内处于领先水平。在高速铁路机车配件产品领域，JC 集团参与配套生产内装、车用电源控制、侧拉门机构、电气控制系统、厨房、箱体、风挡、座椅等产品，并参与标准化动车组（复兴号）的配套研发工作；在城市轨道交通领域，几乎在全国各主要地铁开通城市的车辆上都可看到 JC 集团的产品，公司参与了包括北京、深圳、广州、天津、上海、苏州、南京等几十个城市的数百条城市轨道交通线路；在国际市场上，在阿根廷、法国、印度、英国、巴西、新加坡、意大利等数十个国家的轨道交通车辆项目中也可以看到 JC 集团的产品。

公司主要产品为高速动车组、城市轨道交通三大系列的内饰，即内装、设备和电气，涉及顶板、风道、墙板、地板、间壁、箱体、门机构、司机室、座椅、厨房、电加热器等十多个系列和数千种细分产品。公司与国际知名轨道交通车辆装备的企业合作建立了多家中外合资企业，主要生产车钩系统、信息显示系统、减震系统、辅助电气系统、制动系统等配套产品。

公司具备动车组、城轨车辆内装产品从设计、生产到交付的总包服务能力，能够为客户提供一站式服务。先后通过了 ISO9001、ISO14001、OHSAS18001、IRIS、CCC、CRCC、EN15085 等各类管理体系和产品认证，并以 ISO9001、ISO14001 和 OHSAS18001 体系为基础，整合了 IRIS、CRCC、CCC、安全生产标准化、西门子 WCA 合规体系、EN15085 焊接体系、DIN6701－2 粘接管理体系的要求，形成了"十位一体"的管理标准体系平台。

二、JC 集团供应商评价选择流程

实际上 JC 集团的生产活动都是以客户的订单为中心展开的，每一个订单都需要建立一个项目组来负责。采购原材料和零部件是根据各项目的生产需求进行的。

在 JC 集团内设有采购部门，主要负责采购材料、落实采购计划以及签订采购合同。公司质量管理部门统管供应商的评选，负责召集各相关部门组成供应商审核小组，对供应商进行现场审核。选择供应商后，公司对供应商的产品实行首件检验制度（FAI），经检验合格后，进入供货阶段。公司对供应商进行多维度的考核和跟踪管理。公司的采购程序如下。

（1）JC 集团在选择供应商时，对于经过批准的生产材料采购计划，由研发部门提出技术要求，采购部门按照技术要求来评估需要外购的产品的关键性能指标和关键质量指标。评估完成后，优先联系现有的供应商，如果现有供应商确定可以供货，则首选现有供应商供货，并安排供应商报价和试制样品。如果现有的供应商不能满足要求，则进入新供应商开发流程。通过网络搜索、行业展会、现有供应商或者客户推荐、黄页等渠道寻找供应商，并确定备选供应商。一般情况下，采购部门在本阶段必须要找到 5 个以上的备选供应商，并且要对每一个备选供应商的合作意向和拟采购的产品技术要求等情况进行确认。

（2）采购部向寻找到的备选供应商发放《潜在供应商调查表》，并将备选供应商分为普通产品类供应商、大铁路客车电器辅材类供应商、国家强制性产品类供应商、危险化学品类供应商、特种行业类产品供应商、涉及 CRCC 认证类供应商、涉及船舶法定产品供应商和特种设备供应商，针对不同类别的供应商要求提供不同资质证明材料，主要包括企业的基本信息、资质认证文件、设备和技术能力、质量体系等。采购部门通过供应商提供的证明文件来确定潜在供应商名单。

（3）对备选供应商进行初审。在初步了解备选供应商基本情况的基础上，对明显不符合采购要求的供应商进行淘汰。例如，剔除掉不具备生产能力、资质认证不符合要求的供应商。经过这一阶段的筛选，确定的潜在供应商不少于 3 家。

（4）确定了潜在供应商之后，由品管部门的 SQE（供应商质量工程师）根据实际情况和产品特性，组织采购、研发、生产等部门的人员成立潜在供应商准入审核小组，依据《JC 集团潜在供应商评审表》（见表 7 - 14）对潜在供应商进行现场打分，进行准入审核。审核过程中为保证专业性，由 JC 集团各部门对相应对口的评审内容进行打分，比如品管部工作人员负责对质量保证内容打分，研发部对工艺技术内容进行打分，供应商的供货能力方面由采购部进行打分，供应商的售后服务部分由制造部进行打分。各成员打分的总分数就是该潜在供应商的综合得分。

（5）审核结束后，供应商准入审核小组对潜在供应商打分情况进行相加，得出潜在供应商的综合得分，并作出审核结论。依据审核得分将潜在供应商分为优选供应商（综合得分 ≥80 分）、合格供应商（60 分 ≤综合得分 <80 分）、不合格供应商（综合得分 <60 分）三类，将评选为优选和合格两个档次的潜在供应商列入《合格供应商名录》。

表 7 - 14 　　　　　　　　　　　　　**JC 集团潜在供应商评审表**

供应商名称：

供应商地址：

联系电话：

供应商陪审人员：

供应商产品类别：

审核人员：		审核日期：	
序号	评审内容	指标总分	实际得分
1	产品质量（40 分）		
1.1	供应商是否通过 ISO9001/IRIS/CRCC 的认证体系认证	8	
1.2	供应商在生产活动中是否推行了全面质量管理	6	
1.3	是否制定质量方针并经企业高层批准执行	4	
1.4	供应的产品合格率（合格率≥99% 得 10 分，95% ≤合格率 <99% 得 8 分，90% ≤合格率 <95% 得 6 分，合格率 <90% 不得分）	10	
1.5	进货、生产、出厂等环节是否有检验规范	6	
1.6	检验记录清晰、规范	6	
2	供货能力（20 分）		
2.1	供应商现有的设施设备是否能满足公司的生产需求	10	
2.2	供应的产品是否能在合同规定的期限内交付	10	
3	工艺技术（20 分）		
3.1	是否建立工艺研发部门	6	
3.2	公司的技术人员能否满足需求	6	
3.3	供应商是否具有较强的新产品开发水平	8	
4	售后服务（20 分）		
4.1	供应商是否建立起一支高效的售后保障队伍	10	
4.2	供应商能否尽快地解决产品质量问题	10	

供应商综合得分：

注：优先供应商（综合得分≥80 分）、合格供应商（60 分≤综合得分 <80 分）、不合格供应商（综合得分 <60 分）。

　　（6）对于需要长期采购的标准件或者规格、技术较为统一的零部件以及短期供应的物资采购，采购部门一般通过比价、议价的方式选择供应商。采购部根据物资采购计划，组织前期公司审核过的《合格供应商名录》范围内的供应商进行报价，采购人员接到供应商的报价单后，填写《供应商询价记录表》，经采购部门负责人审核后，选取报价最低的供应商进行采购，并与其签订质量保证协议和采购合同。

（7）对于需要长期采购的非标准件、定制零部件等，采购部门采取招投标的方式来选择供应商；采购计划下达之后，由采购部门和研发部门编制招标文件，向《合格供应商名录》内的供应商邀请投标，供应商提交投标书后，企业组建招标委员会来负责开标，由招标委员会讨论供应商的投标价格是否合理。因为在《合格供应商名录》内的供应商已经完成了资质、质量水平、交付能力等方面的审核，因此，在决定中标单位时还是以价格作为重要参考因素，基本上是选择报价最低的作为最终供应商。开标后，企业向中标供应商发放中标通知书，并与中标供应商签订长期合作协议。采购部门根据采购计划下达采购订单，并跟踪产品供应情况。

（8）在确定供应商并与其签署质量保证协议、供货合同后，JC 集团还与供应商进行进一步沟通，以确认产品的细节和要求。在保证沟通不存在误解的情况下，JC 集团安排供应商进行样品生产。由品管部 SQE 组织相关人员对样品进行首件检验。首件检验合格之后，供应商才进入正式的产品供货阶段。

三、JC 集团的采购特点

（一）产品型号繁多且复杂

由于轨道交通制造产业的特点，客户的需求五花八门，相互之间差别较大，而且产品多以非标准件为主，所以 JC 集团产品具有批量少种类多、各项目之间大部分零部件不能通用的特点，一般难以形成大规模的采购作业；又因为公司为了减少库存成本，尽量减少生产物料的库存，所以产品的采购相对难以集中，形成了少批量多种类以及多批次的采购特点。

（二）产品交付期限严格

JC 集团的产品相对来说销售渠道较为集中，客户来源比较单一，国内市场主要是中国中车以及下属的各个机车厂，国外市场则是西门子、庞巴迪、阿尔斯通等轨道交通制造商。一般情况下，客户都处于比较强势的地位，对产品的交付期限通常控制得非常严格，加上出口商品货运时间长、距离远，不可控因素多，一旦企业的产品超过与客户约定的期限，不仅要面临客户的索赔，还有可能失去后续的订单。

（三）对质量的要求较高

轨道交通行业的产品需要长时间稳定地运行在高速状态。目前，我国高铁的运营平均速度最快为 350km/h，实验速度更是达到了 667km/h。如果产品质量不过关，一旦发生意外，后果不堪设想。因此，该行业对质量的要求远远高于一般产品，有时甚至达到了严苛的标准。JC 集团在选择供应商时，质量也是最为重要的一个指标。在供应商正常的交货中，为了保证公司所生产的产品的高质量和高可靠性，公司建立起严格的质量检验标准，对所有采购的零部件都要进行入库检验作业。

（四）专业的资质认证

轨道交通行业的供应商除了常规的质量认证和体系认证外，一些核心零部件的供应商还必须具有轨道交通方面必备的一些资质认证，比如要通过 IRIS 认证、CRCC 认证等。这些特殊的资质认证体系对供应商来说，是进入轨道交通行业的前提条件和准入资本，反映了该行业的特殊要求。

四、JC 集团供应商绩效评价存在的问题分析

JC 集团潜在供应商的选择评价指标主要分为 4 个一级指标及 13 个二级指标，具体情况如表 7 – 15 所示。

表 7 – 15　　　　　　JC 集团潜在供应商绩效评价指标构成表

一级指标	二级指标	指标类型	数据来源
产品质量	供应商是否通过 ISO9001/IRIS/CRCC 的认证体系	定性	专家打分
	供应商在生产活动中是否推行了全面质量管理	定性	专家打分
	是否制定质量方针并经企业高层批准执行	定性	专家打分
	供应的产品合格率	定量	公式计算
	进货、生产、出厂等环节是否有检验规范	定性	专家打分
	检验记录清晰、规范	定性	专家打分

续表

一级指标	二级指标	指标类型	数据来源
供货能力	供应商现有的设施设备是否能满足公司的生产需求	定性	专家打分
	供应的产品是否能在合同规定的期限内交付	定性	专家打分
工艺技术	是否建立工艺研发部门	定性	专家打分
	公司的技术人员能否满足需求	定性	专家打分
	供应商是否具有较强的新产品开发水平	定性	专家打分
售后服务	供应商是否建立起一支高效的售后保障队伍	定性	专家打分
	供应商能否尽快地解决产品质量问题	定性	专家打分

根据 JC 集团的供应商评价体系，将其选取指标时存在的问题总结如下。

（一）供应商绩效评价指标的选取较为随意

JC 集团所使用的供应商绩效评价指标确定得较为随意，只是简单借用了同行业其他公司采用的常用指标，没有针对企业的实际情况和特点进行深入与细化，现有的评价指标并不能完全满足企业的需求，有些真正需要的指标则可能被遗漏在外。另外，在设置评价指标的分值占比时，主要依靠评价人员的工作经验和主观判断，没有进行科学的定量分析和计算，权重的确定比较随意。

（二）供应商绩效评价过程主观因素太大

JC 集团在评价供应商时，对指标进行打分基本上都是以定性评价为主，因此评价结果容易受到评价人员主观因素的影响，导致评价结果的客观性不强。评价人员对供应商的第一印象、个人喜恶也影响着评价的最终结果，不能反映供应商的真实水平。这种评价方法，很容易产生私下操作等不规范行为。因此，供应商的评价综合得分也就缺乏权威性和说服力，致使评价结果的可信度不高，不利于企业选择出最合适的供应商。

（三）供应商绩效评价体系不健全

JC 集团在选取供应商绩效评价指标时，受学术水平的制约以及传统竞争观念的影响，缺乏整体思维，没有对整个供应链进行综合考虑，所选取的基本上都是质量、成本、交货等一些常见指标，没有考虑到与供应商建立长期的合作关系。这样所选取出来的评价指标就不够全面，很难对供应商作出符合公司长远发展利益的、综合性的整体评价。

比如，JC 集团在对供应商的产品进行质量控制的过程中，主要还是借鉴了机车车辆主机厂的一些经验和方法，采取的还是首件检验、入库检验等相对比较传统的质量控制措施。这种事后管理的质量控制方法缺乏对供应商原材料前期控制过程的评价，很少能关注到供应商前期的生产过程，对采购的产品质量的全过程难以掌握。事实上，与质量控制相关的最重要的就是在过程前或者过程中的控制，即在物资和零部件采购前就进行把控以及对生产过程的质量进行控制，这就要求在评价供应商时要增加对其管理能力进行考察的指标等，这样才能最大限度地确保企业所生产的产品质量合格。

（四）过度关注价格因素

在选择供应商时，JC 集团一般采用招标方式进行，在前期选定的合格供应商范围内，采用比价和核价的方式进行选择，基本上就是价格为王。这种只考虑产品价格低廉的供应商选择方法是不可取的。因为最低的产品价格并不意味着公司所支付的成本也是最低的，而且价格和质量是一对矛盾体，较低的产品价格通常意味着获取不到较好的产品或服务。

在选择供应商时，如果企业过度关注产品单价，而不去考虑其他潜在或无形的成本，会导致部分能提供优质产品的供应商因为价格因素而降低在供应链中的竞争力。

（五）不利于作出有效决策

在与供应商合作时，JC 集团虽然对供应商的各个方面都进行了比较详细的考察，但是在实际评价过程中，公司从专业性的角度考虑，各考核小组成员只对自己部门涉及的部分进行打分，这种打分方式不仅进一步增强了评价的主观性，而且会人为地将参与供应商评价的各个部门割裂开来，使各部门相互独立、缺乏信息的交流。因为各评价方面只有单人打分，在标准的把控上存在较大的随意性，无法为合作决策提供有效的支持。实际上，对某一产品没有固定的合作伙伴，反复进行招标、竞价，不仅不能获得最低的产品价格，而且还会牺牲采购效率，很难确保能采购到最优质的产品。在企业后续的经营活动中，可能需要更多的资金和时间来解决由于采购低价格零部件带来的隐患。采购这样的零部件，即使产品能够按时交付，也无法保证产品的稳定性，更不用说因为质量检验不合格直接影响产品交货期所带来的损失。因此，在供应商选择过程中过分关注价格因素，造成采购的产品存在大量的质量问题，这会耗费企业大量的时间和精力来处理，无形中形成了更多的成本投入，可以说得不偿失。

五、基于 BP 神经网络的 JC 集团供应商绩效评价模型步骤设计

利用 BP 神经网络构建供应商绩效评价模型主要包括以下 4 个步骤，分别是收集和选择样本数据、选定 BP 神经网络拓扑构造和内部参数、训练和检验网络模型、对潜在供应商绩效进行评价。

（一）样本数据的收集和选择

收集 JC 集团供应商数据，定量数据根据公开资料及企业相关部门员工提供资料取得，定性数据根据 JC 集团相关部门专家打分取得，其中选取与 JC 集团合作的 18 个供应商数据记录作为训练数据，另选取 7 个供应商作为检验值，测试模型有效性。

（二）BP 神经网络拓扑结构及参数的确定

网络拓扑结构及内部参数的确定大致包括网络层数、输入/输出层、

隐藏层的个数、网络权值、网络阈值、训练函数、传递函数和最大期望误差等几个部分。

1. 网络的输入、输出层节点数

本书中神经网络的输入为供应商在各指标下的数据，根据第四章搭建的指标体系共有 21 项二级指标，因此输入层应具有 21 个神经元。选择 JC 集团 25 家供应商进行训练测试，因此需输入 $21 \times 25 = 525$ 个数据。本书设置"总得分"属性为该供应商绩效评价模型的目标值，根据"总得分"的大小确定供应商优劣。因此"总得分"为输出向量，且输出向量唯一，故输出层神经元数量为 1 个。

2. 网络的层数

本书搭建的供应商选择评价模型涉及 21 项二级指标，资源池备选供应商 25 家，在一定程度上评价指标较多，可收集的供应商数据较少。在此情况下，为降低误差可适当增加隐藏层神经元数或隐藏层层数。本书将针对以上两种方法设计神经网络结构，确定使用三层网络，以便进行多种方法拟合结果的比较，从而提高精度。

3. 隐藏层的神经元数

为了提高神经网络模型的准确性，一方面我们可以在一定范围内增加中间层的节点数，但如果过度增加节点数，可能导致样本数据过度拟合，学习时间延长，精确性降低。同样，如果节点数过少，可能导致网络走进局部极小值的"漩涡"，也会使输出结果产生较大误差。所以选定神经网络结构的重要一点就是选定合适的中间层节点数。在实际应用中，我们常常采用试凑法来确定中间层节点数，也就是说用公式先大致确定节点数的范围，然后在其他因素不变的情况下，按照一定的顺序从本范围内依次进行样本学习，得到样本学习结果，最后选择最优的节点数作为模型的节点数。其节点数的公式为：

$$m = \sqrt{1 + n + a} \tag{7-2}$$

其中，m 是隐藏层节点数，n 是输入层节点数，1 是输出层节点数，a 是 1～10 以内的常数。

4. 学习速率

在神经网络训练进程中，BP 神经网络的学习速率一直保持稳定。学习速率过大会引起网络训练模型的波动；学习速率太小可能导致网络训练时间过长，神经网络误差的下降速度可能变小，但可以确保网络误差值最后还是靠近最小误差值。在一般情况下，出于保证训练模型的稳定性的目的，选择的学习速率不宜过大。学习速率选定在 0.01~0.8 的范围内。

（三）BP 神经网络的训练和验证

神经网络训练就是把搜集好的样本数据导入神经网络模型，开始进行反复学习，调整各项网络参数，最终使输出结果在设定的误差范围之内结束训练。在提前设定的训练次数范围以内，当各种参数达到提前选定的期望误差的最大值时，表示成功完成训练。如果没有达到期望目标，就需要调整各项网络参数，重新构建网络，直到网络模型达到预设要求。网络模型成功训练完毕以后，就可以进行模型的检验与应用。

（四）JC 集团潜在供应商选择的实际应用

神经网络完成训练以后，就可以将 JC 集团潜在供应商数据导入已经训练好的 BP 神经网络模型中，对 JC 集团 5 家潜在供应商进行综合评价，得到供应商评价结果，从而可以选择最优供应商。

六、JC 集团基于 BP 神经网络的供应商绩效评价实现过程

（一）样本集获取及数据处理

1. 数据来源

JC 集团主要从事轨道交通车辆配套产品的研发、生产、销售及服务。产品包括内装饰、设备、电气三大系列，涵盖了门系统、座椅、厨房等千余种细分产品。在公司的供应商信息库中有 16 家供应商，因样本量不够充足，因此另选择近 10 年内与 JC 集团合作过的具有代表性的 9 家供应商进行分析，这 25 家供应商的现有数据除了通过 JC 集团的信息库获取以外，还通过以下几个途径获取：（1）通过轨道交通车辆制造业行业网站收集目

标对象的数据和基本情况；（2）收集并研究行业研究分析报告，获取与目标对象有关的信息和数据。

通过以上几个途径，本书获取了 25 家供应商的定量化数据，对于定性化的指标，建立了由 6 名成员组成的评审小组对定性指标打分并进行平均化，获得每个定性指标最终的得分。通过整理得出 25 家供应商在 21 个评价指标上的完整数据，见附录 7 - 3。

首先利用 MATLAB 自带函数读取 JC 集团各供应商指标数据，关键代码如下：

$[NUM1] = xlsread('data. xlsx');$

$[NUM] = [NUM1]';$

2. 数据归一化处理

为了降低数据量纲以及奇异数据的影响，需要对数据进行归一化处理。将数据限定在一定范围内，提高其精度和收敛速度。常见的数据归一化方法主要有 Z - score 标准化方法、最大最小标准化法、非线性归一化法等。由于本书中数据量较小且比较集中，不易观察其分布规律，因此选择最大最小标准化方法。最大最小标准化方法是将数据映射到 0 ~ 1 之间。其转换函数如下：

$$x' = \frac{x - minA}{maxA - minA} \tag{7 - 3}$$

归一化处理代码为：

$[pn, ps] = mapminmax(NUM, 0.001, 0.999)$

归一化处理后的数据如表 7 - 16 所示。

为对 JC 集团供应商绩效进行客观度量，本书采用结合熵权法和综合评价法确定各项指标的权重并求出企业的综合绩效期望值。S1 ~ S25 供应商的综合绩效期望值如表 7 - 17 所示。

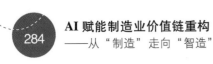
表 7－16　归一化后数据

序号	X1	X2	X3	X4	X5	X6	X7	X8	X9	X10	X11	X12	X13	X14	X15	X16	X17	X18	X19	X20	X21
S1	0.8220	0.0010	0.9990	0.9990	0.9990	0.9990	0.7546	0.5000	0.0373	0.5098	0.5998	0.9990	0.2782	0.9990	0.4584	0.4517	0.6663	0.8881	0.7237	0.6663	0.6663
S2	0.9990	0.2137	0.5000	0.7994	0.9990	0.0010	0.6324	0.5000	0.4728	0.4902	0.7495	0.3337	0.2505	0.5000	0.3337	0.6127	0.6663	0.9990	0.6549	0.6663	0.6663
S3	0.9056	0.3878	0.5000	0.7139	0.3337	0.5000	0.3065	0.9990	0.1099	0.7837	0.8493	0.3337	0.6663	0.9990	0.5000	0.9346	0.6663	0.4168	0.7237	0.6663	0.6663
S4	0.9384	0.0462	0.0010	0.7709	0.6663	0.9990	0.3880	0.5000	0.4183	0.6859	0.2006	0.6663	0.5277	0.5000	0.9990	0.7736	0.3337	0.8327	0.0010	0.6663	0.6663
S5	0.7637	0.2170	0.9990	0.6853	0.3337	0.9990	0.5713	0.9990	0.9990	0.6468	0.0010	0.0010	0.4723	0.9990	0.9574	0.7415	0.9990	0.6941	0.0354	0.6663	0.9990
S6	0.9020	0.5486	0.5000	0.5143	0.9990	0.5000	0.7546	0.9990	0.6724	0.3924	0.3503	0.9990	0.1119	0.9990	0.7911	0.2264	0.9990	0.9158	0.3451	0.6663	0.6663
S7	0.6279	0.7328	0.5000	0.5428	0.9990	0.9990	0.4898	0.9990	0.3639	0.4315	0.2006	0.0010	0.1673	0.9990	0.8743	0.1942	0.9990	0.6941	0.1731	0.6663	0.6663
S8	0.5564	0.3342	0.9990	0.0295	0.6663	0.5000	0.7139	0.9990	0.4728	0.8229	0.9491	0.6663	0.7218	0.9990	0.0010	0.9990	0.9990	0.8327	0.1042	0.6663	0.3337
S9	0.5430	0.3359	0.9990	0.0010	0.3337	0.0010	0.7342	0.5000	0.6179	0.7837	0.5499	0.3337	0.6663	0.5000	0.0426	0.7736	0.6663	0.6109	0.7237	0.6663	0.0010
S10	0.6182	0.8500	0.9990	0.0580	0.6663	0.9990	0.8768	0.0010	0.6542	0.4119	0.2006	0.3337	0.1396	0.9990	0.4168	0.2907	0.3337	0.1673	0.4484	0.6663	0.3337
S11	0.6643	0.5218	0.9990	0.5428	0.9990	0.5000	0.6935	0.5000	0.4002	0.7837	0.7495	0.0010	0.6663	0.9990	0.2089	0.6771	0.9990	0.2505	0.2419	0.6663	0.3337
S12	0.8656	0.6674	0.5000	0.8279	0.6663	0.9990	0.6731	0.9990	0.5454	0.7642	0.7495	0.3337	0.6386	0.9990	0.1258	0.8058	0.6663	0.7495	0.4484	0.6663	0.6663
S13	0.6158	0.2204	0.5000	0.5428	0.9990	0.5000	0.4898	0.9990	0.4546	0.4315	0.2006	0.0010	0.1673	0.5000	0.8743	0.2264	0.6663	0.6386	0.3451	0.6663	0.6663
S14	0.7819	0.3878	0.9990	0.0865	0.6663	0.9990	0.7139	0.0010	0.2732	0.7250	0.6497	0.0010	0.5832	0.0010	0.5416	0.9990	0.9990	0.3614	0.3796	0.9990	0.0010
S15	0.5273	0.4364	0.9990	0.0010	0.6663	0.0010	0.3880	0.5000	0.5272	0.3141	0.5998	0.6663	0.0010	0.5000	0.2921	0.1620	0.9990	0.2505	0.2419	0.6663	0.0010
S16	0.9008	0.6725	0.9990	0.1436	0.9990	0.5000	0.9990	0.5000	0.1825	0.8033	0.3004	0.3337	0.6941	0.9990	0.0426	0.3229	0.9990	0.6941	0.1731	0.6663	0.0010

续表

序号	X1	X2	X3	X4	X5	X6	X7	X8	X9	X10	X11	X12	X13	X14	X15	X16	X17	X18	X19	X20	X21
S17	0.7637	0.5921	0.5000	0.4572	0.9990	0.9990	0.2250	0.9990	0.4546	0.8425	0.8992	0.9990	0.3891	0.9990	0.3337	0.4839	0.6663	0.7772	0.3107	0.3337	0.6663
S18	0.6158	0.6976	0.5000	0.0865	0.9990	0.5000	0.3676	0.5000	0.9083	0.8620	0.9990	0.6663	0.3614	0.0010	0.2921	0.3229	0.6663	0.6941	0.2763	0.3337	0.6663
S19	0.4873	0.5586	0.5000	0.6283	0.9990	0.5000	0.5102	0.0010	0.7268	0.9012	0.8493	0.0010	0.5554	0.5000	0.5000	0.0332	0.3337	0.7495	0.3796	0.0010	0.3337
S20	0.9141	0.8835	0.9990	0.6853	0.6663	0.5000	0.4898	0.5000	0.4728	0.5881	0.9491	0.0010	0.3337	0.5000	0.5416	0.0010	0.6663	0.6663	0.2763	0.6663	0.9990
S21	0.8013	0.2204	0.0010	0.4002	0.6663	0.0010	0.7750	0.9990	0.3095	0.5685	0.8992	0.9990	0.9713	0.9990	0.4168	0.0976	0.6663	0.5000	0.4140	0.6663	0.9990
S22	0.6401	0.1869	0.9990	0.3432	0.9990	0.9990	0.4491	0.9990	0.0010	0.7055	0.4002	0.3337	0.9990	0.5000	0.4584	0.5161	0.6663	0.5277	0.8269	0.6663	0.9990
S23	0.6934	0.7445	0.5000	0.5713	0.9990	0.5000	0.5509	0.0010	0.3639	0.5489	0.4002	0.0010	0.8049	0.9990	0.2921	0.6127	0.3337	0.0287	0.7925	0.0010	0.9990
S24	0.4848	0.6993	0.5000	0.4857	0.9990	0.9990	0.3880	0.5000	0.4546	0.9990	0.7994	0.0010	0.9713	0.9990	0.2089	0.4517	0.9990	0.0010	0.6549	0.3337	0.6663
S25	0.4861	0.2170	0.9990	0.6853	0.9990	0.5000	0.4083	0.5000	0.1643	0.7837	0.3004	0.3337	0.8881	0.9990	0.3753	0.0976	0.6663	0.0564	0.7237	0.0010	0.3337

表 7 - 17   归一化后的样本期望值

编号	S1	S2	S3	S4	S5	S6	S7	S8	S9
输出值	0.7019	0.5184	0.5909	0.5910	0.5811	0.6733	0.5075	0.6024	0.4363
编号	S10	S11	S12	S13	S14	S15	S16	S17	S18
输出值	0.4518	0.4807	0.6396	0.4117	0.4517	0.3955	0.4627	0.6820	0.5189
编号	S19	S20	S21	S22	S23	S24	S25		
输出值	0.3891	0.4857	0.6133	0.5949	0.4393	0.5084	0.4557		

（二）BP 神经网络训练

在构建 BP 神经网络模型之后，需要使用样本数据来训练网络模型。在给定输入向量 X 和相应的预期输出向量 Y 的情况下，通过设置的网络训练方法训练已有神经网络模型。在训练样本和网络参数等相同的情况下，多次运行生成的模型训练结果会有一定差别。需要对模型进行多次调试，在调试过程中，依据运行结果选取效果最佳的模型。

MATLAB 实现的编程过程如下：

在 MATLAB 软件中使用神经网络工具箱，使用 m 语言构建已经建立的 JC 集团供应商绩效评估模型。

首先，将归一化处理后的 25 条供应商样本指标数据作为 input（21 × 25 矩阵），对应的供应商绩效值作为期望输出值 output（1×25 矩阵）。

其次，创建隐藏层节点数为 6 的 BP 神经网络，随后使用试错法不断增加至 15 个节点。

再次，综合考虑模型的训练效率和训练效果，设置训练次数为 5000 次，设定训练目标为 0.001。学习速率可以设定为 0.01，后续不断调整为 0.02、0.03 直至 0.1。

MATLAB 实现的编程语句如下：

net. trainparam. show = 20；

net. trainparam. epochs = 5000；

net. trainparam. goal = 0.001；

net. trainParam. lr = 0. 01 ;

net = train(net, input, output') ;

对于 BP 神经网络模型的测验要从两个方面开始，分别是可靠性测验和精准性测验。可靠性测验就是测验模型的可靠性，如网络收敛速度是否可靠、输出结果是否可信。精准性测验是指网络模型的准确水平，一般用误差率来判定。可靠性测验能够在运行进程中得到显现，运行速度不快、迭代多次还未结束、平方差未达到设定目标等均表示神经网络的效果不好。

在完成 BP 神经网络模型的初始确定后，将训练样本代入 BP 神经网络，观察到网络模型在迭代 2425 次时，系统训练误差为 0. 00099954，接近设定的训练最小误差 0. 001，说明拟合程度较高。花费的时间不长，训练平方差也较低，这表明神经网络模型的各个方面构建得非常好。网络构造及学习过程如图 7 - 2 所示。

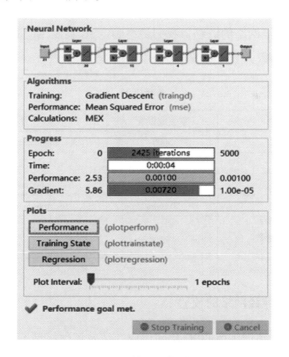

图 7 - 2　BP 神经网络训练界面

BP 神经网络训练过程的误差下降曲线如图 7 - 3 所示。

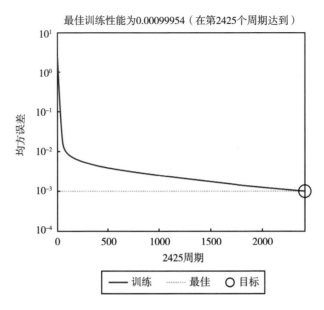

图 7-3　BP 神经网络的误差下降曲线

根据 BP 神经网络的训练，我们最终确定 JC 集团供应商绩效评价的 BP 神经网络结构参数如表 7-18 所示。

表 7-18　　　　　　　　　　参数设置

网络参数	取值或设置	代码
迭代次数	5000	Net. trainParam. epochs = 5000
学习率	0.01	Net. trainParam. 1r = 0.01
学习目标	0.001	Net. trainParam. goal = 0.001
学习函数	Trainlm	Net. trainFcn = 'trainlm'
隐藏层传递函数	Logsig	Net. lavers {1}. transfer Fcn = 'logsig'

（三）BP 神经网络的校验

对完成设计和训练后的 JC 集团供应商绩效评估模型，为了确保其应用的可行性和有效性，通过以下步骤和 MATLAB 编程语句对模型进行校验。

Y = sim (net, testInput) ;

disp(Y);

ERROR = sum((testout − Y).^2);

disp(ERROR);

将归一化整理好的 S19、S20、S21、S22、S23、S24、S25 的 7 家供应商数据作为检验样本 test 矩阵，导入 MATLAB 中。调用已经训练好的 BP 神经网络模型进行仿真。具体输出结果与期望结果对比如表 7 – 19 所示。

表 7 – 19　　　　　　　　　　　模型检验结果

供应商	S19	S20	S21	S22	S23	S24	S25
目标值	0.3891	0.4857	0.6133	0.5949	0.4393	0.5084	0.4557
输出值	0.4033	0.4793	0.6335	0.5859	0.4359	0.4956	0.4462
误差值	0.0142	− 0.0064	0.0202	− 0.009	− 0.0034	− 0.0128	− 0.0095
误差比率	3.65%	1.32%	3.29%	1.51%	0.77%	2.51%	2.08%

将表 7 – 19 的供应商绩效评价系统输出的供应商得分（实际输出）与统计获得的供应商实际得分（目标值）进行比较，计算误差，从表中得出供应商绩效评价系统预测实际值与期望值间差距最大仅为 3.65%、最小为 0.77%，所以证明该系统训练较好，可以进行预测。因此该模型可以有效应用到 JC 集团供应商绩效评估工作中。

七、供应商绩效评价模型在 JC 集团的试运行

为了验证新构建的供应商绩效评价体系及 BP 神经网络模型的科学性和合理性，JC 集团进行了小规模的试运行，通过实例研究，验证新方法的试运行效果，并对暴露出来的问题进行分析和改进。

高铁座椅和普速列车座椅的一个显著区别就是可以旋转，这样可以保证乘客的朝向时刻与列车运行方向保持一致，提升乘客的乘坐体验和舒适度，而实现这一功能最核心的零部件就是旋转机构。经过初选，JC 集团某高铁二等座座椅项目有 S26、S27、S28、S29、S30 共 5 家旋转机构供应商，需要选择一家综合能力较强的供应商。

首先，将在供应商初选阶段得到的信息依据第四章介绍的公式计算定

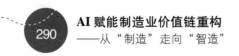

量指标，同时组织专家对定性指标打分；其次，按照第四章中介绍的方法对得到的数据（原始数据见附录 7 - 1）进行归一化处理作为输入矩阵，然后在 MATLAB 中运行程序，就可以得到各供应商的综合评分，S26、S27、S28、S29、S30 这 5 家供应商经处理后的最终评价结果如表 7 - 20 所示。

运行代码：

evaluateInput = mapminmax(evaluatein, settings) ;

YY = sim(net, evaluateInput) ;

disp(YY) ;

表 7 - 20 模型应用结果

旋转机构供应商	综合评分
S26	0. 5605
S27	0. 4722
S28	0. 4500
S29	0. 4834
S30	0. 5397

根据 JC 供应商分级管理办法，综合得分较高的供应商可在每年度参评优秀供应商，参评比例根据不同产品设置。从模型应用的绩效结果来看，供应商 S26 得分最高，供应商 S30 次之，JC 集团可选择 S26 作为此项目首选供应商。

第三节 对策建议

一、提高企业专业人员的技术水平

BP 神经网络与其他的供应商选择评价方法相比，其显著特点在于具有良好的非线性逼近、泛化、自适应、并行分布式处理能力，同时利用

MATLAB 软件提供的工具箱，能更好地对供应商评价模型进行实现。但是 BP 神经网络自身也存在一定的局限性，比如网络隐含层节点数的设置没有获得较好的训练效果，学习速率过小可能会使网络训练收敛速度太慢，样本学习个数的限制也可能会使网络存在一定的冗余性，对于一些复杂的问题，BP 神经网络仍需要结合其他优化算法进一步改进等。如果企业专业技术人员缺乏相关的 BP 神经网络供应商选择评价模型的专业知识，容易出现由于模型建立不当导致预测结果不精确，模型未能适应市场需求的变化，产生网络预测误差大、泛化能力差等现象。因此，应用 BP 神经网络理论进行供应商综合绩效评价对企业专业技术人员提出了更高的要求。

企业需要注重提高企业专业人员的技术水平，做好专业技术人员的管理工作。主要通过以下几个方面开展：一是进行理论培训和实践操作。开办相关知识的培训班、专题讲座，合理安排培训内容，专业人员进行有关神经网络和供应商选择评价理论的系统学习。另外，需要技术人员对 BP 神经网络的供应商绩效评价模型进行不断的模拟操作。二是除了对现有人才的积极开发和培养外，还要对外引进高层次的技术型人才，重视对引进人才的系统规划，逐步建立和完善企业专业技术人员的开发与引进制度，不断提升专业技术人员的水平。

二、加强企业管理人员的决策能力

BP 神经网络的供应商绩效评价模型是对备选样本的历史数据进行统计分析，是企业决策实施的基础，有利于企业管理人员方便、快捷地了解供应商的综合水平。当然，该模型输出的最终预测结果仅仅是企业进行供应商选择与评价的参考和依据，最终的决定权还在于企业的管理人员。在运用 BP 神经网络进行供应商选择与评价后，企业管理人员还需要根据预测结果，综合比较，进而作出决策。这就要求企业必须提高管理人员的决策水平。一是要转变观念。对供应商的选择不能仅仅依靠模型得出的网络预测值，还要准确了解市场的需求，在通过数据分析把握备选供应商综合情况的基础上，同企业的实际情况相结合，选择符合企业要求的供应商。二是以制度促进决策能力的提高。以制度促进企业管理人员不断加强自身素质、提高决策能力。同时采取科学合理的组织形式，制定出切实可行的供应商选择政策与措施，监督管理人员的决策活动。三是及时修正偏差，减少失策造成的损失。

三、重视对预测结果的评价判断

应用 BP 神经网络对供应商选择评价问题进行仿真拟合，是一种可行且有效的评价方法。但是由于 BP 网络自身存在的不足和缺陷，如果没有进行有效的改进，则可能导致训练网络预测出来的结果未必完全符合企业对供应商的期望要求。因此，企业要重视对网络最终预测值进行科学的评价判断。一方面不断检验构造的 BP 神经网络，使神经网络函数能很好地逼近预测结果，从而选出较理想的结果作为供应商选择与评价的依据；另一方面综合考虑主要影响因素，综合比较出现的新问题、新情况，对预测结果加以评价。

第四节 本章小结

本章首先对 JC 集团供应商选择因素进行了调研，通过问卷调查的形式，收集整理了相关专家对轨道交通车辆制造业零部件供应商绩效评价指标影响的评估结果；通过 Stata 统计软件对问卷结果进行了因子分析和信度校验，由此初步确定了 JC 集团供应商绩效评价设计的相关指标及其量化分析，并进一步构建了供应商绩效评价指标体系。其次，运用 MATLAB 软件设置 BP 神经网络模型的各项参数，对模型进行反复训练后建立了基于 BP 神经网络的 JC 集团供应商绩效评价模型。经过仿真校验证实该模型泛化能力较好，能够适用于 JC 集团实际供应商评选工作。最后，通过评价对比 JC 集团各供应商的综合绩效评分，进行最优潜在供应商的选择，为 JC 集团的供应商管理工作和备选供应商选择决策作出科学指导。

附录 7 – 1　专家评分表

专家	X1	X2	X3	X4	X5	X6	X7	X8	X9	X10	X11	X12	X13	X14	X15	X16	X17	X18	X19	X20	X21	X22	X23	X24	X25	X26
专家1	2	2	3	4	3	6	5	6	6	1	5	2	1	2	3	3	3	3	2	2	2	2	7	1	3	2
专家2	4	7	5	3	5	3	4	4	5	6	2	5	4	6	6	5	3	4	6	6	2	5	4	3	4	7
专家3	1	1	4	1	2	4	4	3	3	2	2	1	5	2	2	3	5	2	2	4	3	1	3	4	2	1
专家4	5	6	4	7	4	4	3	2	4	6	2	3	6	5	7	5	7	5	7	4	7	4	4	6	5	6
专家5	1	2	3	2	3	3	1	2	2	3	2	3	3	3	3	2	1	5	1	3	2	4	3	1	5	2
专家6	6	6	4	3	4	4	3	3	3	5	4	6	1	3	5	3	1	5	6	2	1	6	3	1	5	6
专家7	5	6	4	2	3	3	4	3	4	4	5	3	6	7	7	6	6	4	5	5	3	4	4	4	4	6
专家8	4	7	4	1	3	4	3	4	3	5	3	5	7	6	6	6	3	3	6	6	4	4	3	3	3	7
专家9	3	2	3	3	3	3	3	4	5	4	5	1	3	1	2	2	4	2	3	2	6	2	4	5	2	2
专家10	4	4	3	4	7	6	7	5	6	3	4	5	7	3	3	4	4	6	3	5	3	7	5	2	6	4
专家11	6	7	7	3	2	2	3	4	4	5	5	3	7	6	6	5	4	5	4	5	2	3	3	4	5	7

续表

专家	X1	X2	X3	X4	X5	X6	X7	X8	X9	X10	X11	X12	X13	X14	X15	X16	X17	X18	X19	X20	X21	X22	X23	X24	X25	X26
专家12	1	2	1	5	5	6	4	7	5	2	5	6	2	4	3	2	1	7	3	3	6	6	6	7	7	2
专家13	6	3	3	6	5	7	5	6	7	5	5	4	6	5	4	5	7	3	4	5	5	4	7	5	3	3
专家14	3	4	3	1	2	5	5	6	6	3	4	4	3	3	4	4	5	2	4	4	3	3	7	2	2	4
专家15	1	2	3	1	2	4	4	3	2	1	3	2	1	3	6	3	1	3	1	2	2	1	5	1	3	2
专家16	5	6	4	1	4	3	3	4	3	5	2	4	7	6	7	5	7	6	6	6	5	5	3	4	6	6
专家17	6	6	4	4	4	3	3	3	3	6	2	4	7	6	6	6	7	5	5	5	5	3	4	6	5	6
专家18	5	7	4	7	6	4	4	3	4	6	2	3	5	7	2	7	4	4	7	6	2	4	3	3	4	7
专家19	2	3	4	1	3	3	2	4	4	4	5	2	3	3	4	4	2	3	2	5	5	2	4	7	3	3
专家20	4	4	7	3	5	6	4	5	5	5	3	5	7	6	4	3	4	3	4	6	6	5	5	4	6	4
专家21	2	2	3	5	2	4	3	3	4	4	2	3	3	3	3	3	7	4	2	4	2	3	3	3	4	2
专家22	5	6	6	5	7	4	2	3	3	5	2	6	7	6	3	6	6	7	7	5	3	6	3	4	5	6
专家23	2	2	3	2	4	4	4	3	3	3	2	3	6	5	2	4	3	4	1	4	4	3	3	3	4	2
专家24	6	7	5	3	1	6	4	4	5	4	4	3	1	2	7	3	2	2	6	3	2	2	4	5	4	1
专家25	5	4	3	4	2	3	6	5	7	6	4	2	6	5	4	5	7	4	4	6	4	2	5	3	6	4
专家26	1	2	3	3	1	4	2	2	1	3	1	3	1	3	3	5	7	1	1	4	1	3	3	2	3	2
专家27	7	6	4	4	4	4	3	3	4	7	2	6	6	3	5	2	3	4	6	1	6	5	3	4	1	6
专家28	7	6	3	2	4	3	4	3	4	4	2	4	4	2	7	3	4	3	5	3	5	3	4	6	3	6

续表

专家	X1	X2	X3	X4	X5	X6	X7	X8	X9	X10	X11	X12	X13	X14	X15	X16	X17	X18	X19	X20	X21	X22	X23	X24	X25	X26
专家29	4	7	5	7	4	4	3	4	3	5	2	3	6	7	6	6	4	4	6	6	4	3	3	5	6	7
专家30	1	2	3	2	6	3	3	4	2	1	2	7	7	6	2	6	4	5	3	7	4	6	4	3	7	2
专家31	2	2	5	3	2	6	7	6	7	4	5	3	3	1	3	2	3	1	2	1	5	1	7	6	1	2
专家32	5	7	4	3	4	3	3	4	5	5	5	4	5	2	6	3	4	3	6	2	3	5	4	5	2	7
专家33	3	1	3	3	1	4	4	3	4	1	5	3	7	7	7	5	7	1	2	6	3	2	3	4	6	1
专家34	7	6	4	4	7	4	2	2	5	5	6	5	1	7	4	3	2	6	7	3	5	7	4	6	3	6
专家35	3	4	4	5	4	5	5	6	2	7	5	4	7	4	4	5	5	4	4	4	5	5	7	4	4	4
专家36	1	2	3	4	3	2	3	3	4	1	2	4	2	2	3	4	3	4	1	3	4	3	5	6	3	2
专家37	5	6	5	1	2	3	4	3	3	4	2	3	4	5	6	3	3	2	6	4	3	3	3	4	5	6
专家38	6	6	4	6	4	3	2	5	4	7	3	5	7	6	6	5	6	5	5	5	1	5	4	4	5	6
专家39	5	7	5	4	5	4	5	2	7	5	4	7	6	7	6	6	7	6	5	3	2	4	3	2	7	4
专家40	3	4	3	4	3	6	6	4	3	4	7	4	6	5	3	4	4	5	3	5	3	5	5	6	5	4
专家41	5	4	4	4	6	2	3	7	6	5	5	6	6	6	6	5	6	5	4	3	2	3	3	3	5	7
专家42	1	2	2	2	4	6	6	6	6	3	3	3	2	2	2	4	2	4	1	3	5	3	6	2	3	2
专家43	4	3	3	3	3	4	3	3	2	6	5	7	7	7	4	5	6	1	4	4	2	3	7	3	4	3
专家44	6	6	4	7	6	3	3	5	4	4	2	2	1	3	5	2	3	5	6	2	5	5	3	3	2	6
专家45	6	6	7	3	4	3	2	3	4	5	3	2	3	7	7	3	1	5	5	3	6	5	4	6	3	6
专家46	7	7	5	6	6	4	3	4	5	4	3	6	6	2	6	6	4	7	6	6	3	7	3	3	6	7

附录 7 – 2　轨道交通车辆配件制造业供应商绩效评价指标调查问卷

尊敬的男士/女士您好：

首先，真诚地感谢您在百忙之中参与本次调查问卷的填写！

我们是华东交通大学经济管理学院的研究人员，目前正在从事一项有关轨道交通车辆配件制造业供应商绩效评价指标方面的调查研究，希望通过此份调查问卷筛选出更加符合轨道交通车辆配件制造行业的供应商绩效评价指标。请您仔细阅读以下说明，根据您的相关研究或采购经验对下面的各指标进行打分，指标的重要程度被分为七个等级，调查采用 Likert 七级量表，依次为：非常重要（7 分）、重要（6 分）、比较重要（5 分）、一般（4 分）、比较不重要（3 分）、不重要（2 分）、非常不重要（1 分）。

再次感谢您的参与和支持！

（此调查采用匿名方式，仅用于本次研究！）

供应商评价指标（打分题，请填 1~7 数字打分）

1. 长期资产负债率 _____

2. 营业收入增长率 _____

3. 研发费用投入比率 _____

4. 产品合格率 _____

5. 产品使用寿命率 _____

6. 价格稳定性 _____

7. 交付数量满足率 _____

8. 降价配合度 _____

9. 技术支持满足率 _____

10. 信誉水平 _____

11. 产品返修退货率 _____

12. 品质稳定性 _____

13. 信息化水平 ＿＿＿＿＿＿＿＿＿＿

14. 交付时间满足率 ＿＿＿＿＿＿＿＿＿＿

15. 产品设计开发能力 ＿＿＿＿＿＿＿＿＿＿

16. 合同履约能力 ＿＿＿＿＿＿＿＿＿＿

17. 运输能力 ＿＿＿＿＿＿＿＿＿＿

18. 价格竞争优势 ＿＿＿＿＿＿＿＿＿＿

19. 现金比率 ＿＿＿＿＿＿＿＿＿＿

20. 售后服务满意度 ＿＿＿＿＿＿＿＿＿＿

21. 质量管理体系 ＿＿＿＿＿＿＿＿＿＿

22. 授权专利数 ＿＿＿＿＿＿＿＿＿＿

23. 突发订单处理能力 ＿＿＿＿＿＿＿＿＿＿

24. 销售利润率 ＿＿＿＿＿＿＿＿＿＿

25. 生产柔性 ＿＿＿＿＿＿＿＿＿＿

26. 市场占有率 ＿＿＿＿＿＿＿＿＿＿

附录 7 – 3　JC 集团供应商原始数据

序号	X1	X2	X3	X4	X5	X6	X7	X8	X9	X10	X11
S1	0.98	0.013	4	0.97	4	1.15	3	1	0.95	0.9	0.73
S2	0.995	0.025	3	0.9	4	1.09	3	1.2	0.82	0.93	0.72
S3	0.987	0.036	3	0.87	2	0.93	3	1.5	0.78	0.95	0.87
S4	0.99	0.015	2	0.89	3	0.97	3	1.1	0.85	0.82	0.82
S5	0.975	0.025	4	0.86	2	1.06	3	1	0.82	0.78	0.8
S6	0.987	0.045	3	0.8	4	1.15	3	1.3	0.97	0.85	0.67
S7	0.964	0.056	3	0.81	4	1.02	3	1.2	0.89	0.82	0.69
S8	0.958	0.032	4	0.63	3	1.13	3	1.7	0.95	0.97	0.89
S9	0.957	0.033	4	0.62	2	1.14	3	1	0.89	0.89	0.87
S10	0.963	0.063	4	0.64	3	1.21	3	1	0.93	0.82	0.68
S11	0.967	0.044	4	0.81	4	1.12	3	1.6	0.97	0.93	0.87

续表

序号	X1	X2	X3	X4	X5	X6	X7	X8	X9	X10	X11
S12	0.984	0.052	3	0.91	3	1.11	3	1	0.89	0.93	0.86
S13	0.963	0.026	3	0.81	1	1.02	3	1	0.82	0.82	0.69
S14	0.977	0.036	4	0.65	4	1.13	4	1.6	0.93	0.91	0.84
S15	0.956	0.039	4	0.62	3	0.97	3	2	0.93	0.9	0.63
S16	0.987	0.053	4	0.67	3	1.27	3	1	0.82	0.84	0.88
S17	0.975	0.048	3	0.78	4	0.89	2	1	0.91	0.96	0.77
S18	0.963	0.054	3	0.65	4	0.96	2	1	0.9	0.98	0.76
S19	0.953	0.046	3	0.84	4	1.03	1	1.3	0.84	0.95	0.83
S20	0.988	0.065	4	0.86	3	1.02	3	1	0.96	0.97	0.75
S21	0.979	0.026	2	0.76	3	1.16	3	1.1	0.82	0.96	0.98
S22	0.965	0.024	4	0.74	4	1	3	1.7	0.93	0.86	0.99
S23	0.97	0.057	3	0.82	4	1.05	1	1	0.93	0.86	0.92
S24	0.952	0.054	3	0.79	4	0.97	2	1	0.82	0.94	0.98
S25	0.953	0.025	4	0.86	4	0.98	1	1.5	0.91	0.84	0.95
S26	0.986	0.027	4	0.69	1	1.03	3	1	0.9	0.93	0.74
S27	0.913	0.025	3	0.69	3	0.98	3	1.2	0.84	0.89	0.69
S28	0.963	0.043	4	0.76	4	0.89	1	1.1	0.89	0.92	0.89
S29	0.935	0.033	3	0.65	2	0.78	2	1	0.82	0.94	0.87
S30	0.984	0.072	4	0.86	3	1.04	1	1.6	0.93	0.98	0.68

序号	X12	X13	X14	X15	X16	X17	X18	X19	X20	X21	综合评分
S1	0.13	3	1	4	22	0.97	0.22	0.37	0.042	3	0.7019
S2	0.1	3	0.95	3	28	0.9	0.35	0.25	0.063	3	0.5184
S3	0.14	3	0.89	4	15	0.87	0.26	0.42	0.089	3	0.5909
S4	0.26	2	0.93	3	7	0.89	0.45	0.36	0.046	3	0.5910
S5	0.25	4	0.97	4	12	0.86	0.52	0.48	0.085	4	0.5811
S6	0.21	4	0.89	4	9	0.8	0.32	0.34	0.058	3	0.6733
S7	0.23	4	0.82	4	19	0.81	0.37	0.47	0.036	3	0.5075
S8	0.02	4	0.93	4	10	0.63	0.34	0.22	0.045	2	0.6024
S9	0.03	3	0.93	3	22	0.62	0.52	0.32	0.042	1	0.4363
S10	0.12	2	0.82	4	7	0.64	0.55	0.32	0.035	2	0.4518
S11	0.07	4	0.91	4	18	0.81	0.36	0.41	0.063	2	0.4807

续表

序号	X12	X13	X14	X15	X16	X17	X18	X19	X20	X21	综合评分
S12	0.05	3	0.9	4	10	0.91	0.27	0.22	0.031	3	0.6396
S13	0.23	3	0.84	3	12	0.81	0.63	0.25	0.087	3	0.4117
S14	0.15	4	1	2	11	0.65	0.28	0.27	0.069	1	0.4517
S15	0.09	4	0.82	3	12	0.62	0.29	0.41	0.063	1	0.3955
S16	0.03	4	0.93	4	17	0.67	0.37	0.38	0.071	1	0.4627
S17	0.1	3	0.93	4	6	0.78	0.21	0.42	0.062	3	0.6820
S18	0.09	3	0.82	2	29	0.78	0.29	0.23	0.065	3	0.5189
S19	0.14	2	0.91	3	25	0.65	0.39	0.39	0.079	2	0.3891
S20	0.15	3	0.9	3	23	0.84	0.55	0.19	0.025	4	0.4857
S21	0.12	3	0.84	4	15	0.86	0.47	0.34	0.036	4	0.6133
S22	0.13	3	0.89	3	11	0.76	0.51	0.43	0.089	4	0.5949
S23	0.09	2	0.86	4	9	0.74	0.63	0.18	0.036	4	0.4393
S24	0.07	4	1	4	23	0.82	0.25	0.40	0.05	3	0.5084
S25	0.11	3	0.64	4	10	0.79	0.39	0.31	0.071	2	0.4557
S26	0.1	3	0.87	4	16	0.86	0.35	0.23	0.076	4	
S27	0.06	1	0.95	4	11	0.56	0.28	0.33	0.058	4	
S28	0.07	2	0.68	4	3	0.78	0.22	0.52	0.046	4	
S29	0.1	3	0.76	2	16	0.68	0.25	0.32	0.032	3	
S30	0.07	3	0.89	3	20	0.75	0.35	0.25	0.042	2	

附录7-4　运行代码

% 读取数据,循环读取所有文件数据[NUM1] = xlsread('data. xlsx');
[NUM] = [NUM1]';

% 数据归一化处理

[pn,ps] = mapminmax(NUM,0.001,0.999);

% 将数据划分为训练,评估,验证

traindata = NUM(:,1:18); testdata = NUM(:,19:25); evaluatedata = NUM(:,26:30); trainin = traindata(1:end−1,:); trainout = traindata(end,:); testin = testdata(1:end−1,:); testout = testdata(end,:);

evaluatein = evaluatedata(1:end−1,:);

% % %特征值归一化

[input,settings] = mapminmax(trainin); output = trainout';

% % %创建神经网络

% 一层隐含层

% net = newff(minmax(input),[20 1],{'tansig','purelin'},'traingd');

% 两层隐含层

% net = newff(minmax(input),[30 15 1],{'tansig','tansig','purelin'}, 'traingd');

% 三层隐含层

net = newff(minmax(input),[30 15 4 1],{'tansig','tansig','tansig','purelin'},'traingd');

% 四层隐含层

% net = newff(minmax(input),[64 32 16 4 1],{'tansig','tansig','tansig', 'tansig', 'purelin'},'traingd');

% % %设置训练参数

% 现实频率

net. trainparam. show = 20;

% 训练次数

net. trainparam. epochs = 5000;

% 训练目标最小误差

net. trainparam. goal = 0.001;

% 学习速率

net. trainParam. lr = 0.01;

% % %开始训练

net = train(net, input, output');

% % %验证数据归一化

testInput ＝ mapminmax（testin, settings）；

％％％仿真

Y ＝ sim（net, testInput）；

％ 验证输出

disp（'验证样本结果'）；disp（Y）；

％ 验证误差，值越小证明网络效果越好

disp（'验证样本均方误差'）；ERROR ＝ sum（（testout－Y）. ^2）；disp（ERROR）；

evaluateInput ＝ mapminmax（evaluatein, settings）；YY＝sim（net, evaluateInput）；

％ 测试输出

disp（'评估样本结果'）；disp（YY）；

第八章

人工智能在制造业可持续发展评价中的理论分析与应用研究

第一节 基于突变级数法的可持续发展评价模型构建

一、可持续发展评价指标的选取原则

构建评价指标体系需遵循系列原则，易于甄别，更加客观、真实反映企业可持续发展的评价指标。目前关于可持续发展评价指标体系的研究还比较少，且主要集中在经济类指标上。本书吸取彭张林（2017）等学者的见解，确定评价指标体系的构建原则如下。

（一）科学性原则

评价指标体系的设计要客观合理，指标的来源不仅要有明确的依据，其衡量的主体还要定义清晰。除此之外，选取的指标也需要与评价内容密切相关，能够真实地反映企业的运营情况。在指标的选取过程中，以已有的评价研究为参照，在选用定量指标的同时，适当考虑定性指标的选取，指标构成互补的内在逻辑，创建较为完善的可持续发展评价体系。

（二）可操作性原则

评价指标的构建，在充分考虑指标可获得性的同时，要注意它运用起来是否简便。在具体选取指标体系时，应根据所选行业的特点以及不同时期对指标的要求来进行选择。从企业本身来看，可选择企业年度报告、可持续发展报告、巨潮资讯网等官方网站及其他渠道取得的资讯，确保指标的可获取和易获得。

（三）代表性原则

尽管选取的指标数量越多越能得到较全面的评价结果，但选择过多的指标数据，也会给研究工作带来较大困难，同时会误导利益相关者，使其把目光投向不重要的因素，却忽视了关键因素的影响，这不符合可持续发展评价所追求的宗旨。另外，由于指标众多，不同企业之间存在较大差异，难以进行比较和排序，因此本研究遵循代表性原则，简单地选择了各视角下的代表性指标，在客观上体现了企业发展的能力。若任意选择指标，就达不到全面评价的目的，亦不能达到本研究之目标。

（四）系统性原则

可持续发展评价体系不能简单地要求企业对非财务指标给予重视，而应将财务和非财务结合在一起进行综合考虑。因此，在选取指标上，应与企业的战略目标保持一致，各维度间相互渗透，组成一个自上而下的体系，保证评价结果能够对企业的决策和管理产生切实的影响，并对企业有较大的帮助。

二、评价指标的选取依据

近年来，随着我国高质量发展、"双碳"目标、共同富裕等政策的提出，ESG 逐渐成为企业发展的新价值，其更强调商业价值和社会价值的统一。因此，企业应以 ESG 为重要战略目标进行数字化转型，借助数字技术之长，显著减少碳排放，肩负起社会责任。根据前面所述，目前关于可持续发展评价的研究成果大多数采用的是"经济—环境—社会"的分析框架,本书基于 ESG 理念,将治理要素纳入企业的可持续发展指标体系,即"财务—环境—社会—治理"四个维度的一级评价指标体系,从而更全面地考虑企业的实际情况,给出更客观真实的评价;并结合高端制造业技术含量和附加值较高、市场竞争力和创新能力较强以及资本投入信息密集度较大等特征构建可持续发展二级评价指标。其中,财务指标作为考核企业经营状况的重要指标,包含盈利、偿债、营运和成长四大方面能力,从财务维度评估可持续发展态势是否处于正常范围;环境指标主要包括资源利用、环境治理和环境质量三个层面,反映企业对外界环境保护的变化情况;社会指标主要以其他利益相关者为主,从员工、社区和上下游三个层面来评价;治理指标包括内部治理、外部监督和治理效能层面,主要按"存在问题—解决问题—收到成效"的逻辑进行评价。第三层次是具体的独立评价指标。

(一)财务维度指标体系(F)

对于企业而言,财务指标获得渠道比较容易、可靠性高,能够如实反映出企业经营状况。随着社会的进步和经济的发展,知识与信息化技术渗透力越来越大,市场经济新时代呼唤自然和社会经济朝可持续的态势发展,从而企业也更加重视可持续发展。随着社会公众消费观念的不断增强,他们越来越关注企业环境行为与社会责任,企业必须肩负起更大责任,但是满足经济效益的追求,仍然是一个企业最主要的目标。良好的企业运营状况,对于促进企业可持续发展有着重要的保障作用。财务作为企业的一项基础性工作,其重要性不言而喻,所以在进行可持续发展评价时需要考虑企业财务维度。

对企业财务评价体系的研究已有比较完善的成果,结合国家颁布的《企业绩效评价操作细则(修订)》中的基本指标和多数学者的研究现状,将盈利能力(F1)、偿债能力(F2)、营运能力(F3)、成长能力(F4)作为财务维度的二级指标,如表 8-1 所示。结合高端制造业高资本投入的特征,企业的投入产出比是衡量企业经济效益的重要方法,因此选取总资产净利率(F11)、每股收益(F12)、净资产收益率(F13)来综合评估企

业的盈利能力；由于高端制造业具有前期投入大且回报周期长的特征，选
取资产负债率（F21）、流动比率（F22）、速动比率（F23）、利息保障倍
数（F24）来评估企业的债务承受能力；以存货周转率（F31）、应收账款
周转率（F32）、流动资产周转率（F33）来评估企业营运资产的效率；根
据总资产增长率（F41）、净利润增长率（F42）、营业收入增长率（F43）
评估企业是否有较强的竞争力在市场中站稳脚跟。该财务评价体系层层递
进、环环相扣，能够较全面地评估企业的经营状况。

表 8 - 1　　　　　　　　　　财务维度评价指标体系

二级指标	三级指标	指标描述
盈利能力 （F1）	总资产净利率（F11）	净利润/平均资产总额（＋）
	每股收益（F12）	净利润/总股本（＋）
	净资产收益率（F13）	净利润/平均资产净额（＋）
偿债能力 （F2）	资产负债率（F21）	负债总额/资产总额（M）
	流动比率（F22）	流动资产/流动负债（M）
	速动比率（F23）	速动资产/流动负债（M）
	利息保障倍数（F24）	息税前利润/利息费用（M）
营运能力 （F3）	存货周转率（F31）	销售成本总额/平均存货余额（＋）
	应收账款周转率（F32）	销售收入总额/平均应收账款（＋）
	流动资产周转率（F33）	主营收入净额/平均流动资产总额（＋）
成长能力 （F4）	总资产增长率（F41）	（期末总资产－期初总资产）/期初总资产（＋）
	净利润增长率（F42）	（当期净利润－上期净利润）/上期净利润（＋）
	营业收入增长率（F43）	（期末营业收入－期初营业收入）/期初营业收入（＋）

（二）环境维度指标体系（E）

绿色发展理念已经成为一种新时代的发展趋势，也是社会大众普遍认
可的重要指标之一。在投资的时候，社会公众和投资者将产品的绿色度与
品牌的绿色形象纳入考量，认为较注重环境保护的企业，投资价值更高。
此外，环保标准和政策的改变，会给企业现金流以及资产状况带来巨大冲
击。因此，在指标体系中加入环境维度来评价企业可持续发展的情况。

国际上对于环境维度的指标评价标准还没有达成一致，我国对生态环

境方面的研究也还处在探索阶段。本书借鉴国家统计局《中国绿色发展指数报告》及已有学者的评价框架，从资源利用（E1）、环境治理（E2）和环境质量（E3）三个层面对环境维度指标进行细化，具体指标如表 8 - 2 所示。其中，在资源利用指标方面，聚焦高端制造业企业的基本情况，如固废综合利用率（E11）、能源总耗量密度（E12），这与企业规模、技术成熟度以及效能利用度等存在密切联系，资源利用是企业减轻环境风险的基础；在环境治理指标方面，重点关注高端制造业企业的污染物排放量，如二氧化碳排放率（E21）、废水排放率（E22），该项目既要受政府和监管者的约束，又要接受社会的监督，环境的治理指标直接关系企业声誉的高低，影响企业的环境风险；环境质量作为环境治理的一种反映，它体现着企业对待环境的压力态度与应对，如业务活动对环境的重大影响（E31）、业务活动对天然资源的重大影响（E32）。

表 8 - 2　　　　　　　　　　环境维度评价指标体系

二级指标	三级指标	指标描述
资源利用（E1）	固废综合利用率（E11）	工业固体废物综合利用量/工业固体废物产生量（+）
	能源总耗量密度（E12）	营业收入综合能耗吨标准煤/万元（-）
环境治理（E2）	二氧化碳排放率（E21）	工业二氧化碳排放达标量/工业二氧化碳排放总量（+）
	废水排放率（E22）	工业废水排放达标量/工业废水排放总量（+）
环境质量（E3）	业务活动对环境的重大影响（E31）	通过风机产品减少二氧化碳数量（+）
	业务活动对天然资源的重大影响（E32）	再造森林量（+）

（三）社会维度指标体系（S）

企业社会维度的指标体系旨在考虑企业要对谁负责，其中包含了各方利益相关者、企业员工以及社区对社会的贡献度等，这都在社会评估范围之内。当企业与其他单位存在共同的利益时，独立实现发展目标是困难的，各取所需、协同发展是实现目标的重要途径。当协作成为各企业的发展常态时，企业在所处区域内的关系资源就变得尤为重要。因此，应将社会维度纳入企业可持续发展的评价体系。

社会维度的评价体系没有统一标准，对此，学术界有着不同的划分与指标，本书以香港证券交易所《ESG 指引》为架构，结合已有的研究框架，从员工（S1）、社区（S2）和上下游（S3）三方面建立社会维度二级指标体系。其中，员工和社会紧密相连，解决社会就业问题，维护职工的利益，是企业履行社会责任的根本表现，选择员工人均福利（S11）、雇员流失比例（S12）、员工接受培训占比（S13）进行计量；企业和社区公众之间相互作用和沟通，将推动企业发展螺旋式上升，选择社会公益捐赠（S21）、税费缴纳额（S22）进行测算；上下游关系根据客户关系（S31）和供应商关系（S32）的集中度来判断企业社会责任披露的压力。社会维度的指标体系详见表 8－3。

表 8－3 社会维度评价指标体系

二级指标	三级指标	指标描述
员工（S1）	员工人均福利（S11）	职工福利费/职工总人数（＋）
	雇员流失比例（S12）	离职人数/职工总人数（－）
	员工接受培训占比（S13）	接受过培训员工人数/职工总人数（＋）
社区（S2）	公益捐赠（S21）	公益捐赠支出（＋）
	税费缴纳额（S22）	缴纳税款额（＋）
上下游（S3）	客户关系（S31）	企业前五大客户的销售金额占比（M）
	供应商关系（S32）	企业前五大供应商的销售金额占比（M）

（四）治理维度评价指标体系（G）

在促进企业可持续发展的同时，ESG 理念能够带领全社会走出仅注重赚钱获利的浮躁心态，倡导良好、健康的投资环境。企业是经济主体之一，其发展与繁荣离不开资金的支持和有效的管理。但是在中国的市场经济条件下，企业治理缺位、舞弊造假现象层出不穷，给资本市场带来了不良风气，使部分利益相关者蒙受巨大损失，推动投资者开始关注企业投资价值，而不只是单纯地考虑公司财务指标。

在这种情况下如何对企业治理进行正确的评价就显得格外关键。董事会作为公司治理中的一个重要组成部分，其有效性直接影响公司绩效及股东利益。本章旨在根据《ESG 指引》和《中国上市公司治理准则》，结合国外的成功经验，从中国国情出发，从内部治理（G1）、外部监督（G2）和治理效能（G3）三个方面建立公司治理维度指标体系，其中董事会运作在现代企业治理中至关重要，既涉及企业治理全过程，也是公司战略具体化的执行者，它对于公司治理效果有着直观和显著的影响。通过提高股权集中度（G11）、董事会结构（G12）对董事会大小及独立性进行评判；利益相关者透过公司公开的资料，能够了解企业运行情况、财务和今后的发展趋势，利于监管部门对资本市场进行更好的治理，促进市场健康平稳地发展，还有利于广大人民群众依据会计信息及时作出正确的投资决策，避免巨大的损失，也能发挥监督企业的作用，因此，选择了公开披露信息（G21）、违规违法事件（G22）体现企业外部监督；由第三方机构对企业内部控制审计意见（G31）和交易所信息披露质量（G32）来反映企业的治理效能（G3）。公司治理维度的评价指标体系列于表 8 - 4。

表 8 - 4　　　　　　　　治理维度评价指标体系

二级指标	三级指标	指标描述
内部治理（G1）	股权集中度（G11）	前十大股东持股比例（M）
	董事会结构（G12）	独立董事占比（M）
外部监督（G2）	公开披露信息（G21）	定期、临时公告披露数（+）
	违规违法事件（G22）	对被证券交易所开过罚单的实行一票否决，有处罚取"1"，无则取"0"（-）
治理效能（G3）	内部控制审计意见（G31）	是否被出具非标准审计报告，有出具取"1"，无则取"0"（-）
	信息披露质量（G32）	根据证券交易所信息披露评价等级评价披露质量（+）

三、突变级数法用于可持续发展评价的可行性

（一）选择突变级数法的原因

学术界在评价方法上成果丰富，主要有突变级数法、模糊综合评价法等，本书概括了几种评价方法的特点，并总结其优缺点，如表 8 - 5 所示。

表 8 - 5 常用的评价方法分析

方法	优点	缺点
层次分析法	能层层分解复杂的问题，并阐明各水平要素对研究结果产生的作用	指标过多时数据统计量大、权重难以确定，且判断过程中主观因素过多
模糊综合评价	能对被评估对象表现出的模糊性资料作出较为科学、合理的评价	不能解决评价指标相关造成的评价信息重复问题
主成分分析	能够将原有指标变量转化为彼此独立的主成分，然后去除各变量间的相关影响	变量降维后主成分解释其含义带有模糊性，没有原变量含义清晰
BP 神经网络	能够使系统误差满足任意精度要求，具有一定的容错能力	缺乏完整统一的理论指导，靠经验选定容易出现网络不收敛
突变级数法	由各指标间的内在关系依其重要程度得出排序，无须确定指标权重，有助于克服评价的主观性	对指标个数有要求，推导过程较复杂

依据本书所建构的可持续发展评价体系，可以更好地达到操作性、科学性的目的，最后选用突变级数法。一方面突变级数法既可应用于对抽象复杂对象的评价，也可应用于指标之间矛盾关系的测算，适用于具有多重目标和目标间有冲突的体系；另一方面，与其他方法比较，突变级数法运算与操作比较简单，不需要设置指标权重，因避免了人为主观因素而比较客观。

（二）突变级数法的步骤

1. 数据的预处理

第一步，数据进行无量纲化处理，逆向化负向指标：

$$Y_{ij} = \begin{cases} \dfrac{x_{ij} - \min(x_{ij})}{\max(x_{ij}) - \min(x_{ij})}, & x_{ij}\text{具有正向功效} \\[3mm] \dfrac{\max(x_{ij}) - x_{ij}}{\max(x_{ij}) - \min(x_{ij})}, & x_{ij}\text{具有逆向功效} \end{cases} \quad (8-1)$$

式中，i 表示企业，j 表示测度指标，x_{ij} 和 Y_{ij} 分别表示原始的和无量纲化后的企业可持续发展水平测度指标值，$\max(x_{ij})$ 和 $\min(x_{ij})$ 分别表示 x_{ij} 的最大值与最小值。

第二步，计算各指标 Y_{ij} 的信息熵 E_j：

$$E_{ij} = \ln \frac{1}{n} \left[\left(\frac{Y_{ij}}{\sum_{i=1}^{n} Y_{ij}} \right) \ln \frac{Y_{ij}}{\sum_{i=1}^{n} Y_{ij}} \right] \qquad (8-2)$$

第三步，计算各指标 Y_{ij} 的权重 W_j：

$$W_j = (1 - E_j) \Big/ \sum_{j=1}^{m} (1 - E_j) \qquad (8-3)$$

2. 确定各层级的突变类型

突变级数法以突变理论为基础，以模糊数学为手段进行综合评判。突变理论是由法国数学家勒内·托姆（Lerner Thom，1972）发展起来的，通过状态变量和外部控制变量来刻画行为变化，阐释突变系统中量变引起质变的这一不连续、突增的问题，即状态变量 $Y = \{y_1, y_2, \cdots, y_m\}$ 与外部控制变量 $U = \{\lambda_1, \lambda_2, \cdots, \lambda_n\}$ 构成了系统势函数描述的数学模型 $\varphi = f(U, Y)$。不同的二级指标集隶属于不同的一级指标项，一级指标项所包含的二级指标集便是对应的控制变量，通过控制变量的个数选择合适的突变模型，按照重要性排序和归一化处理得到对应控制变量的函数隶属值。当状态变量为 1 个时，常见的突变模型有 4 种，如表 8-6 所示。

表 8-6　　　　　　　　　　基本突变系统类型汇总

类型	控制变量维数	势函数	分歧点方程	归一公式
折叠型突变	1	$\varphi(y) = y^3 + \lambda y$	$\lambda = -3y^2$	$y_\lambda = \sqrt{\lambda}$
尖点型突变	2	$\varphi(y) = y^4 + \lambda y^2 + \alpha y$	$\lambda = -6y^2, \alpha = 8y^3$	$y_\lambda = \sqrt{\lambda}, y_\alpha = \sqrt[3]{\alpha}$
燕尾型突变	3	$\varphi(y) = y^5 + \lambda y^3$ $+ \alpha y^2 + \beta y$	$\lambda = -6y^2, \alpha = 8y^3,$ $\beta = -3y^4$	$y_\lambda = \sqrt{\lambda}, y_\alpha = \sqrt[3]{\alpha},$ $y_\beta = \sqrt[4]{\beta}$
蝴蝶型突变	4	$\varphi(y) = y^6 + \lambda y^4$ $+ \alpha y^3 + \beta y^2 + \omega y$	$\lambda = -10y^2, \alpha = 20y^3,$ $\beta = -15y^4, \omega = 4y^5$	$y_\lambda = \sqrt{\lambda}, y_\alpha = \sqrt[3]{\alpha}$ $y_\beta = \sqrt[4]{\beta}, y_\omega = \sqrt[5]{\omega}$

表 8-6 中的 λ、α、β、ω 表示外部控制变量，且重要程度依次降低。按照指标的重要性排序依次取值代入归一化公式进行计算。

3. 使用归一公式进行综合评价

用归一公式评价时，判断选取指标是否互补。如果指标间存在互补性则选取控制变量所对应的 y_λ、y_α、y_β、y_ω 平均值进行计算，即通过取平均数来优化指标间的差异性，对于非互补性指标集选取 y_λ、y_α、y_β、y_ω 中的最小值进行计算，即使用"极小值准则"来确定突变级数值。多层次指标体系测算时，应厘清各层指标突变模型，再依据归一公式，由最下层起算上层突变级值，经过多层计算，最终得出最高层的突变级值。突变级值数越高说明其表现越好。

第二节　基于突变级数法的可持续发展评价模型应用——以金风科技为例

一、金风科技企业概述

（一）金风科技简介

根据新疆金风科技股份有限公司（以下简称金风科技）官网资料显示，金风科技创建于 2001 年，秉承"为人类创造一片蓝天，为未来创造一片绿色"的宗旨，坚持可持续发展的原则。其前身为 1998 年成立的新疆新风科工贸有限责任公司，是一家历史悠久、研发实力雄厚、拥有自主知识产权的高端装备制造企业，并于 2007 年 12 月在深圳股票市场挂牌。企业的核心业务是向世界各地用户提供完整的风力发电系统，主要涉及风力发电服务、风电场投资开发、风机制造等领域，凭借着在研发、风电场建设及风机制造等领域积累的丰富经验，不仅可以为用户提供优质的风力发电设备，还可以为用户提供风力发电等全方位的服务，从而满足用户对风力发电产业链各个环节的需要。企业自主研发的永磁直驱系列电机，具有世界上最先进的技术水平，并始终保持着业界的领导地位。金风科技在世界范围内建立了 7 家研究开发机构，拥有 3000 多名研究开发人员，并在专利授权和申请量方面位居业界前列。金风科技的远程运维系统于 2016 年获批国家智能制造示范工程，成为我国风力发电行业第一个入选的智能制造示范工程。由于其在高端装备生产方面的成就和贡献，受到党中央的

多次表扬。

（二）案例企业的选择

在李高勇和毛基业（2015）研究的基础上，本书选择金风科技展开单一案例研究，其主要理由如下：首先，案例研究具有典型意义。在高端制造业中，新能源产业是其中一个重要的组成部分，金风科技作为全球值得信赖的清洁能源战略合作伙伴，一直以来都在积极地跟随着能源技术的发展潮流，将创新业务的技术开发作为突破口，持续地增加技术开发投资，以市场和业务需要为中心，努力提高自身的技术开发和应用能力，其可持续发展历程可以为高端制造业其他企业的可持续发展提供借鉴，是一个很好的典型案例。其次，案例研究的可操作性。金风科技历史悠久、实力雄厚、业务范围广泛，是一家拥有强大研发能力、广泛生产能力、极高国际认可度的高端制造业企业，同时还是世界范围内的清洁能源与节能环境的领导者。从某种意义上来说，其发展战略能够在一定程度上为我国高端制造业企业的可持续发展提供参考。另外，案例研究可以帮助更全面、细致地回答"what""how""why"类问题，借此探索高端制造业可持续发展的动态演化过程及发展路径。再次，案例研究的便利性。金风科技是一家专注于清洁能源转型的领先企业，其股价的波动受到了市场的广泛关注，金风科技在可持续发展方面的有关研究也受到许多专家和学者的重视，研究成果层出不穷，能为本书的研究提供更多的参考。最后，单一案例有助于了解新领域问题的产生和成因。单一案例研究提供了在少数情形下进行重要研究的机会，能按照研究目的，在选择了研究对象后，有针对性地收集大量一手、二手数据，并对其进行深入而集中的分析，更好地反映研究对象的实际情况，更接近理论验证的研究目标，进而提升研究的信度。

（三）金风科技数字化转型进程

过去，学者们主要通过一手数据与二手数据两种方法来衡量数字化转型，但是使用一手量表进行测量时会存在量表重复性和真实程度不够稳定等问题；用二手数据衡量，则会产生替代变量选取偏多，且难以判断指标代表性强弱的问题。基于文本分析法的数据来源广、数据表述能力强等优势，本书借鉴吴非（2021）等学者的研究方法，统计企业年度报告中与数字化转型有关的关键词词频确定金风科技的转型现状，即以企业年度报告数字化词频总数在企业年度报告的总词汇数量中的占比代表企业的数字化水平。如图 8 – 1 所示，得到数字赋能关键词词集共计 177 个词汇。

・人工智能技术

人工智能、高端智能、智能控制、智能分析、智能管理、智能工厂、深度学习、机器学习、语义探索、身份验证、自动驾驶、自然语言、人脸识别、图像理解等

・大数据技术

大数据、数据挖掘、文本挖掘、数据可视化、异构数据、征信、增强现实、混合现实、虚拟现实、数字孪生等

云计算、图计算、流计算、类脑计算、认知计算、物联网、融合架构、信息物理系统、多方安全计算、EB级存储等

区块链、数字货币、分布式计算、差分隐私技术、智能金融合约等

・云计算技术

・区块链技术

图 8 – 1　企业数字化词频词谱

根据金风科技年度报告中的关键词统计（详细的词集统计请见附录 8 – 1），金风科技年度报告中涉及数字化转型的关键词词频在 2012 ~ 2014 年的次数在 15 次以下，从 2015 年起词频快速增加。因此，可以初步确定金风科技 2015 年以前开始探索数字化，2016 年以后开始进入加速期。

根据企业年报显示，金风科技在 2015 年开启了数字化转型的探索，创建了数字化运营体系、创新服务平台和仿真计算平台，并以此为基础，不断增加投入，使企业朝数字化、智能化的方向发展，推行精细化的管理，从而提高企业的整体竞争力，确保企业在技术上和市场上的领先优势。2016 ~ 2021 年企业进入提速阶段，从单一业务开始走向多元化业务，并实施"两海战略"，即在大力发展海上风力发电、拓展海外风力发电市场的同时，将金风科技的核心主业推向海外。金风科技针对不同的地形和气候环境，进行差异化和系列化的设计以满足客户多样化要求，并为海上风电储备了 6S 系列直驱式永磁发电机组。其数字化转型进程如图 8-2 所示。

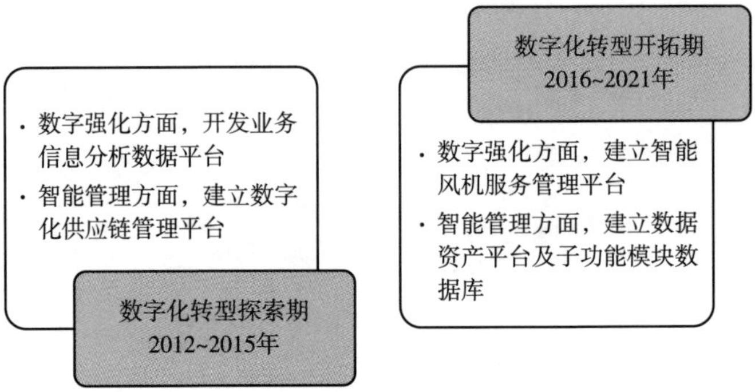

图 8-2　金风科技数字化转型进程

1. 数字化转型探索期

在增强数字化方面，金风科技自主研发了工业和信息化部物联网数据平台与电信运营商业务信息分析数据平台，通过对风电数字化信息技术的深度挖掘与普及，金风科技对整个风电场及其他风力发电项目的全流程进行了全方位的数据采集与分析，实现了以技术协作与数据资源协同为基础的复合型数据生成，初步实现风电信息化资源的实时整合与数据资源协作，完成多变量、多维度的风电产品生产，成为全面采用风能发电解决方案的领先供应商，持续提升用户的满意度。

在企业向智能化管理转变的过程中，金风科技加大各类智能化装备的投资，降低了公司的人力和管理费用。例如，金风科技通过人力资源规划技术进行重大技术改进，并把这些数字化的信息技术完全融入大型风力涡轮发动机设备的研究与制造中，强化了全过程的技术进步，提高了企业的生产效率，降低了企业成本。另外，金风科技还搭建了数字化供应链管理系统，使整个采购流程变得更加明晰和精确。

金风科技在探索转型的过程中，不断拓展其服务领域，以智慧微电网为平台，提供售前的融资、咨询服务，售中设计、采购、施工、验收以及售后的运营维护服务，实现对风力发电的全过程服务。与此同时，为了提高数据的传输速度，更好地满足客户的要求，企业还研发了数据分析平台，有效地收集与分享和风力发电有关的数据，高效解决与风力发电有关的问题，从而提高企业的市场竞争力。

2. 数字化转型开拓期

在增强数字化方面，金风科技将数字化积极应用于服务，构建风机智能化服务与管理平台，通过智能风机状态传感器，将收集到的气象与自然地理等数据传输到大数据管理平台，对风机智能化维修进行实时的数据收集与分析，并在此基础上对风机的智能化与自动化进行深入研究，最终实现了风机智能化的远程维修。金风科技致力于为用户提供一套完整的风力资源数字化定位系统，在风力资源领域拥有全国一流的技术水平，并在中国风力资源方面取得了很好的成绩。

在企业的智能管理中，金风科技的一个重要发展策略就是在产业转型的过程中，力求实现产业的规模化、高效的协同与智能化。在此基础上，企业构建了数据资产平台，对企业中分散的各应用系统的数据库数据展开加工、整理和汇总，如 ERP 资源规划系统、OA 办公自动化管理系统、供应链管理系统及采购系统等，对企业决策提供数据支持，减少决策失误，作出科学决策，继而提高公司治理水平，为企业发展奠定了坚实基础。

因此，金风科技在发展过程中，以用户的需求为出发点，从单一的风力发电设备生产商向风力发电的整体解决方案供应商转变。在此阶段，金风科技不仅生产出世界范围内的先进风电设备，还拥有为整个风力发电系统提供完整解决方案的能力，在风力发电装置的生命周期内为客户提供一条龙服务。

（四）金风科技数字化转型动因

1. 顺应数字经济发展

近年来，大数据、云计算、区块链等数字技术逐步渗透到社会生活中。数字化的商业模式使企业能够以更低的成本获取、储存海量数据，有效地处理和分析复杂的非结构化数据，极大地提升企业的产品运营效益。随着数字经济的发展，数据已成为企业创造价值的重要因素。据中国信息通信研究院的数据显示，如对产品生产生命周期内的数据进行控制，企业的新品研发时间可以缩短 16.9%，生产效率能提高 15.7%，生产装备的利用率也能提升 9.5%。为了更好地运用这些数据来创造价值，企业提高自身数字化水平，并实施数字化转型。与此同时，数字经济的高速发展也为企业带来了严峻的挑战。一方面，数字经济赋予企业快速收集并有效利用数据的能力；另一方面，也使企业间的价值竞争更加激烈，加速产品更新换代。当数字经济走向市场时，传统经济会遭受巨大冲击，甚至有可能被边缘化或被挤出市场，为了规避这种风险，大批消费者从传统经济转向数字经济。对金风科技而言，要想在当前市场中建立起自己的竞争优势，实现数字化转型是必然的选择。虽然从短期来看，可能会面临转型失败的风险，但从长远来看，在新的经济业态下，传统制造业的经营模式很难适应其发展节奏甚至会走向衰退。金风科技开展数字化转型的部分原因在于数字经济发展给企业带来的压力。为此，金风科技顺应数字经济时代发展的新模式，重点发展风力发电，全方面推动企业战略转型，并将自身定位于清洁能源供应商、综合能源服务商，以追求能源干净、高效为主，持续降低成本，提高效率，更好地服务于用户能源供给和用能，给企业股东提供持续性的利益。

2. 响应国家政策需求

为了促进制造业实现向智能制造转变，国家相继出台了系列相关政策。从表 8 - 7 中可以看出，我国已经出台多项政策文件促进制造业数字化转型。在国家政策的鼓励和支持下，智能制造的发展势不可挡，它不仅是激发国民经济增长的新动力，也是抢占未来经济发展和科技进步最高点的策略抉择，有助于推进中国制造业领域供给侧结构性改革，形成中国制造业领域市场竞争新优势，从而达到经济、社会可持续发展。

表 8 - 7 制造业转型发展政策文件

政策名称	发布时间	主要内容
《智能制造发展规划 （2016～2020 年）》	2016 年 12 月	大力推进"两步走"战略的实施。第一步：到 2020 年，智能制造发展基础和支撑能力明显增强，传统制造重点领域基本实现数字化制造；第二步：到 2025 年，智能制造的支撑体系已基本形成，重点产业智能转型取得初步成效

续表

政策名称	发布时间	主要内容
《高端智能再制造行动计划（2018～2020年)》	2017年12月	2020年前，打破制约中国高端智能再制造的关键技术"瓶颈"；初步构建可复制推广再制造应用产品的市场化机制；推进高端智能再制造产业集聚区建设
《工业和信息化部关于工业大数据发展的指导意见》	2020年4月	根据高质量的要求，推动工业数据的汇聚共享、深入推进数据融合创新、增强数据治理能力、强化数据安全管理，注重资源富集，有序治理，构建工业大数据生态体系
《"十四五"智能制造发展规划》	2021年12月	到2025年，规模以上制造业企业大部分实现数字化、网络化，重点行业骨干企业初步应用智能化；到2035年在规模以上制造业企业全面推广数字化、网络化，主要产业骨干企业已基本智能化

资料来源：根据中国政府网整理所得。

可见，我国高度重视数字技术的发展，推行数字化基础建设，激励企业开展数字化转型，进而促进新经济的发展。在这个过程中，要坚持创新驱动，以新一代信息技术为主导，推动制造业向智能化方向发展。其中制造业和数字经济融合发展就是我们国家关注的一个主要方面，我国还特别为制造业颁布了大量的政策文件，以高端制造业为抓手，促进数字经济和制造业融合发展，加快走向制造强国的步伐。同时，在国家大力推进万众创新的背景下，很多中小企业纷纷进行了数字化转型，以此来提高自身核心竞争力，进而获得更大的市场空间。应该说，国家的有关政策文件影响深远，金风科技作为高端制造业企业，其数字化转型自然也有国家相关政策的一份助力。

3. 风电迎来平价时代

近10年来，全球清洁能源的生产成本持续降低，并逐步低于矿物燃料，其中陆地风能的生产成本下降了60%，海上风电最低电价跌破0.207元/千瓦时，为煤电基准价的一半。随着国内陆上风电工程逐步进入"平价"阶段，风机售价呈下降态势，并挤压了原有的利润，此外，海上风电工程的运维执行成本也是金风科技将要面临的巨大挑战。提高营业额和降低成本是企业运营管理的两大要素，在不断加剧的市场竞争中，加强成本管控是企业追求经济利益的重要工作。由于生产运营会消耗大量的人力、物力和财力，因此在成本上难以实现最优控制，此时金风科技要通过转型升级来降低整体成本，进行有效的成本控制，从而有效减少生产成本，提升企业的生产能力和资源利用效率，促进企业实现精细化管理，为企业的发展和制度的完善发挥积极作用。随着社会经济不断增长，我国制造业得到了飞速发展，但是传统制造模式已经不能满足市场要求，为了能够使企业获得更大利润空间，必须要转变企业经营管理模式。数字化转型用机械代替人力，减少劳动力的需求量，减少人工成本和物料浪费，通过对智能化存货管理，减少存储费用，所以，金风科技通过数字化转型优化控制成本支出，从而增强盈利能力。

4. 行业内部竞争压力

在数字经济时代，经济全球化进程加速的背景下，各种人工智能、物联网等技术广泛运用，使得高端制造业企业在技术创新上的竞争愈演愈烈，因此，企业必须通过提高产品质量、创新服务、降低成本等手段来争取更大的市场份额。随着很多资金雄厚、竞争力强的国有企业纷纷进军高端制造业，更多厂商以价格竞争方式来获取市场，然而身为新能源行业的制造商龙头企业的金风科技并未参与价格竞争，因而造成企业中标数量和市场占有率的下降，产业的竞争压力加大，使金风科技处于失去市场份额的危险中，所以，想要在竞争中站稳脚跟，必须要有足够的竞争力，而这种竞争力的形成离不开领先的技术。为了企业能够在激烈的竞争中获得生存与发展，就要顺应市场的要求与变化，对技术与产品进行持续研究与开发，使金风科技逐渐将技术创新作为其发展的重点，从而建立并维持自身的竞争力。

二、金风科技可持续发展路径

（一）通过数字赋能优化企业创新环境

把握数字化趋势，催化绿色研发创新。日趋严格的能源"双控政策"为高端制造业提供了重要发展机会，金风科技抓住中国能源结构调整的战略性机会，坚定地推动新能源产业向清洁、低碳发展，提高可持续发展的整体水平。在"减排"和"盈利"双重压力下，金风科技以新一代大数据为核心，从全局角度出发，结合国际国内的快速发展，满足用户多样化需求，推动全域视角下研发力量的整合，以数字的可赋能性为支撑，为高端制造业注入新活力，为加快企业智能化发展奠定坚实的基础。

在产品开发方面，金风科技在全球拥有 8 个研究管理中心，经过互联网数字化转型升级，建立起一个共享、合作的技术研发交流平台，使原本相互独立的研发管理中心能够互通互联，形成一个共享协作的研发网络。无论是研发人数还是研发资金数额，金风科技在数字化转型的过程中，对研发和开发方面的投资关注度越来越高。如表 8 - 8 所示，金风科技的研发人员由 2015 年的 1377 人增加到 2021 年的 3239 人，在过去的 7 年里，研发人员数量增加了一倍，并且呈不断增长的趋势。此外，2015 ~ 2021 年 7 年间对研究与开发的投资增加 43.21%，提升幅度大。在依靠数字化信息系统的条件下，利用人工智能等高性能的计算方法、研发软件和其他技术，把数字化转型贯穿于研发全过程，使其成为研发成果向新产品转化的强大支撑力量。

表 8 - 8　　　　　　　　　2015 ~ 2021 年金风科技研发情况

指标	2015 年	2016 年	2017 年	2018 年	2019 年	2020 年	2021 年
研发人员数量（人）	1377	2080	2881	3132	2826	2910	3239
研发人员占比（%）	21.10	28.81	34.41	35.78	31.54	32.49	30.04
研发投入金额（亿元）	15.62	13.85	14.73	15.77	15.57	22.71	22.37

资料来源：由金风科技年度报告整理得出。

就产品设计而言，金风科技建立了再制造技术研发与服务中心，利用"再利用（Reuse）、再循环（Recycle）和减量化（Reduce）"的 3R 理念，从废旧零件回收、物流运输、清洁拆解、技术研发、工艺标准、检测试验直至大规模应用，形成了一整套循环过程，实现零部件效能最大化。在研发项目管理中，采用先进的 IPD 产品研发，具体涉及企业的价值链全过程，如技术开发、投入生产等方面的内容。

在产品的设计和检测中，金风科技 2019 年成立自主研发数字仿真实验室，建立在新一代信息技术之上，根据企业的实际情况不断创新，建设我国风电领域一流风电数据平台，搭建机组控制系统模型，完成数据建模和物理实体之间的连接，采用电网传感器与风能气象信息数据中心连续向大数据平台上传风电运行数据，并以此对发电机效率影响因素进行分析，实现了对整机性能进行最大程度的跟踪，从而使产品设计检测更加高效。通过优化风机设计，提升整体性能，使产品与服务智能化变为现实，极大地减少了测试设计需要花费的时间及人力成本。

在此背景下，新一代信息技术被应用其中，实现"大数据 +"和产业研发设计环节的结合，以及技术协作和革新，推进企业数字化、智能化转型进而降低了企业制造成本，提升了产品品质，增强了智能属性与整体竞争能力，由此为可持续发展打下坚实基础。

（二）通过数字赋能细化企业资源配置

把握数字化趋势，优化企业资源安排。金风科技的主要业务是风电设备生产，位于价值链的生产端，其目的是以数字手段将能源的使用行为联系起来，达到清洁能源生产、传送、储存、消费等环节的最优化。通过智能能源领域的研究，为合作伙伴提供多样化能源场景下的数据分析与管理，为合作伙伴的电力需求预测、高效率数字电站以及最优的清洁能源使用管理等系列问题提供解决方案，为实现零碳发展奠定坚实的基础。

在智能计划的视角下，数字化转型在生产过程中与数字化设备及系统进行对接，能收集海量生产和设备状态数据，如计划排产、质量管控、库存管理等。这些数据包含着大量的有意义信息，包括时间、地点、数量等基本属性以及产品结构、工艺流程、工艺路线等关键参数，同时还含有用户需求信息，经过加工后可以得到直观、可视的三维场景和动态图形显示。通过数据的甄别、整合、分析和计算，发掘数据资源中隐藏的价值，为企业实现数字化、网络化的智能生产提供数据支持。目前，国内风电行业正在向智能化方向发展，而风电机组是最重要的制造单元之一，其性能直接影响整个风电场的发电量和经济效益，因此需要建立一个高效的风电机组智能管理系统。金风科技以 MES 系统为手段，搭建了适应生产调度的方案，考虑现有工艺质量要求、生产资源等因素，依托"算力 + 算法"制订出生产调度方案，测算物料投放的配比和其他生产资料，使生产效率最大化，减少交货时间，达到科学、准确智能调度。

在资源利用方面，金风科技充分发挥自身优势，加大产品生产方面的投入，于2018年被评为"智能制造示范企业"，并着力推进智慧工厂建设。运用数字化信息技术，控制产品生产全过程的质量，实现企业内部质量管理的重构。跟踪并反馈生产流程，将智能仪表和传感器与工厂生产设备连接，及时对异常情况进行监控，实现生产流程有效管控。在车间内设置远程监控系统，实时查看各工序运行状态及设备运行状况，及时发现问题。与此同时，基于射频识别技术（RFID）对产品数据进行存储和分析，辨别产品品质，从而促进工作效率与生产的安全性的提高。

总而言之，在企业的数字化转型过程中，资源的数字化配置是十分关键的环节，其以企业互联网来驱动生产关系、价值链的数字化升级和重组，进而推动生产力的进一步发展。利用数字化的配置方式，使资源交易、技术共享信息变得更加透明，资源管理流程得以升级，以激励共享机制推动营商环境的优化，推动共性技术的渗透和赋能作用，进一步推动资源与技术管理的数字化、流程的标准化，从而提高行业发展的总体效率。

（三）通过数字赋能强化企业能源管理

把握数字化趋势，强化智能管理流程。金风科技互联网网络中心内含数据资产管理、供应链协作等系统，一方面，细化企业管理模块，做到精细化管理。通过互联网平台实现对生产过程中各种设备运行状态的监控及故障诊断分析，为企业提供决策依据，提高管理效率和经济效益。另一方面，与供应商开放连接，以产业互联为手段，将原本彼此独立的信息孤岛连接在一起，整合上下游资源，实现信息共享，优化协同管理。对新能源企业而言，风力资源在企业中属于重点资源管理部分，金风科技以风电场研发与销售为主业，故此，如何借助技术进步使风电智能化是企业维持可持续发展面临的核心问题。

从监控的角度来看，金风科技以Power Sphere为数据中台，整合设备、产品、工艺、人力四个方面的数据，构成多维度的产业互联与协作网络，由此实现全价值链、多方位的目标，直观地进行监督管理。在风电项目开发过程中，风力机是重要组成部分，它直接影响整个项目的经济效益以及运营成本。对于风电场的选址问题，金风科技开发的Gold Farm是风电场规划设计的平台，实现风场的实时监测，并对现场实际条件是否达到建设标准进行了评价。该系统不仅可以为风电项目提供准确可靠的风速资料，还能够帮助业主提前预测未来风电功率发展趋势，避免因盲目跟风造成巨大经济损失。同时，平台还可以向风机机组上所安装的雷达传感器进行数据信息的传输，实现了风力资源信息的实时感应，通过 EFarm 雷达智能技术，提高风机机组的适应性及稳定性，从而实现风机机组运行效率的提升。此外，风电项目是一项复杂工程，涉及的设备数量众多且分布广泛，因此后期的维护工作需要花费大量人力、物力成本，而利用该系统则可以有效节省人力成本和时间。对于风电场的建设和检修，金风科技在 2020 年推出 GOPLUS 风电场移动运维平台对风机的运行数据和异常数据进行处理，便于后台运营管理者及现场维修工程师迅速处理故障，保证风电场正常工作。

从业务角度看，金风科技推出了全产品生命周期系统（PLM），涉及生产执行至售后维修的整个业务流程，将各环节与产品有关的资料实行综合管理与分布应用，实现纵向产业链各环节之间相互衔接，同时强化层次内企业之间的协同作用。DAM 数据资产管理系统的使用，对结构化数据和非结构化数据进行了分类分析，为管理决策提供高质量数据支持。在此基础上建立基于供应链理论的企业资源管理系统，以满足企业战略发展需要。金风科技运用企业资源计划管理（ERP）将各价值链环节的管理与其他资源相关联，其中库存管理是 ERP 中最核心的管理模块，能通过对已有生产资料的损坏和其他状况的数据分析，有效地避免生产资源的积压与短缺，达到精益化库存管理的目的。

综上所述，金风科技在监测、业务维度的数字化转型，为其构建了一张产业互联的应用图。从监测维度上看，以推动金风科技数字化转型为重要战略发展方向，使企业组织架构与管理模式智能化集成。通过建立"智能感知＋数据分析"的智慧化管理体系，为风电行业提供精准高效的运行管理方案，提高风电场运营管理水平。从业务维度上看，金风科技打造了自己的信息共享平台，以大数据为企业生产的决策要素，深度运用数据价值，积极拓展智能制造、智慧城市等领域，进一步推动企业信息化建设向纵深发展。同时，人工智能也在多种场景中得到应用和推广，改善流程，提高服务效率，在数字化技术不断发展的过程中，逐步提高数字技术的应用成熟度。

三、金风科技数据来源与处理

(一) 案例企业数据来源

本书以金风科技为案例，深入讨论其在落实可持续发展与 ESG 理念方面所取得的卓越成就。我国目前正处于经济转型阶段，绿色发展是国家的战略方向。金风科技作为美好中国 ESG100 的指标企业，通过实践 ESG 理念，在可持续发展方面取得卓越的业绩。企业可持续发展评价指标数据来源于国泰安数据库和 2012～2021 年金风科技的可持续发展报告、年度报告、巨潮资讯网等。在前面所建的可持续发展评价模型的基础上，我们对有关资料进行了采集和统计，并认真检查，确保数据准确。

(二) 案例企业数据处理

1. 确定突变类型

根据突变模型的类型介绍可以判断出财务维度为蝴蝶突变模型由盈利能力、偿债能力、营运能力和成长能力这 4 个二级指标构成；环境维度由燕尾突变模型，有资源利用、环境治理和环境质量这 3 个二级指标构成；社会维度由员工、社区、上下游这 3 个二级指标构成，属于燕尾突变模型；治理维度主要包括内部治理、外部监督与治理效能 3 个二级指标，所以也属于燕尾突变模型。以此类推，得出每个层次的突变类型，具体如表 8－9 所示。

表 8－9 可持续发展评价体系的突变类型

一级指标	突变模型	二级指标	突变模型	三级指标
财务维度	蝴蝶突变	盈利能力	燕尾突变	总资产净利率
				每股收益
				净资产收益率
		偿债能力	蝴蝶突变	资产负债率
				流动比率
				速动比率
				利息保障倍数

续表

一级指标	突变模型	二级指标	突变模型	三级指标
财务维度	蝴蝶突变	营运能力	燕尾突变	存货周转率
				应收账款周转率
				流动资产周转率
		成长能力	燕尾突变	总资产增长率
				净利润增长率
				营业收入增长率
环境维度	燕尾突变	资源利用	尖点突变	固废综合利用率
				能源总耗量密度
		环境治理	尖点突变	二氧化碳排放率
				废水排放率
		环境质量	尖点突变	业务活动对环境的重大影响
				业务活动对自然资源的重大影响
社会维度	燕尾突变	员工	燕尾突变	员工人均福利
				雇员流失比例
				员工接受培训占比
		社区	尖点突变	公益捐赠
				税费缴纳额
		上下游	尖点突变	客户关系
				供应商关系
治理维度	燕尾突变	内部治理	尖点突变	股权集中度
				董事会结构
		外部监督	尖点突变	公开披露信息
				违规违法事件
		治理效能	尖点突变	内部控制审计意见
				信息披露质量

2. 无量纲化处理

通过收集整理金风科技 2012～2021 年的相关数据，发现其指标数据值的度量单位存在差异，数据波动的范围不在同一层面，缺少数据可比性。为达到指标可比的目的，将突变级数下评价指标体系的应用进行数据转换，根据式（8-1），采用数据无纲量化处理法，将多个指标数据转换为

统一尺度，利用它将原始数据变量值转换为 [0, 1]。根据无纲量化数据
处理方法，将数据指标分为正向指标（＋）、逆向指标（－）和适度指标
（M），运用不同的公式进行数据处理。对于正向指标，数值越大代表情况
越好；逆向指标则相反，数值越小代表情况越好；适度指标还需进一步考
虑，不能只看数字的高与低，应该以数据集临界阈值为基础定义，为保证
数据准确可靠，例如，资产负债率适度值是 50%，流动比率适度值为 2，
速动比率适度值为 1，股权集中度与股权制衡度均以年度平均值为尺度来
度量其适度与否。

3. 确定指标重要程度

根据式（8-2）和式（8-3）计算三级指标的熵值以及指标的权重系
数，再根据三级指标的权重算一级和二级指标的权重，如表 8-10 所示。

表 8-10 各层指标的重要程度

一级指标	权重（%）	二级指标	权重（%）	三级指标	信息熵值	权重（%）
财务维度	31.99	盈利能力	5.36	总资产净利率	0.9154	1.80
				每股收益	0.9175	1.75
				净资产收益率	0.9149	1.81
		偿债能力	11.56	资产负债率	0.9337	1.41
				流动比率	0.8143	3.95
				速动比率	0.8098	4.04
				利息保障倍数	0.8984	2.16
		营运能力	5.56	存货周转率	0.9193	1.71
				应收账款周转率	0.9039	2.04
				流动资产周转率	0.9150	1.81
		成长能力	9.51	总资产增长率	0.8997	2.13
				净利润增长率	0.8497	3.19
				营业收入增长率	0.8027	4.19
环境维度	24.04	资源利用	7.90	固废综合利用率	0.8149	3.93
				能源总耗量密度	0.8133	3.97
		环境治理	10.61	二氧化碳排放率	0.7085	6.20
				废水排放率	0.7924	4.41

续表

一级指标	权重(%)	二级指标	权重(%)	三级指标	信息熵值	权重(%)
环境维度	24.04	环境质量	5.53	业务活动对环境的重大影响	0.8705	2.75
				业务活动对自然资源的重大影响	0.8694	2.78
社会维度	28.57	员工	11.00	员工人均福利	0.9090	1.93
				雇员流失比例	0.777	4.72
				员工接受培训占比	0.7954	4.35
		社区	5.78	公益捐赠	0.8666	2.84
				税费缴纳额	0.8615	2.94
		上下游	11.79	客户关系	0.7230	5.90
				供应商关系	0.7228	5.89
治理维度	15.4	内部治理	5.09	股权集中度	0.8751	2.66
				董事会结构	0.8855	2.43
		外部监督	7.46	公开披露信息	0.8545	3.09
				违规违法事件	0.7942	4.37
		治理效能	2.85	内部控制审计意见	0.9569	0.92
				信息披露质量	0.9091	1.93

4. 归一公式进行综合评价

首先，用归一公式进行运算前，各层次指标的互补性有待判断，如果指标之间是互补的，那么指标间就可互相代替，计算时，取状态变量平均值；如果指标间没有互补关系，则评价指标间不能互相替代，然后选择最小值来计算它们的突变值。本书使用 STATA16 软件，分析各级指标间的相关性，如果指标间有相关，进而得出这一级指标具有互补关系；如果这个级别上的指标中有一项或多项与其他指标无关，则层级指标之间存在非互补关系，如表 8 – 11 所示。

表 8 – 11　　　　　　　　　　　　三层指标的相关性

二级指标	三级指标	P 值
盈利能力（F1）	F11 和 F12	0.937 ***
	F11 和 F13	0.995 ***
	F12 和 F13	0.964 ***
偿债能力（F2）	F21 和 F22	− 0.934 ***
	F21 和 F23	− 0.903 ***
	F21 和 F24	0.121 ***
	F22 和 F23	0.995 ***
	F22 和 F24	0.164
	F23 和 F24	0.164
营运能力（F3）	F31 和 F32	0.835 ***
	F31 和 F33	0.952 ***
	F32 和 F33	0.942 ***
成长能力（F4）	F41 和 F42	0.448
	F41 和 F43	0.329
	F42 和 F43	0.360
资源利用（E1）	E11 和 E12	0.644 **
环境治理（E2）	E21 和 E22	0.994 ***
环境质量（E3）	E31 和 E32	0.918 ***
员工（S1）	S11 和 S12	− 0.226
	S11 和 S13	− 0.784
	S12 和 S13	− 0.214
社区（S2）	S21 和 S22	0.278
上下游（S3）	S31 和 S32	0.998 ***
内部治理（G1）	G11 和 G12	− 0.010
外部监督（G2）	G21 和 G22	0.730 **
治理效能（G3）	G31 和 G32	0.692 **

注：*** 表示 $p < 0.01$，** 表示 $p < 0.05$，* 表示 $p < 0.1$。

其次，以 2015 年为例，使用处理后数据和归一公式，分别计算金风科技的盈利能力、偿债能力、营运能力、成长能力、资源利用、环境治理、环境质量、员工、社区、上下游、内部治理、外部监督、治理效能这 13 个二级指标的突变级值。

（1）盈利能力（F1）。盈利能力有 F11、F12、F13 共 3 个三级指标，突变类型为燕尾突变，F11 和 F12、F11 和 F13、F12 和 F13 均显著相关，因此属于互补性指标。

$$Y_{F1} = average(\sqrt{\lambda}, \sqrt[3]{\alpha}, \sqrt[4]{\beta}) = average(\sqrt{1}, \sqrt[3]{1}, \sqrt[4]{0.969}) = 0.997$$

$$(8-4)$$

（2）偿债能力（F2）。偿债能力有 F21、F22、F23、F24 共 4 个三级指标，突变类型为蝴蝶突变，F21 和 F22、F21 和 F23、F21 和 F24、F22 和 F23 均显著相关，而 F22 和 F24、F23 和 F24 不显著，因此属于非互补性指标。

$$Y_{F2} = min(\sqrt{\lambda}, \sqrt[3]{\alpha}, \sqrt[4]{\beta}, \sqrt[5]{\omega}) = min(\sqrt{0.302}, \sqrt[3]{0.279}, \sqrt[4]{1}, \sqrt[5]{0.818}) = 0.550$$

$$(8-5)$$

（3）营运能力（F3）。营运能力有 F31、F32、F33 共 3 个三级指标，突变类型为燕尾突变，F31 和 F32、F31 和 F33、F32 和 F33 均显著相关，因此属于互补性指标。

$$Y_{F3} = average(\sqrt{\lambda}, \sqrt[3]{\alpha}, \sqrt[4]{\beta}) = average(\sqrt{0.682}, \sqrt[3]{0.880}, \sqrt[4]{0.982}) = 0.927$$

$$(8-6)$$

（4）成长能力（F4）。成长能力有 F41、F42、F43 共 3 个三级指标，突变类型为燕尾突变，F41 和 F42、F41 和 F43、F42 和 F43 不显著相关，因此属于非互补性指标。

$$Y_{F4} = min(\sqrt{\lambda}, \sqrt[3]{\alpha}, \sqrt[4]{\beta}) = min(\sqrt{1}, \sqrt[3]{0.309}, \sqrt[4]{0.447}) = 0.676$$

$$(8-7)$$

（5）资源利用（E1）。资源利用有 E11、E12 共 2 个三级指标，突变类型为尖点突变，E11 和 E12 显著相关，因此属于互补性指标。

$$Y_{E1} = average(\sqrt{\lambda}, \sqrt[3]{\alpha}) = average(\sqrt{0.067}, \sqrt[3]{0.077}) = 0.342$$

$$(8-8)$$

（6）环境治理（E2）。环境治理有 E21、E22 共 2 个三级指标，突变类型为尖点突变，E21 和 E22 显著相关，因此属于互补性指标。

$$Y_{E2} = average(\sqrt{\lambda}, \sqrt[3]{\alpha}) = average(\sqrt{0.012}, \sqrt[3]{0.079}) = 0.269$$

$$(8-9)$$

（7）环境质量（E3）。环境质量有 E31、E32 共 2 个三级指标，突变类型为尖点突变，E31 和 E32 显著相关，因此属于互补性指标。

$$Y_{E3} = average(\sqrt{\lambda}, \sqrt[3]{\alpha}) = average(\sqrt{0.265}, \sqrt[3]{0.0266}) = 0.579$$

$$(8-10)$$

（8）员工（S1）。员工有 S11、S12、S13 共 3 个三级指标，突变类型为燕尾突变，S11 和 S12、S11 和 S13、S12 和 S13 不显著相关，因此属于非互补性指标。

$$Y_{S1} = \min(\sqrt{\lambda}, \sqrt[3]{\alpha}, \sqrt[4]{\beta}) = \min(\sqrt{0.104}, \sqrt[3]{0.122}, \sqrt[4]{0.778}) = 0.350$$

$$(8-11)$$

（9）社区（S2）。社区有 S21、S22 共 2 个三级指标，突变类型为尖点突变，S21 和 S22 不显著相关，因此属于非互补性指标。

$$Y_{S2} = \min(\sqrt{\lambda}, \sqrt[3]{\alpha}) = \min(\sqrt{0.741}, \sqrt[3]{0.276}) = 0.651$$

$$(8-12)$$

（10）上下游（S3）。上下游有 S31、S32 共 2 个三级指标，突变类型为尖点突变，S31 和 S32 显著相关，因此属于互补性指标。

$$Y_{S3} = average(\sqrt{\lambda}, \sqrt[3]{\alpha}) = average(\sqrt{1}, \sqrt[3]{1}) = 0.601 \qquad (8-13)$$

（11）内部治理（G1）。内部治理有 G11、G12 共 2 个三级指标，突变类型为尖点突变，G11 和 G12 不显著相关，因此属于非互补性指标。

$$Y_{G1} = \min(\sqrt{\lambda}, \sqrt[3]{\alpha}) = \min(\sqrt{0.591}, \sqrt[3]{0.400}) = 0.737$$

$$(8-14)$$

（12）外部监督（G2）。外部监督有 G21、G22 共 2 个三级指标，突变类型为尖点突变，G21 和 G22 显著相关，因此属于互补性指标。

$$Y_{G2} = average(\sqrt{\lambda}, \sqrt[3]{\alpha}) = average(\sqrt{0.000}, \sqrt[3]{0.405}) = 0.203$$

$$(8-15)$$

（13）治理效能（G3）。治理效能有 G31、G32 共 2 个三级指标，突变类型为尖点突变，G31 和 G32 显著相关，因此属于互补性指标。

$$Y_{G3} = average(\sqrt{\lambda}, \sqrt[3]{\alpha}) = average(\sqrt{0}, \sqrt[3]{1}) = 0.500 \qquad (8-16)$$

根据以上步骤分别计算出其他年份的二级指标的突变级值和一级指标的突变级值，计算结果如表 8 – 12、表 8 – 13 所示。

表 8 – 12   **二级指标评价值的计算结果**

指标	2012 年	2013 年	2014 年	2015 年	2016 年	2017 年	2018 年	2019 年	2020 年	2021 年
盈利能力	0.000	0.478	0.879	0.997	0.975	0.913	0.896	0.716	0.771	0.806
偿债能力	0.000	0.653	0.591	0.550	0.690	0.457	0.000	0.108	0.000	0.264
营运能力	0.000	0.500	0.699	0.927	0.802	0.713	0.770	0.854	1.000	0.890
成长能力	0.000	0.505	0.827	0.676	0.000	0.300	0.569	0.439	0.641	0.159
资源利用	0.446	0.494	0.207	0.342	0.345	0.452	1.000	0.971	0.792	0.796
环境治理	0.000	0.201	0.243	0.269	0.390	0.428	0.631	0.805	0.786	1.000
环境质量	0.000	0.329	0.451	0.579	0.654	0.720	0.775	0.859	0.981	1.000
员工	0.000	0.394	0.431	0.350	0.237	0.000	0.425	0.582	0.000	0.156
社区	0.000	0.125	0.000	0.651	0.676	0.774	0.599	0.424	0.684	0.824
上下游	0.581	0.601	0.581	0.601	0.581	0.601	0.581	0.601	0.581	0.601
内部治理	0.000	0.243	0.000	0.737	0.769	0.737	0.585	0.923	0.585	0.585
外部监督	0.275	0.255	0.000	0.203	0.858	0.858	0.858	1.000	0.858	0.977
治理效能	0.000	1.000	1.000	0.500	1.000	1.000	1.000	1.000	1.000	1.000

表 8 – 13   **一级指标评价值的计算结果**

指标	2012 年	2013 年	2014 年	2015 年	2016 年	2017 年	2018 年	2019 年	2020 年	2021 年
财务维度	0.000	0.836	0.899	0.900	0.693	0.812	0.686	0.746	0.703	0.746
环境维度	0.000	0.449	0.493	0.518	0.625	0.654	0.795	0.897	0.887	0.927
社会维度	0.001	0.776	0.252	0.868	0.509	0.646	0.544	0.881	0.303	0.830
治理维度	0.175	0.505	0.000	0.450	0.916	0.903	0.836	0.973	0.836	0.836

四、金风科技可持续发展的评价结果

通过对数字化进程的分析，可以看出，2015 年正是金风科技数字化转型发展的关键之年，因此，本书以 2015 年为转型前后的"分水岭"，引入 ESG 要素从环境、社会、治理及财务 4 个维度纵向对比分析金风科技转型前后的多方面评价指标，初步判定金风科技数字化转型是否推动其可持续发展进程，并在此基础上判断金风科技的运营状况是否有所改善。再对照行业平均水平，以评判金风科技在未来发展趋势上各评价指标还有什么提升空间。最后，通过探究金风科技在整个转型过程中的价值演变，进一步验证金风科技数字化赋能后是否取得了显著成效。

（一）数字赋能金风科技可持续发展财务层面评价

本书从盈利能力、偿债能力、营运能力及成长能力 4 个方面对金风科技 2012 ~ 2021 年财务维度进行全面分析，如图 8 - 3 所示。

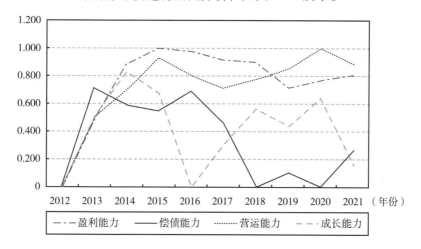

图 8 - 3　金风科技财务维度分析

1. 盈利能力

从走势图 8 - 3 可以看出，金风科技 2012 ~ 2015 年度盈利增长明显，截至 2015 年，金风科技的盈利性已创历史新高，金风科技的数字化转型已经初见成效。不过，2015 ~ 2018 年全球新增装机容量有所减少，金风科技受此影响盈利能力指标总体呈下降态势，但是金风科技的盈利指标数值仍然超过行业均值，如表 8 - 14 所示。其间，金风科技借助自主研发的可定制化智能直驱风机、New Freemeso、Gold Farm、SOAM™、E - Farm 等系统和技术达到降本增效的目的，实现风电整体竞争力的提升，表明通过数字化转型既能提高企业抵御风险的能力，也能有效缓解行业下行造成的企业亏损。

表 8 – 14　　　　　　　　金风科技与行业均值盈利能力分析

指标	2012 年	2013 年	2014 年	2015 年	2016 年	2017 年	2018 年	2019 年	2020 年	2021 年
总资产净利率	0.52	1.31	4.63	5.85	5.31	4.59	4.26	2.42	2.80	3.06
行业均值	3.35	2.82	3.40	2.94	2.39	2.90	2.48	0.07	2.30	0.64
净资产收益率	1.25	3.20	12.77	17.63	16.31	14.26	13.14	7.60	8.83	9.73
行业均值	5.27	4.20	5.54	2.44	2.39	4.89	-3.12	-0.94	0.42	2.14

2. 偿债能力

　　对金风科技近 10 年偿债能力进行分析，由图 8 – 3 可见，2015 年数字化转型节点之前，企业偿债能力出现小幅下滑。经过 2015 年的数字化转型，偿债能力增强，但随后又出现了明显回落，且始终在低水平上运行（见表 8 – 15）。这说明金风科技数字化转型过程中，耗费了大量的人力、物力、财力来提升硬件、健全信息系统、强化企业信息化建设，导致企业流动资金占用严重，企业偿债能力降低。金风科技数字化转型中的偿债能力下降决定了企业运营风险越来越大，因此，加强企业财务风险防范，实现数字化管理势在必行。

表 8 – 15　　　　　　　　金风科技与行业均值偿债能力分析

指标	2012 年	2013 年	2014 年	2015 年	2016 年	2017 年	2018 年	2019 年	2020 年	2021 年
资产负债率	0.58	0.60	0.67	0.67	0.68	0.68	0.67	0.69	0.68	0.69
行业均值	0.41	0.42	0.42	0.41	0.41	0.42	0.43	0.43	0.45	0.65
流动比率	2.08	1.77	1.52	1.29	1.40	1.15	1.09	1.01	0.97	0.96
行业均值	2.51	2.18	2.05	1.91	2.04	2.04	2.24	2.19	1.95	1.23

　　据表 8 – 15 的统计，2012~2014 年金风科技资产负债率从 58% 大幅提升到 67%。2015~2021 年，金风科技资产负债率维持在 68% 左右，仍然超过了行业的平均水平，其原因是企业扩张，使企业的资金更显拮据。自 2015 年数字化转型以来，金风科技资产负债率走势平稳。前期金风科技不

断增加资金投入、扩大产能，已逐渐走上稳步发展之路，在长期资金运用方面与全行业平均水平基本一致。为此，对其资产负债率数据进行分析后，发现金风科技在向数字化转型前正在高速发展，随着业务的快速发展、生产规模扩大，它的债务规模亦成正比地增加，2015 年以后，金风科技发展开始进入稳步发展阶段，在企业信息化建设日益完善的今天，它的财务状况保持相对稳定。

3. 营运能力

对金风科技近 10 年营运能力进行分析，发现在 2015 年数字化转型节点后，营运指标呈先下后上的变动趋势，因此无法直观判断数字化转型对企业营运能力的作用，即营运指标的先降后升是行业的整体态势影响还是数字化滞后作用导致的，所以加入同行业对比进一步分析，结果如表 8 - 16 所示。

表 8 - 16 金风科技与行业均值营运能力分析

指标	2012 年	2013 年	2014 年	2015 年	2016 年	2017 年	2018 年	2019 年	2020 年	2021 年
存货周转率	2.21	2.98	3.88	6.61	5.99	4.82	4.69	4.72	6.69	6.04
行业均值	2.67	2.65	2.66	2.71	6.81	3.74	2.94	2.99	3.25	3.27
流动资产周转率	0.47	0.58	0.75	1.13	0.92	0.78	0.88	0.94	1.21	1.10
行业均值	0.92	0.93	0.95	0.86	0.81	0.87	0.86	0.89	0.92	0.49

表 8 - 16 表明，金风科技在 2015 年实施数字化转型前，存货周转率虽然有上升趋势，但是增长速度缓慢。2015～2017 年，金风科技尚未完善库存数字化管理，但从 2018 年开始，金风科技积极促进供应链与顾客之间产业协作，使其存货周转率同转型前相比有较大提高。金风科技的 SCC 产业协同平台旨在促进多个领域共同协作，同外部供应商及合作伙伴进行过程及数据交互，进而提高金风科技整体效率与竞争力。金风科技自 2015 年进行数字化转型以来，存货周转率都比其进行数字化转型之前要高，截至 2020 年，它的存货周转率为 6.69，达到历史最高水平。此外，与行业平均水平相比较，金风科技在存货周转率方面具有显著的优势，由此可见，金风科技是以构建产业协同系统来实现数字化转型的，并以此极大地提升企业存货周转率。

纵向比较，金风科技在数字化转型前，流动资产周转率明显低于行业平均水平，这一现象令人担忧。在 2015～2017 年，由于资产数字化工程尚不完备，造成企业流动资产周转率出现相当程度的下滑。2018 年 CES 项目整体上线，使得从合同到回款业务的协调效率得到显著提升，通过数据协作和数字化技术，实现了全产业链流程与数据管理的优化，继而提高了流动资产的周转率。2018～2020 年，金风科技的业绩明显好于转型前。这要归功于 CES 线上管理系统对回款、保障金和其他资产的高标准要求，极大地加强了企业流动资本的使用效率。金风科技采用先进数字化技术与手段，提高各模块运行效能，从财务信息化系统建设入手，将财务工作融入公司各环节之中，为整个集团提供一体化财务管理平台。从数字化转型开始向传统业务模式全产业链提升转型，达到企业运营、业务运转的目的，最后实现智能管控。通过构建一体化的信息化平台，实现业务流程标准化，在此基础上进一步推动流程再造，形成"互联网＋"新常态下企业管理变革的新形态，并将其运用于实践中。

4. 成长能力

对金风科技近 10 年成长能力进行分析，能发现企业的成长能力波动过于剧烈，说明其所受的影响因素过多，无法客观判断企业数字化转型对企业成长能力的影响，所以加入同行业均值排除行业因素的影响，结果如表 8－17 所示。

表 8－17　　　　　　　**金风科技与行业均值成长能力分析**

指标	2012 年	2013 年	2014 年	2015 年	2016 年	2017 年	2018 年	2019 年	2020 年	2021 年
总资产增长率（％）	－0.01	7.60	33.19	14.84	22.57	12.96	11.78	26.66	5.90	9.37
行业均值	8.68	10.69	11.81	18.60	29.58	36.44	4.41	0.52	10.95	6.96
净利润增长	－76.95	162.07	327.44	55.13	8.01	1.39	4.2	－32.07	33.00	17.73
行业均值	20.23	－76.91	137.63	－172.51	19.72	19.55	－171.42	－368.60	－118.26	－64.05

表 8－17 显示，金风科技 2015～2019 年的总资产增长率虽然波动性很大，但仍然高于行业平均水平，这表明金风科技总资产的增长速度超过了业内的平均值。然而截至 2020 年，金风科技总资产增长率仅为

5.9%，远低于行业平均水平。在对金风科技总资产增长率下降原因进行深入剖析后发现，前期其总资产规模迅速膨胀，2019 年总资产规模达到 1031 亿元，这一数字远超同行业的其他企业，随后增长速度的减缓也在可以理解的限度之内。在测算总资产增长率时，由于基数较大，增长的数值对于基数来说占比较小，因而总资产增长率有所降低。2014 年金风科技净利润增长率为 327.44%，之所以畸形发展，与当时国内市场及政策环境变化密不可分。

综合分析盈利、偿债、营运和成长 4 项主要能力可知，金风科技的财务指标在 2015 年数字化关键年后的表现不佳，但是与同行业的对比，发现金风科技的财务指标要优于同行业其他企业水平，因此企业财务维度呈现的萎靡态势受整个行业的影响。金风科技在进行数字化转型后的财务表现优于同行业水平，且两者间的差距逐渐拉大，说明数字化转型对企业财务表现有正向促进作用。

（二）数字赋能金风科技可持续发展环境层面评价

本书从资源利用、环境治理和环境质量 3 个方面对金风科技的环境表现进行分析，结果如图 8-4 所示。

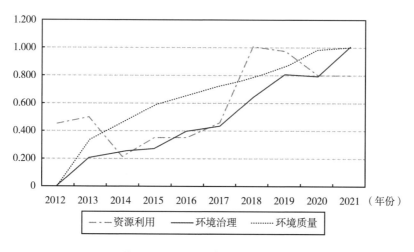

图 8-4　金风科技环境维度分析

在资源利用方面，金风科技的前期表现取得了长足的进步，但是后期略有下降。金风科技制订了多项能源工作计划，以推动能源精益化运营，建立建设重点能源项目，如海上风电零碳总部基地项目等，以实现更高效的可持续发展。就水资源利用而言，金风科技通过消耗量与强度双向控制，大大降低了水资源的消耗。同时，通过对现有设备进行改造，提升了风电机组效率。但因企业风电整机产量提高，在资源利用方面的指标还需要进一步改进，以实现较高效益。

在环境治理方面，企业二氧化碳排放率与废水排放率均呈现较好趋势并一路走高。金风科技助力绿色城市建设，在环境保护工程项目中投入了大量的资金，对机械设备实行节电改革，引入"三废"处理工艺，以达到"三治四化"总体目标，并对行业先进工艺技术进行了深入研究，发展环保技术，推进屋顶光伏发电工程，以减少废水、废气、固体废物排放量。

从环境质量来看，质量指标数值不断上升。金风科技响应国际、国内应对气候变化的政策和能源战略，对于推进新能源、改善我国能源结构和社会主义生态文明建设有巨大的贡献。随着风机产品的不断改进，二氧化碳排放量连年下降。此外，企业还致力于降低生产与经营中的负面影响，以保护我们的家园。

随着公司经营模式的转变，公司的环保投入也发生着改变，由最初的单一污染治理逐渐向绿色生产方向转化。为了达到发展目标，金风科技在环境管理、资源利用、污染物排放方面实行了严格控制，并在环境保护工作方面取得显著成效。但在资源利用率方面仍有缺陷，且 2015 年数字化转型元年前后的环境表现不明显，说明数字化转型对于企业环境表现影响较小。

（三）数字赋能金风科技可持续发展社会层面评价

本书选取员工、社区和上下游 3 个方面分析金风科技社会表现，结果如图 8 - 5 所示。

金风科技在社区方面的表现取得了显著的成就，尤其在 2015 年实施数字化转型后，企业的社会捐赠和纳税额均达到一个新的高度，这表明金风科技对社区的贡献越来越大。但在企业员工方面的数据表现波动剧烈，与

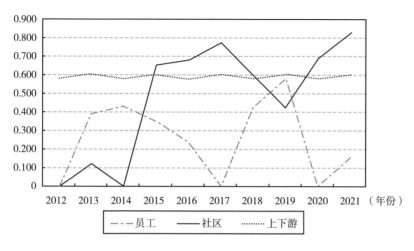

图 8 - 5　金风科技社会维度分析

其他二级指标相比，有待进一步提升。虽然金风科技已注重加强员工的雇用、承担员工的发展培训等，但还可以进一步提高受训员工的百分比和人均培训时间，以此来充实企业员工的专业知识储备，更好地为企业发展作出贡献。在上下游关系方面数据一直呈小幅度有规律波动，在企业数字化转型前后并无较大差异，表明金风科技数字化转型对客户黏性和供应商关系没有较大影响。由此可见，金风科技致力于进行公益活动，合法合规纳税，履行企业社会责任。总体来说，尽管金风科技的财务表现下降，但企业仍坚持承担社会责任，并且大力投入社会公益，这也展现出金风科技ESG 理念的卓越表现。

（四）数字赋能金风科技可持续发展治理层面评价

本书选取内部治理、外部监督和治理效能分析金风科技企业治理表现，结果如图 8 - 6 所示。

在内部治理方面，由图 8 - 6 可看出，金风科技的内部治理在 2015 年数字化转型后有很大的提升。金风科技专注于提高企业内部的公司治理效率，遵循诚实经营、合法合规的原则，强化内部控制工作，发挥好企业管理成效，给股东及各利益相关者带来了较大的价值。

在外部监督方面，金风科技经过 2015 年的数字化转型已有明显的进步，这说明各专门委员会尽职尽责，力求促进企业高效、合规地经营。从

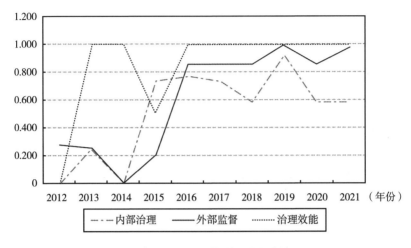

图 8 − 6　金风科技治理维度分析

该企业可持续发展报告中能够看出，金风科技多年来一直着力强化合规管理、风险控制等相关方面的工作，并且制定了相关制度流程，以保障企业可持续发展。

结合内部治理和外部监督的表现来看治理效能，金风科技在 2015 年后有显著提升并在后期处于较高的稳定位置。金风科技通过提高股权的集中度来强化企业治理，以此期望达到高水平的标准。同时，公司也在不断优化董事会结构来完善公司的治理水平，从而保证公司的可持续健康发展。然而，投资者关系方面还有提升空间，可以发现，由于财务层面的盈利能力指标下降，对董事会独立性的作用较小。但金风科技正致力于改善制约其发展的现状，通过推广新技术，产品规模化、标准化，降低生产成本，增强企业持续盈利能力，继而取得了长足的发展。

五、金风科技可持续发展的综合评价

图 8 − 7 显示，从金风科技的各个指标维度来看，企业的财务维度在 2015 年开展数字化探索道路前持续升高。2014 年，一方面金风科技在国内外的市场份额得到了极大拓展，新增风电装机量 44.2%，掀起抢装潮，这让金风科技面对 2012 年的市场疲软，出现触底反弹，在财务上获

得好成绩；另一方面，这一年政府出台了多项优惠政策，大幅降低了风电上网价格，并积极推进风电开发和消纳水平，这为金风科技带来了巨大的机遇和挑战。金风科技财务表现受新能源行业补贴退坡、竞价上网等因素影响较大，使其财务表现到2015年出现增长，此后，财务表现总体上呈波动性小幅度下滑。风力发电作为可再生清洁能源得到越来越多国家和企业的关注，但是由于竞争日趋白热化，使得金风科技在市场上的地位变得更加艰难。但自2018年后金风科技财务表现的波动幅度逐渐减小，在新冠疫情的影响下，财务指标仍然趋于较平稳态势，甚至有所上升，由此预计，在未来5年内，金风科技的财务状况将保持稳定增长的态势。

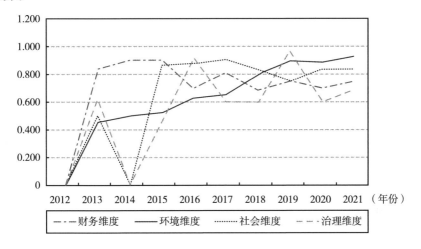

图8-7 金风科技综合评价分析

金风科技的环境维度整体呈上升趋势，且在2015年后环境指标的增长又上升了一个高度，维持在一个较高的水平。从环境的角度来看，金风科技一直致力于迎接全球气候变化的挑战，积极推动新能源产业的发展，努力实现能源结构的优化和生态文明的建设，同时力求最大限度地减少生产运营给自然环境造成的不利影响，不断提升自然资源效率，促进节约减碳，共同营造社会和谐氛围。金风科技凭借其在环境保护方面的卓越表现，不断降低二氧化碳排放量，并且不断扩大森林覆盖面积，为我国生态环境作出了重要贡献，荣获2019年中国企业ESG"金责奖"最佳环境责任奖。尽管企业风电整机生产的增加或许会导致排放物指标呈下滑态势，但是仍然需要强化污染物排放的具体控制工作，以期能使环境质量得到进一步提高。

2014 年后，金风科技的社会维度和治理维度都有一个极速提升，2015 年后处于较高的位置，并且在一定范围内上下波动。由此可以看出，金风科技十分注重承担社会责任，致力于进行公益活动、合法合规纳税，履行企业社会责任，同时对企业的董事会运作效率和内部监督关注度高。总体来说，金风科技在财务表现不佳的情况下，仍坚持承担企业的社会责任，并不断优化企业治理结构，这充分展示了金风科技对 ESG 理念的卓越实践。

综上所述，从金风科技数字化转型前后的财务与非财务（ESG）方面来看，在企业可持续发展的过程中，其数字化转型为企业带来了独一无二的竞争优势。尽管在转型后期，企业的财务状况会出现轻微下滑，但企业的非财务状况却得到了更好的改善，且数字化转型对企业可持续发展的作用在短期内也有所表现，但长远作用还需要深入研究。

一方面，金风科技的数字化水平极大地提升了其发展能力，使其能够及时发现机遇并有效规避风险，此外，高 ESG 表现也有助于提高企业对未来的关心程度，促进金风科技更加注重制定中长期发展战略，并对内外部环境作出深入分析，以期发掘未来发展机会，同时有效防范未来的经营风险。金风科技致力于通过"研发能力"和"市场能力"双轮驱动的发展策略，不断提升企业的研发、创新能力和开拓市场的能力以降低风险，并在竞争中保持优势，为企业发展打下扎实的基础。

另一方面，金风科技的数字化转型不仅能够提高 ESG 表现，还能拓宽企业的效用视野，使其拥有投资风险判断期，可以更加有耐心地期待未来可能出现的回报，而不受短期绩效起伏和环境变动的负面影响，这将有助于金风科技将各种资源长久稳健地投放到产生竞争资源优势的地方，进而提升企业的竞争性，这可能也是金风科技的可持续增长率高于行业平均水平的原因。因此，金风科技的高 ESG 表现也是其在数字化导向思维模式下的必然选择，这不仅为企业带来了稳定的发展环境，还有助于企业科学合理布局投资规模以及提升 ESG 表现，从而为企业带来更多的竞争力和发展动能，为企业的可持续发展带来有利因素。

第三节　对策建议

　　通过研究金风科技数字化转型及其对企业可持续发展的影响分析，发现金风科技的数字化转型确实能给企业带来明显的效果，但同时也面临许多问题。首先，构建综合性的工作，企业的数字系统所需的建设费用非常高，往往要花费好几年的时间才能完成，这就造成企业在完成数字构建后，偿债能力出现一定程度的下滑。其次，虽然金风科技在 ESG 方面的表现总体呈较好态势，但在数字经济的高速发展下，企业仍需与时俱进，持续关注 ESG 表现，为自身创造更大的竞争优势与推动力，促进企业的可持续发展。

一、数字赋能金风科技可持续发展的优化建议

（一）建立长效财务风险防范机制

　　金风科技的长期负债指标显示，其资产负债率在 2012～2021 年一直高于行业平均水平，这表明企业在未来的一段时间内将面临较大的偿债压力。为了减轻这一压力，金风科技要有防范意识，并且把这一认识落实到实际行动上。事前，利用大数据技术构建财务风险预警模型，有效地收集政策、产业和市场变化的信息，与公司内部运营管理资料及财务活动有关资料，从而对企业运营状况、财务状况进行实时监控与管控；对导致风险增加的可能因素进行判断，从而提前察觉并防范今后可能发生的资金风险。事中，即在财务危机出现时，相关的工作人员可以利用财务风险预警模型进行全面的研究和分析，以便找到问题所在，并有针对性地采取措施，降低风险所带来的冲击，建立有效的解决方案，对原方案进行调整，防止财务状况的恶化。事后，分析过去财务风险成因，对风险因素处理流程、所采用的解决方案进行详细记录，以期对以后同类问题的研究有所借鉴。因此，建立一套完善的财务风险预警系统是十分必要的。金风科技在目前企业偿债负担不断增加的情况下，要建设行之有效的财务风险预警体

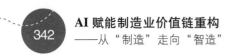

系，以尽早察觉并应对财务风险。

（二）完善绿色减碳科技创新战略

金风科技在其数字化转型之初，致力于夯实自己的社会责任基础，将ESG深度融合到企业的策略设计、管理、生产经营等各个方面，但是在污染物排放方面仍有改进的空间，排放物指标呈下滑趋势，这或许与企业风电整机生产的增加相关。因此，金风科技应强化创新驱动，发挥数字职能，走科技创新道路。首先，创新是一个复杂的过程，要求管理层持续提升创新能力，建立有利于创新、激励机制的氛围，以确保创新取得成功，确保所需物资和经费支持，同时还要有耐心，要有承受试错代价的能力。其次，搭建完善的研发体系，不断提升自主创新能力，通过技术转移，将外部资源转化为生产力。最后，企业不能依靠模仿创新、简单地照搬转型成功的企业经验，应积极探索发展新路子，结合企业所处的发展阶段及行业特点，打造适宜的转型路径。此外，在外部复杂的市场环境中也要具备迭代试错能力，把技术创新成果推向市场，以便更好地评估产品的质量，并根据市场的反馈进行调整。接下来，再将修订的内容发布到交易市场上，继续接受市场的考验，以确保战略和产品是否适用，直到收获良好的反馈。

（三）加强内部控制管理环境建设

从金风科技治理维度指标来看，金风科技内部控制管理提升波动性过大，仍需进一步加强。现有的公司治理模式无法在股东和管理层之间形成有效合力，发展动能不足。金风科技正处于智能制造与现代服务业变革的进程中，既要充分发挥数字技术所产生的效率价值，更应该积极地探索并推动商业模式创新与转型，增强企业获取关键资源的能力，达到可持续发展的目的。为了更好地管理企业，我们应该适时开展业务分析，并对财务报表的质量加以控制。金风科技作为一家高端制造业企业，其无形资产管理也非常重要，管理层应该充分认识到无形资产管理的特殊性，并重视无形资产对企业形象塑造、价值创造的重要性与不可替代性。同时重视内控制度的制定和实施，并创造良好的内控环境，以确保内控制度的高效运行。企业职工也应该对企业内部控制有正确的认知，确保内控管理规章制度得到有效实施。同时，企业还应该加强内部控制宣讲工作，让每个员工都意识到企业内部控制的必要性，将企业内部控制方案贯彻到日常运营工作中，并鼓励员工参与其中，以便更好地完成企业内部控制方案的编制，使企业内部控制不仅停留在理论层面，而且真正落实到实践中，切实提高公司的内在管理，真正实现公司的可持续性发展。

二、数字赋能高端制造业可持续发展的优化建议

（一）建立全链条财务监督管理

随着互联网的高速发展，企业参与市场竞争的机会不断增加，同时也给企业的管理、运作方式等带来了前所未有的挑战。因此，企业应根据自身实际情况，完善财务监督系统，运用区块链技术对企业制造运营的整个过程实行监控，规范企业理财活动，发挥会计这个先天数据中心的作用，推进会计核算管理从信息化向数字化转变，以期获得更好的发展和成果。通过将会计核算情景转换为服务情景，加快行业网络化和数字现代化的发展，并采用区块链技术简化财务人员对企业财务数据的处理程序，也可以把财务数据信息连续存储在区块内，通过内部监管和外部审查人员之间的双向合作，仅对所需的数据作出分析，而无须在现场抽查许多原始凭证，从而节省人力物力成本，实现实时审查监督，降低时间成本，提升企业效率，增强企业竞争力。

（二）打造全覆盖绿色创新网络

新一轮科技革命的迅猛发展下，创新领域和创新范式对产业发展产生了深远的影响，这一时期的社会环境迫使制造业企业不断优化并降低生产成本，增强与外部环境的联系，提升应对能力，促进绿色创新发展，并全方位考量环保监督管理和各种资源保障要素。随着数字经济和数智技术的发展，高端制造业企业的经济活动正在发生重大变化，绿色创新也受到了环境效应的影响。大数据、人工智能等IT技术可以有效地收集、整合和分析企业绿色产品信息及消费者绿色消费偏好，从而为企业提供更加精准的

决策支持，推动绿色创新的发展。把每个高端制造业企业均当成一个节点，如果信息网络中的节点越多，则节点间的相互连接的可能性就越大，各个企业节点之间相互联系，形成一个信息网络，相互连成网络之后，发挥辐射带动作用，促进绿色信息共享呈指数增长。根据中国信息通信研究院的数据，高端制造业企业大部分聚集在长三角和珠三角区域，东北地区的企业网络相对稀疏。由于各地区发展水平和资源禀赋存在差异，为了实现全区域协同发展，应该根据区域特点，有针对性地交流和分享绿色创新方法，形成覆盖全区域的创新网络，引导高端制造业企业之间的绿色技术转移，带动行业内更多中小企业开展技术创新，以提升整个区域的经济发展水平。通过进行战略顶层控制，帮助企业更好地了解当前的绿色创新方向、潜力和发展路径，实现绿色创新要素的协同发展与可持续发展，加快中国制造业迈向全球价值链中高端环节的过程。

（三）构建全方位协同治理体系

中国高端制造业企业应当积极实施"转型升级"战略，重点加快核心业务转变，以数字化升级为重点，以研发创新为动力，专注主业、剥离两非（非主业和非优势业务），健全有竞争力的薪酬体系，引进和培养优秀人才，促进组织效率与运营质量的提高，从而推动企业可持续发展。为了提升"智能制造＋服务"新模式的效率，产业集群应积极吸纳优秀中小企业加入，采用供给系统方案、技术入股、分包经营等方法，完成生产、营销、金融服务的一体化创收。同时，大力推进智慧制造业转型升级，推动产业的开发，加强企业与社会公众之间的信息传播，从而使企业治理从大股东主导向多主体协同治理转变，业务运作也从以往的集中模式转变为多产业链和全方位的价值链模式。企业应该主动与政府部门交流，努力解决地区发展规划协调能力不够的实际问题，在社会组织层面建立起跨部门的合作机制，协调各种计划，突破工业发展和信息化融入障碍，争取政府部门的支持，主动进行区域协同交互，促进有效的沟通，重视基础研究，形成系统性的工业思想。通过将不同行业的企业整合到统一的信息平台上，"所有业务数据化""所有数据业务化"可以有效地去除无用的信息数据，进而构建一套有中国特色的工业知识体系。

第四节　本章小结

　　本章利用科学的方法，从财务、环境、社会和治理 4 个维度进行指标选取，建立了基于突变级数法的可持续发展评价指标与评价模型。结合企业实际情况以战略管理会计为视角，基于 ESG 理论根据构建的可持续发展评价体系分析金风科技财务、环境、社会和治理维度情况，从这 4 个维度对比分析金风科技在转型前后的可持续发展能力变化，判断数字化转型给金风科技可持续发展带来了怎样的影响，并提出相应的优化建议。

附　录

附录 8-1　金风科技数字化关键词词频统计表

关键词	2012 年	2013 年	2014 年	2015 年	2016 年	2017 年	2018 年	2019 年	2020 年	2021 年
人工智能	0	0	0	0	0	0	0	0	0	1
商业智能	0	0	0	0	0	0	0	0	0	0
图像理解	0	0	0	0	0	0	0	0	0	0
投资决策辅助系统	0	0	0	0	0	0	0	0	0	0
智能数据分析	0	0	0	0	0	0	0	0	0	0
智能机器人	0	0	0	0	0	0	0	0	0	0
机器学习	0	0	0	0	0	0	0	0	0	0
深度学习	0	0	0	0	0	0	0	0	0	0
语义搜索	0	0	0	0	0	0	0	0	0	0
生物识别技术	0	0	0	0	0	0	0	0	0	0

续表

关键词	2012 年	2013 年	2014 年	2015 年	2016 年	2017 年	2018 年	2019 年	2020 年	2021 年
人脸识别	0	0	0	0	0	0	0	0	1	0
语音识别	0	0	0	0	0	0	0	0	0	0
身份验证	0	0	0	0	0	0	0	0	0	0
自动驾驶	0	0	0	0	0	0	0	0	0	0
自然语言处理	0	0	0	0	0	0	0	0	0	0
大数据	0	0	1	2	2	5	7	5	2	7
数据挖掘	0	0	1	0	0	0	0	0	0	0
文本挖掘	0	0	0	0	0	0	0	0	0	0
数据可视化	0	0	0	0	0	0	0	0	0	0
异构数据	0	0	0	0	0	0	0	0	0	0
征信	0	0	0	0	0	0	0	0	0	0
增强现实	0	0	0	0	0	0	0	0	0	0
混合现实	0	0	0	0	0	0	0	0	0	0
虚拟现实	0	0	0	0	0	0	0	0	0	0
云计算	0	0	1	1	0	1	0	0	0	1
流计算	0	0	0	0	0	0	0	0	0	0
图计算	0	0	0	0	0	0	0	0	0	0
内存计算	0	0	0	0	0	0	0	0	0	0
多方安全计算	0	0	0	0	0	0	0	0	0	0
类脑计算	0	0	0	0	0	0	0	0	0	0
绿色计算	0	0	0	0	0	0	0	0	0	0
认知计算	0	0	0	0	0	0	0	0	0	0
融合架构	0	0	0	0	0	0	0	0	0	0
亿级并发	0	0	0	0	0	0	0	0	0	0
EB 级存储	0	0	0	0	0	0	0	0	0	0
物联网	0	0	1	0	1	4	0	0	0	0
信息物理系统	0	0	0	0	0	0	0	0	0	0
区块链	0	0	0	0	0	0	0	0	0	0
数字货币	0	0	0	0	0	0	0	0	0	0
分布式计算	0	0	0	0	0	0	0	0	0	0
差分隐私技术	0	0	0	0	0	0	0	0	0	0
智能金融合约	0	0	0	0	0	0	0	0	0	0

续表

关键词	2012 年	2013 年	2014 年	2015 年	2016 年	2017 年	2018 年	2019 年	2020 年	2021 年
移动互联网	0	0	0	0	0	0	0	0	0	0
工业互联网	0	0	0	1	0	0	0	0	0	0
移动互联	0	0	0	0	0	0	0	0	0	0
互联网医疗	0	0	0	0	0	0	0	0	0	0
电子商务	0	0	0	0	0	0	0	0	0	0
移动支付	0	0	0	0	0	0	0	0	0	0
第三方支付	0	0	0	0	0	0	0	0	0	0
NFC 支付	0	0	0	0	0	0	0	0	0	0
智能能源	0	0	0	0	0	0	0	0	0	0
B2B	0	0	0	0	0	0	0	0	0	0
B2C	0	0	0	0	0	0	0	0	0	0
C2B	0	0	0	0	0	0	0	0	0	0
C2C	0	0	0	0	0	0	0	0	0	0
O2O	0	0	0	0	0	1	0	0	0	0
网联	0	0	0	0	0	0	0	0	0	0
智能穿戴	0	0	0	0	0	0	0	0	0	0
智慧农业	0	0	0	0	0	0	0	0	0	0
智能交通	0	0	0	0	0	0	0	0	0	0
智能医疗	0	0	0	0	0	0	0	0	0	0
智能客服	0	0	0	0	0	0	0	0	0	0
智能家居	0	0	0	0	0	0	0	0	0	0
智能投顾	0	0	0	0	0	0	0	0	0	0
智能文旅	0	0	0	0	0	0	0	0	0	0
智能环保	0	0	0	0	0	0	0	0	0	0
智能电网	0	0	0	1	0	1	0	0	0	0
智能营销	0	0	0	0	0	0	0	0	0	0
数字营销	0	0	0	0	0	0	0	0	0	0
无人零售	0	0	0	0	0	0	0	0	0	0
互联网金融	0	0	0	0	0	0	0	0	0	0
数字金融	0	0	0	0	0	0	0	0	0	0
Fintech	0	0	0	0	0	0	0	0	0	0
金融科技	0	0	0	0	0	0	0	0	0	0

续表

关键词	2012 年	2013 年	2014 年	2015 年	2016 年	2017 年	2018 年	2019 年	2020 年	2021 年
量化金融	0	0	0	0	0	0	0	0	0	0
开放银行	0	0	0	0	0	0	0	0	0	0
数据管理	0	1	0	0	0	0	0	0	0	4
数据网络	0	0	0	0	0	0	0	0	0	0
数据平台	0	0	0	1	1	0	1	0	0	1
数据中心	0	0	0	0	0	0	1	1	0	0
数据科学	0	0	0	0	0	0	0	0	0	0
数字控制	0	0	0	0	0	0	0	0	0	0
数字技术	0	0	0	0	0	0	0	0	0	0
数字通信	0	0	0	0	0	0	0	0	0	0
数字网络	0	0	0	0	0	0	0	0	0	0
数字智能	0	0	0	0	0	0	0	0	0	0
数字终端	0	0	0	0	0	0	0	0	0	0
数字化	0	0	0	4	4	9	11	12	7	6
云 IT	0	0	0	0	0	0	0	0	0	0
云生态	0	0	0	0	0	0	0	0	0	0
云服务	0	0	0	0	0	0	0	0	0	0
云平台	0	0	0	0	0	1	0	0	0	0
产业互联网	0	0	0	0	0	0	0	0	0	0
互联网解决方案	0	0	0	0	0	0	0	0	0	0
互联网技术	0	0	0	0	0	0	0	0	0	0
互联网思维	0	0	0	0	0	0	0	0	0	0
互联网行动	0	0	0	0	0	0	0	0	0	0
互联网业务	0	0	0	0	0	0	0	0	0	0
互联网移动	0	0	0	0	0	0	0	0	0	0
互联网应用	0	0	0	0	0	0	0	0	0	0
互联网营销	0	0	0	0	0	0	0	0	0	0
互联网战略	0	0	0	0	0	0	0	0	0	0
互联网平台	0	0	0	0	0	1	1	1	0	0
互联网模式	0	0	0	0	0	0	0	0	0	0
互联网商业模式	0	0	0	0	0	0	0	0	0	0
互联网生态	0	0	0	0	0	0	0	0	0	0

续表

关键词	2012 年	2013 年	2014 年	2015 年	2016 年	2017 年	2018 年	2019 年	2020 年	2021 年
电商	0	0	0	0	0	1	1	0	0	0
Internet	0	0	0	0	0	0	0	0	0	0
互联网 +	0	0	0	7	2	0	5	3	1	1
线上线下	0	0	0	0	0	0	0	0	0	0
线上到线下	0	0	0	0	0	0	0	0	0	0
线上和线下	0	0	0	0	0	0	0	0	0	0
高端智能	0	0	0	0	0	0	0	0	0	0
工业智能	0	0	0	0	0	0	0	0	0	0
移动智能	0	0	0	0	0	0	0	0	0	0
智能控制	0	0	0	0	0	1	0	0	0	1
智能终端	0	0	0	0	0	0	0	0	0	0
智能移动	0	0	0	0	0	0	0	0	0	0
智能管理	0	0	0	0	0	0	1	1	0	0
智能工厂	0	0	0	0	0	0	0	0	0	0
智能物流	0	0	0	0	0	0	0	0	0	0
智能制造	0	0	0	0	0	0	0	0	0	0
智能仓储	0	0	0	0	0	0	0	0	0	0
智能技术	0	0	0	0	0	1	0	0	0	0
智能设备	0	0	0	0	0	0	0	0	0	0
智能生产	0	0	0	0	0	0	0	0	0	0
智能网联	0	0	0	0	0	0	0	0	0	0
智能系统	0	0	0	0	0	0	0	0	0	0
智能化	0	0	1	1	2	1	4	2	3	1
自动控制	0	0	0	0	0	0	0	0	0	0
自动监测	0	0	0	0	0	0	0	0	0	0
自动监控	0	0	0	0	0	0	0	0	0	0
自动检测	0	0	0	0	0	0	0	0	0	0
自动生产	0	0	0	0	0	0	0	0	0	0
数控	0	0	0	0	0	0	0	0	0	0
一体化	0	0	1	0	5	4	1	1	5	6
集成化	0	0	0	0	0	0	0	0	0	0
集成解决方案	0	0	0	0	0	0	0	0	0	0

续表

关键词	2012 年	2013 年	2014 年	2015 年	2016 年	2017 年	2018 年	2019 年	2020 年	2021 年
集成控制	0	0	0	0	0	0	0	0	0	0
集成系统	0	0	0	0	0	0	0	0	0	0
工业云	0	0	0	0	0	0	1	1	2	3
未来工厂	0	0	0	0	0	0	0	0	0	0
智能故障诊断	0	0	0	0	0	1	0	0	0	1
生命周期管理	0	1	0	0	0	0	0	0	0	0
生产制造执行系统	0	0	0	0	0	0	0	0	0	0
虚拟化	0	0	0	0	0	0	0	0	0	0
虚拟制造	0	0	0	0	0	0	0	0	0	0
信息共享	0	0	0	0	1	0	0	0	0	0
信息管理	0	0	0	0	0	0	0	1	0	0
信息集成	0	0	0	0	1	1	0	0	0	0
信息软件	0	1	0	0	0	0	0	0	0	0
信息网络	0	0	0	0	0	0	0	0	0	0
信息终端	0	0	0	0	0	0	0	0	0	0
信息中心	0	0	0	0	0	0	0	0	0	0
网络化	0	0	0	0	0	0	0	0	0	0
工业信息	0	0	0	0	0	0	0	0	0	0
工业通信	0	0	0	0	0	0	0	0	0	0
人工智能技术	0	0	0	0	0	0	0	0	1	1
大数据技术	0	0	2	2	2	5	7	5	2	7
云计算技术	0	0	2	1	1	5	0	0	0	1
区块链技术	0	0	0	0	0	0	0	0	0	0
数字技术运用	0	0	0	2	0	2	0	0	0	0
年度报告全文总长度（字）	266695	302918	257653	257039	299663	316569	380028	398752	353349	375009
年度报告全文总长度仅中英文（字）	131282	148335	125843	120525	139874	148668	179128	186083	170965	184281

附录 8 − 2　数据处理代码

```
//正向指标
global positive_var 总资产净利率 每股收益 净资产收益率 存货周转率
应收账款周转率 流动资产周转率 总资产增长率 净利润增长率 营业收入增
长率 固废综合利用率 二氧化碳排放率 废水排放率 业务活动对环境的重大
影响 业务活动对天然资源的重大影响 员工人均福利 员工接受培训占比 公
益捐赠 税费缴纳额 信息披露质量
//负向指标
global negative_var 能源总耗量密度 雇员流失比例 违规违法事件


//所有指标
global all_var $ positive_var $ negative_var
//年份
qui sum year
global min_year = r( min)
global max_year = r( max)


forvalues year = $ min_year / $ max_year{
use data. dta,clear
keep if year = = 'year'


//标准化数据 正向指标
foreach i in $ positive_var{
qui sum'i'
gen x 'i' = ('i' − r( min)/r( max) − r( min))
replace x_'i' = 0. 00001 if x_'i' = = 0
```

```
    }

    //标准化数据 负向指标

    foreach i in $ negative_var{

    qui sum'i'

    gen x 'i' = ( r( max) − 'i'/r( max) − r( min) )

    replace x_'i' = 0.00001 if x_'i' = = 0

    }


    //计算第 i 年变量 j 的权重 总体

    foreach x of global xlist{

    egen sum 'x' = total( standard'x')

    gen w1 'x' = standard'x'/sum 'x'

    }


    //信息熵与冗杂度

    by code,sort:egen m = count( year)

    foreach x of global xlist{

    gen w'x' = w1'x' + 0.000000001

    egen e1'x' = total ( w'x') * ln( w'x')

    gen d'x' = 1 + 1/ln( m) * e1'x'

    }


    //权重 2

    gen sumd = dC + dD + dE + dF + dG + dH + dI + dJ + dK + dL + dM + dN +
    dO + dP + dQ + dR + dS + dT + dU + dV + dW + dX + dY + dZ + dAA + dAB +
    dAC + dAD

    foreach x of global xlist{

    gen w2'x' = d'x'/sumd

    }
```

//总指标

```
foreach x of global xlist{
gen S'x' = standard'x' * w2'x'
}
gen SSS = sC + sD + sE + sF + sG + sH + sI + sJ + sK + sL + sM + sN + sO +
sP + sQ + sR + sS + sT + sU + sV + sW + sX + sY + sZ + sAA + sAB + sAC + sAD
```

9 第九章

研究结论及局限性

第一节 主要研究结论

随着时代的发展，人工智能技术正在实体行业中逐步推广开来，也在影响着社会、经济、生活中的各个方面。为了落实数字中国的国家战略，要加快推进中国实体行业的数字化建设，把人工智能和社会、经济、生活密切结合起来，推动经济发展，进一步提升实体经济效益，提升服务质量，以此推动我国经济、社会实现高质量增长。

人工智能技术是实现现代化的必由之路，也是推动我国社会主义事业不断向前发展的强大动力。人工智能对社会、经济、生活产生了深远的影响，并且改变着国家的经济发展方式、民众消费与生活方式。人工智能技术为经济增长提供了新的机遇，彻底改变了市场环境。在这场智能化的变革中，企业纷纷投身于人工智能的变革，在面临新机遇的同时也存在不小的风险。因此，企业实施智能化、数字化转型，应根据自身情况制订有效的方案，改善现有的生产运营模式，将人工智能技术与企业发展实践紧密结合，运用人工智能引导企业成长，提升企业的竞争力，为企业带来更多的价值。

随着国际竞争的日益加剧，我国企业发展面临着巨大的压力，尤其是制造业，当前行业收入增长缓慢、经营成本持续上升、公司盈利不断下降；而以人工智能等新一代互联网信息技术为内生驱动力，促使传统制造业智能化转型升级，已成为各国整体提升制造业国际竞争力和影响力的路径选择。因此，制造业作为国民经济的重要支柱产业，必须抓住机遇，以向智能制造转型为关键，解决当前行业可持续发展面临的挑战，在日益激烈的市场中保持竞争力。

本书探讨了制造业成本预测、成本控制、价值评估、供应商绩效评价、可持续发展评价各环节的特殊性，深入分析了其影响因素；确定了制造业成本预测、成本控制、价值评估、供应商绩效评价、可持续发展评价指标体系；基于 BP 神经网络、系统动力学、深度学习等人工智能手段建立了评估模型；通过案例证实人工智能技术与我国制造业价值链环节相结合是可行的；为制造企业成本预测、成本控制、价值评估、供应商绩效评价、可持续发展评价提供了新的思路。具体研究结论如下。

结论 1：采用 GA – BP 神经网络对研发成本预测的效果更好。

以人工智能与数字经济发展为背景，回顾当前研发支出整体现状的相关研究；对研发成本影响因素、研发成本预测以及成本预测方法的相关研究，选用案例分析和实证分析的研究方法；针对研发成本预测的复杂性，采用 GA – BP 神经网络模型对研发成本进行预测，并提出保障研发成本预测准确性及有效性的相关措施，得出的主要研究结论包括以下几个方面。

首先，通过对企业研发创新活动的探讨以及数字经济背景下影响案例企业研发成本的内外部因素分析，结合数字经济背景下高端制造企业的研发特性，确定了将企业的创新能力、市场竞争能力、成长能力、盈利能力以及经济发展水平、数字经济环境作为研发成本预测的主要指标维度。

其次，通过灰色关联度对数字经济背景下研发成本影响因素进行关联性分析，研究得出，与研发成本有着极强关联关系的分别是营业收入、经营活动产生的现金净流量、数字经济政策。其余都处于较强关联度和中等关联度之间，并不存在处于弱关联的影响因子，证明本书选取的预测指标体系整体较佳。由此，也可以知道，企业的盈利能力、市场竞争能力以及数字经济环境是目前与高端制造企业研发成本关系最紧密的因子。

最后，根据灰色关联分析得出的结论，剔除处于中等关联关系的 6 个指标，选用剩余的 11 个影响因子预测指标构建了一个三层的 GA - BP 神经网络，并对比了 BP 神经网络的预测结果，发现 GA - BP 神经网络整体预测误差比 BP 神经网络误差更小、预测精度更佳，而且模型的稳定性更好，平均相对误差率仅为 3.60%。此外，还利用灰色预测模型对研发成本的历史数据进行预测，经过对比分析，其精度的稳定性依旧不如 GA - BP 神经网络。可以发现采用 GA - BP 神经网络对研发成本预测的效果更好。

做好研发成本预测这项工作是企业把握研发效率的战略基点。数字经济背景下，企业更需要改变研发成本预测方法。重视研发成本预测，是提升数字核心竞争能力的一项基础性且又不容忽视的工作。高端制造作为数字经济中重点核心产业，需要企业重视研发成本预测工作在研发成本管理过程中的地位。通过数字技术、数字制度、人力资本、预测数据的四重保障，来提升研发成本预测的准确性、有效性，并作为研发成本管理的参考基础，提升研发效率，进而提升数字经济背景下企业研发的核心竞争能力。

结论 2：将系统动力学与我国汽车制造业成本控制系统相结合是可行的，可以运用系统动力学模型对成本控制进行有效预测分析。

通过查阅文献和数据，分析出当前粤港澳大湾区汽车制造业成本控制现状，把系统动力学模型和大湾区内的汽车制造业成本控制相结合，通过分析粤港澳大湾区的汽车制造业面临的国内外背景，构建相关影响因素，即成本、时间和质量之间的因果关系图、系统流图，并从汽车制造业的员工素质、技术水平、采购环境和销售阶段 4 个影响因素的分析确定模型的边界，结合之前所构建的成本控制系统因果关系图建立粤港澳大湾区汽车制造业企业成本控制的系统动力学模型。将大湾区汽车制造企业的各个影响因素之间的关系用系统动力学建模语言来描述，构建比亚迪股份有限公司的成本控制 SD 模型，确定各影响因素之间具体的参数并不断修正，重复试值多次构建出最终的粤港澳大湾区汽车制造业成本控制仿真模型。研究发现：

首先，以比亚迪公司为例对系统动力学模型进行具体应用及仿真，根据模型预测出成本动态变动行为与实际的汽车成本制造的成本控制施行结果具有一致性，从而证实了基于系统动力学的粤港澳大湾区汽车制造企业成本控制方法是可行的，同时本书通过 Vensim 软件对比亚迪汽车制造业的成本控制系统模型进行不同条件的模拟结果分析，得出成本因素的变化会直接影响模拟分析的结果，并且通过系统模型可以直接找出影响成本控制的关键因素。

其次，通过构建的比亚迪汽车制造业成本控制系统动力学模型的模拟测试结果，分析出该模型可以对汽车制造成本的相关变动因素进行预测并根据仿真结果制定出合理的控制政策，该政策可以对汽车制造进行事前的成本管控。

再次，本书基于系统动力学解决了汽车制造业成本控制问题。构建的粤港澳大湾区汽车制造业的系统成本控制模型也是基于社会学的观点，单从比亚迪汽车制造企业构建的系统动力学成本控制模型来看是微观视角。

最后，对粤港澳大湾区汽车制造业成本控制系统模型运用 Vensim PLE 软件进行仿真，该软件充分考虑了汽车制造产业的生命周期对粤港澳大湾区成本控制影响因素。Vensim PLE 软件的模型仿真语言是定量的成本耗费，从粤港澳大湾区汽车制造生产出发，可以把影响成本控制的主客观因素划分为员工素质、原料采购、技术水平、管理能力及政府政策，这五大因素的联动分析有利于汽车制造业成本控制的内在剖析。

结论 3：深度学习企业价值评估模型具有更高的准确性与适用性。

通过探讨制造业科创公司价值来源、价值特征和价值评估的特殊性，深入分析了制造业科创公司价值影响因素，确定了制造业科创企业价值评估指标体系，建立了基于深度学习价值评估模型，力求提高制造业科创企业价值评估的全面性与准确性。

首先，确立了科创板企业价值评估指标体系。在综合研究了科创板企业的市场特征、价值驱动因素和发展特性的基础上，提出了 7 个科创板企业价值影响层面，分别是科创板企业盈利能力、偿债能力、营运能力、现金创造能力、发展能力，以及反映科创板企业未来获利机会的科研创新能力和人力资源能力。

其次，论证了深度学习模型用于科创板企业价值评估的准确性和适用性。鉴于科创板公司的未来发展前景存在着不确定性、无法找到可比公司、重科技轻资本等特点，因此目前的公司价值评估方法都有各自的局限。由于深度学习模式具备超强的非线性映射能力、自主学习等优点，所以本书引入了深度学习方法，通过选择科创板截至 2020 年底的上市公司为样本，收集了 8 个价值影响因素数据后，对深度学习模型进行训练，拟合结果达到可接受的范围，表明深度学习模型建立完成。

最后，以交控科技公司为案例对象，分别使用市盈率法和深度学习价值评估模型对该公司进行价值评估，并将两种方法估值结果与公司实际市值作比较。对比结果显示，深度学习方法的结果更贴近企业当日的市值，由此证明深度学习企业价值评估模型具有更高的准确性与适用性。以此得出案例启示，作为新一代信息技术企业不仅要加大创新技术研发，更应该注重企业自身数字化转型升级，在企业管理中引入人工智能技术，帮助企业更全面地掌握自身以及外部的信息，从而更好地为企业长远发展制定合适的战略。

结论 4：BP 神经网络绩效评价模型具有运算速度快、准确率高等优点，比较适用于供应商的综合绩效评价和选择。

通过对国内外供应商绩效评价相关文献的研究和对 JC 集团的问卷调查，总结归纳了我国轨道交通车辆制造业供应商的特点，通过访问 JC 集团供应商绩效评价的相关人员和专家，制定调查问卷并进行问卷调查，后运用 Stata 软件对调查结果进行因子分析和信度检验，最终构建了 JC 集团供应商绩效评价选择指标体系，从质量水平、采购成本、交付能力、服务和研发、财务绩效等 5 个方面对影响供应商绩效评价的因素进行分析。然后运用 BP 神经网络对供应商绩效评价模型进行构建和修正，并对模型进行有效性检验。主要研究成果包括如下内容。

首先，构建了 JC 集团零部件供应商的绩效评价指标体系。本书通过对国内外供应商绩效评价相关文献的研究、归纳，总结了轨道交通车辆制造业供应商绩效评价的 26 个初始指标，又通过对 JC 集团相关从业人员和专家进行问卷调查，结合轨道交通车辆制造业的特点，编制了调查问卷，并对调查结果进行因子分析，形成了 JC 集团供应商绩效评价指标体系。该指标体系由质量水平、采购成本、交付能力、服务和研发、财务绩效等 5 个一级指标构成，每个一级指标下又包括多项二级指标，如质量水平包括产品合格率、产品返修退货率、品质稳定性、产品使用寿命、质量体系认证等 5 个二级指标。整个供应商评价选择指标体系由 5 个一级指标、21 个二级指标构成。对每个二级指标的取得制定了详细的评分规则及公式定义，使该指标体系具有可行性。

其次，通过 BP 神经网络建立了 JC 集团的供应商绩效评价模型。本书基于 BP 神经网络法，通过 MATLAB 编程以及调用神经网络工具箱，构建了 JC 集团供应商评价模型。本书在对神经网络各参数进行设计的基础上，通过收集到的 18 家供应商样本评价数据，对神经网络进行训练，建立了一个 21 个输入层节点和 1 个输出层节点的较为有效的评价模型，并通过修改学习率、训练函数等，对模型进行反复训练和修正，提高模型的准确性和运行速度。然后使用另外 7 家供应商样本数据对构建好的评价模型进行有效性检验。研究结果证明，建立的供应商评价模型具有比较好的泛化能力、较高的科学性和实用性，可运用于 JC 集团供应商的评价选择。

再次，以 MATLAB 提供的工具箱对 BP 神经网络的供应商绩效评价模型进行了实现，主要包括数据模块、网络模块和输出模块三大模块。结合 MATLAB 工具箱的 BP 神经网络绩效评价模型，有效地降低了 BP 神经网络设计的复杂性，具有运算速度快、准确率高等优点，比较适用于供应商的综合绩效评价和选择。

最后，通过具体的应用算例，在前面理论构架的基础上，将该模型运用到 JC 集团的实际项目上，对该项目的潜在供应商作出综合预测值，从而选择出优秀的供应商来帮助企业决策。对同行业中类似 JC 集团的轨道交通车辆制造企业供应商的评价与选择具有借鉴和参考的价值。

结论 5：数字化转型对企业的可持续发展具有显著促进作用，且突变模型能有效评价企业的可持续发展程度。

以战略管理会计为视角，基于 ESG 理论，通过构建突变模型，从财务、环境、社会及治理 4 个维度对比分析金风科技在转型前后的可持续发展能力变化，判断金风科技数字化转型给企业可持续发展带来了怎样的影响。从中国式现代化的要求出发，为企业的优化升级提供更全面、系统的战略管理意见。

首先，金风科技数字化转型路径可以为其他企业提供有益的借鉴和启示。金风科技在数字化转型过程中，将数字化技术作为核心，设计数字化转型的顶层应用框架，包括智能化生产、智能营销等价值链业务，构建与行业特征相适应的数据中台体系。因此，通过突变级数法构建可持续发展评价模型，能有效对案例企业的财务、环境、社会和治理各维度可持续发展情况进行深入分析。同时，从金风科技的蓝图设计到实施方案的成功经验也可以为其他企业提供宝贵的参考和借鉴。

其次，金风科技数字化转型有利于企业可持续发展。本书通过对金风科技数字化转型前后的财务表现和非财务表现进行分析，深入探讨了金风科技可持续发展的变化趋势，并从分析中发现，金风科技的可持续发展取得了显著成效，其数字化转型对财务表现和非财务表现具有促进作用。金风科技在数字化转型前，盈利能力指标比行业平均水平要低，但经过数字化转型，金风科技各项财务指标均远远高于业内平均水平，走在行业前列；ESG 表现在金风科技数字化转型之前处于较低的水平，业绩并不稳定；在数字化转型之后，其 ESG 业绩得到了大幅改善，业绩更加稳定。

第二节　研究局限与展望

尽管本书根据制造业特征构建了指标体系，使用了 BP 神经网络、系统动力学、深度学习等模型对评估方法进行改进，并取得了较好的研究成果证明该方法的应用价值，但是在后续研究中以下几点问题还有待进一步深入研究。

一、评价指标体系存在一定程度的局限，仍需进一步完善

（1）由于研发活动是一个复杂的系统，影响研发成本预测的因素还有很多，本研究主要是根据数字经济背景下制造业企业研发成本的特性来构建的指标体系，因此所构建的指标体系还存在一定程度的局限，如何根据每个企业具体的体系结构、商业模式或者研发战略目标来丰富、补充相关指标，完善研发成本预测系统，这是未来需要进一步进行微观层面案例细

化的研究。

（2）企业价值评估是一项既系统又复杂的问题，影响科创板公司价值因素相当多，因此本书中对相关因子的考察主要从企业视角入手，可能考察的内容还不全面或失之偏颇，因此未来研究人员应该更多地考虑从其他角度将若干更为具体的相关因素纳入深度学习的企业价值评估模型中，以加深模型的内涵规律性。

（3）本研究建立的供应商评价指标体系是通过文献研究、专家评判设计的，虽然考虑了指标的全面性、客观性、可比性、可操作性等，但由于在实际运用中会存在特殊状况，所以需要根据实际情况作出相应调整，并有效区分差异性。通过分析组成部分，再统筹整体，最后达到整体大于部分之和的效果。

（4）可持续发展也受到诸多因素的制约，各个要素并不是单独存在的，各要素之间互相联系、互相影响，协同作用于数字赋能和可持续发展之间的联系，但是本研究并没有进行深入的探讨。未来的研究可深入梳理这些驱动变量的层级关系，并详细探讨不同驱动因素对可持续发展的影响。

二、还需加强对各种方法模型的进一步研究学习和应用

（1）本书限于篇幅，主要选用了 GA – BP 神经网络模型进行研发成本预测、BP 神经网络模型进行供应商绩效评价，但没有考虑其他算法优化的模型，如粒子群算法、麻雀搜索算法等算法改进的效果，或者其他神经网络模型，如 RBF 径向基神经网络模型或者组合预测模型。此外，从结果分析可知，采用 BP 神经网络预测能够较准确地预测研发成本与评价供应商绩效是相对更优的模型，虽然遗传算法作为一种有全局搜索能力的优化算法与 BP 神经网络模型相结合会得到越来越广泛的应用，但遗传算法目前仍然存在稳定性弱、运行参数值不易确定等缺点，需要进一步完善。

（2）还需加强对系统动力学仿真软件 Vensim PLE 的进一步研究学习和应用。涉及以下主要内容：一是进一步研究仿真软件；二是对仿真科学的研究学习，比如进行函数或方程的开发编写等。Vensim PLE 软件的运用

具有一定的局限性，因为功能结构的制约，更多是用来建立规模不是很大的系统动力学模型。但 Vensim PLE Plus 软件支持多视图结构的系统模型和规模较大的模型构建，因此应加强对 Vensim PLE Plus 软件的功能研究。

（3）深度学习价值评估模型也可进一步优化。深度学习作为人工智能方法的一种，也正在不断地优化中。现实当中，深度学习模型应用范围很广，时间序列特性的数据都可以用于训练与预测，也有针对各网络模型的优化方法可以使估值更加精确。未来随着科学研究的开展以及深度学习方法的更新拓展，仍需在网络模型的选择和优化上寻求突破，以期达到更好的价值评估目标。

参 考 文 献

［1］薄湘平，陈娟．总成本领先战略探析［J］．财经理论与实践，2003，24（3）：110 – 112.

［2］曹翰林．公司成本费用控制方案研究［J］．财会通讯，2011（32）：106 – 108.

［3］曹梦石，徐阳洋，陆眠峰．"双碳"目标与绿色资本：构建资本有序流动体制与机制研究［J］．南方金融，2021（6）：59 – 68.

［4］查尔斯·T. 亨格瑞，斯坎特·M. 达塔，乔治·福斯特，等．成本会计：以管理为重心［M］．北京：中国人民大学出版社，2007.

［5］陈会明．系统动力学应用于高技术企业研发成本预测的研究［D］．哈尔滨：哈尔滨商业大学，2013.

［6］陈金玉，黄睿哲．电网物资供应商评价指标体系构建与权重测算实证研究［J］．现代商业，2014，19（1）：58 – 64.

［7］陈娟．绿色供应链视角下的 G 公司供应商评估与选择研究［D］．株洲：湖南工业大学，2015.

［8］陈力．中国公司精益研发管理体系研究［D］．上海：上海交通大学，2011.

［9］陈蕊．国家研发投入、企业研发能力与创新绩效相关性研究［J］．财会通讯，2017，734（6）：47 – 50.

［10］陈文盛．工程造价估算模型研究与基于层次分析法的 BP 神经网络模型应用［J］．价值工程，2015（29）：86 – 89.

［11］陈永丽，龚枢，张洁．企业价值创造能力的影响因素分析——基于创业板上市公司的相关数据［J］．软科学，2011（12）：118 – 122.

［12］程平，郭奕君，辜榕容．基于岭回归机器学习算法的项目成本预测研究——以 A 风景园林规划研究院规划设计项目为例［J］．财会通

讯，2021（12）：101－105.

[13] 程雅，戚珩，阚树林，等．基于遗传算法的供应商组合选择[J]．机械设计与制造，2013（9）：59－65.

[14] 党琳，李雪松，申烁．数字经济、创新环境与合作创新绩效[J]．山西财经大学学报，2021，43（11）：1－15.

[15] 丁传勇，张星臣．基于主成分分析法的供应商评价与选择[J]．铁道货运，2007（11）：7－9.

[16] 杜艳超，李明照．建筑项目全寿命周期成本预测仿真[J]．计算机仿真，2017，34（8）：441－444.

[17] 段茹，李华晶．共益导向对数字创业企业社会创新的影响研究[J]．中国科技论坛，2020（8）：98－109.

[18] 段文奇，宣晓．基于价值创造视角的互联网企业价值评估体系研究[J]．财贸研究，2018，29（9）：85－97.

[19] 付保宗，张鹏逸．我国产业迈向中高端阶段的技术创新特征与政策建议[J]．经济纵横，2016（12）：77－86.

[20] 盖淑娟．加强现代企业成本内部控制的探讨[J]．中国商论，2011（25）：151－152.

[21] 高陆，童秉枢，董兴辉．协同设计中零部件供应商管理系统的研究[J]．计算机集成制造系统（Cims），2002（10）：766－769.

[22] 顾丽琴，沈安．汽车零部件供应商的绩效评价与选择[J]．统计与决策，2010，11：177－180.

[23] 官小春，梁莱歆．高科技企业研发超越预算管理模式研究[J]．科技进步与对策，2010，27（20）：84－88.

[24] 郭建峰，王丹，樊云，等．互联网企业价值评估体系研究基于实物期权模型的分析[J]．价格理论与实践，2017（7）：153－156.

[25] 郭劲光，王虹力．数字赋能下减排战略的创新性选择——基于"宽带中国"试点政策的准自然实验[J]．产业经济研究，2022（4）：101－113，142.

[26] 郭崇．周期性行业企业价值评估方法研究——以海螺水泥为例[J]．财会通讯，2018（29）：7－11.

［27］郭伟，王娜，孙改娜．Ahp 和 Topsis 在供应商评价与选择中的应用［J］．西安工程大学学报，2013，27（1）：93-96．

［28］郭骁．基于创新与控制"差异度"的企业可持续发展问题研究［J］．北京邮电大学学报（社会科学版），2016，18（2）：72-77．

［29］郭耀煌．社会责任环境下供应链的协作与利润分享策略研究［J］．管理工程学报，2011．

［30］郝亚红．谈全面预算管理在公司管理中的重要意义［J］．会计之友旬刊，2018（2）：37-37．

［31］何银银．基于改进 GS-SVM 的煤炭生产成本预测［J］．世界科技研究与发展，2016，38（3）：701-705，723．

［32］贺佳欢．高新技术企业研发成本管理模式及其影响因素研究［D］．郑州：河南财经政法大学，2017．

［33］贺小欢，张彩庆．熵权评价模型在供应商评价中的应用［J］．中国电力教育，2005（S3）：168-170．

［34］洪源，王群群，苏知立．地方政府债务风险非线性先导预警系统的构建与应用研究［J］．数量经济技术经济研究，2018，35（6）：95-113．

［35］胡心专，张亚明，张文文．BP 神经网络在社会物流成本预测中的应用［J］．企业经济，2010（10）：93-95．

［36］胡嫣然．基于战略采购的供应商评价指标体系构建［J］．生产力研究，2012（5）：201-202．

［37］胡永平．企业 R&D 支出的影响因素与我国企业 R&D 支出的特征分析［J］．江苏商论，2006（11）：105-106．

［38］黄羽翼，艾小青，吴盼玉．基于混频数据的社会物流成本预测［J］．统计与决策，2020，36（13）：179-183．

［39］贾向桐．科技创新视域下的生态可持续发展问题［J］．人民论坛·学术前沿，2020（2）：50-57．

［40］蒋冠宏，蒋殿春．中国对外投资的区位选择：基于投资引力模型的面板数据检验［J］．世界经济，2012，35（9）：21-40．

［41］蒋磊，李锦飞．层次分析法在汽车零件供应商评估中的应用［J］．商场现代化，2007（3）：5-6．

[42] 蒋瑞琛，瞿艳平. 农村数字普惠金融的生成、短板与发展路径 [J]. 江汉论坛，2022 (2)：50 - 55.

[43] 焦俊超，蒋富林. 基于模糊层次分析法的轨道交通装备制造业供应商选择 [J]. 湖南工业大学学报（社会科学版），2014, 19 (6)：19 - 26.

[44] 焦俊超. 我国轨道交通总装制造企业供应商评价研究 [D]. 株洲：湖南工业大学，2014.

[45] 焦勇. 数字经济赋能制造业转型：从价值重塑到价值创造 [J]. 经济学家，2020 (6)：87 - 94.

[46] 堪述勇，陈荣秋. 论 Jit 环境下制造商和供应商之间的关系 [J]. 管理工程学报，1998 (3)：46 - 52.

[47] 李辰杰. 基于动态财务指标和反欺诈的财务危机预警 [J]. 计算机应用，2019 (39)：275 - 279.

[48] 李风亮，古珍晶. "双碳"视野下中国文化产业高质量发展的机遇、路径与价值 [J]. 上海师范大学学报（哲学社会科学版），2021, 50 (6)：79 - 87.

[49] 李高勇，毛基业. 案例选择与研究策略——中国企业管理案例与质性研究论坛（2014）综述 [J]. 管理世界，2015 (2)：133 - 136, 169.

[50] 李进军. 公司成本管理问题与改进完善 [J]. 现代公司，2017 (10)：16 - 17.

[51] 李经路，胡振飞. 创业板研发投入的神经网络预测：是采用 RBF 模型还是 BP 模型？[J]. 科技管理研究，2017, 37 (5)：183 - 190.

[52] 李连燕，张东廷. 高新技术企业智力资本价值创造效率的影响因素分析——基于研发投入、行业竞争与内部现金流的角度 [J]. 数量经济技术经济研究，2017 (5)：55 - 72.

[53] 李凌寒，凤艳. 基于改进 Cvbc 模型的企业价值评估研究 [J]. 财会通讯，2020 (20)：96 - 99.

[54] 李素峰，王然，严良. 生态创新驱动下资源型区域可持续发展研究 [J]. 资源开发与市场，2017, 33 (12)：1473 - 1477, 1509.

[55] 李延喜，何超，刘彦文，等. 对"一带一路"国家直接投资能否促进中国企业创新？[J]. 科学学研究，2020, 38 (8)：1509 - 1525.

［56］李逸飞，苏盖美，牛芮，等．智能化与制造业企业创新［J］．经济与管理研究，2023，44（8）：3-16.

［57］李寅龙，胡志英．实物期权视角下互联网企业价值评估的认知——基于美团的纵向案例研究［J］．投资研究，2021，40（11）：123-130.

［58］李泽众．环境规制、科技创新与新型城镇化［J］．上海经济研究，2022（1）：85-94.

［59］李珍萍，靳阳飞．Topsis在第三方逆向物流服务供应商评价中的应用［J］．物流技术，2013，32（15）：179-181.

［60］李正伟．"互联网+"背景下物流企业价值评估实证分析［J］．商业经济研究，2019（13）：86-90.

［61］林青宁，毛世平．数字经济背景下我国区域创新效率测算［J］．统计与决策，2022，38（18）：73-76.

［62］凌洪章．企业价值报表结构设计研究［J］．财务与会计，2020（12）：40-43.

［63］刘柏阳，刘立刚．灰色预测模型在区域物流成本中的应用研究［J］．会计之友，2018（23）：23-26.

［64］刘彬，朱庆华，蓝英．绿色采购下供应商评价指标体系研究［J］．管理评论，2008，9（20）：20-32.

［65］刘建民，薛妍，刘嘉意．数字经济对地方财政可持续性的影响研究：基于"本地—邻地"视角［J］．湖南大学学报（社会科学版），2021，35（6）：46-56.

［66］刘琴．选择供应商——建立双赢模式［J］．中国流通经济，2001（4）：43-45.

［67］刘若江，金博，贺妏妏．黄河流域绿色发展战略及其实现机制研究［J］．西安财经大学学报，2022，35（1）：15-27.

［68］刘飒，万寿义．高新技术企业研发成本的预测模型及方法探讨［J］．大连理工大学学报（社会科学版），2021，42（2）：42-49.

［69］刘晓龙，郑克然．河南汽车制造企业供应商评价指标体系研究［J］．长江大学学报，2011，34（9）：71-72.

［70］刘亦陈，罗钰涵．钢铁企业研发成本的筹划和管控［J］．企业

经济, 2017, 36 (11): 125 – 130.

[71] 刘垠, 范钛. 科创板企业投资价值的智能预测研究——基于财务绩效视角的分析 [J]. 价格理论与实践, 2020 (6): 109 – 112.

[72] 刘增明, 陈运非, 蒋海青. 基于 Pca – BP 神经网络方法的供应商选择 [J]. 工业工程与管理, 2014, 19 (1): 53 – 64.

[73] 刘志华, 徐军委, 张彩虹. 科技创新、产业结构升级与碳排放效率——基于省际面板数据的 Pvar 分析 [J]. 自然资源学报, 2022, 37 (2): 508 – 520.

[74] 吕越. 加快传统制造业转型升级的策略 [J]. 人民论坛, 2024 (10): 92 – 96.

[75] 伦蕊. 中国高端制造企业竞争力生成的驱动因素与协同机制 [J]. 深圳大学学报 (人文社会科学版), 2020, 37 (6): 83 – 94.

[76] 罗新星, 彭素华. 绿色供应链中基于 Ahp 和 Topsis 的供应商评价与选择研究 [J]. 软科学, 2011, 25 (2): 53 – 56.

[77] 罗序斌. 传统制造业智能化转型升级的实践模式及其理论构建 [J]. 现代经济探讨, 2021 (11): 86 – 90.

[78] 马士华, 林勇. 供应链管理 (第二版) [M]. 北京: 机械工业出版社, 2000: 162 – 169.

[79] 孟霏, 鲁志国, 肖露露. 中国战略性新兴企业技术创新投入时空演化及影响因素研究 [J]. 科技进步与对策, 2021, 38 (15): 47 – 56.

[80] 牛忠远. 我国物流需求预测的神经网络模型和实证分析研究 [D]. 杭州: 浙江大学, 2006.

[81] 欧阳红兵, 黄亢, 闫洪举. 基于 Lstm 神经网络的金融时间序列预测 [J]. 中国管理科学, 2020 (4): 27 – 35.

[82] 潘家栋, 韩沈超, 肖文. 企业创新质量对企业社会责任表现的影响研究——来自深圳 A 股上市公司的证据 [J]. 宏观质量研究, 2021, 9 (3): 99 – 113.

[83] 潘燕华, 朱俊. 基于 BP 人工神经网络的供应商评价研究 [J]. 价值工程, 2011, 2 (28): 28 – 30.

[84] 庞婧. 基于财务管理角度探讨企业价值创造的驱动因素——评

中国经济出版社《创新型企业价值评估研究》[J]. 价格理论与实践, 2020 (1): 181.

[85] 彭伟辉. 异质性创新人力资本对企业价值链的影响——基于我国制造业上市公司的实证检验 [J]. 财经科学, 2019 (4): 120-132.

[86] 彭张林, 张爱萍, 王素风, 等. 综合评价指标体系的设计原则与构建流程 [J]. 科研管理, 2017, 38 (S1): 209-215.

[87] 齐明皓. 深度学习: 数据经济新动能——兼论对我国实体经济智能化转型升级的启示 [J]. 经济问题, 2018 (10): 27-32.

[88] 钱碧, 潘晓弘, 程耀东. 敏捷虚拟企业合作伙伴选择评价体系研究 [J]. 中国机械工程, 2000, 11 (4): 397-401.

[89] 钱芝网. BP神经网络及其在供应商选择评价中的应用 [J]. 工业工程与管理, 2011, 16 (3): 1-7.

[90] 乔阳娇, 岳国强. 数字经济企业的类型及价值评估分析 [J]. 金融与经济, 2020 (9): 60-67.

[91] 秦艳, 蒋海勇. 新质生产力促进制造业转型升级的机理与路径——基于产业链视角 [J]. 企业经济, 2024, 43 (10): 49-59.

[92] 秦瑜, 王宗水. 软件与信息技术服务业上市公司生命周期研发投入及影响因素研究 [J]. 数学的实践与认识, 2017, 47 (8): 82-92.

[93] 邱洋冬. 数字经济发展如何影响企业创新 [J]. 云南财经大学学报, 2022, 38 (8): 61-81.

[94] 屈晓娟, 张华. 创业板上市公司价值评估模型构建研究——基于灰色预测模型与实物期权的结合 [J]. 财会通讯, 2019 (5): 98-103.

[95] 单华夷, 成耀荣. 基于Se-Dea的第三方物流服务供应商的评价选择 [J]. 物流科技, 2007 (4): 104-106.

[96] 邵明东. 贵州省新三板企业估值分析 [D]. 贵阳: 贵州财经大学, 2017.

[97] 邵松玲, 齐鲁光, 张峰. 制造型企业业务成本预测模型构建与应用——基于灰色理论 [J]. 财会通讯, 2019 (17): 76-79.

[98] 沈斌, 张冬冬. 基于"量化有效型"的合格供应商绩效评价体系 [J]. 电子质量, 2018 (12): 78-81.

[99] 师博，阮连杰. 人工智能时代下产业链供应链的重构、风险及应对 [J]. 改革，2024（11）：17-27.

[100] 史成东，陈菊红，张雅琪. 基于 BP 神经网络和 Dea 的物流供应商选择 [J]. 工业工程，2010，13（4）：112-116.

[101] 宋雪莲，张德洲. 企业研发成本控制策略探讨 [J]. 财会通讯，2010（32）：89-90.

[102] 苏治，卢曼，李德轩. 深度学习的金融实证应用：动态、贡献与展望 [J]. 金融研究，2017（5）：111-126.

[103] 孙敬平. 基于价值链分解的业务外包模式研究 [J]. 华东经济管理，2006，20（3）：104-106.

[104] 孙茂竹，徐凯. 经营模式转变与管理会计研究——中国会计学会管理会计专业委员会2014年年会综述 [J]. 会计研究，2015（1）：90-92.

[105] 孙淑生，罗宝花. 多元线性回归模型在物流成本预测中的应用 [J]. 商业时代，2014（18）：19-21.

[106] 孙习亮，任明. 专利技术质押融资模式案例探析 [J]. 财会通讯，2021（6）：147-150.

[107] 孙小，马正元. 人工神经网络在管理信息系统中的应用 [J]. 组合机床与自动化加工技术，1999（6）：24-27.

[108] 孙晓华，翟钰. 盈利能力影响企业研发决策吗？——来自中国制造业上市公司的经验证据 [J]. 管理评论，2021，33（7）：68-80.

[109] 孙祖妮. 基于成本动因 BP 神经网络的铁路物流货运成本预测 [D]. 北京：北京交通大学，2012.

[110] 唐玮，崔也光. 民营企业生命周期与 R&D 投入 [J]. 财会月刊，2015（36）：8-13.

[111] 陶长琪，丁煜. 数字经济政策如何影响制造业企业创新——基于适宜性供给的视角 [J]. 当代财经，2022（3）：16-27.

[112] 陶长琪，彭永樟. 从要素驱动到创新驱动：制度质量视角下的经济增长动力转换与路径选择 [J]. 数量经济技术经济研究，2018，35（7）：3-21.

[113] 田博，欧光军，汪奎. 基于主成分回归分析的商品流通企业物流成本预测研究——以 H 公司为例 [J]. 商业经济研究，2018（5）：123 - 126.

[114] 汪海粟，闫昱彤，秦子航. 基于决策导向的企业内在价值评估与案例研究 [J]. 管理学报，2021，18（1）：137 - 147.

[115] 王佳雯. 浅谈公司的成本控制与成本管理 [J]. 中国商论，2011（33）：66 - 67.

[116] 王晋国. EVA 在企业价值评估中的应用——以网易公司为例 [J]. 山西财经大学学报，2019，41（S2）：49 - 51.

[117] 王静，王娟. 互联网金融企业数据资产价值评估——基于 B - S 理论模型的研究 [J]. 技术经济与管理研究，2019（7）：73 - 78.

[118] 王乐，任海芝. MRA - RBF 神经网络组合算法的煤矿材料成本预测 [J]. 辽宁工程技术大学学报（自然科学版），2017，36（5）：548 - 553.

[119] 王立鹏. 人工智能技术在金融领域应用的思考——以深度学习为例 [J]. 时代金融，2018（6）：31 - 35.

[120] 王玲，李慧敏. 大数据背景下的科技型中小企业动态价值评估研究 [J]. 时代金融，2018（5）：115 - 118.

[121] 王孟，刘东锋. 数字技术赋能体育产业低碳发展的理论逻辑、现实困境与实施路径 [J]. 体育学研究，2022，36（1）：71 - 80.

[122] 王明启. X 物联网企业技术路线图法的研发成本预测研究 [D]. 长春：长春工业大学，2020.

[123] 王巧玲，李玉萍. 基于灰色多层次评价方法的供应商评价 [J]. 航空制造技术，2010（8）：72 - 75.

[124] 王庆喜，胡安，辛月季. 数字经济能促进绿色发展吗？——基于节能、减排、增效机制的实证检验 [J]. 商业经济与管理，2022（11）：44 - 59.

[125] 王任飞. 企业 R&D 支出的内部影响因素研究——基于中国电子信息百强企业之实证 [J]. 科学学研究，2005（2）：225 - 231.

[126] 王铁旦，章辉，彭定洪. 企业品牌价值评估的广义犹豫模糊多群体 TOPSIS 模型 [J]. 模糊系统与数学，2021，35（5）：128 - 141.

[127] 王文泽. 以智能制造作为新质生产力支撑引领现代化产业体系建设 [J]. 当代经济研究, 2024 (2): 105 – 115.

[128] 王旭坪, 陈傲. 基于电子商务的供应商评价与优化 [J]. 管理科学, 2004, 17 (4): 49 – 53.

[129] 王学璨, 周颖. 互联网企业价值评估方法研究——以 Z 企业为例 [J]. 市场周刊 (理论研究), 2018 (5): 29 – 30.

[130] 王一鸣, 杨梅. 企业创新投入、绩效与市场价值的关系——基于中国上市公司数据 [J]. 经济问题, 2017 (4): 1 – 5.

[131] 王旖琦, 霍艳芳. 基于作业成本法的供应商选择改进模型研究 [J]. 价值工程, 2013, 28 (4): 29 – 32.

[132] 王永跃, 黄飘飘, 金杨华, 等. 人工智能背景下制造业知识型员工技术空心化: 内涵、生成及影响机制 [J]. 心理科学进展, 2024, 32 (12): 2005 – 2017.

[133] 王治, 李馨岚. 互联网企业价值评估模型比较研究 [J]. 财经理论与实践, 2021, 42 (5): 75 – 82.

[134] 文义. 基于灰关联熵的成本预测方法与实证 [J]. 统计与决策, 2015 (20): 80 – 82.

[135] 吴丹. 全球视野下中国研发投入强度的演变态势分析与预测 [J]. 科技管理研究, 2017, 37 (3): 9 – 14.

[136] 吴非, 胡慧芷, 林慧妍, 等. 企业数字化转型与资本市场表现——来自股票流动性的经验证据 [J]. 管理世界, 2021, 37 (7): 130 – 144, 110.

[137] 吴海军, 郭琎. 数据要素赋能制造业转型升级 [J]. 宏观经济管理, 2023 (2): 35 – 41, 49.

[138] 吴玉烁. 基于收益法的软件类企业价值评估选择 [J]. 财会通讯, 2019 (20): 77 – 80.

[139] 夏惠. 面向产品研发的战略性供应商选择——以汽车行业为例 [J]. 科技管理研究, 2012 (22): 141 – 153.

[140] 夏清华, 黄剑. 市场竞争、政府资源配置方式与企业创新投入——中国高新技术企业的证据 [J]. 经济管理, 2019, 41 (8): 5 – 20.

[141] 向红艳，徐莲怡．基于分数阶拓展算子GM（1，1）模型的高速公路养护成本预测［J］．中外公路，2020，40（1）：278－282．

[142] 肖红军，阳镇．可持续性商业模式创新：研究回顾与展望［J］．外国经济与管理，2020，42（9）：3－18．

[143] 肖兴志，李少林．大变局下的产业链韧性：生成逻辑、实践关切与政策取向［J］．改革，2022（11）：1－14．

[144] 谢喻江．基于EVA的成长期高新技术企业价值评估［J］．财会通讯，2017（2）：7－11．

[145] 熊世权，易树平，唐平，等．基于Anp的汽车零部件供应商关系管理与评价［J］．重庆大学学报（自然科学版），2006，29（1）：4－7．

[146] 徐晓萍，张顺晨，许庆．市场竞争下国有企业与民营企业的创新性差异研究［J］．财贸经济，2017，38（2）：141－155．

[147] 徐雅琴，李明．数字经济背景下制造企业成本管理的特征与创新［J］．财会通讯，2021，880（20）：172－176．

[148] 轩超亭，黄培清，吕冬．神经网络技术在供应链管理中的应用［J］．工业工程与管理，2000（3）：41－43．

[149] 杨海平，冯明会．人工智能赋能出版产业深度融合发展：现状洞察、发展困境与实践路径［J］．中国编辑，2024（12）：45－51．

[150] 杨旌，李俊付，张高青．基于改进支持向量回归机的煤炭物流成本预测［J］．广西大学学报（自然科学版），2017，42（4）：1623－1627．

[151] 尤建新，杨威，杨迷影．用于供应商风险评价的Fmea改进［J］．同济大学学报，2019．

[152] 余凯，贾磊，陈雨强，等．深度学习的昨天、今天和明天［J］．计算机研究与发展，2013，50（9）：1799－1804．

[153] 曾祥炎，李妏，曾明．要素禀赋与中西部地区数字经济可持续发展——基于机器学习方法［J］．湖南科技大学学报（社会科学版），2021，24（6）：80－89．

[154] 张策，孙小明，龚陈雄．基于多目标规划与组织间关系的供应商选择方法［J］．现代商业，2015（2）：157．

[155] 张超．科技创新与企业发展——来自美国的微观证据及其对于

科创板的启示 [J]. 会计与经济研究, 2019, 33 (6): 96 – 108.

[156] 张超琼. 融资约束对企业研发投入的影响——基于产权性质角度 [J]. 当代会计, 2021 (12): 82 – 84.

[157] 张国方, 余超, 等. 一种新的汽车零部件供应商评价方法 [J]. 武汉理工大学学报, 2014, 36 (1): 61 – 64.

[158] 张吉刚, 梁娜. 基于改进 BP 模型的我国社会物流总成本预测 [J]. 统计与决策, 2014 (6): 61 – 63.

[159] 张俊光, 杨芳芳, 徐振超. 研发项目工作量估计方法的可靠性评估与预测 [J]. 科技进步与对策, 2013, 30 (6): 118 – 121.

[160] 张丽. 成本控制管理在公司发展中的必要性探讨 [J]. 中国商论, 2011 (28): 129 – 130.

[161] 张少华, 范玉妹. 基于 Rbf 神经网络集成的供应商评价方法 [J]. 物流科技, 2006, 29 (10): 113 – 115.

[162] 张淘锋, 张卓. 企业可持续发展中的创新力与控制力协调——基于共生理论的视角 [J]. 科技管理研究, 2018, 38 (19): 117 – 122.

[163] 张向阳. 科技型中小企业研发成本管控能力提升研究 [J]. 财会学习, 2020 (34): 113 – 114, 124.

[164] 张晓涛, 李京航. 创新能力对天生国际化企业绩效的影响——来自我国创业板上市公司的证据 [J]. 科技进步与对策, 2017, 34 (13): 67 – 73.

[165] 张笑, 赵明辉, 张路蓬. 政府创新补贴、高管关系嵌入与研发决策——WSR 方法论视角下制造业上市公司的实证研究 [J]. 管理评论, 2021, 33 (5): 194 – 207.

[166] 张颖. 论公司价格管理中的成本控制 [J]. 价格理论与实践, 2011 (8): 80 – 81.

[167] 张瑜, 罗茜, 刘勇. 基于三角模糊数的供应商选择方法研究 [J]. 物流技术, 2013 (5): 295 – 299.

[168] 张元材. 现代光学制造业企业研发成本管控分析 [J]. 现代商业, 2021 (17): 59 – 61.

[169] 张志强. 创新价值标准化评价研究与实践——以科技项目与科

技型企业创新价值评估为例［J］. 科技管理研究，2020，40（20）：75－82.

［170］章丽萍，熊恺琦，赵选利，等. 基于三螺旋理论的铁路行业科研诚信问题研究［J］. 华东交通大学学报，2022，39（4）：112－118.

［171］赵欢. 改进OhIson模型在互联网企业价值评估中的应用［J］. 财会通讯，2019（8）：13－17.

［172］郑慧，吴玉明，周懿. 传统制造业绿色低碳转型的挑战和策略［J］. 山西财经大学学报，2023，45（S2）：59－61.

［173］郑明波. 经济波动对企业研发投入的影响——来自中国上市公司的证据［J］. 江西财经大学学报，2019（5）：104－117.

［174］郑培，黎建强. 基于BP神经网络的供应链绩效评价方法［J］. 运筹与管理，2010，19（2）：26－32.

［175］郑征. 如何科学评估新三板企业实物期权价值——基于期权定价理论与模糊层次分析模型［J］. 金融监管研究，2020（11）：83－99.

［176］仲维清，侯强. 供应商评价指标体系与评价模型研究［J］. 数量经济技术经济研究，2003（3）：93－97.

［177］周泰. 低碳视角下区域物流与生态环境协调发展研究［J］. 统计与信息论坛，2021，36（6）：62－72.

［178］朱道立，林虹，曾宪文. 供应商选择决策：集成化管理软件Erp系统供应商选择［J］. 物流技术，2000（2）：25－27.

［179］朱冠平，王琨. 人工智能应用与制造业企业绿色创新［J］. 工业技术经济，2024，43（9）：73－81.

［180］朱军勇，贺红燕，张春生. 粗糙集—神经网络在构建企业供应链合作伙伴中的应用［J］. 南理工大学学报，2007，8（1）：33－36.

［181］Aburto L，Weber R. Improved Supply Chain Management Based on Hybrid Demand Forecasts［J］. Applied Soft Computing，2007，7（1）：136－144.

［182］Ackley D H，Hinton G E，Sejnowski T J. A Learning Algorithm for Boltzmann Machines［J］. Cognitive Science，2010，9（1）：147－169.

［183］Aghajani H，Ahmadpour M. Application of Fuzzy Topsis for Ranking Suppliers of Supply Chain in Automobile Manufacturing Companies in Iran

［J］. Fuzzy information and Engineering, 2011, 3（4）: 433 – 444.

［184］Akarte M M, Surendra N N, Ravi B, Rangaraj N. Web Based Casting Supplier Evaluating Using Analytical Hierarchy Process ［J］. Journal of the Operational Research Society, 2001, 52（5）: 511 – 522.

［185］Alcaraz – Quiles F J, Navarro – Galera A, Ortiz – Rodriguez D. Factors Influencing the Transparency of Sustainability Information in Regional Governments: An Empirical Study ［J］. Journal of Cleaner Production, 2014（82）: 179 – 191.

［186］An H, Razzaq A, Haseeb M, et al. The Role of Technology Innovation and People's Connectivity in Testing Environmental Kuznets Curve and Pollution Heaven Hypotheses Across the Belt and Road Host Countries: New Evidence from Method of Moments Quantile Regression ［J］. Environmental Science and Pollution Research, 2021, 28（5）: 5254 – 5270.

［187］Awan U, Sroufe R. Sustainability in the Circular Economy: Insights and Dynamics of Designing Circular Business Models ［J］. Applied Sciences – Basel, 2022, 12（3）: 30.

［188］Baradwaj N. Investigating the Decision Criteria Used in Electronic Components Procurement ［J］. Industrial Marketing Management, 2004, 33（4）: 317 – 323.

［189］Bengio Y, Courville A, Vincent P. Representation Learning: A Review and New Perspectives ［J］. Leee Transactions on Pattern Analysis and Machine Intelligence, 2013, 35（8）: 1798 – 1828.

［190］Bengio Y. Learning Deep Architectures for Ai ［J］. Foundations & Trends in Machine Learning, 2019, 2（1）: 1 – 127.

［191］Bin C, Ki – Seong L. Cash Flow, R&D Investment and Profitability: Evidence from Chinese High – tech and Other Industrial Firms ［J］. The Journal of international Trade & Commerce, 2018, 14（2）: 51 – 65.

［192］Bocken N M P, Short S W, Rana P, et al. A Literature and Practice Review to Develop Sustainable Business Model Archetypes ［J］. Journal of Cleaner Production, 2014（65）: 42 – 56.

［193］ Bolivar M P R, Galera A N, Munoz L A, et al. Analyzing Forces to the Financial Contribution of Local Governments to Sustainable Development ［J］. Sustainability, 2016, 8 (9): 18.

［194］ Boons F, Ludeke – Freund F. Business Models For Sustainable In-novation: State – of – the – Art and Steps Towards a Research Agenda ［J］. Journal of Cleaner Production, 2013 (45): 9 – 19.

［195］ Caiado R G G, Dias R D, Mattos L V, et al. Towards Sustainable Development through the Perspective of Eco – Efficiency—A Systematic Litera-ture Review ［J］. Journal of Cleaner Production, 2017 (165): 890 – 904.

［196］ Carbonneau R, Laframboise K, Vahidov R. Application of Ma-chine Learning Techniques for Supply Chain Demand Forecasting ［J］. European Journal of Operational Research, 2008, 184 (3): 1140 – 1154.

［197］ Chan F T S. Interactive Selection Model for Supplier Selection Process: An Analytical Hierarchy Process Approach ［J］. International Journal of Production Research, 2003, 41 (15).

［198］ Chan L K C, Lakonishok J, Sougiannis T. The Stock Market Valu-ation of Research and Development Expenditures ［J］. The Journal of Finance, 2001.

［199］ Cheng J, Wang X, Si T, et al. Maximum Burning Rate and Fixed Carbon Burnout Efficiency of Power Coal Blends Predicted with Back – Propaga-tion Neural Network Models ［J］. Fuel, 2016, 172 (15): 170 – 177.

［200］ Choy K L, Lee W B. An Intelligent Supplier Management Tool for Bench Marking Suppliers in Manufacturing ［J］. Expert Systems with Applica-tion, 2002 (22): 213 – 224.

［201］ Cortes C, Vapnik V. Support Vector Networks ［J］. Machine Learning, 1995, 20 (3): 273 – 297.

［202］ Cui G, Yang W, Yu J. Neural Network – Based Finite – Time Adaptive Tracking Control of Nonstrict – Feedback Nonlinear Systems with Actua-tor Failures ［J］. Information Sciences, 2020, 545.

［203］ Cybenko G. Approximation by Superpositions of a Sigmoidal Function [J]. Mathematics of Control Signals and Systems, 1989, 2 (3): 17 – 28.

[204] Dahl G, Yu D, Deng L, et al. Context – Dependent Per – Trained Deep Neural Networks for Large Vocabulary Speech Recognition [J]. Ieee Transactions on Audio Speech & Language Processing, 2011, 20 (1): 30 – 42.

[205] Dale B G, Caddick J R. The Determination of Purchasing Objectives and Strategies: Some Key Influences [J]. international Journal of Physical Distribution & Logistics Management, 1987, 17 (3): 5 – 16.

[206] Degraeve Z, Labro E, Roodhooft F. An Evaluation of Vendor Selection Models From a Total Cost of Ownership Perspective [J]. European Journal of Operational Research, 2000 (125): 34 – 35.

[207] Dickson G W. An Analysis of Vendor Selection Systems and Decisions [J]. Journal of Purchasing, 1966, 2 (1): 5 – 17.

[208] Dimasi J A, Grabowski H G, Hansen R W. Innovation in the Pharmaceutical Industry: New Estimates of R&D Costs [J]. Journal of Health Economics, 2016 (47): 20 – 33.

[209] Djordjevic M Z, et al. Study on Performance Evaluation of the Production Process – Fuzzy MCDM Approach [J]. Journal of Intelligent & Fuzzy Systems, 2020, 39 (3): 4009 – 4026.

[210] Ellram L M. Supply Management's Involvement in the Target Costing Process [J]. European Journal of Purchasing & Supply Management, 2002, 8 (4): 235 – 244.

[211] Espi J A, Moreno S A. The Scarcity – Abundance Relationship of Mineral Resources Introducing Some Sustainable Aspects [J]. Dyna – Colombia, 2010, 77 (161): 21 – 29.

[212] Fallahpour A, Olugu E U, Musa S N, et al. A Decision Support Model for Sustainable Supplier Selection in Sustainable Supply Chain Management [J]. Computers & Industrial Engineering, 2017, 105 (C): 391 – 410.

[213] Folke C, Biggs R, Norstrom A V, et al. Social – Ecological Resilience and Biosphere – Based Sustainability Science [J]. Ecology and Society, 2016, 21 (3): 16.

[214] Franzen N, Van Harten W H, Retel V P, et al. Impact of Organ – on – a – Chip Technology on Pharmaceutical R&D Costs [J]. Drug Discovery Today, 2019, 24 (9): 1720 – 1724.

[215] Garbie I H. An Analytical Technique to Model and Assess Sustainable Development Index in Manufacturing Enterprises [J]. International Journal of Production Research, 2014, 52 (16): 4876 – 4915.

[216] Geissdoerfer M, Morioka S N, De Carvalho M M, et al. Business Models and Supply Chains for the Circular Economy [J]. Journal of Cleaner Production, 2018 (190): 712 – 721.

[217] Geissdoerfer M, Vladimirova D, Evans S. Sustainable Business Model Innovation: A Review [J]. Journal of Cleaner Production, 2018 (198): 401 – 416.

[218] Ghobakhloo M, Fathi M. Corporate Survival in Industry 4.0 Era: the Enabling Role of Lean – Digitized Manufacturing [J]. Journal of Manufacturing Technology Management, 2020, 31 (1): 1 – 30.

[219] Ghoddusi H, Creamer G G, Rafizadeh N. Machine Learning in Energy Economics and Finance: A Review [J]. Energy Economics, 2019 (81): 709 – 727.

[220] Goebel P, Reuter C, Pibemik R, et al. The Influence of Ethical Culture On Supplier Selection in the Context of Sustainable Sourcing [J]. International Journal of Production Economics, 2012, 140 (1): 7 – 17.

[221] Govindan K, Shaw M, Majumdar A. Social Sustainability Tensions in Multi – Tier Supply Chain: A Systematic Literature Review Towards Conceptual Framework Development [J]. Journal of Cleaner Production, 2021 (279): 22.

[222] Guota S, Lehmann D R, Dtuart J A. Valuing Customers [J]. Journal of Marketing Research, 2011 (3): 176 – 188.

[223] Ha Y K, Chang H W. Forecasting The Volatility of Stock Price index: A Hybrid Model Integrating Lstm With Multiple Garch – Type Models [J]. Expert Systems With Applications, 2018, 103.

[224] Handfield R B, Ragatz G L, Petersen K J. Involving Suppliers in New Product Development [J]. California Management Review, 1999, 42 (1): 59 – 82.

[225] Handfield R, Walton S V, Sroufe R, Melnyk S A. Applying Environmental Criteria To Supplier Assessment: A Study in the Application of the Analytical Hierarchy Process [J]. European Journal of Operational Research, 2002, 141 (1): 70 – 87.

[226] Hinton G E. What Kind of Graphical Model is the Brain?[C]. International Joint Conference on Artificial Intelligence. Burlington, Usa: Morgan Kaufmann, 2005: 1765 – 1775.

[227] Hinton G E, Deng L, Yu D. Deep Neural Networks for Acoustic Modeling in Speech Recognition: The Shared Views of Four Research Groups [J]. Ieee Signal Processing Magazine, 2012, 29 (6): 82 – 97.

[228] Hinton G E, Osindero S, Teh Y W. A Fast Learning Algorithm for Deep Belief Nets [J]. Neural Computation, 2006, 18 (7): 1527 – 1554.

[229] Hinton G E, Salakhutdinov R R. Reducing the Dimension of Date With Neural Networks [J]. Science, 2006, 313 (5786): 504 – 507.

[230] Hornik K, Stinchcombe M, White H. Multilayer Feed Forward – Networks are Universal Approximators [J]. Neural Networks, 1989, 2 (5): 359 – 366.

[231] Hsu C H, Chang A Y, Luo W. Identifying Key Performance Factors for Sustainability Development of Smes – Integrating Qfd and Fuzzy Madm Methods [J]. Journal of Cleaner Production, 2017 (161): 629 – 645.

[232] Khoo L P, Tor S B, Lee S S G. The Potential of Intelligent Software Agents in the World Wide Web in the Automated Part Procurement [J]. International Journal of Purchasing and Materials Management, 1998, 34 (1): 46 – 52.

[233] Kim B C. Integrating Risk Assessment and Actual Performance for Probabilistic Project Cost Forecasting: A Second Moment Bayesian Model [J]. Ieee Transactions on Engineering Management, 2015, 62 (2): 158 – 170.

[234] Kim I T, et al. A Study on the Improvement of Evaluation Indicators to Improve Field Conformity of Social Value Index (Svi) [J]. Journal of Social Value and Enterprise, 2020, 13 (2): 3 – 32.

[235] Kwon J K. A Case Study on Social Value Realization of Local Public Enterprises: Focused on the Regional Facilities Corporation [J]. The Korean Journal of Local Public Enterprises, 2019, 15 (1): 53 – 78.

[236] Lecun Y, Bengio Y, Hinton G. Deep Learning [J]. Nature, 2015, 521 (7553): 436 – 444.

[237] Lecun Y, Boser B, Denker J S, et al. Back Propagation Applied to Handwritten Zip Code Recognition [J]. Neural Computation, 1989, 1 (4): 541 – 551.

[238] Lee A H I, Kang H Y, Hsu C F, Hung H C. A Green Supplier Selection Model for High – Tech Industry [J]. Expert Systems with Applications, 2009 (36): 7917 – 7927.

[239] Lee Y B. Exploring the Relationship between E – Government Development and Environmental Sustainability: A Study of Small Island Developing States [J]. Sustainability, 2017, 9 (5): 16.

[240] Lehmann D R, O'Shaughnessy J. Decision Criteria Used in Buying Different Categories of Products [J]. Journal of Purchasing and Materials Management, 1982, 18 (1): 9 – 14.

[241] Leitner K H, Poti B M, Wintjes R J M, et al. How Companies Respond to Growing Research Costs: Cost Control or Value Creation? [J]. International Journal of Technology Management, 2020, 82 (1): 1 – 25.

[242] Lezoche M, Hernandez J E, Diaz M, et al. Agri – Food 4. 0: A Survey of the Supply Chains and Technologies for the Future Agriculture [J]. Computers in Industry, 2020 (117): 15.

[243] Li G, Chiang H D. Toward Cost – Oriented Forecasting of Wind Power Generation [J]. Ieee Transactions on Smart Grid, 2018, 9 (4): 2508 – 2517.

[244] Li M, Zhu Y, Zhang J. Identification of Key Success Factors in In-

telligent Manufacturing Enterprises [J]. Ieee International Conference on Industrial Engineering and Engineering Management (Ieem), 2019: 1436 – 1439.

[245] Liu F H F, Hai H L. The Voting Analytic Hierarchy Process Method for Selecting Supplier [J]. International Journal of Production Economics, 2005, 97 (3): 308 – 317.

[246] Lo H W, Liou J J H, Wang H S, Tsai Y S. An Integrated Model for Solving Problems in Green Supplier Selection and Order Allocation [J]. Journal of Cleaner Production, 2018 (190): 339 – 352.

[247] Manavalan E, Jayakrishna K. A Review of Internet of Things (Iot) Embedded Sustainable Supply Chain for Industry 4. 0 Requirements [J]. Computers & Industrial Engineering, 2019 (127): 925 – 953.

[248] Mani V, Agarwal R, Gunasekaran A, et al. Social Sustainability in the Supply Chain: Construct Development and Measurement Validation [J]. Ecological Indicators, 2016 (71): 270 – 279.

[249] Mathew D. Sequence Classification of the Limit order Book Using Recurrent Neural Networks [J]. Journal of Computational Science, 2018, 24.

[250] Meculloch W S, Pitts W H. A Logical Calculus of the Ideas Immanent in Nervous Activity [J]. Bulletin of Mathematical Biology, 1943, 5 (4): 115 – 133.

[251] Meseguer – Sanchez V, Galvez – Sanchez F J, Lopez – Martinez G, et al. Corporate Social Responsibility and Sustainability—A Bibliometric Analysis of their Interrelations [J]. Sustainability, 2021, 13 (4): 18.

[252] Modigliani F, Miller M H. The Cost of Capital, Corporation Finance and the Theory of Investment [J]. The American Economic Renew, 1958, 48 (3): 261 – 297.

[253] Mohammad Y N, Vahid B, Majid A. Planning a Model for Supplier Selection with Ahp and Grey Systems Theory [J]. Business and Management Review, 2011 (1): 9 – 19.

[254] Mulder L. The Importance of a Common Project Management Method in the Corporate Environment [J]. R & D Management, 2010, 27 (3):

189 – 196.

[255] Myers S C, Majd S. Abandonment Value and Project Life [J]. Advances in Futures and Options Research, 1977, 9 (4): 1 – 21.

[256] M. The Pricing of Options and Corporate Liabilities [J]. Journal of Political Economy, 1973, 35 (12): 637 – 659.

[257] Nallagownden P, Baharudin Z, Islam B. Development of Chaotically Improved Meta – Heuristics and Modified BP Neural Network – Based Model for Electrical Energy Demand Prediction in Smart Grid [J]. Neural Computing and Applications, 2017.

[258] Natalya K I. A Comparison of Alternative Cash Flow and Discount Rate News Proxies [J]. Journal of Empirical Finance, 2017, 4 (3): 31 – 52.

[259] Osman K, Kahraman C. Fuzzy Multi – attribute Selection among Transportation Companies Using Axiomatic Design and Analytic Hierarchy Process [J]. Information Sciences, 2005, 170 (2): 191 – 210.

[260] Pan X, et al. Green Innovation Ability Evaluation of Manufacturing Enterprises Based on Ahp – Ovp Model [J]. Annals of Operations Research, 2020, 290 (1 – 2): 409 – 419.

[261] Papadrakakis M, Papadopoulos V. A Computationally Efficient Method for the Limit Elasto Plastic Analysis of Space Frames [J]. Computational Mechanics, 1995, 16 (2): 132 – 141.

[262] Putra G A S, Triyono R A. Neural Network Method for Instrumentation and Control Cost Estimation of the EPC Companies Bidding Proposal [J]. Procedia Manufacturing, 2015 (4): 98 – 106.

[263] Rosati F, Faria L G D. Addressing the Sdgs in Sustainability Reports: The Relationship with Institutional Factors [J]. Journal of Cleaner Production, 2019 (215): 1312 – 1326.

[264] Rosenblatt F. The Perceptron: A Probabilistic Model for Information Storage and Organization in the Brain [J]. Psychological Review, 1958, 65 (6): 386 – 392.

[265] Rumelhart D E, Hinton G E, Williams R J. Learning Representations

by Back – Propagating Errors [J]. Nature, 1986, 323 (6088): 533 – 536.

[266] Schirpke U, Vigl L E, Tasser E, et al. Analyzing Spatial Congruencies and Mismatches between Supply, Demand and Flow of Ecosystem Services and Sustainable Development [J]. Sustainability, 2019, 11 (8): 19.

[267] Schmitz J, Platts K W. Supplier Logistics Performance Measurement: Indication from a Study in the Automotive Industry [J]. International Journal of Production Economics, 2004 (89): 231 – 243.

[268] Shank J K, Miguel J G S. Merging Financial and Managerial Accounting: Strategic Cost Management and Enterprise Risk Assessment under SOX [J]. Journal of Corporate Accounting & Finance, 2010, 20 (2): 83 – 99.

[269] Shank J K, Miguel J. Merging Financial and Managerial Accounting: Strategic Cost Management and Enterprise Risk Assessment under SOX [J]. Journal of Corporate Accounting & Finance, 2010, 20 (2): 83 – 99.

[270] Silvestre B S, Tirca D M. Innovations for Sustainable Development: Moving toward a Sustainable Future [J]. Journal of Cleaner Production, 2019 (208): 325 – 332.

[271] Simon V D S, Frans D L, Cornelis B, et al. A Novel Perspective on Pharmaceutical R&D Costs: Opportunities for Reductions [J]. Expert Review of Pharmacoeconomics & Outcomes Research, 2022, 22 (2): 167 – 175.

[272] Souto J E. Organizational Creativity and Sustainability – Oriented Innovation as Drivers of Sustainable Development: Overcoming Firms' Economic, Environmental and Social Sustainability Challenges [J]. Journal of Manufacturing Technology Management, 2022, 33 (4): 805 – 826.

[273] Tavana M, Shaabani A, Vanani I R, et al. A Review of Digital Transformation on Supply Chain Process Management Using Text Mining [J]. Processes, 2022, 10 (5): 19.

[274] Teräsvirta T, Dijk D V, Medeiros M C. Linear Models, Smooth Transition Autoregressions, and Neural Networks for Forecasting Macroeconomic Time Series: A re – examination [J]. International Journal of Forecasting, 2005, 21 (4): 755 – 774.

［275］ Thonemann U W. Improving Supply – Chain Performance by Sharing Advance Demand Information ［J］. European Journal of Operational Research, 2002（142）: 81 – 107.

［276］ Timmerman S, Barker K. A Bayesian Network Model for Resilience-based Supplier Selection ［J］. International Journal of Production Economics, 1986.

［277］ Van V Z, Vanthienen J. Digital Transformation as an Interaction – Driven Perspective between Business, Society, and Technology ［J］. Electronic Markets, 2022, 32（2）: 629 – 644.

［278］ Vasseur L, Horning D, Thornbush M, et al. Complex Problems and Unchallenged Solutions: Bringing Ecosystem Governance to the Forefront of the UN Sustainable Development Goals ［J］. Ambio, 2017, 46（7）: 731 – 742.

［279］ Wallace J. Eva Financial Systems: Management Perspectives ［J］. Advances in Management Accounting, 1998, 6（15）: 1 – 15.

［280］ Wang H, Liang P, Li H, et al. Financing Sources, R&D Investment and Enterprise Risk ［J］. Procedia Computer Science, 2016（91）: 122 – 130.

［281］ Wang S, Ye F F. Environmental Governance Cost Prediction of Transportation Industry by Considering the Technological Constraints ［J］. Symmetry, 2020（8）.

［282］ Weber C A, Current J R, Benton W C. Vendor Selection Criteria and Methods ［J］. European Journal of Operational Research, 1991（50）: 2 – 18.

［283］ Wei Q, Chen M, Ruan C Y. Research and Development Investment Combination Forecasting Model of High – Tech Enterprises Based on Uncertain information ［J］. Mathematical Problems in Engineering, 2021.

［284］ Weng Q, Soderbom M. Is R&D Cash Flow Sensitive? Evidence from Chinese Industrial Firms ［J］. China Economic Review, 2018（47）: 77 – 95.

［285］ William S. Capital Asset Prices: A Theory of Market Equilibrium under Conditions of Risk [J]. Journal of Finances, 2008 (7): 143 – 146.

[286] Xue Y, Tang C, Wu H T, et al. The Emerging Driving Force of Energy Consumption in China: Does Digital Economy Development Matter? [J]. Energy Policy, 2022 (165): 18.

[287] Yahaya S, Kingsman B. Vendor Rating for an Entrepreneur Development Programme: A Case Study Using the Analytic Hierarchy Process Method [J]. Journal of the Operational Research Society, 1999, 50 (9): 916 – 930.

[288] Yahya S, Kingsman B. Modeling a Multi: Objective Allocation Problem in a Government Sponsored Entrepreneur Development Program [J]. European Journal of Operational Research, 2002 (136): 430 – 448.

[289] Ye F F, Yang L H, Wang Y M. Fuzzy Rule Based System with Feature Extraction for Environmental Governance Cost Prediction [J]. Journal of Intelligent & Fuzzy Systems, 2019, 37 (2): 2337 – 2349.

[290] Yenipazarli A. Incentives for Environmental Research and Development: Consumer Preferences, Competitive Pressure and Emissions Taxation [J]. European Journal of Operational Research, 2019, 276 (2): 757 – 769.

[291] Yoo J S. The Effects of Enterprise Value and Corporate Tax on Credit Evaluation Based on the Corporate Financial Ratio Analysis [J]. Journal of Venture Innovation, 2019, 2 (2): 95 – 115.

[292] Zhang L, Cong C, Pan H Z, et al. Socio – Ecological Informed Comparative Modeling to Promote Sustainable Urban Policy Transitions: Case Study in Chicago and Stockholm [J]. Journal of Cleaner Production, 2021 (281): 12.

[293] Zhang L, Mu R Y, Zhan Y F, et al. Digital Economy, Energy Efficiency, and Carbon Emissions: Evidence from Provincial Panel Data in China [J]. Science of the Total Environment, 2022 (852): 13.

[294] Zhang M. Application of BP Neural Network in Acoustic Wave Measurement System [J]. Modern Physics Letters B, 2017, 31 (19 – 21): 1740052.

[295] Zhen Z, Yousaf Z, Radulescu M, et al. Nexus of Digital Organi-

zational Culture, Capabilities, Organizational Readiness, and Innovation: Investigation of Smes Operating in the Digital Economy [J]. Sustainability, 2021, 13 (2): 15.

[296] Ziemba E. The Contribution of Ict Adoption by Local Governments to Sustainability – Empirical Evidence from Poland [J]. Information Systems Management, 2021, 38 (2): 116 – 134.

图书在版编目（CIP）数据

AI 赋能制造业价值链重构：从"制造"走向"智造"
/章丽萍，刘燕萍著. -- 北京：经济科学出版社，2024.2
ISBN 978-7-5218-5629-3

Ⅰ.①A... Ⅱ.①章... ②刘... Ⅲ.①制造工业 - 产业结构升
级 - 研究 - 中国 Ⅳ.①F426.4

中国国家版本馆 CIP 数据核字（2024）第 046120 号

责任编辑：宋艳波
责任校对：刘　娅
责任印制：邱　天

AI 赋能制造业价值链重构
——从"制造"走向"智造"

AI FUNENG ZHIZAOYE JIAZHILIAN CHONGGOU
——CONG "ZHIZAO" ZOUXIANG "ZHIZAO"

章丽萍　刘燕萍　著
经济科学出版社出版、发行　新华书店经销
社址：北京市海淀区阜成路甲 28 号　邮编：100142
总编部电话：010 - 88191217　发行部电话：010 - 88191522
网址：www. esp. com. cn
电子邮箱：esp@ esp. com. cn
天猫网店：经济科学出版社旗舰店
网址：http://jjkxcbs. tmall. com
固安华明印业有限公司印装
710×1000　16 开　25 印张　380000 字
2024 年 2 月第 1 版　2024 年 2 月第 1 次印刷
ISBN 978 - 7 - 5218 - 5629 - 3　定价：88.00 元
（图书出现印装问题，本社负责调换。电话：010 - 88191545）
（版权所有　侵权必究　打击盗版　举报热线：010 - 88191661
QQ：2242791300　营销中心电话：010 - 88191537
电子邮箱：dbts@ esp. com. cn）